I0037379

Coaching de vida

TONY STOLTZFUS

Coaching de vida

Manual para descoberta do propósito de vida do líder

1ª edição

Tradução: Roland Körber

São Paulo
2015

COACH PLATFORM

Tony Stoltzfus
COACHING DE VIDA
Manual para descoberta do propósito de vida do líder

Coordenação - Dimas Pauck
Tradução - Roland Körber
Revisão - Josiane Zanon Moreschi
Capa e editoração eletrônica - Josiane Zanon Moreschi

Título original em inglês – *A Leader's Life Purpose: Calling and destiny discovery tools for christians life coaching*

Dados Internacionais de Catalogação na Publicação (CIP)
(Câmara Brasileira do Livro, SP, Brasil)

Stolzfus, Tony
  Coaching de vida : manual para descoberta do propósito de vida do líder / Tonu Stoltzfus ; tradução Roland Körber. - - São Paulo : Coach Platform, 2015.

  Título original: A leader's life purpose : calling and destiny discovery tools for Christian life coaching
  ISBN: 978-85-68675-02-1

  1. Liderança - Aspectos religiosos 2. Liderança - Estudo e ensino 3. Vida cristã 4. Vocação - Cristianismo I. Título.

15-02582   CDD-253

Índice para catálogo sistemático:
1. Liderança cristã : Cristianismo   253

Copyright © 2009 by Tony Stoltzfus
Todos os direitos reservados. Nenhuma parte desta publicação poderá ser reproduzida sob qualquer forma sem autorização escrita de Tony Stoltzfus, 3101 Barberry Lane, Virginia Beach, VA 23453, EUA.

Algumas das ilustrações anedóticas neste livro são factuais e foram incluídas com a permissão dos envolvidos. Todas as outras são montagens de situações potencialmente reais e qualquer semelhança com pessoas vivas ou falecidas será mera coincidência.

Salvo quando identificado de outra forma, todas as citações das Escrituras neste livro foram extraídas da Nova Versão Internacional. Copyright © 2001 de Editora Vida. Todos os direitos reservados.

SUMÁRIO

Lista de exercícios

Nº	Exercícios Principais	Exercícios opcionais	
2.1	O ensino de Jesus sobre recompensas eternas – planilha de trabalho		47
2.2	Estruturação da vida visando a recompensas		49
5.1	Verificação de identidade		88
5.2		Necessidades, perdas e vínculos	90
5.3		Esclarecendo sua identidade	91
Perfil			
6.1		Referência de avaliação de perfil	97
7.1	Inventário de pontos fortes		111
7.2		Pontos fortes por trás dos sucessos	113
7.3	Identificação de pontos fracos/a desenvolver		115
7.4		Pontos fortes, tipo e energia	116
7.5	Validação de pontos fortes		117
7.6	Exemplos de pontos fortes (planilha de trabalho)		118
8.1	Validação por parceiros		130
8.2		Noite de tipificação de família	131
8.3		As dez principais percepções de tipo	133
8.4		Minha equipe ideal	134
8.5		Exercício de coaching: tipificação de equipe	136
Paixão			
9.1		Referência de avaliação de paixão	145
10.1	Foco da paixão		154
10.2	Atividades energizantes		155
11.1	Inventário de grandes sonhos e de sonhos de entretenimento		172
11.2	Temas de sonhos		174
11.3		Estilo de vida de sonho	176
11.4		Visualização do seu sonho	178
11.5	As categorias da roda da vida		179
12.1	Identificação de obstáculos		201
12.2		Arrependimentos	202
13.1	Características dos valores (planilha de trabalho)		214
13.2		Escolha de termos de valores	216
13.3	Arquivo cerebral de valores		217
13.4		Obituário: Como eu gostaria de ser lembrado?	219
13.5	Definição de valores		220

INTRODUÇÃO

"Ao iniciar a jornada, pensamos que tudo consiste em adquirir experiências para a autorrealização, mas não é assim. A maior experiência é mudar a experiência de vida de alguém outro. E quando se consegue realizar isso, essa experiência torna-se o seu fundamento, o ás no bolso, quem somos... Quando enxergamos o mundo através das lentes de outros é que encontramos a nós mesmos."

Andre Agassi, campeão de tênis em Wimbledon

Um jovem e comprometido missionário desejava descrever o propósito de sua vida e, ao longo das semanas em que estivemos juntos, ele abriu seu coração para mim. Conversamos sobre seus sonhos de iniciar um centro de ministério e do seu desapontamento em perder seu sustento, seus desafios relacionais com outros missionários, sua paixão por alcançar os jovens e as ocasiões em que se irritou com líderes controladores. "Vamos resumir: estou ouvindo que você realmente se sente chamado ao ministério, e apenas não quer mais se machucar."

"Sim, é por aí", respondeu ele.

Depois de refletir um momento, pedi-lhe: "Pense por um momento na vida de Jesus. Ele foi traído por alguém do seu círculo mais íntimo, abandonado pelos seus melhores amigos e torturado até a morte no processo de viver plenamente seu propósito de vida. Como você quer se tornar como ele se nunca se machucar? E como você o conheceria de fato se nunca experimentasse nada parecido com isso?"

Isso o trouxe um pouco de volta à realidade. Refletimos juntos sobre a história de vida de Jesus, ponderando sobre como a solidariedade com seus sofrimentos está inextricavelmente ligada ao poder da sua ressurreição. Essa conversa transformou as expectativas daquele jovem a respeito da sua vocação.

Nosso relacionamento de coaching também me fez pensar na trajetória que conduziu a este livro. A maioria das ferramentas de propósito de vida que tenho aplicado buscava ajudar as pessoas a olharem para dentro, descobrirem seu estilo, sua paixão e suas habilidades, para então persegui-los. Mas não se pareciam com aquele processo que teria levado Jesus à sua opção por agonia no Jardim, quando clamou: "Se houver qualquer modo de me livrar desta morte terrível, é isso o que quero. Mas não se trata de mim: pretendo fazer o que *tu* quiseres, não importa o que seja". As ferramentas de propósito de vida familiares para mim simplesmente não chegavam longe o suficiente para descobrir um destino como o de Jesus, e se o modo pelo qual praticamos a descoberta de destino não funcionar na vida de Jesus, algo faltará.

Creio que a peça que falta é o "chamado": *uma incumbência externa **da parte de Deus a favor** de outros*. Por se tratar de uma incumbência externa, ele é encontrado por meio de revelação, não por introspecção. Por se destinar a outros, pode levar-nos a fazer coisas que não resultem na satisfação da autorrealização, ao menos nesta vida. Além disso, baseia-se no alicerce da fidelidade: respondemos a um chamado de Deus por termos dedicado nossa vida ao seu serviço. Os conceitos de chamado e fidelidade fornecem-nos um meio de integrar ideias bíblicas como sofrimento e sacrifício como propósito de vida – ideias que faltam na maioria das abordagens populares.

> Chamado é uma incumbência externa *da parte* de Deus *em favor* de outros.

Existem várias razões pelas quais os coaches parecem esquivar-se de falar de chamado. Uma delas é que o chamado adquiriu má reputação: a imagem que muitos cristãos têm do chamado é a de Deus convocando-os sem motivo aparente para fazerem algo que não querem. "*Comprometa-se com o celibato, tome sua cruz e torne-se um missionário no Berzerquistão Exterior.*" Lembro-me de como no colegial temia que Deus quisesse que me ajoelhasse em pleno colégio para orar (mais ou menos a coisa mais embaraçosa em que conseguia pensar) ou que me casasse com uma garota que não me atraísse. Quando não conhecemos Deus a fundo, pensamos que ele nos usará como ferramentas e não que nos ame como filho ou filha. Nessa mentalidade, chamado é uma sentença de servidão contratada e não uma parceria com o primeiro amor que nos leva aonde fomos criados para estar. Não é de admirar que não queiramos nada disso!

A segunda razão pela qual o chamado não é parte importante do nosso vocabulário é que a maioria das ferramentas de descoberta de destino que os coaches aplicam tem sua origem no ambiente secular. Na nossa cultura, a ideia de que viver o seu destino implica uma incumbência *externa* não faz parte do plano! Ao contrário disso, o foco está em encontrar o que nossa própria bússola interna diz que conseguimos fazer plena e excelentemente. Quando essas ferramentas de propósito de vida migraram para o ambiente ministerial, trouxeram consigo essa visão da descoberta do destino como um processo interno individual. Se não conseguirmos arrancar essa abordagem extrabíblica, o propósito da vida cristã torna-se algo como os filhos do Rei aproveitando todas as bênçãos de saúde, prosperidade e realização que Deus deseja dar-lhes nesta vida. Paulo ficaria horrorizado.

Por isso é vital redescobrirmos o chamado como parte do propósito de vida. Como cristãos, nosso propósito é entretecido nos propósitos de Deus para toda a criação. Não somos os solitários e independentes legisladores do império do nosso eu. O chamado é o que nos inclui no contexto da história mais ampla de Deus.

Isso *não* significa que abandonaremos totalmente o exame de pistas internas, como paixões e estilo. Nosso propósito está implantado em nós e também nos é revelado – fomos feitos para aquilo a que Deus nos chamou que fôssemos. Assim, uma abordagem equilibrada de descoberta de destino olhará tanto para dentro quanto para fora: para aquilo que Deus revela *a* nós (o chamado externo), o que ele revela *em* nós (nossa paixão e estilo) e como ele propositadamente nos *configurou* por meio da nossa experiência de vida – e ele o fará no contexto da fidelidade a Jesus como Senhor.

Objetivos

Meu propósito geral ao escrever este conjunto de livros é ajudar-nos como movimento de coaching cristão a desenvolver uma abordagem equilibrada e biblicamente fundamentada para a descoberta de um propósito de vida cristão. Assim, pretendo focalizar o que há de único na condição de coach de vida *cristão* no sentido de atender outros crentes com vistas ao seu destino. Certamente quase tudo disso poderá ser aplicado também no coaching de não cristãos. No entanto, em vez de começar com princípios seculares de coaching e adaptá-los ao ministério, começaremos com o que a Escritura diz sobre o propósito de vida do cristão, para, então, desenvolver uma estrutura de coaching que se encaixe nisso.

Meu segundo objetivo é reunir em um só lugar um conjunto completo de ferramentas de descoberta de destino projetado para coaching de vida cristã. Essas ferramentas podem ser aplicadas com clientes, para realizar cursos de treinamento de descoberta de propósito de vida ou para treinar outros nas habilidades de coaching de vida.

Um terceiro objetivo é proporcionar um conjunto especializado de ferramentas de destino necessário para o trabalho com líderes de ministério maduros. O quarto livro deste conjunto, *A jornada do chamado*, avança por novos modelos de chamado como processo de desenvolvimento, incluindo estágios de desenvolvimento de chamado e de como os líderes passam por transições (e o que Deus faz enquanto isso). Os líderes têm perguntas particulares demandando respostas quando se trata de propósito – coisas como estilo de influência, equipe ou esfera de influência – e, como trabalho principalmente com líderes, trata-se de ferramentas que aplico com frequência.

Os dois primeiros objetivos definem as duas seções deste livro. A Seção 1 cobre a filosofia subjacente ao coaching de vida cristã, o aspecto da vida com propósito para cristãos e de como o sofrimento, o sucesso e a significância se encaixam nesse propósito. A Seção 2 oferece um conjunto abrangente de ferramentas de propósito de vida estruturado em torno de um modelo de propósito de cinco partes que integra *chamado* e *identidade* com *paixão*, *preparo* e *perfil* para criar um quadro completo do propósito de vida do cristão.

Objetivos

1. Apresentar um arcabouço bíblico para coaching de vida cristã.

2. Oferecer um conjunto de ferramentas de descoberta de propósito de vida.

3. Acrescentar um conjunto de ferramentas de descoberta para líderes de organizações.

Nunca se consegue cobrir tudo em um único livro; por isso optei por focalizar a primeira metade do processo de coachimg de propósito de vida (descoberta de propósito) e omitir o modo de ajudar os clientes a praticar o que descobriram. Parto da premissa de que você já conheça as ferramentas básicas do coaching e das disciplinas de conversação aplicadas neste processo, tais como determinação de objetivos, escuta, pergunta e geração de opções. Caso não seja assim, essas ferramentas constam em profundidade do meu livro precedente, *Coaching de liderança: as disciplinas, habilidades e coração do coach cristão*.

O formato de exercício

Apresentei muitas das ferramentas de descoberta mais utilizadas em formato de exercício. Em grande parte eu as aplico verbal ou informalmente no meu próprio coaching, mas é prático ter uma ferramenta ou planilha de trabalho que possa ser simplesmente entregue ao cliente, de modo que ele possa trabalhar entre as reuniões. Esses exercícios constam do final de cada capítulo, numerados como *capítulo x*. Assim, o exercício 3.1 está localizado no final do capítulo três.

Descubra seu propósito

Deus *projetou* cada indivíduo de forma única para manifestar facetas do seu caráter em seu ser e para pôr em prática seu amor naquilo que faz. Ele nos muniu de *paixões* exclusivas para motivar-nos em seu serviço, proporcionou experiências de *preparo* ao longo de toda a nossa vida e *chamou-nos* para uma missão de vida que proporcione verdadeiro prazer como subproduto da entrega da nossa vida aos seus propósitos maiores.

Deus tem um grande propósito para todo o seu povo. Ajudemos, portanto, as pessoas a descobrirem seus objetivos de vida exclusivos a fim de que possam servir melhor ao Reino e amar o Rei nesse processo. Este é o *nosso* propósito como coaches cristãos.

SEÇÃO I

FUNDAMENTOS DO COACHING DE PROPÓSITO DE VIDA

"Nosso principal desejo é alguém que nos inspire a sermos aquilo que sabemos poder ser."

Ralph Waldo Emerson

1

O QUE É COACHING DE VIDA?

O primeiro compromisso do dia foi uma sessão de cortesia com um homem de negócios cristão. Depois de conversar por alguns minutos e de estabelecer uma conexão pessoal, começamos a sondar o que Roger esperava de um coach de vida.

"Obrigado por me fornecer alguma informação básica – é bem útil. Vamos conversar um pouco sobre a agenda de coaching. Sobre o que você gostaria de trabalhar com um coach?"

"Bem, esta é a questão. Tenho 49 anos. Desde criança minha meta tem sido possuir vários empreendimentos e ser um empresário. Ao longo dos últimos 30 anos, minha esposa e eu desenvolvemos cinco lojas franqueadas, uma empresa de suprimento e uma de desenvolvimento. Isso me mantém ocupado, mas ultimamente tenho me tornado inquieto – procurando desculpas para me afastar do escritório, olhando para o relógio, essas coisas. Nunca fiz isso antes. Comecei a questionar: 'Será que isso é tudo?' Quero dizer: atingi a maior parte do que me propus na vida, mas parece que falta alguma coisa mais."

"Você tem alguma ideia do que esse 'mais' poderia ser?"

"Tive ideias malucas, tais como abrir orfanatos na Etiópia, vender tudo e começar de novo, escrever um livro, passar a atuar como palestrante ou mesmo me tornar missionário. Minha esposa só sacode a cabeça diante disso."

"Por quê?"

"Não tenho certeza. Às vezes ela comenta: 'Depois de todos esses anos você quer recomeçar?' As mudanças sempre foram mais difíceis para ela do que para mim."

"Certo. Então, o que seduz você em todas essas diferentes ideias – o orfanato, a missão ou o livro?"

"Acho que... agora que atingi minhas metas empresariais, elas não parecem mais tão importantes. Gostaria de fazer algo com meu tempo e talento que me fizesse sentir o valor da minha vida em vez de apenas salvar as aparências."

"Faz sentido. Diga-me: para que você se sente chamado na vida? Para que Deus colocou você no mundo?"

"Até este ano eu diria que para possuir uma empresa e ser uma testemunha na minha comunidade, proporcionar empregos às pessoas, ajudar outros, contribuir com dinheiro para a igreja – esse tipo de coisa. Mas agora já não sei. Tenho essa pequena voz dentro de mim – quem sabe seja Deus – que me pressiona a fazer mais. Fazer algo extravagante, radical, impossível. Tenho sido um bom e sólido cidadão, mas se eu morrer amanhã, não tenho certeza se o mundo ficaria muito diferente." Roger virou-se subitamente para mim e olhou-me nos olhos. *"É isso o que quero mudar."*

"Portanto, o que você precisa de um coach para viver uma vida que faça diferença?"

*"Preciso tratar de entender o que imagino ter que fazer. E para fazer isso, preciso compreender o que **posso** fazer. Pode ser surpreendente para você, mas não tenho certeza daquilo em que sou bom. Estive tão concentrado nessa questão de ser empresário que nunca tentei nada diferente. E como aquilo para o que cri ter sido chamado parece não o ser – bem, uma porção daquilo que eu pensava saber simplesmente se foi. Existiria algo que você possa me ajudar a arrumar?"*

"Com certeza. Tenho todo um conjunto de ferramentas exatamente para isso. Só para citar algumas: poderíamos definir seus pontos fortes, avaliar seu tipo de personalidade, descobrir em que tipo de função você se encaixa melhor, criar um conjunto de valores pessoais que conquiste seu coração ou examinar as mensagens que Deus plantou em sua vida para outros. Acha que isso parece o tipo de ajuda que você espera?"

"Sim – exatamente! Tenho trabalhado muito a respeito de pontos fortes e nós temos um conjunto de valores corporativos, mas eu nunca compreendi meus valores pessoais ou tipos de personalidade ou a questão das mensagens. Sinto que Deus me diz para fazer algo diferente, mas ainda não sei como lidar com isso."

"Então é por aí que você quer trabalhar?"

"Sim – vamos lá!"

A busca por significado e propósito na vida é tão antiga como a própria humanidade. Em algumas das suas primeiras palavras dirigidas ao homem, Deus deu a Adão e Eva uma missão de vida: "Sejam férteis e multipliquem-se! Encham e subjuguem a terra..." Nosso senso de propósito de vida está enraizado no modo como fomos feitos. Todos temos um anseio instintivo de ser e fazer algo, de fazer nossa vida valer algo, de estar diante do nosso Criador e ouvir as palavras "foi bem feito" pronunciadas sobre nossa vida. Já antes da queda havíamos sido feitos para trabalhar e zelar pelo nosso mundo e para lhe dar forma.

Quando as nossas necessidades vitais básicas estiverem satisfeitas, em algum ponto nos voltaremos (como Roger) para questões maiores. Quem sou eu? Onde posso encontrar prazer e realização na vida? Qual é o meu propósito? O que Deus quer que eu faça com o que ele me dá?

Os jovens em início de carreira e de relacionamentos muitas vezes levantam tais questões. Na meia-idade, muitos, como Roger, acham que as antigas respostas não funcionam mais e empreendem uma nova busca de respostas. Esse reflexo de buscar significado para a vida revela uma importante verdade: o propósito é algo que precisa ser *descoberto*. E quando o encontramos, temos que chegar à convicção de que é *àquilo* que queremos entregar nossa vida. Os alvos são elevados, o que significa que as escolhas não serão fáceis. É por

> ## Coaching de vida é...
>
> O coaching de vida ajuda as pessoas a **descobrirem** seu propósito e a alinharem a vida com ele.

isso que pessoas às voltas com os grandes questionamentos muitas vezes procuram um coach de vida em busca das ferramentas, da perspectiva e do processo que as ajude a encontrar essa clareza sobre o propósito.

Quando descoberto, o propósito á algo com o que *alinhamos* nossa vida. O conhecimento do que supostamente se fará com a vida nada valerá se não for posto em prática efetivamente. Trata-se de trabalho duro. Realinhamento significa mudar hábitos, assumir riscos e sacrificar o bom para ganhar o melhor. É por isso que as pessoas buscam um amigo e apoio na caminhada. Um coach de vida o ajudará a assumir seus sonhos e a convertê-los em metas e estratégias – e o encorajará até conseguir atingi-las.

Os coaches de vida também nos ajudam a alinhar as pequenas coisas em nossa vida a fim de maximizar nossa contribuição. Se o seu ambiente estiver lhe drenando as energias ou seus hábitos dispendiosos solaparem seu chamado, um coach de vida porderá ajudá-lo a realinhar o modo como você vive com seus valores essenciais, de modo que o seu estilo de vida apoie seu propósito em vez de sabotá-lo.

Definição de coaching

Para começar a esclarecer o que é coaching de vida, precisamos primeiro definir coaching em geral. Coaching é a arte de ajudar as pessoas a crescerem sem lhes dizer o que fazer. Coaches são especialistas em mudança que nos ajudam a assumir responsabilidade e a tratar de maximizar nosso próprio potencial.

Os coaches não pretendem instruir e dirigir. Na verdade, o talento do coach é simplesmente crer nas pessoas. É por isso que os coaches perguntam em vez de instruir – eles creem que poderemos realizar o que sonhamos, e sua fé nos inspira a chegar mais alto do que poderíamos por nós mesmos. Os coaches aplicam excelentes ferramentas de escuta e pergunta com o fim de extrair de nós as repostas de modo a maximizar nossos recursos e assumirmos plena responsabilidade pela nossa própria vida.

Coaching de vida é um nicho especial do coaching que se concentra em descobrir seus valores e propósitos e em alinhar sua vida com eles. Coaching de vida trata da descoberta do destino e do seu alinhamento. O coach de vida busca duas coisas: criar um futuro melhor e uma vida melhor hoje. O desejo de Roger foi que alguém o ajudasse a descobrir uma percepção de propósitos na vida e de caminhar em direção a esta. Ele precisava de um coach de vida.

Em geral, os coaches são especialistas em mudança. Os coaches de vida são também especialistas em autodescoberta. A caixa de ferramentas de um coach contém numerosas avaliações e exercícios para revelar o que alguém é. Os coaches de vida aplicam sua compreensão dos tipos de personalidade, de estágios de desenvolvimento, de potenciais, de descoberta de valores e mais para ajudar clientes como Roger a identificar lacunas em sua autocompreensão e a preenchê-las. Conhecer a si mesmo mais plenamente ajuda a avançar com confiança naquilo para o que se nasceu.

Assim, para ser um coach de vida, é preciso estudar as pessoas – de que modo pensam as diferentes personalidades, como se desenvolvem as habilidades, o que nos impele ou apaixona e o que torna a vida excelente. É preciso também estudar os caminhos de Deus – como ele chama as pessoas, aproveita a experiência de vida para desenvolver o caráter, bem como seus diferentes modos de falar conosco. Quanto mais você souber sobre as pessoas e sobre como Deus interage com elas, tanto maior será o seu valor como especialista em autodescoberta.

Recentemente tive uma sessão de coaching em que a meta da cliente era tornar-se mais assertiva em seu local de trabalho. Uma das ações concretas que essa gerente escolheu foi pedir a Deus oportunidades para praticar a firmeza em situações estressantes.

Eu já havia constatado que ela era um "S" no DiSC™. Para esse tipo, o *modus operandi* consiste de relacionamentos harmoniosos e de acompanhá-los para manter o relacionamento. Os tipos "S" tendem a evitar conflitos e a tornar-se passivos quando a situação se torna tensa. Assim, conversamos sobre o seu tipo, sobre como outros experimentam conflitos de modo diferente dela, e como recalibrar seu "conflitômetro" interno para levar em conta que os conflitos serão mais desconfortáveis para ela do que para a maioria dos outros. Exploramos algumas situações do trabalho em que personalidades fortes assumem posturas temerárias em conflitos,

Definições de coaching

"Coaches são especialistas em mudanças, e ajudam líderes a assumirem responsabilidade e a agir de forma a maximizar seu próprio potencial."
"Coaching é a prática das disciplinas de crer nas pessoas com o fim de capacitá-las a mudar."

Tony Stoltzfus

"Coaching é liberar o potencial de alguém para maximizar seu crescimento."

John Whitmore

"Coaching é a arte e a prática de guiar uma pessoa ou um grupo de onde está para a maior competência e realização que deseja."

Gary Collins

"Mentorear é transmitir a você o que Deus me deu; coaching é extrair de você o que Deus colocou em você."

Dale Stoll

para tentar fazê-la refletir antes de ceder.

Sua resposta a oração naquela semana foi sofrer uma colisão traseira no carro por um outro motorista – logo alguém de forte personalidade, altamente "D"! Embora ele fosse claramente o culpado pelo acidente, tentou intimidá-la aos brados para conseguir com que ela pagasse o dano. Embora se sentisse muito desconfortável, sua nova visão de si mesma no conflito a capacitou a permanecer firme e a não ceder.

Gostei de celebrar essa vitória com ela! O fato de ter um coach que a encorajou a entender sua própria experiência de conflito e a de outros fez a diferença para ela.

Tipos de coaching

A comparação do coaching de vida com outros tipos de coaching também pode ser útil. O *coaching de desempenho* é aplicado no local de trabalho para ajudar as pessoas a renderem mais, serem mais eficientes ou melhorarem a produtividade. Enquanto o coaching de vida diz: "Qual é seu propósito e como podemos nos alinhar com ele?", o coaching de desempenho tende a olhar para a missão que já se tem (qualquer que seja) e dizer: "Como poderíamos melhorar?" O coaching de desempenho procura tornar a pessoa mais eficiente no que faz, enquanto o coaching de vida examina quais seriam as coisas para as quais ela foi feita inicialmente.

O *coaching executivo* muitas vezes se concentra em questões de organização, tais como o desempenho da empresa ou sua estratégia de crescimento, sucessão ou marketing. Coaches empresariais começam com a empresa (e então muitas vezes passam a partir daí para a vida pessoal do líder). Coaches de vida começam com a vida pessoal e expandem-se para outras áreas da vida em que aquele propósito precisa ser convertido em ação.

O impacto do coaching de vida

Assim, que diferença fará trabalhar com um coach de vida? Eis alguns benefícios práticos de que os clientes de coaching tiram proveito:

- **Compreensão do seu propósito de vida**

  Proporciona um senso de significado e significância, provê os alicerces para a tomada de importantes decisões de vida e oferece orientação para o modo de levar uma vida com propósito.

- **Alinhamento com valores essenciais**

  Aumenta a satisfação com a vida, reduz o estresse e a frustração na medida em que se faz o que importa em vez daquilo que se espera ou que a vida nos empurra.

- **Eliminação de coisas que são toleradas, mas não benéficas**

  Libera energia para perseguir alvos importantes na vida enquanto aumenta o prazer na caminhada.

- **Identificação e superação de obstáculos internos**

  Solta a pessoa e move-a avante, proporcionando a libertação de irritantes temores e dúvidas sobre si mesmo que sempre desejou.

- **Criação de planos de ação para o propósito de vida**

  Cria um movimento real em direção ao propósito da vida com a sensação de que a vida está indo para algum lugar.

- **Obtenção de clareza sobre o chamado de Deus**

  Maior obediência ao nosso Senhor, intimidade no relacionamento com ele e impacto para o Reino de Deus.

- **Revelação da mão de Deus guiando sua vida**

  Cria admiração, amor e adoração por nosso Criador.

Às vezes, a melhor resposta a "Por que eu necessitaria de um coach de vida?" é sua própria história pessoal. O que o coaching já fez por você? Eis um exemplo de um coach compartilhando como ele foi influenciado ao receber coaching para uma transição importante na sua vida:

> *"Finalmente puxei o gatilho do coaching porque jamais enfrentara um período decisório tão crítico na minha vida, e eu não queria perder nenhuma oportunidade de ouvir algo de Deus e de me sintonizar no que ele fosse fazer em mim e por meu intermédio... Coaching custa tempo, dinheiro, esforço, mas os resultados não têm preço. Não só tenho alguém comigo que crê no que sou, mas alguém capacitado a*

desafiar-me a pensar fora do usual a fim de caminhar passo a passo com Deus em direção ao objetivo para o qual ele me criou.

O coaching é uma pechincha perto de tudo que recebi de você. Qualquer uma das pepitas – seja alguma pergunta poderosa, seja um desafio para clarear meu foco e induzir ações para atingir minhas metas – vale muito mais do que todos os custos. Saio das nossas sessões com a sensação de que deveria pagar mais, mas este é o último e maior aspecto a seu respeito. Você cobra um honorário justo, mas paga tanto mais como um servo verdadeiramente generoso que semeia no Reino por meu intermédio. Que preço se poderia estabelecer para isso?"

Definição de termos

Existem numerosos termos similares girando em torno do coaching de vida e nem sempre temos certeza do que cada um significa. Aqui vai uma definição desses termos de um modo que funciona no coaching tanto de cristãos quanto de não cristãos:

- **Paixão:** A energia e motivação internas que tenho para perseguir algo que me importa profundamente.

- **Preparo (ou vivência):** Capacidades aprendidas, credenciais e outros ativos que adquiri ao longo da vida e que aplico para o meu propósito de vida. O contraponto do aspecto "progressivo" para a natureza mais "estável" do perfil.

- **Perfil (ou estilo):** Minhas qualidades inatas ou minha natureza: tipo de personalidade, talentos e habilidades naturais.

- **Chamado (ou vocação):** Um comissionamento externo que aceito com o fim de servir a um bem maior (para cristãos, o chamado é "um comissionamento externo da parte de Deus visando a outros").

Isso nos leva a uma definição geral do **Propósito de Vida:**

*Propósito de vida é a energia da **paixão** canalizada pelo **preparo** e o **perfil** a serviço de um **chamado** maior.*

Esses quatro elementos (paixão, preparo, perfil e chamado) constituem o arcabouço básico do modelo geral de descoberta de propósito de vida de que trata a Seção II. Poderá ser útil definir mais alguns termos relacionados:

- **Missão de vida:** A tarefa central e decisiva que canaliza minha "mensagem" de vida.

- **Realização:** Uma sensação permanente de prazer, significância e satisfação por viver segundo meu propósito de vida.

- **Sonho:** Algo que eu gostaria de fazer algum dia, mas com o que não me comprometi.

- **Visão:** Uma imagem de um futuro ideal em direção ao qual mobilizo recursos (uma visão do reino é uma imagem dada por Deus a respeito de um futuro ideal que conquista minha fidelidade. Não é minha: sirvo a ela e ela serve a outros).

O acréscimo do chamado à definição do nosso propósito de vida desloca o propósito de: satisfazer os meus desejos para sentir-me realizado por meio do serviço a outros. Pessoas que servem e amam algo maior do que

Por que contratar um coach de vida?

Eis algumas respostas possíveis para o caso de um cliente em potencial duvidar que coaching de vida valeria a pena:

- "O que valeria para você conhecer seu chamado e ter um plano para cumpri-lo?"

- "Que resultado de um trabalho conjunto lhe pareceria ser um grande sucesso?"

- "Como seria se daqui a cinco anos você não tivesse avançado nada em saber o que você quer fazer na vida?"

- "Sonhe por um minuto: que diferença faria para sua vida atingir este alvo?"

- "Que tipo de sucesso você tem tido em perseguir este alvo sem ajuda externa?"

- "Eis aqui alguns resultados e benefícios que meus clientes conseguiram ao receber o coaching..."

- Compartilhe sobre o impacto do coaching em sua própria vida.

elas têm um senso de propósito maior na vida, e isso se aplica tanto a cristãos quanto a não cristãos. Assim, certas pessoas encontram um senso de propósito em atender a um comissionamento externo de sua pátria, cultura ou tribo que não é um chamado da parte de Deus. Como Deus projetou a vida de modo a ela funcionar melhor quando abençoamos outros (e pior quando nos tornamos egocêntricos), o simples fato de essas pessoas servirem alinha-os ao modo de vida para o qual Deus as criou. Isso não significa que sejam cristãs – quer dizer apenas que provavelmente encontram mais prazer genuíno na vida do que aqueles que a gastam em busca de si mesmos.

Distintivo do coaching de vida cristão

Para criar uma definição distintivamente cristã do que seja propósito de vida, temos de alterar um ponto:

> O propósito de vida do cristão é a energia da paixão canalizada através do preparo e do perfil a serviço de *um chamado proveniente de Deus.*

Para os cristãos, o chamado vem de Deus. Identidade significa que tranferi a propriedade sobre minha vida à soberania de Cristo, e minha realização se encontra em um reino que não é deste mundo. A ideia de largar aquilo que podemos ganhar na vida e viver para servir a Deus é um dos diferenciais do coaching cristão.

Outro diferencial é que o propósito de vida cristão se fundamenta na ideia da eternidade. Cremos que existe uma recompensa real e definitiva e um julgamento definitivo na próxima vida. Isso nos leva a prestar coaching para o que chamo de "viver voltado ao céu" – alinhando a vida de modo a maximizar a recompensa eterna em lugar da temporal.

Um dos erros mais graves entre os que prestam coaching a cristãos em relação ao propósito de vida é concentrar-se exclusivamente na criação de bênçãos temporais e em melhorar a vida presente. Alinhar o foco com suas paixões e seu estilo para criar uma vida significativa e satisfatória aqui e agora fica devendo ao plano de Deus para nós. Jesus **não** entregou sua vida em busca de uma existência melhor na terra – *ele buscava fazer na terra algo que criasse um futuro melhor para muitos outros no céu.* Desse modo, o propósito de vida de cada cristão lembra o de Jesus – trata-se de fazer algo que crie um futuro melhor para muitos no céu, não algo que gere uma vida melhor para mim na terra.

Existem muitas situações em que prestaremos coaching a pessoas de forma prática visando a uma vida excelente, mas para que o nosso coaching seja distintivamente cristão, esse ideal de "vida excelente" precisa fundamentar-se na realidade e na primazia da eternidade como objetivo último.

Um diferencial final do coaching cristão é a ideia de definir o propósito em termos de "ser". Nosso chamado principal na vida não é executar uma determinada tarefa, mas encarnar a pessoa de Cristo por meio dessa tarefa. Em outras palavras, somos primeiro chamados a *ser* algo e depois a *fazer* algo que comunique esse ser aos outros.

Definir chamado em termos de ser representa um enorme ganho para o cliente. Embora os astros possam nunca alinhar-se com você para *realizar* tudo o que sonha, nada nem ninguém poderá jamais impedir você de *tornar-se* aquela exclusiva incorporação de Cristo que você foi chamado para ser.

> O propósito de vida do cristão é a energia da paixão canalizada através do preparo e do perfil a serviço de um chamado proveniente de Deus.

Diferenciais

Vamos então resumir cinco diferenciais cruciais do exclusivo coaching de vida cristão:

- **Identidade (senso de pertencer)**

  Promovemos o alinhamento com o Reino mediante nossa identidade com Jesus, enxergando os cristãos como administradores que optaram por organizar sua vida em função dos Seus propósitos.

- **Chamado/vocação**

  Ajudamos as pessoas a descobrir o chamado de Deus para sua vida e a aprender como administrá-la para o Reino em lugar de gastá-la para si mesmo.

- **Entrega**

  Entendemos que dar é mais bendito que receber e que uma vida de entrega e serviço não é apenas a melhor, mas a mais excelente.

- **Recompensas eternas**

  Procuramos ajudar a quem prestamos coaching a encontrar maneiras práticas de viver visando a recompensas permanentes e eternas em vez de apenas criar benefícios temporários nesta vida.

- **Foco no ser**

  Ajudamos as pessoas a encontrarem o cerne do seu chamado: que seu propósito principal não seja o de *fazer* algo pelo mundo, mas de *ser* Cristo para o mundo por meio daquilo que fazem.

2

A VIDA COM PROPÓSITO

"Quando estou focado, não haverá nenhum objeto, pessoa, nada que possa barrar meu caminho ao fazer algo. Não há. Se eu quiser algo com suficiente intensidade, sinto que chegarei lá."

Michael Phelps, nadador olímpico

Michael Phelps, ganhador de oito medalhas de ouro na Olimpíada de 2008, já entrou na piscina antes do seu primeiro aniversário. Suas irmãs maiores nadavam para competir (uma delas chegou muito perto de ingressar na equipe olímpica) e, seguindo os passos delas, ele desenvolveu tanto o amor pela natação quanto um feroz desejo competitivo. Quando tinha apenas 11 anos, seu treinador, Bob Bowman, reconheceu nele um raro talento. Além do seu físico de nadador (mãos e pés grandes), uma envergadura anormalmente grande, tornozelos extremamente flexíveis e altura final de 1,99 m, o rapaz tinha capacidade de trabalhar duro e uma calma sobrenatural sob pressão que lhe proporcionava um tremendo potencial.

Phelps identificou cedo na vida algo para o que ele tinha sido feito e se dedicou completamente àquilo (em determinado ponto, treinando cinco horas por dia, todos os dias, por cinco anos). Perseguindo seu sonho olímpico, amealhou milhões em patrocínios, conquistou reconhecimento mundial e tornou-se o nadador mais premiado em toda a história das Olimpíadas.

Outro dia acompanhei uma entrevista dele a respeito do seu novo livro, Sem limites. O entrevistador reconheceu o incrível regime de treinamento e a disciplina de Phelps e depois formulou uma pergunta que atinge o cerne da ideia do destino: O que ele fez teria sido possível para outros? Ou foi algo para o que ele tinha um dom exclusivo, que ninguém outro poderia fazer mesmo com máximo esforço?

Phelps respondeu aludindo ao título do seu livro. "Penso ser possível... se alguém se concentra nisso e o quiser com tanta intensidade, qualquer coisa será possível."

Nesta geração, o conceito de propósito tornou-se um tema poderoso na psique ocidental. Adotamos a suposição de que toda pessoa tem um propósito de vida alcançável, e que detectar e perseguir esse propósito conduzirá a uma vida satisfatória e significativa. Trata-se de uma extensão do sonho americano original – de que este é um país de oportunidades no qual qualquer um que trabalhe duro pode "chegar lá", não importa sua origem social ou econômica. O propósito de vida expande esse ideal da vida boa para além do sucesso financeiro e social para oferecer também significância e realização pessoal. É vida e liberdade com ajuda extra para perseguir a felicidade.

Este novo tema oferece muito a celebrar para os cristãos. A ideia de sermos singulares e termos uma contribuição exclusiva a oferecer agrega valor à vida humana individual. A suposição de que o destino é para todos e não apenas para alguns grandes líderes eleitos representa uma defesa vital contra lideranças controladoras ou autoritárias. A possibilidade de encontrarmos nosso destino inspira-nos a deixar um legado para outros em vez de devotar toda a nossa energia a obter o que queremos.

A ideia de destino também nos conduz inexoravelmente em direção ao Criador – caso contrário, de onde teria vindo esse destino embutido em nós? Destino significa que fomos feitos para algo e que a vida se desdobra segundo um plano. Um plano só pode existir se houver um planejador. A possibilidade de sonhar com nosso próprio destino soa bonita, mas, em última análise, nos deixa vazios. Se não existir Deus nem vida futura, nosso destino morre conosco. Um objetivo que não faça de nós uma parte de algum propósito maior perde muito da sua significância.

Esse novo foco da sociedade em um propósito de vida também sinaliza uma mudança em nossa definição de sucesso. No passado, o dinheiro, o poder e a reputação eram os padrões de medida. Agora, porém, o sucesso também se define por aquilo que proporciona satisfação, prazer e significância. Muitos ainda vivem como se prosperidade e fama fossem a via para uma vida boa, mas as pessoas estão cada vez mais deixando para trás esses velhos ídolos. Alguns buscam significância em causas como a salvação do planeta ou em trabalhar por um bom governo, enquanto outros focalizam relacionamentos em vez de conquistas, e ainda outros abandonam as ambições tanto sociais quanto de carreira para viver uma vida mais simples. Esta é uma grande oportunidade para a cristandade – a busca do prazer na vida torna-se bem mais provável quando conduz a Deus do que uma corrida atrás de dinheiro ou poder.

Testando nossa imagem do propósito.

Todavia, o novo ideal de propósito de vida também implica afirmações que os cristãos precisarão testar. Assim, por exemplo, Michael Phelps repete a visão tantas vezes divulgada de que podemos realizar qualquer coisa com que sonhemos. Não haveria limites para as conquistas humanas. Entretanto, permito-me discordar de Phelps – meço 1,80 m, tenho braços curtos e mãos pequenas, e esforço extraordinário algum *jamais* me transformaria em um nadador de calibre olímpico.

Como separar a verdade da ficção na área do propósito de vida? Um teste simples é conferir se nossos ideais realmente funcionam na vida real. A ideia de "nenhum limite" não funciona (é engraçado como essas velhas ideias sempre voltam – o conceito de "nenhum limite" encontra-se em uma das mais antigas histórias da Bíblia: na torre de Babel). Deus nunca diz que podemos ser e fazer qualquer coisa. Mas se abraçarmos plenamente nosso destino e crescermos exatamente para dentro daquilo que ele nos criou para ser, realmente viveremos.

Outro credo sobre propósito de vida que precisamos examinar bem é a visão de que levar essa boa vida saudável e próspera seria algo que Deus nos promete. Em círculos ministeriais esse ideal é muitas vezes expresso como o "direito inato do cristão" – que os cristãos que aprenderem a operar na esfera da fé poderiam apropriar-se de todas as promessas de Deus, que nos destinou a levar uma boa vida maravilhosa, próspera e isenta de perturbações.

Mas será que isso realmente é verdade? Outra boa verificação de um princípio de propósito é se funciona nas vidas reais relatadas na Bíblia. Será que a teologia do direito inato do cristão é coerente com o que sabemos ter efetivamente ocorrido na vida, digamos, de Paulo? Se o autor de metade do Novo Testamento foi afligido com coisas como naufrágios, açoites, fome e noites insones, possivelmente tenhamos de reconsiderar essa ideia.

Um terceiro conceito que requer um reexame é que a conquista do propósito de vida estaria nas mãos de cada um. Preservar aquilo que Deus tem e viver obedientemente é tudo que se precisa fazer para ganhar esse legado. Podemos testar isso perguntando: "Será que essa ideia se mantém verdadeira em qualquer cultura e em cada período da história, ou será exclusiva de alguns contextos no século 21?" Pense nos cristãos perseguidos em Roma no primeiro século ou naqueles mortos na faxina étnica em Ruanda, ou nos pastores chineses presos por causa da sua fé. Em que sentido estes têm cumprido sua missão de vida?

Essa ideia me lembra um amigo comprometido, missionário vitalício que morreu subitamente de um ataque cardíaco entre os 40 e 50 anos de idade. Ele deixou duas crianças e a esposa – duvido que no dia da sua morte ele estivesse em festa por ter completado a obra da sua vida.

Vivemos em um mundo perigoso e ninguém sabe quantos dias ainda tem pela frente. Guerras, perseguição, doenças, crises financeiras e uma miríade de outras circunstâncias podem interferir nos planos mais bem elaborados. Podemos levar uma vida de grande obediência a Deus e jamais ter a chance de viver nossos sonhos. O que podemos fazer é viver a cada momento plenamente *voltados* àquilo para o que fomos feitos, e maximizar cada dia. Quer viver de modo a cumprir sua missão de vida? Isso está nas mãos de Deus. Não há garantias.

Mesmo a ideia de que se deva desempenhar neste momento uma função que corresponda ao propósito de vida requer outra visão. Como coaches, tendemos a abordar o propósito de vida como algo independente da idade, do caráter ou da maturidade. Mas após prestar coaching a centenas de líderes, tenho visto poucos convergirem para uma função correspondente ao seu destino até pouco antes dos cinquenta anos. O simples fato de conhecermos nosso chamado não significa que possamos colocá-lo em prática (confira só a vida de José ou de Davi!). Assim, a idade e a maturidade dos seus clientes podem fazer uma grande diferença no modo de atendê-los. Para clientes com menos de 50, o mais útil será orientar em direção ao *processo* de desenvolvimento de destino em vez de tentar conduzi-los à função do seu destino.

Seu propósito dentro dos propósitos de Deus

Como o fato de ter sido criado implica a existência de um Criador, o ponto de partida para entender o propósito de vida será captar os propósitos gerais de Deus para a humanidade. Em Efésios 2, Paulo declara que seu propósito é "mostrar a imensurável riqueza da sua graça para conosco em Cristo Jesus". A intenção fundamental de Deus para o Universo é simplesmente amar-nos. Estamos no centro do seu propósito porque estamos no centro do seu amor.

O amor não se refere a você. Refere-se ao objeto do seu amor. Deus não visa àquilo que possa extrair do seu relacionamento com você. Não está tentando conquistar sua lealdade nem necessita da sua adoração e não está de anzol em punho tentando recuperar algo. Ele já está completo. Não tem necessidades. Mas ao contrário de torná-lo distante e desinteressado, sua já efetiva plenitude é o que lhe permite amar-nos com abandono incondicional, imensurável e superlativo. É justamente por Deus não precisar de nada de nós que ele pode amar-nos incondicionalmente.

Quando a Escritura diz que o amor "não busca seus próprios interesses" (1Co 13.5), ela descreve o próprio Deus. Deus é amor e a Deus interessa o amor, não algo que ele deseje. Deus não está preocupado consigo mesmo.

Esta é a razão pela qual Jesus é tão enfático quanto a não viver para si mesmo: focalizar suas próprias necessidades e levar a vida para si mesmo é completamente alheio a Deus. Como entender um Deus que se dá inteiramente em nosso favor quando se é o completo oposto? O único meio de ter qualquer espécie de relacionamento mútuo com um Deus totalmente doador é aprender a também entregar e a amar livremente. De outra forma, nada haverá em comum. *A vida em busca de gratificação pessoal distorce de tal forma o coração humano que se torna literalmente impossível compreender o coração de Deus.*

> A vida em busca de gratificação pessoal distorce de tal forma o coração humano que se torna literalmente impossível compreender o coração de Deus.

Aquilo em que nos concentramos e que tornamos prioridade em nossa vida é aquilo que amamos. O primeiro amor da nossa sociedade consiste de coisas. Mas literalmente não é possível amar Deus e coisas ("mamom") porque a entrega do coração a um tornará incompreensível o amor ao outro.

Eis aqui uma analogia. Em vários momentos de sua infância, nossa filha desejou desesperadamente frequentar a escola pública (praticávamos o ensino doméstico) a fim de estar com seus amigos. Os amigos eram o que havia de mais importante em sua vida. Ela nos alfinetava, jogava mamãe contra papai, resmungava ocasionalmente, mas não foi. Tornou-se solitária, perdeu seu círculo de amizades no bairro e a vida era dura.

Naquele tempo, foi difícil para ela enxergar-nos de qualquer outra forma que não fosse como arbitrários e controladores. Estava tão fixada naquilo que imaginava torná-la feliz que não conseguia enxergar o quadro maior. Por estar focada nela mesma, o instinto foi ver-nos também como egoístas.

É claro que há uma história por trás de tudo isso. Alguns anos antes, ela voltou certo dia para casa da escola e disse: "Quando não se tem nenhum amigo, para que serve a vida?" Ela realmente estava miserável naquele ambiente traiçoeiro de garotas da quinta série na escola. Aquele comentário foi um alerta para nós como pais, e depois de um bocado de oração e conversa decidimos fazer alguns sacrifícios importantes em nossa própria vida. Assim, aquilo que lhe parecia tirar sua felicidade destinava-se, na verdade, a proporcioná-la. E o que lhe parecia uma decisão egoísta de nossa parte foi na verdade um enorme sacrifício da minha esposa em favor dela (a propósito, hoje ela está muito feliz por termos feito o que fizemos).

Tendemos a ver os outros através das lentes do nosso próprio caráter. Se formos honestos, presumiremos que os outros também o serão. Se mentirmos e manipularmos para conseguir o que queremos, ficamos constantemente de sobreaviso para não sermos enganados. A única maneira de realmente passar a conhecer Deus é tornar-se mais parecido com ele, porque se não o fizermos, sua divindade será obscurecida pela nossa insuficiência.

Transformação como propósito

É por isso que, no nível mais fundamental, nosso propósito de vida é nos tornarmos como Cristo, de modo que possamos ingressar plenamente em nosso relacionamento amoroso com ele. Somos primeiramente chamados a *ser*, a encarnar Cristo, e depois a *praticar* esse ser. Nossa missão de vida (aquilo que fazemos) é simplesmente o canal para revelar o Cristo dentro de nós.

E, como Deus é amor, deixá-lo revelar-se por meio daquilo que fazemos significa amar os outros. Esta é a missão da nossa vida. Somente uma vida focada no amor e em servir aos outros atende ao padrão de se parecer com Jesus.

> No nível mais fundamental, nosso propósito de vida é nos tornarmos como Cristo.

O impressionante é que, à medida que nos concentramos em dar em vez de receber, as bênçãos temporais de prazer, satisfação e significância nos alcançarão mesmo quando não as perseguimos.

Encarar o cerne do propósito de vida como encarnação em que nos transformamos e não em uma missão a cumprir pode fazer uma enorme diferença na trajetória da nossa vida. Por exemplo: o sonho do meu pai foi ensinar em uma das faculdades da nossa denominação. Ele tinha um cargo ali, mas não pôde ser efetivado porque tinha apenas o mestrado. Assim, ele saiu de lá para fazer seu doutorado na esperança de obter um emprego de longo prazo quando retornasse.

No entanto, quando se graduou, passou um período difícil para encontrar qualquer cargo que fosse, abandonado dentro da denominação. Os bons empregos em sua área tinham muitas vezes centenas de pretendentes e, por fim, ele aceitou algo que não era bem aquilo que buscava.

Anos depois, ganhou novamente a oportunidade de obter o emprego dos seus sonhos; na ocasião, em sua própria faculdade de origem. Foi um dos dois candidatos finais ao posto – e então a faculdade decidiu que precisava de maior equilíbrio entre homens e mulheres no departamento e lhe ofereceram apenas um contrato de um ano, deixando-o ferido e frustrado. Quando o posto se tornou novamente disponível daí a um ano, ele nem se candidatou. Meu pai sentiu que o sonho da sua vida se frustrara porque não pôde *fazer* o que desejava no lugar que ele mesmo visara. Se ele tivesse tido noção do seu propósito em termos de *ser*, teria percebido que, *de fato*, o cumprira.

A função que meu pai buscou foi apenas um envoltório para o seu propósito. O verdadeiro desejo de seu coração foi comunicar aos outros sua admiração e amor com o conhecimento da natureza. O cargo de professor que ele pensava ser sua função era meramente um veículo. Mas como errou o veículo para o cerne do seu chamado, ele perdeu parte do prazer do seu destino que estava aí à mão.

A bênção

Essa dolorosa história revela um dos mistérios do propósito de vida: o foco nas funções, missões e recompensas alheias ao propósito é um beco sem saída. Só se nos focarmos naquilo que imaginamos *ser* é que teremos as bênçãos de viver com propósito.

Isso também nos mostra como as bênçãos temporais se encaixam no propósito de vida: como *subprodutos* de colocarmos o principal em primeiro plano. Se nos concentrarmos em dinheiro, sucesso ou fama como objetivo, poderemos ganhar essas coisas – mas a realização que buscamos *por meio* delas nos escapará entre os dedos. É como Jesus disse: "Quem achar sua vida, vai perdê-la". Assim, Deus se torna difuso e distante porque nossa capacidade de conhecê-lo diminui – passamos a girar em torno de nós mesmos. Se nos concentrarmos na missão ou nas tarefas como o principal, nossa atuação acabará por tornar-se oca e sem impacto porque não colocamos a razão plena para o cumprimento da tarefa em primeiro lugar: canalizar o Cristo incorporado em nosso ser.

Por outro lado, se priorizarmos o principal, poderemos nunca ter dinheiro, sucesso ou fama – ou mesmo saúde ou liberdade – mas a alegria e realização que todos tentamos encontrar por meio dessas coisas serão amplamente nossas. Quando Paulo cantou louvores acorrentado na prisão, experimentou uma paz e um propósito mais profundos do que o poderoso carcereiro que detinha as chaves da sua cela.

Em termos práticos, o principal propósito de vida de um indivíduo centrado em Deus nunca consistirá em ser financeiramente independente ou capaz de fazer tudo o que desejar quando se aposentar, ou viajar pelo mundo ou ter sucesso na carreira. Tais objetivos são mesquinhos e egoístas – olham para dentro, para meus próprios desejos e necessidades, enquanto o amor olha para fora, para os desejos e as necessidades dos outros. É verdade que, como gente, nunca estaremos isentos de necessidades básicas ou da necessidade de lhes dar atenção. Mas mesmo em assuntos como comida, vestuário ou abrigo, Jesus insiste conosco em confiá-los inteiramente a ele e em "buscar primeiro o seu reino e sua justiça, e todas essas coisas lhes serão acrescentadas" (Mt 6.30-33).

Três níveis de propósito

Poderá ser útil para a nossa compreensão recorrer às Escrituras e classificar os propósitos de Deus para a humanidade em algumas categorias. Em Efésios 1, Paulo discute nosso destino: fomos escolhidos "antes da criação do mundo, para sermos santos e irrepreensíveis em sua presença" e fomos predestinados para sermos adotados como filhos. A passagem conclui com o propósito supremo de Deus: "de fazer convergir em Cristo todas as coisas, celestiais ou terrenas" (Ef 1.10). Paulo enxergava nosso objetivo final como *estar junto* de Deus em Cristo, no Reino dos céus. Recebemos agora o Espírito Santo como penhor dessa herança: ele vive em nós agora, de modo que podemos ter certeza de estar com Jesus no céu. Todos os outros objetivos de Deus para a humanidade derivam deste propósito.

Paulo também fala do propósito em termos de uma missão de vida que ele teria que cumprir: "Embora eu seja o menor dos menores de todos os santos, foi-me concedida esta graça de anunciar aos gentios as insondáveis riquezas de Cristo" (Ef 3.8). Isso deverá ser feito "de acordo com o seu eterno plano que ele realizou em

Os propósitos de Deus

Lógica		Resultado final
Edificar o Reino em você	Estar com — O cerne	Recompensa final: Filho de Deus
Levar o Reino ao mundo	Atuação missionária — O chamado	Grandeza no Reino de Deus
Experimentar o bem no mundo	Bem-estar temporal — O estilo de vida	Consome-se no fogo

Cristo Jesus, nosso Senhor" (3.11). Esta conexão é crucial. O propósito eterno de que Paulo fala é o propósito primário mencionado acima: *estar junto*. O propósito de *fazer* em nossa vida – nossa missão de vida – precisa subordinar-se e alinhar-se com o propósito de *estar junto,* que é o objetivo final de Deus.

Eis o que isso significa em termos práticos. A primeira prioridade de Deus somos *nós:* é manter um relacionamento amoroso conosco e levar-nos à união com ele.[1] O ser vem em primeiro lugar; o fazer, em segundo.

---

1   Tornar-se como Cristo é o que leva mais do nosso ser à união com ele – é o que aumenta o seu Reino em nosso coração. Confira Rm 8.28s, onde ser chamado segundo seu propósito significa ser conformado à sua imagem.

Realização

O que torna uma experiência (ou uma vida!) verdadeiramente realizada e satisfatória? Eis aqui nove ingredientes de realização, enunciados em termos de recompensas eternas:

- **Aprovação**

   Ouviremos um "Muito bem!" pronunciado sobre nossa vida por nosso Criador, aquele que tem a última palavra. Saberemos que fizemos algo excelente da nossa vida.

- **Reconhecimento**

   Aqueles que ajudamos nesta vida nos saudarão nas habitações eternas com toda honra e gratidão. O sistema de recompensas de Deus inclui o reconhecimento por nossos pares.

- **Realização**

   A grande tarefa efetivamente terminou, a vitória é completa. Combatemos o bom combate, terminamos a carreira e sabemos, sem dúvida, que tudo valeu a pena.

- **Significância**

   Somos parte importante de uma história muito maior – os propósitos de Deus na história – é isso que tem valor definitivo.

- **Celebração**

   Teremos a maior e mais longa das festas e celebraremos tanto aquilo que já foi feito como a chegada de um futuro melhor do que jamais poderíamos ter sonhado.

- **Sacrifício recompensado**

   Investimos tudo nesse reino, veremos os frutos do nosso sofrimento e estaremos satisfeitos. Sofrer por algo adoça a recompensa.

- **Legado**

   O que construímos com nossa vida permanecerá e será conhecido e celebrado para todo o sempre. O tempo nunca o apagará – compartilharemos eternamente a glória do Pai.

- **Intimidade**

   Nosso casamento na família de Deus está consumado. Teremos o prazer de ser plenamente conhecidos, plenamente íntimos, plenamente amados e capazes de amar no melhor dos relacionamentos.

- **Contentamento**

   Estaremos plenos e completos, sem nenhuma falta. Não haverá mais luto, choro ou dor, mas apenas um perfeito contentamento.

Assim, *de vez em quando Deus colocará nossa missão de vida em espera para ter nosso coração*. Se a sua vida (ou a do seu cliente) estiver desequilibrada porque você está se excedendo no ministério, Deus poderá convocá-lo de volta a uma vida equilibrada mesmo à custa do ministério. Ainda que você esteja agindo bem, vivendo segundo o propósito e fazendo diferença, Deus podará sua vida e o conduzirá aparentemente a um ermo improdutivo a fim de obter um controle melhor do seu coração.

Um dos meus clientes é um ótimo exemplo deste princípio. Steve era dono de uma empresa de 40 milhões de dólares e estava totalmente absorvido em sua administração: para a glória de Deus, segundo o seu melhor entendimento na ocasião. No processo de conquista do seu coração, Deus podou a trajetória de vida de Steve para prepará-lo para um crescimento maior. Sua empresa faliu, ele enfrentou uma série de batalhas legais e, finalmente, sua casa se incendiou.

Esses desafios transformaram-no em um homem de oração, em um amigo da solidão e em alguém com um coração a favor das nações. Hoje ele viaja regularmente pelo mundo para treinar líderes e levar homens de negócio a Cristo. Ele me disse várias vezes como está grato a Deus por sua intervenção porque ele chegou a um nível de intimidade com Deus que ele nunca conhecera antes.

Steve aprendeu que, quando Deus configura nossa vida, o crescimento na condição de estar junto assume precedência sobre o crescimento em atuação produtiva. O relacionamento com Deus cresce na medida em que nossa transformação na semelhança de Cristo nos capacita a entendê-lo e a penetrar nele mais plenamente.

Existe ainda um terceiro nível de propósito. Deus não se preocupa apenas com *estarmos juntos* dele (o Reino dos Céus) e com nossa *atuação missionária* que leve seu Reino a outros, mas também com nosso *bem-estar temporal*. "Se Deus veste assim a erva do campo [...] não vestirá muito mais a vocês? [...] o Pai celestial sabe que vocês precisam dessas coisas" (Mt 6.30-32).

Deus deseja o bem para você nesta vida. Quer que você tenha sucesso, que experimente amor e intimidade em seus relacionamentos. Segundo ensina o Catecismo de Westminster, o principal objetivo do homem é glorificar a Deus e apreciar sua companhia para todo o sempre.[2]

---

2   Quando analisamos essas categorias humanas, precisamos levar em conta o fato de que Deus nos ama completamente, com uma totalidade e unidade de propósito que não podemos entender nesta vida. Creio que, para Deus, essas categorias são irrelevantes: ele deseja plenamente nosso bem em qualquer área, o tempo todo. Todavia, quando o amor de Deus é colocado em termos que possamos entender por meio do ensino de Jesus, ele consistentemente prioriza o nosso crescimento no ser e na união com ele acima do nosso bem-estar temporal.

Levando uma vida com propósito

Viver com propósito significa alinhar-se com os três níveis dos propósitos de Deus para nós:

- **Primeiro: profunda intimidade** com Deus e outros, tornar-se uma pessoa plena, com transbordante capacidade de amar.

- **Segundo: uma missão significativa** na vida, compromisso total de ser uma parte exclusiva dos propósitos eternos de Deus e de deixar um legado.

- **Terceiro: alegria na jornada.** A capacidade de contentar-se com sua parte na vida pelo fato de estar enraizado na realidade mais profunda do amor de Cristo.

Todavia, este não é o único propósito para você (ou sequer o primeiro). Sua união com ele e seu crescimento na conformidade com Cristo são muito mais importantes. Assim, *Deus colocará sua felicidade em banho-maria a fim de ganhar mais do seu coração*. Portanto: o sucesso em sua carreira, a segurança financeira, relacionamentos satisfatórios, boa saúde – todas essas coisas Deus pode suprir ou reter para ganhar seu coração porque têm valor incomparavelmente menor do que aquilo que ele tem para você no céu.

Considere o sucesso, por exemplo: uma experiência preparatória comum para os líderes bíblicos é o rebaixamento. Em certos estágios da vida, Deus regularmente afasta líderes (como Davi, José e Moisés) de alguma função importante e de sucesso para uma esfera de influência muito menor com o fim de prepará-los internamente. O caso de Moisés é particularmente pungente – da sua posição de figurão do palácio no Egito foi tornar-se pastor de ovelhas (lembre-se de que os criadores de gado eram desprezados pelos egípcios) e marido. Sua esfera de influência encolheu para seus carneiros e sua esposa, cujo nome adequadamente significa "pardalzinho". Este é um daqueles pequenos detalhes que apontam o senso de humor de Deus – Moisés, o grande crente, reduzido servir a um pardalzinho.

No seu ministério subsequente, a característica definidora de Moisés foi a humildade. Ele imediatamente se dirigia a Deus em qualquer dificuldade para pedir ajuda e orientação. Moisés tornou-se um homem assim no deserto. Deus reteve seu sucesso a fim de ganhar seu coração, e nesse processo Moisés tornou-se o homem capaz de cumprir com sucesso seu verdadeiro chamado. Sem a humildade que ele aprendeu servindo a um pardalzinho, Moisés teria sido um salvador no estilo da política de poder do Egito – totalmente inadequado para criar uma nação a partir do povo escolhido de Deus.

Propósitos em equilíbrio

Contudo, a vida não se resume a focar o ser e excluir tudo o mais. Presto coaching a muitos líderes de ministério que consideram o nível III como antiespiritual e não dignos do seu tempo. Assim, não têm nada na vida que façam pelo simples prazer que lhes dá – nenhum sonho de férias interessantes, nenhum hobby, nenhum tempo de simplesmente apreciar a criação de Deus sem uma agenda ministerial. O problema é que, *se não comungarmos com Deus em todos os três níveis, não teremos uma imagem completa do que Deus é.* Se o nível II, missão, predominar em nossa vida, ela refletirá uma visão distorcida de que Deus se importa principalmente em conseguir que façamos algo por ele.

E esse reflexo será assumido e imitado pelos nossos liderados. A incômoda pergunta corretiva que gosto de submeter a pastores é: "Suponhamos que as pessoas que você lidera sigam o seu exemplo e não aquilo que você diz – que imitem seu modo de vida. Digamos que cada um em sua congregação trabalhasse as mesmas horas que você, sob o mesmo nível de estresse, gastando o mesmo tempo que você com a esposa e os filhos e tivessem os seus hábitos de exercício e alimentação. Se o legado do seu ministério for aquilo que o seu pessoal extrair do seu estilo de vida, o que você acharia disso?" Se formos incapazes de viver em uma das vidas, a ausência dessa revelação do que Deus é se replicará em todos os seus seguidores. Aiaiai!

Coaching e vida abundante

Uma das belezas da vida cristã é que as coisas importantes são extremamente simples. A vida cristã com propósito simplesmente reflete os propósitos de Deus: amar Deus de todo o coração, alma, mente e potenciais (nível I de propósito) e amar o próximo (nível II) e a nós mesmos (nível III) – exatamente o que Jesus disse quando perguntado sobre o que seria o mais importante na vida. Pense nisso: não seria a melhor vida possível aquela com a liberdade, a força e a benignidade de oferecer a quem quer que você encontre as dádivas do amor, de bons relacionamentos, justiça, compaixão e serviço sem nenhuma necessidade de retorno? Imagine viver assim: plenamente em vez de necessitado, isento de qualquer ambição por segurança, significância ou aceitação, livre de medo e de lutas íntimas, com recursos internos para sempre oferecer o melhor àqueles que o cercam. Seria uma vida transbordante e abundante!

Em geral, os principais representantes do movimento de coaching concordam com Jesus a respeito dessa imagem de uma vida transbordante como sendo uma vida boa. Insistem em criar uma superabundância que permita viver livre de aflição e estresse, gozar segurança, doar a outros e perseguir as oportunidades que a vida oferece. Todos concordamos em que ter mais do que o suficiente e não ser necessitado sejam ingredientes essenciais de uma vida excelente.

A corrente majoritária do coaching tem ensinado um conceito chamado "extremo cuidado próprio" como via para uma vida maximizada e abundante. Tudo começa com você. Assuma a responsabilidade por sua vida. Descubra os drenos de energia e tape-os. Aprenda a dizer "não". Alinhe-se com os seus valores. Livre-se de relacionamentos perniciosos que arrastam você para baixo. Não tolere as coisas – mude-as. Descubra o que mais tem a ver com você e persiga-o. Dê a si mesmo o que você deseja à pessoa que você mais ama. Cuide acima de tudo de você mesmo.

> ## MÁ INTERPRETAÇÃO DAS ESCRITURAS
>
> - *"Busque primeiro conseguir a herança financeira que é o seu direito inato como filho de Deus, porque você merece que todas essas coisas lhe sejam acrescentadas."*
> - *"Porque o amor ao dinheiro é a raiz de toda realização; aqueles que nunca enriquecem ... ferem seu coração com muitas dores."*
> - *"Seja sua atitude em relação a você a mesma de Cristo, que, embora fosse igual a Deus, não considerou que isso fosse suficiente, de modo que construiu um império ministerial, e incentivou muitos outros a servirem a essa sua visão, para que toda língua confessasse que fantástico líder ele foi."*
> - *"Porque ninguém que busque viver piedosamente em Cristo será perseguido, nem enfrentará qualquer espécie de luta ou sofrimento."*

Tomadas individualmente, todas essas iniciativas podem ser apropriadas. O problema aparece quando tentamos alinhar esse modo de pensar com os três níveis dos propósitos de Deus. A corrente majoritária do coaching de vida diz que se tratarmos a nós mesmos realmente bem, assim como trataríamos nosso melhor amigo, nossa vida será excelente e os outros em torno de nós também se sentirão bem tratados. Em outras palavras, o nível III vem em primeiro lugar: *para ter uma vida excelente, cuide primeiro de você.* É aí que a corrente majoritária do coaching e o cristianismo divergem. Jesus diz exatamente o contrário: *Para ter uma vida excelente, morra primeiro para você mesmo.*

Para Jesus, o caminho para uma vida transbordante não é ganhar mais, mas renunciar a tudo em favor dele e viver para servir. "Deem e lhes será dado: uma boa medida, calcada, sacudida e transbordante" (Lc 6.38). Em vez de ganhar para depois dar, trata-se de dar e descobrir que, de algum modo, aquilo retorna. Um superávit no Reino de Deus não é algo que se adquira – ele simplesmente flui através das mãos dos administradores aos quais Deus o deu justamente porque demonstraram que não reterão tudo para si mesmos. Aprender a amar como Jesus é o caminho para uma vida transbordante que alimenta outros – e que nesse processo proporciona realização também para nós.

Não há nada de errado em prestar coaching a pessoas para eliminar fugas de energia, de aprender a dizer "não" ou de alinhar-se com seus valores. As coisas que nos proporcionam saúde e satisfação na vida são parte integrante dos propósitos de Deus. *O problema aparece quando perseguimos primeiramente os objetivos de nível III* e falhamos em mantê-los em equilíbrio adequado com os propósitos mais elevados de Deus.

Quando nosso foco principal consiste de objetivos de nível III, como provisão, felicidade e sucesso, o propósito da vida cristã torna-se simplesmente uma nova versão da doutrina da prosperidade. O erro fundamental da corrente de sucesso e prosperidade não é dizer que Deus deseja abençoar-nos para além de estarmos com Cristo e nos tornarmos como ele (nível I). Deus *de fato* deseja que gozemos saúde felicidade e sucesso na vida. Qualquer pai se alegra em ver seu filho proceder bem e se entristece quando o filho passa fome, está doente ou sofre. Mas o propósito final de Deus é unir todas as coisas nele, e ele admitirá menos dessas boas coisas a fim de nos dar o melhor. Quando a busca do nosso destino girar principalmente em torno do aqui e agora, teremos perdido a visão do que é mais importante.

É aqui que se aplica o coaching. Os coaches ajudam as pessoas a crescerem e a caminharem em direção à excelência no futuro. Para coaches *cristãos*, a imagem de um futuro excelente se delineia em termos de nada menos do que os propósitos eternos de Deus. E, para Deus, estarmos unidos com ele em Cristo para sempre é uma prioridade tão grande que qualquer coisa na terra fica em um distante segundo plano. Portanto, *passei a prestar coaching considerando que o céu é real e que este é o único futuro que importa.*

Se eu orientar um não cristão a um sucesso tal que o mundo esteja a seus pés, mas no processo perder a oportunidade de ajudá-lo a entender como está perdendo sua alma, o que terei conseguido? E se conduzir um irmão cristão à felicidade, à saúde, ao sucesso na carreira e à segurança financeira, mas esse indivíduo não crescer em Cristo, será que realmente o ajudarei?

Ou será que o nosso relacionamento de coaching realmente se tornou um empecilho para praticar efetivamente a vida cristã com propósito?

O maior desafio que o coach de vida cristão enfrenta é aprender como conduzir pessoas ao céu e não apenas a uma boa vida na terra. Esta é a vocação de nível II do coach – ter uma compreensão tão profunda dos propósitos de Deus e de viver tão dinamicamente esses propósitos que qualquer um que trabalhe com eles se veja chegando a um alinhamento mais pleno com os propósitos de Deus do que jamais consideraria possível.

Valores, agendas e influência

Um aspecto que pode nos impedir de orientar alguém agressivamente em direção ao céu é como conciliar essa ideia com a metodologia do coaching. A questão poderá apresentar-se como algo assim: "Se orientarmos as pessoas em direção ao céu, iso estaria fora da nossa agenda? Será que não estamos apenas impingindo nossos próprios valores aos clientes?"

> O maior desafio que enfrentamos no movimento de coaching de vida cristão é aprender como conduzir pessoas ao céu.

É uma excelente pergunta que merece uma resposta firme. O ponto de partida é pensar sobre o que já quisemos e não quisemos orientar. Por exemplo: você prestaria coaching a alguém com o fim de perseguir o fracasso na carreira? De transgredir a lei? De tornar-se mais pobre, doente ou assustado?

Provavelmente não. Se algum candidato a coaching disser: "Gostaria de encontrar um relacionamento romântico em que seja usado – não me sinto confortável em relacionamentos mútuos", não creio que aceitaríamos isso como meta! Trataríamos primeiro de explorar por que ser usado seria atraente para essa pessoa e então dirigir a conversa para a saúde emocional em lugar disso. Eu não poderia dizer "Sim! Codependência é uma excelente meta – vamos lá!"

Os clientes raramente aparecerão com metas tão grosseiramente doentias, de modo que não tropeçaremos frequentemente em situações nas quais não queiramos prestar coaching. Todavia, o fato de que não consideraríamos certas coisas como metas de coaching apropriadas significa que *já temos um sistema de valores em direção do qual trabalhamos*. Trata-se de algo segundo o que sucesso, saúde, liberdade e realização são bons, enquanto comportamentos autodestrutivos, necessidade, fracasso e desperdício de potencial são indesejáveis.

Este é o sistema de valores para o qual prestamos coaching sem esforço e sem sequer perceber que se trata da ética cultural ocidental. Orientamos as pessoas em direção à vida, à liberdade e à busca da felicidade sem nenhum conflito de valores porque compartilhamos tais valores culturais. No entanto, se o cliente se afastar desse sistema de valores, questionaremos a agenda e nos sentiremos perfeitamente justificados em agir assim. Estamos tão à vontade em nossa cultura que nem percebemos o quanto ela impregna o processo de coaching.

Por trás da questão dos valores existe uma questão filosófica mais profunda: seria possível ocupar uma posição de influência e operar com neutralidade, não permitindo que nossos valores influenciem outros?

Por ocasião dos meus tempos de faculdade, minha expressão se penitenciava de anos de liderança denominacional autoritária e excessivamente controladora. Meus professores na faculdade estavam na vanguarda daquele realinhamento. Por terem crescido sendo ensinados em que deveriam crer, inclusive quanto a detalhes ínfimos, estavam determinados a não nos vigiar – ao ponto de não nos dizerem *nada* a respeito da sua própria fé. Valorizavam a tal ponto a liberdade de escolha em questões de fé (que não tinham quando eram jovens) que escondiam suas próprias suposições por medo de nos influenciarem.

É claro que fracassaram. Com o simples ato de tentar não exercer influência, modelaram um sistema de valores antiautoritário – e a modelagem é uma forma de influência! O resultado foi que toda uma geração de estudantes se bandeou para o polo oposto e se absteve totalmente de autoridade e liderança. A denominação ainda está em processo de recuperação.

Para líderes em funções influentes é impossível não exercer influência. Seus clientes vêm a nós em busca de ajuda – portanto, exercemos uma função influente em sua vida. Nossos valores os influenciarão e modelarão o processo de coaching, não importa o quanto tentemos nos manter neutros.

Sejamos honestos: exercemos influência sobre as pessoas a quem prestamos coaching. Não digo que devamos descartar a moderação e empurrar nossos clientes para tudo o que quisermos para eles. Somos coaches, não mentores ou consultores. Mas retrair-se completamente e operar como se qualquer coisa que o cliente queira seja apropriada, ainda será funcionar dentro de um sistema de valores – se bem que não um sistema bíblico. Não existe um botão de "desligar" que nos permita magicamente ser neutros em relação aos valores dos nossos clientes.

Liberdade *versus* responsabilidade

Existe um meio de aplicar biblicamente a abordagem de coaching. Eis a chave: *O valor bíblico para coaching é responsabilidade pessoal, não completa liberdade individual.* Não prestamos coaching às pessoas para que alcancem completa liberdade para fazerem o que quiserem, mas para assumirem responsabilidade pela sua própria vida e seus atos. Abrimos espaço de escolha para nossos clientes não porque todas as opções sejam igualmente boas ou dignas, mas porque tão somente eles têm o direito e a responsabilidade eternos de fazer escolhas para sua própria vida.

Assim, influenciarei meus clientes para o melhor, concedendo-lhes, ao mesmo tempo, verdadeira liberdade para fazer suas próprias escolhas. Vou apresentá-los à ideia de viver em direção ao céu, empurrá-los no sentido de entenderem que dar é uma bênção maior do que receber e desafiá-los a ser tudo aquilo para o que foram destinados a ser em Cristo. Gostaria de oferecer-lhes todas as oportunidades de encontrar o melhor, mas também é minha responsabilidade evitar pressioná-los, e facultar-lhes a plena responsabilidade de escolher, seja qual for sua decisão. O segredo é dizer a verdade, mas fazê-lo de um modo que os leve em conta.

E não é assim que Deus age conosco? Ele nos permite sermos plenamente responsáveis por nossas escolhas e arranjou o mundo de tal modo

---

Como pôr a opção a perder

Eis aqui cinco técnicas que põem a perder as opções do cliente e violam o princípio da responsabilidade pessoal:

1. **Forneça apenas uma única boa opção**

   "Bem, você poderia desculpar-se."

2. **Forçar divergência com o coach**

   "Penso que você deveria desculpar-se."

3. **Apele para Deus**

   "Deus iria querer que você se desculpasse."

4. **Vergonha**

   "Fico desapontado por você não responder melhor ao desafio."

5. **Culpa religiosa**

   "O procedimento cristão a adotar seria você tomar sua cruz, humilhar-se e pedir perdão".

que sua presença não seja tão avassaladora que nos force a optar por ele, mas, ao mesmo tempo, nos corteja ativamente e nos atrai a deixar o bem (e o mal!) em favor do melhor. Há uma significativa diferença entre a ideia cultural de orientar alguém para os seus próprios valores, sejam quais forem, e a ideia bíblica de orientar a pessoa a assumir responsabilidade por sua vida. Como coaches cristãos modelamos nossa abordagem com base em como Deus trabalha conosco.

Orientando os níveis de propósito

Os níveis de propósito não são mera teoria: podem também ser utilizados como ferramenta prática de coaching. Eis um exemplo de como orientar um cliente através dos níveis de propósito a fim de ajudá-lo a alinhar-se com os propósitos de Deus.

"Então, Tom, pelo que ouço, você não tem muito prazer na vida."

"É o que eu acho. A vida me parece cinza e eu vou levando sem nenhum prazer em tudo isso."

O cliente começa engrenando a vida no nível III: quero mais prazer na vida.

"Certo. Então, imagine algumas providências simples e práticas para tirar mais prazer da vida. O que você gosta de fazer?"

"Bem, gosto de poder me levantar de manhã, tomar uma xícara de café e ler o jornal em vez de correr direto do chuveiro para o trabalho."

O coach ajuda Tom a desenvolver opções práticas no nível III.

"Está bem. O que mais?"

"Eu gostava de levar o cachorro a passear. Assim podia sair e tinha tempo para pensar. Mas ultimamente passo pendurado no celular enquanto caminho e aí já não é a mesma coisa."

"O que você poderia fazer a respeito?"

"Acho que poderia deixar o telefone em casa. Seria bem mais tranquilo."

"Soa bem. O que mais lhe daria prazer?"

"Não tenho certeza."

"Certo. Eis aqui outro modo de pensar a respeito. Digamos que haja mais bênção em dar do que em receber, ou seja, que você poderia ganhar prazer na vida ajudando outros. Que opções isso lhe ofereceria?"

No momento em que Tom começa a não ver mais opções, o coach o convida a pensar no nível II. O coach aplica as Escrituras para formular o convite, mas então pede opções para transmitir a Tom a mensagem que não busca apenas respostas religiosas.

"Boa pergunta. Uma coisa que poderia dizer assim de pronto seria executar pequenos serviços em casa para a esposa. Seria divertido. Gastar alguns minutos para pendurar um quadro ou consertar uma porta é sempre bom para um sorriso e um abraço – e às vezes para um bocado mais!", acrescenta Tom com ar travesso. "É mais divertido ainda fazer algo quando ela não está para depois deixá-la descobrir aquilo."

"E o que acontece então?"

"Ela aprecia um pouco de dança. Aliás, sempre gostou de dançar. Paramos de frequentar aulas de dança há anos, mas talvez pudéssemos pôr alguma música e dançar na sala de estar. Desde que nos livramos de alguns móveis temos bem mais espaço."

"Parece que realmente a ficha está caindo! Vamos dar mais um passo adiante. Sei que seu relacionamento com Deus é importante para você. O que traz vida e prazer a isso?"

Aqui o coach insinua ideias de nível I em torno do relacionamento do cliente com Deus.

"Hummm. Tenho que admitir que ele também anda um pouco deteriorado ultimamente."

"Então, o que você fazia de vitalizante no passado?"

"Uma das coisas foi que a leitura de romances sobre personagens bíblicos tornava as Escrituras mais vivas. Quando morávamos no Ohio, eu passava os domingos à tarde em uma rede sob um grande carvalho, apenas lendo e tomando limonada. Parecia que Deus e eu líamos aqueles livros juntos", lembrou Tom com saudade. "Foram bons tempos."

"Você teria como fazer isso? Será que algo assim ainda lhe agradaria?"

"No momento tendo a me jogar no sofá aos domingos para assistir a esportes. É bacana ter a expectativa de desligar um pouco, mas não posso dizer que me sinta muito satisfeito depois.

"Então, se não é satisfatório, o que o induz a fazê-lo?"

"Talvez seja o cansaço. Talvez só porque não tomei o tempo de encontrar um bom livro e a TV está aí à mão."

"Então, se você tivesse sobre o seu criado-mudo uma pilha de três desses livros que você com certeza apreciaria, isso faria diferença?"

"Sabe que isso parece muito bom? É como se eu tivesse esquecido que despender algum tempo com Deus pode ser prazeroso e não apenas algo a abater da minha lista. É hora de preparar uma limonada!"

O coach expressa a suposição de que Tom poderá recuperar coisas que ele gosta de fazer com Deus – com o cuidado de excluir sentimentos de culpa religiosos e permanecer realista.

Interessante: a solução de nível III do cliente não lhe proporciona o prazer que ele busca!

A pergunta do tipo "E se?" ajuda Tom a considerar a voltar a ler – e o inspira.

Quando nos conscientizamos do nível em que o cliente pensa, podemos introduzir as possibilidades de pensar em outros níveis – e isso não funciona apenas na orientação para cima: alguns líderes de ministério estão de tal modo presos no nível II executando sua missão que precisam reaprender como experimentar Deus e apreciar a vida nos níveis um e três.

Estruturação da vida visando à recompensa eterna

Outro meio prático de trabalhar em fidelidade a Cristo é convidar os clientes a estruturarem sua vida visando à recompensa eterna. Em outras palavras, descubra o que Deus premia e trate aquilo como um sistema de valores que possa alinhar com sua vida. A ideia é de começar a agir como se o céu fosse real, as promessas de recompensa eterna sejam verdadeiras e que vale a pena vender tudo para buscar essa pérola de grande valor.

Jesus considerou a estruturação da vida visando à recompensa eterna como parte integrante do discipulado. Só o Evangelho de Mateus registra mais de 40 modos (veja o exercício 2.1 na página 47) de preferir tesouros celestes a recompensas na Terra. Esses exemplos implicam abandonar coisas temporais em troca das eternas, ir além daquilo que o mundo faz a fim de agir como Deus em relação aos outros e abrir mão de aplauso temporal a fim de ser honrado por Deus.

Por exemplo, uma das máximas bem familiares é não deixar a mão esquerda saber o que a direita faz quando se doa algo. Se chamar a atenção para as nossas boas obras servir para beneficiar nossa reputação, esta será toda a nossa recompensa. Entretanto, se estivermos dispostos a mantê-las em segredo entre nós e Deus a favor da outra pessoa,[3] Deus não poupará esforços em ele mesmo nos honrar. Se alinharmos o nosso modo de dar com esse princípio, estruturaremos nossa vida visando recompensas eternas.

Anos atrás prestei coaching a um pastor auxiliar chamado Ed em meio a um conflito difícil. Pete, um ex-presbítero da igreja, ficou ferido com algo que Ed disse. Em vez de falar sobre aquilo que foi, em grande parte, um mal-entendido, ele passou a tentar conseguir a demissão de Ed manipulando pelos bastidores e espalhando sua versão distorcida do que ocorrera. Ed, por sua vez, sentiu-se ferido e traído quando descobriu o que acontecia, tratou de se justificar quando seu pastor sênior o apoiou e ficou aliviado quando Pete finalmente deixou a igreja.

Quando, em uma conversa de coaching, Ed revelou o que acontecera, perguntei se ele tomou a iniciativa de perdoar Pete e de pedir perdão. A ideia de perdoar foi bem aceita, mas pedir perdão decolou como um balão de chumbo. Essencialmente, a posição de Ed foi: "Ele me atacou – por que eu haveria de pedir desculpas por algo que foi basicamente um erro total dele?" Ed estava lidando com a situação no nível I – desejando que Deus o justificasse e mudasse as circunstâncias.

Para fazer Ed pensar em um nível diferente, ofereci este desafio: "Você pode lidar com essa situação em termos de quem tem razão ou do seu relacionamento com Deus. Digamos, a título de argumento, que Pete tenha 95% de culpa – por que não encontrar Deus e obter tudo o que ele tem a lhe ensinar sobre os seus cinco por cento, não importa o que Pete faça? E que procedimento melhor

---

3   Creio que uma das razões por que Deus instituiu este princípio foi para que o destinatário receba nossa dádiva como se viesse de Deus e não de nós. A dádiva anônima proporciona uma maravilhosa oportunidade ao recebedor de reconhecer Deus como seu provedor pessoal, em vez de enxergá-lo indiretamente através de outros. E como estivemos dispostos a abrir mão daquilo destinado a nós a fim de que alguém outro pudesse encontrar Deus, ele nos favorece particularmente. Não damos em segredo para conseguir algo em retorno. Damos em segredo porque aquilo maximiza o impacto no nível I (pessoas sendo atraídas à companhia de Deus) por meio do nosso ato de serviço no nível II.

traduzirá aquilo que você realmente é: tomar a iniciativa de restaurar em seu relacionamento o que você possa ou de largar a bola no campo dele?"

À medida que conversávamos, Ed começou a perceber que aqui havia mais em jogo do que apenas sua honra. Pete havia sido seu amigo por anos e, assim, sofria por causa da quebra do relacionamento. Ele também entendeu que teria a oportunidade de passar de uma postura defensiva para uma de cura se preferisse encaixar-se nos propósitos de Deus em um nível mais elevado.

Nessa situação, não haveria muito ganho temporal em ir desculpar-se – de fato, requereu esforço e colocou Ed em uma posição de humildade e vulnerabilidade diante de alguém que o agredira. Se tudo que buscássemos por meio do coaching fosse felicidade nesta vida, poderíamos dizer: "Deixe o Pete para lá e gaste seu tempo com pessoas que o edifiquem e valorizem o que você é em vez de puxá-lo para baixo". Parte da literatura da corrente predominante em coaching aconselha essa abordagem. Contudo, nós estamos prestando coaching para a eternidade, de modo que podemos dizer: "Deixar a sua vida para lá em favor de um amigo é grandeza aos olhos de Deus. Este é o momento para você ser plenamente aquilo que você é em Cristo neste mundo – e isso é algo pelo que vale a pena viver!"

Incorporando a qualidade de Cristo

Outro meio prático de viver voltado ao céu é escolher uma qualidade do coração de Deus que se queira modelar. Em seguida trata-se de rearranjar a vida e trabalhar no sentido de expor essa faceta do coração de Deus de um modo tão sobrenatural que tenha uma fragrância de eternidade. Trata-se de um excelente meio de passar do pensamento em nível II para o do nível I – em vez de fazer algo por Cristo, o foco será ser como ele. De fato, o cerne do seu chamado para incorporar um único aspecto do coração de Cristo e de refleti-lo para o mundo. As perguntas seguintes ajudam a encaminhar o diálogo nesta direção:

- *"Como seria se você fosse além do mero serviço físico? Se você puder expor aos outros apenas uma faceta particular da personalidade de Jesus por meio do seu serviço, de um modo que proporcione às pessoas um encontro com Cristo por seu intermédio, que faceta seria essa?"*

- *"De que modo você poderia estruturar seus negócios ou seu trabalho de modo a demonstrar uma faceta particular do caráter de Cristo?"*

- *Se as pessoas pudessem enxergar uma qualidade do coração de Jesus por seu intermédio, o que você gostaria mais de lhes mostrar?"*

- *"Forneça-me algumas opções sobre como você poderia pôr isso em prática."*

- *Como você poderia encaixar isso em sua rotina diária?"*

EXERCÍCIO:

MODELAGEM DO CORAÇÃO DE DEUS

Tome uma qualidade do coração de Deus para os homens que considere particularmente convincente e busque demonstrá-la a outros. Pode ser misericórdia, generosidade, graça, fidelidade, confiabilidade, amor sacrifical, paciência, gentileza... você escolhe.

Em seguida, ponha a cabeça para funcionar. Encontre dez opções de como demonstrar aquilo por meio do seu estilo de vida, seus hábitos de trabalho ou de negócio.

Lembre-se: estamos tentando produzir aqui a fragrância do céu. O que iria além daquilo que o mundo faz a ponto de as pessoas realmente notarem Deus naquilo que você faz?

Como ficaria isso na prática? Eis um exemplo: escolhi modelar a qualidade da generosidade em minhas estruturas empresariais e na forma de contratar pessoal. Meu objetivo é fazer os que me cercam experimentarem o generoso coração de Deus para o sucesso e o bem deles pelo modo como toco o meu negócio.

O desafio é fazê-lo de um modo que seja suficientemente radical para ter caráter divino, mas sem arruinar a empresa e empobrecer minha família. Um modo que pratico é simplesmente separar tempo para ajudar quem quer que me chame. Se alguém tiver uma dúvida ou necessitar de um recurso ou de uma conexão de rede, tomo tempo para ajudar, quer eu ganhe algo com isso, quer não.

Outra maneira que trabalho é o modo como trato meus fornecedores. Outro dia comprei 200 CDs personalizados e, quando chegaram, tinham o áudio correto, mas todos estavam com rótulo errado. Foi claramente falha do fornecedor e eu poderia simplesmente tê-los chamado para exigir a troca. Em vez disso, tomei dez minutos para orar e pensar: de que modo isso poderia render o melhor para ambos em vez forçá-los a ter prejuízo?

Acabei propondo guardar os 200 estojos (que simplesmente haviam sido impressos para o produto errado) em vez de torrá-los, e no próximo pedido do produto eles me enviariam apenas os discos, mas faturariam os estojos *e* os discos. Não me custaria nada, mas cortaria pela metade o prejuízo deles com o erro de impressão.

Custa-me um pouco do meu tempo pensar em uma solução e reembalar os novos discos, mas note o que ganhamos em troca! O fornecedor poupará centenas de dólares e ganhará uma experiência sobrenatural de trabalho com um cliente que realmente cuida do *seu* sucesso. Meus filhos reembalarão os CDs para mim e ganharão um dinheirinho para suas viagens missionárias de verão, deixando-os felizes. Eu ganho 200 discos com impressão errada que posso doar a outros ministérios para abençoá-los sem perder dinheiro com o negócio. E relatarei ao fornecedor o presente, fazendo-o participar da bênção para alguém outro. Que retorno sobre o meu investimento de duas horas! Para quem se comprometer a buscar recompensas eternas não faltarão oportunidades de fazê-lo. Neste exemplo, o resultado foi benéfico para todos. Às vezes, fazer a coisa certa sai caro. Não existe garantia de compensação financeira ou de honrarias nesta vida por servirmos a Cristo. Mas uma vez que se tenha tomado a decisão a favor do Senhor, não há mais o que discutir. O senhorio proporciona uma bússola infalível que fixa sua atenção naquilo que é eterno. Paulo diz isso assim: "...procurem as coisas que são do alto, onde Cristo está assentado à direita de Deus. Mantenham o pensamento nas coisas do alto, e não nas coisas terrenas. Pois vocês morreram, e agora sua vida está escondida com Cristo em Deus" (Cl 3.1-3).

2.1. O ENSINO DE JESUS SOBRE RECOMPENSAS ETERNAS

Abaixo veja 30 exemplos do Evangelho de Mateus sobre como parar de apostar em recompensas temporais menores e viver visando ao céu.

1. O Sermão do Monte (Mt 5.1-14) refere-se à busca de recompensas eternas:

   - Os pobres são abençoados no reino espiritual, pois ganharão o Reino dos céus.
   - Os que choram serão consolados.
   - Os mansos herdarão a terra.
   - Os que têm fome de justiça serão saciados.
   - Os misericordiosos alcançarão misericórdia.
   - Os puros de coração verão a Deus como prêmio por sua pureza.
   - Os pacificadores serão reconhecidos como filhos de Deus.
   - Os perseguidos ganharão o Reino de Deus como recompensa.
   - Os injuriados por causa de Cristo ganharão grande recompensa nos céus.

2. Quem quer que seja piedoso e ensine outros a sê-lo será grande no céu (5.19).

3. Se *qualquer coisa* em sua vida o desviar do céu, arranque aquilo! (5.29).

4. Se amarmos apenas quem nos ama também, que diferença faremos? (5.46).

5. Se formos amistosos só com nossos amigos, até mesmo o mundo faz isso (5.47).

6. Se formos religiosos para sermos notados e aplaudidos, não haverá mais nenhuma recompensa a esperar (6.1).

7. Dê em segredo e não publicamente, e Deus o recompensará no céu (6.2-4).

8. Se praticar renúncia, não a exiba – ou esta será toda a recompensa que você terá. Faça-o em segredo para obter uma recompensa celeste (6.16-18).

9. Não acumule bens na terra. Em lugar disso, faça depósitos em sua conta bancária no céu (6.20).

10. Não se preocupe com necessidades básicas (alimento, vestuário e abrigo) – Deus sabe que você precisa disso. Busque o Reino e tudo aquilo lhe será fornecido (6.30-32).

11. Agarre e perca a vida, mas deixe-a ir por amor de Jesus e encontre-a (10.39).

12. Sirva ao seu próximo e você ganhará a mesma recompensa que ele (10.41).

13. Mesmo serviços tão pequenos como dar um copo de água a uma criança serão recompensados (10.42).

14. Confesse Cristo diante dos homens e ele o confessará diante do Pai (10.32).

15. Para seguir Cristo, é preciso morrer para si e trilhar a estrada do sofrimento... não ganhe tudo o que o mundo oferece para perder sua alma no processo (16.25s).

16. Se quiser ter um tesouro no céu, venda suas coisas, dê o dinheiro aos pobres e siga-me (19.21).

17. Quem abandonar a casa, a família ou o negócio para seguir Jesus, receberá muito mais na vida vindoura (19.29).

18. O maior no céu será o que é servo de todos na terra (23.5-11).

19. Quem quiser ser grande será humilhado; o humilde será engrandecido (23.12)

20. Quem administrar fielmente o que lhe foi dado receberá do Mestre todas as suas posses no céu (24.45-51).

21. Trabalhe duro, assuma riscos e faça o máximo da sua vida por Deus, e você terá uma alta posição no céu (25.14-30).

22. O modo como tratamos os joões-ninguém na vida é o modo como tratamos Jesus (25.31-46).

2.2. ESTRUTURAÇÃO DA VIDA VISANDO A RECOMPENSAS ETERNAS

No Evangelho de Mateus, Jesus nos dá numerosos exemplos de como poderíamos estruturar nossa vida visando recompensas eternas. Algumas consistem em abandonar coisas temporais em favor das eternas, algumas nos empurram para além daquilo que o mundo faz, a fim de nos parecermos com Deus, e alguns nos desafiam a abrir mão de aplauso aqui e agora para sermos honrados por Deus. Nas páginas precedentes vimos trinta desses princípios. Reflita sobre as seguintes três perguntas, que poderão ajudar a pensar sobre o modo de aplicá-los em sua vida.

1. Quais desses exemplos mais me desafiam hoje? Qual deles eu poderia implementar em alguma circunstância ou decisão que enfrento agora mesmo?

2. Quais dessas mensagens tenho buscado aplicar ao longo da minha vida e mais desejo ser vista em mim pelas pessoas? Que iniciativa eu poderia tomar para aplicar essa mensagem de forma mais convincnte por meio da minha vida?

3. Qual delas me parece ser algo que Deus me chama para iniciar e praticar em segredo, apenas para ele?

Dica de coaching

Aplique a técnica das cinco opções[4] para ajudar quem você atende a identificar pelo menos cinco possibilidades criativas de viver visando recompensas eternas nesta área.

---

4   Veja em *A arte de fazer perguntas em coaching*, pg. 65, uma descrição da técnica das cinco opções.

3

SOFRIMENTO, SUCESSO E SIGNIFICÂNCIA

"Conseguir o que se quer e então descobrir que nenhuma mudança psicológica favorável resultou automaticamente daquilo é bem pior do que não atingir um alvo. Quando se falha, sempre é possível retornar à prancheta ou 'tentar, tentar de novo' – o que constitui condições efetivamente energizantes. Com sucesso que nos força a perguntar 'É isso é tudo?' não existe essa segunda chance. O desapontamento de expor os mitos que cercam o sucesso é devastador porque temos obsessão por ele."

Peter Berglas, *Reclaiming the Fire*

Tome alguns minutos e visualize a realização do seu destino. Na medida do possível, imagine como seria aquele momento de definitiva realização. Quem sabe você poderia estar reunido com um grupo de alunos seus de anos passados e ouvir o quanto você fez diferença na vida deles. Ou talvez se trate de conquistar determinada posição, ver seus filhos chegarem à maturidade e terem sucesso, plantar uma igreja bem-sucedida ou graduar-se em determinado nível. Você chegou lá, naquele instante. Quem estará com você? Qual seria o ambiente? Qual seria sua influência sobre outros na ocasião? Feche os olhos e aprofunde-se um pouco nos detalhes.

E agora, o que você sente? Que emoções vêm à tona quando você se imagina atingindo seu objetivo?

Quando lanço essa pergunta a grupos, ouço palavras como felicidade, realização, satisfação, paz, gratidão, conquista, excitação ou contentamento. Tendemos a ver a realização do destino como algo prazeroso e satisfatório. São estas as emoções comuns nas experiências de destino.

No entanto, vejamos outro exemplo. O que você pensa que Jesus sentia no momento em que *ele* chegava à realização do seu destino? O chamado de vida de Jesus foi assumir os pecados do mundo e morrer na cruz para nos oferecer a vida. O que Jesus teria sentido em seu penúltimo momento?

A Bíblia relata sua agonia, desespero, solidão ("Meu Deus, meu Deus, por que me abandonaste?"), desprezo, sede e dor. Isaías captou bem o clima:

> "Foi desprezado e rejeitado pelos homens,
>   um homem de dores e experimentado no sofrimento.
> Como alguém de quem os homens escondem seu rosto
>   foi desprezado e nós não o tínhamos em estima.
>
> Certamente ele tomou sobre si as nossas enfermidades
>   e sobre si levou as nossas doenças;
> contudo nós o consideramos castigado por Deus,
>   por Deus atingido e afligido.
>
> Contudo, foi da vontade do Senhor esmagá-lo e fazê-lo sofrer
>   e, embora o Senhor tenha feito da vida dele
> uma oferta pela culpa,
>   ele verá sua prole e prolongará seus dias,
> e a vontade do Senhor prosperará em sua mão.
>   Ele verá a luz e ficará satisfeito."
>
> Is 53.1-11

A justaposição da nossa ideia sobre como o destino atua na vida de Jesus ajuda-nos a entender o propósito da vida. Embora nosso chamado possa não ser o mesmo que o dele (não morremos todos a favor do mundo!), um princípio orientador é que *nosso conceito de realização do destino também precisa ser capaz de combinar com a história de vida de Jesus.* Se definirmos o propósito de vida em termos de busca da nossa felicidade, de encontrar nosso poder, de dizermos o que quisermos por aí e de termos superabundância nesta vida, não haverá meio de distender esse modelo suficientemente longe para combiná-lo com um homem que, para cumprir a missão da sua vida, foi traído e abandonado por seus amigos, e que morreu em agonia sem que ninguém desse nada por ele. Se o modelo não funcionar, precisaremos de outro.

Propósito e sofrimento

O que podemos aprender sobre propósito de vida na história de Jesus? O aspecto mais óbvio é que o *sofrimento é parte do propósito.* Esta é uma faceta do destino que o coaching tem consistentemente ignorado. Sempre fiquei um pouco intrigado com a lista de vidas dos heróis da fé em Hebreus 11. O autor fala daqueles que, pela fé, conquistaram reinos, fecharam a boca de leões, escaparam da espada ou receberam seus mortos de volta quando estes foram ressuscitados. Soa realmente muito bem até aí! Depois, sem nenhuma pausa para respirar, ele prossegue falando dos que foram torturados, apedrejados, serrados ao meio, destituídos, afligidos, tratados miseravelmente, que nunca ganharam as honras que mereciam – e atribui a todos eles a mesma fé! Todos eles foram pessoas que viveram seu objetivo.

O autor diz que o propósito de vida do cristão pode levar facilmente a grande sofrimento e perda temporais e também a grandes feitos e ganhos. À primeira vista, não parece muito atraente! No entanto, a consideração do sofrimento como parte da vida é efetivamente uma poderosa ferramenta para o coach. Se o sofrimento for parte do plano de Deus, então Deus trabalha por meio dele e o planejador ainda tem o controle de tudo. Ele pode mesmo proporcionar-nos dádivas por meio do sofrimento que nos conduzam ao nosso propósito e nos capacitem a cumpri-lo. Se, por outro lado, não previrmos o sofrimento, ou se a meta do coaching for eliminá-lo, qualquer coisa de ruim que nos acontecer será ou um obstáculo ou um indicador de que estamos fora da rota.

A vida de Jesus, porém, afirma poderosamente que o sofrimento tem um grande propósito. Assim, tudo na vida, seja bom ou ruim, tem um propósito. Deus age em *tudo* o que se passa na vida do nosso cliente. Uma das mais potentes ferramentas de coaching de que se pode dispor é saber que Deus utilizará *tudo* o que acontecer na vida dos atendidos para moldar neles a imagem de Cristo, desde que se engajem naquilo com um senso de propósito (Rm 8.28). O objetivo do coaching não é eliminar a adversidade (o que, de qualquer modo, será impossível), mas ajudar o cliente a encontrar Deus nela. A verdadeira grandeza do Reino está sempre apenas à distância de um momento para o seu cliente – o tempo necessário para dizer: "Certo, Deus: de que modo queres te manifestar a mim nisso?" A qualquer momento, em qualquer circunstância, seu cliente pode mudar de "minha vida não funciona:

> *"Considero tudo como perda comparado com a suprema grandeza do conhecimento de Cristo Jesus, meu Senhor, por quem perdi todas as coisas. Eu as considero como esterco para poder ganhar Cristo e ser encontrado nele [...] Quero conhecer Cristo, o poder da sua ressurreição e a participação em seus sofrimentos, tornando-me como ele em sua morte para, de alguma forma, alcançar a ressurreição dentre os mortos.*
>
> Paulo, falando do seu próprio propósito de vida (Fp 3.7-11)

algo está errado!" para "minha vida não funciona, mas encontro Deus nela e isso faz tudo valer a pena!" Elimine toda dificuldade e dureza da vida e também serão eliminadas todas as possibilidades de encontrar Deus nela.

Estou prestando coaching a um líder que simplesmente desistiu sob a pressão de uma igreja que ele ajudou a fundar. Trata-se de uma daquelas clássicas histórias de horror de igrejas disfuncionais – um pastor sênior com problemas de controle, comunicação precária, questões pessoais sendo tratadas em público, pessoas com agendas lotadas manipulando por trás dos bastidores, mas indispostas a abordar as coisas abertamente. Quando meu amigo finalmente chegou ao fundo do poço e renunciou, os líderes da igreja procuraram todos os seus conhecidos para se certificarem de ouvir primeiro a versão da igreja a respeito.

É claro que ele está bastante ferido. Não só perdeu o emprego e a obra da sua vida até aquele ponto, como também foi afastado dos seus amigos e dos seus sistemas normais de suporte, incapaz de conversar francamente sobre o que acontecia sem causar danos ainda maiores.

Tem sido útil para ele obter a perspectiva de alguém alheio ao problema que já tenha enfrentado esse tipo de situação e que compreenda os conflitos na dinâmica de liderança de uma igreja. Mas quando fomos para além da dor imediata, passamos a conversar cada vez mais sobre as dádivas que aquela situação lhe proporcionava. A chave está em transferir o diálogo das circunstâncias (que são execráveis) para *quem ele se está tornando naquela situação*, o que detém a chave para o cumprimento do seu propósito de vida. À medida que esse homem encontra Deus na sua dor, Deus o vai transferindo para lugares aonde ele jamais teria ido sem isso.

Uma grande dádiva é a revelação das suas vulnerabilidades, que o fazem simplesmente atracar-se com os conflitos em vez de responder a eles com força e amor como um igual. Outra dádiva é ser empurrado para fora a fim de assumir seu chamado. Ele admite ter permanecido tempo excessivo naquela zona de conforto em vez de seguir a arriscada trajetória para a qual Deus o chamava. Muitos líderes emperram em situações frustrantes porque receiam os riscos financeiros que seus sonhos implicam. Deus concedeu àquele líder o dom de empurrá-lo para além do pequeno sonho de segurança para o grande sonho do seu propósito de vida. Normalmente aprendemos as coisas mais importantes e transformadoras da vida pelos meios mais duros. Sem dificuldades, tendemos a nos acomodar em uma existência confortável e segura. A dor nos empurra para fora do ninho.

Isso nos leva a uma importante verdade do coaching: *descobrimos o chamado em nossos próprios sofrimentos ou nos sofrimentos de outros*. Por exemplo, todo aquele que empreende uma missão de curto prazo e se sente atraído a servir aos que vivem nas trevas e na miséria encontrou um chamado no sofrimento dos outros. Qualquer um que tenha crescido como excluído social e queira atingir outros que vivam à margem da sociedade, ou que tenha sido filho de divorciados e encontra seu chamado na promoção de casamentos saudáveis, ou que se ressinta do aborto que cometeu e acabe trabalhando com mães que abortaram, encontra seu destino dentro do seu próprio sofrimento. Como experiências de sofrimento são tão comuns para chamados, os coaches precisam de ferramentas para minar as difíceis experiências da vida visando aos objetivos de vida. O capítulo 20 fornece técnicas práticas para esse fim.

Propósito para além desta vida

Um segundo aspecto-chave que obtemos do propósito de vida de Jesus é que a história não termina nesta vida. O objetivo final de Jesus é Deus colocar tudo sob a sua autoridade, para por fim "unir todas as coisas nele, tanto nos céus como na terra". A morte não é o fim, mas uma etapa em uma viagem maior. Jesus viveu para o dia em que se unirá a uma bela noiva sem mancha para uma eternidade de celebração, com nada que perturbe tal perfeito relacionamento. "Pela alegria que lhe fora proposta suportou a cruz, desprezando a vergonha, e assentou-se à direita do trono de Deus" (Hb 12.2).

Creio que Jesus de fato apreciou a vida na Terra. Penso que amava as pessoas com quem convivia, a mensagem que transmitiu e a pele que envergava. Com certeza ele não vivia sério e religioso o tempo todo. Lembre-se: ele era aquele frequentador de animadas festas com prostitutas, criminosos e malandros. Jesus amava a vida, mas confiava em Deus o suficiente para abandonar tudo o que ele tinha aqui em troca da promessa de algo infinitamente melhor. *Para Jesus, o importante era viver voltado ao céu. Todas* as suas esperanças e seus sonhos e recompensas estavam ali.

A passagem de Isaías 53 sobre "o homem de dores" no início do capítulo termina dizendo

> *"Ele verá o fruto do trabalho de sua alma e se satisfará."*[5]

Amo esta linha. O sofrimento de Jesus (tal como o nosso) atinge um propósito e ele verá os fantásticos resultados do sofrimento dentro do seu propósito (nós também), experimentou a satisfação de ver com seus próprios olhos (assim como nós veremos) que tudo realmente valia a pena. Jesus rejeitou viver em troca de substitutos baratos aqui e agora e foi em busca da verdadeira recompensa no céu.

---

5   Is 53.10 traduzido do inglês para reproduzir as intenções do autor. Em português, a NVI traz "ele verá sua prole e prolongará seus dias" [N. de Tradução]

Do mesmo modo, a história de destino do cristão só fará sentido se puder estender-se para além do túmulo. No meio da pressão da vida diária é fácil perder de vista os fins eternos. Assim, uma das coisas que fazemos por nossos clientes é rearranjar suas circunstâncias à luz da eternidade:

- *"Você e Jesus têm algo novo em comum – ambos já passaram por algo como isso. Torna-se possível uma cumplicidade sua com os sofrimentos dele quando você compartilha o lugar da sua dor. Como você poderia encontrá-lo e conhecê-lo mais profundamente ali?"*

- *"Vamos focalizar novamente o resultado final: qual será a recompensa em agir desta forma em vez de entregar-se à sua irritação?"*

- *"Vamos ampliar um pouco a visão: em vez de olhar para o modo como aquilo afeta seu dia, de que maneira se encaixaria no propósito final de Deus para sua vida?"*

- *"Suponhamos que você tenha tido um desempenho realmente bom nisso. Visualize você mesmo em pé diante de Deus para falar sobre isso. O que ele lhe dirá? Que impacto isso terá sobre você?"*

- *"Se você se entregasse completa e radicalmente à ideia de que o céu é de fato real e que Deus o recompensará, o que você faria?"*

Esta vida está cheia de sofrimentos imprevisíveis e perdas profundas e às vezes nada parece fazer sentido. Os coaches cristãos põem sobre a mesa uma dádiva extraordinária em tais momentos – o fato de conhecermos um propósito que alcança além desta vida e chega a outra.

Medindo o sucesso

Existe mais um importante princípio de propósito de vida que eu gostaria de destacar na história de destino de Jesus. Segundo quase qualquer padrão de medida familiar, a vida terrena de Jesus foi um fracasso. Ele morreu jovem. Todas as suas vestimentas foram sorteadas entre os soldados romanos. Foi incapaz de sustentar sua mãe viúva. Seu ensino foi rejeitado pelas autoridades religiosas, foi condenado à morte pelo seu próprio povo, e seu pequeno grupo de seguidores dispersou-se aos quatro ventos. Não deixou escritos nem estrutura organizacional. Nunca viajou até mais de cerca de 120 km da sua cidade natal e era desconhecido fora daquele cantinho do mundo. Tudo indicava que o novo Reino de que Jesus falava morreria com ele. Segundo os padrões terrenos de liderança, Jesus foi um fracasso.

Todavia, da perspectiva de 2.000 anos depois, ele foi o homem mais influente que jamais viveu, o que desperta uma questão importante para o coaching: como se mede o sucesso?

A descrição do que constitui o sucesso é uma daquelas questões que constantemente mexem com os clientes. Eis um exemplo de coaching:

"Bem – passaram-se três semanas do seu período sabático! Como vão as coisas?"

"Bastante bem. Foi bom estar fora por uma semana com minha esposa, só nós dois. Passamos mais alguns dias na casa da mãe dela, depois ficamos fazendo hora desde que voltamos."

"E como se sente permanecendo em casa?"

"Hum... bem e mal. Sei que período sabático tem a ver com descanso, mas começo a me sentir inquieto."

"Descreva isso."

"Certo. De manhã passo algum tempo com o Senhor, leio o jornal, tomo uma xícara de café – começo o dia relaxado. Converso com minha esposa antes de ela sair para o trabalho, lavo a louça e depois... faço o que pelo resto do dia? Tenho tempo para ficar só cheirando as flores como tenho sonhado, mas quando se chega lá fica difícil relaxar e não fazer nada. Fico pensando que poderia refazer o piso da garagem ou realizar algum projeto de pesquisa ou terminar as aulas para o meu mestrado ou algo produtivo. Ou quero montar uma agenda sabática – sabe, uma hora de leitura, uma hora de jardinagem, etc. Ao fim do dia me sinto então melhor comigo mesmo – evita de me sentir culpado e negativo – mas me pergunto se não estou perdendo aquilo para o que esse tempo foi feito."

"A respeito do que você se sente culpado?"

"Acho que... por não estar conseguindo nada que valha a pena."

"Este é um sentimento comum em pessoas na primeira parte do período sabático."

"É mesmo? Certo – isso ajuda."

"Deixe-me perguntar uma coisa. Vamos retornar aos seus objetivos. Qual foi a principal razão para você assumir um período sabático?"

"Bem, eu queria ficar algum tempo de fora e me reorientar. Eu me sentia como se me tornasse uma máquina de trabalho, apenas passando de uma coisa para a próxima o tempo todo. A vida não passava de uma série de tarefas – não era vida."

"E como você esperava que fosse o seu período sabático?"

"Bem, que eu descansaria um pouco, me afastaria da correria do trabalho para ter tempo de fazer coisas que não pude fazer por anos."

"Ou seja, você queria parar de fazer certas coisas e começar a fazer outras no lugar delas?"

"Exato".

"E como isso o ajudaria a parar de ser uma 'máquina de fazer'"?

"Não entendi bem o que você quer dizer."

"Vou tentar de novo: se o fato de fazer tantas coisas vinha transformando você em uma máquina, e se durante o seu período sabático você continua fazendo coisas, apenas diferentes, como isso o ajudará a romper o ciclo de ir de uma tarefa para a próxima?"

"Bem, hum... boa pergunta. Creio que apenas me visualizei fazendo coisas diferentes em vez de realmente fazer as coisas diferentemente. Certo – portanto, fazer coisas diferentes não me levará aonde quero. E agora?"

"Um meio de esclarecer isso é definir o significado do sucesso. Qual seria o resultado se o seu período sabático tivesse sucesso?"

"Isso é fácil. Eu passaria a ser alguém capaz de parar de me medir pelas realizações, de trabalhar em um ritmo mais lento e de viver enquanto faço algo em vez de deixar minha atividade espremer minha vida. O sucesso seria reduzir o andamento e sentir-me bem com isso."

"Excelente. Então, se o sucesso é isso, vamos pensar no que se pode esperar se você for por aí. Se alguém passou a vida toda medindo seu valor em função de realizações, e de repente decide parar com isso, como você acha que se sentirá?"

"Provavelmente tal como eu. Sem objetivo, inquieto, possivelmente culpado. Interessante. Sempre que se começa algo novo, a sensação é um tanto incômoda. Portanto, se eu me mantiver na linha agora, passarei a me debater com uma situação incômoda em um lugar não familiar, mas se eu sair da linha e retornar à velha rotina, me sentirei melhor comigo mesmo, mas perderei meu objetivo. Isso faz algum sentido?"

"Com certeza. As mudanças sempre são desconfortáveis no início até nos acostumarmos. Soa normal para mim."

"Isso realmente ajuda – obrigado. Parece que eu apenas não sabia o que esperar, já que nunca tinha feito aquilo antes."

A tensão que esse cliente experimentou veio da sua definição inconsciente de sucesso. Ele tomou um período sabático a fim de redefinir o que era significativo na vida, mas sem se dar conta de que ainda estava julgando seu procedimento nesse período em função daquilo que realizava! A meta era de baixar o ritmo, mas sua bússola interna (sua consciência) ainda lhe dizia que fazer mais seria melhor. Quando aprendeu a alinhar suas expectativas com sua meta, o desconforto íntimo gradualmente se aliviou e ele desenvolveu o a capacidade de ter prazer no descanso.

Grandeza pelos padrões de Deus

Por falta de conhecimento, muitos clientes definem o sucesso de modo contraproducente ou antibíblico. Uma armadilha comum é nos medirmos em comparação com outros – o sucesso torna-se relativo, um alvo móvel em vez de algo atingível. Outros clientes esperam ter certas sensações se tiverem sucesso ou que todos os problemas da vida desaparecerão por um passe de mágica se forem cristãos realmente fiéis. Ainda outros medem o sucesso em termos de comportamentos religiosos externos e não pelo coração – terei sucesso se fizer tudo certinho, se orar suficientemente ou se praticar as disciplinas corretas. Uma imagem antibíblica do sucesso pode causar um bocado de angústia. Por isso é útil para o coach ter uma noção sólida do sucesso da perspectiva de Deus.

Deus tem um padrão de sucesso simples e que se encaixa bem na metodologia do coaching. No Reino de Deus, sucesso tem a ver com serviço: fazer o máximo com aquilo que se recebeu. A parábola dos talentos (Mt 25.14-30), por exemplo, ensina que somos administradores da nossa vida e que cuidar bem das dádivas de Deus significa assumir riscos e nos empenharmos em aplicar nossas habilidades em vez de deixá-las dormir. O mestre recompensou os servos que utilizaram plenamente o quer que lhes tenha dado e criticou aquele um que desperdiçou a oportunidade. Nunca comparou uns com os outros, mas comparou seus resultados com os recursos que haviam recebido. (Isso também implica um verdadeiro imperativo para a descoberta do propósito de vida: como poder administrar efetivamente o que se recebeu se não souber o que recebeu?).

> Da perspectiva de Deus, sucesso significa tornar-se como Jesus. Quer você consiga algo realmente importante, quer estrague totalmente as coisas, se você usar suas circunstâncias para tornar-se mais semelhante a Cristo, terá obtido sucesso.

Definir o sucesso em termos de serviço também significa que não precisamos aspirar a ser algo que não somos. A vida não é uma competição: não tem nada a ver com ser tão bom ou melhor do que qualquer outra pessoa. Jesus foi um sucesso porque completou a única tarefa para a qual foi enviado. Nosso sucesso vem do mesmo modo.

Muitas vezes é um grande alívio percebermos que Deus não nos julga por comparação com as realizações dos outros. Lembro-me de que, quando era mais jovem, li a respeito de John Wesley que ele pregava uma média de três sermões por dia e consta ter viajado ao longo da sua vida mais de 200 mil km (a cavalo!) para pregar o Evangelho. Que grande herói da fé! Assim, escolhi Wesley como meu padrão interno do que significaria ser um cristão radical. Se eu fosse realmente dedicado a Deus, oraria tanto quanto Wesley, serviria com a mesma energia e exerceria o mesmo tipo de influência.

Após vários anos de condenação, finalmente comecei a me dar conta de que Deus jamais me criara para ser John Wesley. Eu não tinha sua energia, sua personalidade ou sua educação afamadamente devota – e não precisava ter nada disso. Que alívio! Tenho apenas as habilidades com as quais nasci e as circunstâncias nas quais nasci, e minha incumbência é extrair o máximo disso. A única maneira de ultrapassar Wesley seria tornar-me mais daquilo para o que fui criado com exclusividade com o fim de fazê-lo melhor do que Wesley – e somente Deus pode efetivamente medir isso.

Coaching para sucesso verdadeiro

O sucesso não é o que a maioria pensa. Existem mães zelosas, diligentes operários de fábrica e indivíduos que orientam pequenos grupos aos sábados e que serão mais aplaudidos no Reino dos céus do que alguns dos nossos mais famosos autores, pregadores e missionários, porque foram mais fiéis no cuidado com tudo o que dedicaram a Cristo do que outros que deram muito mais.

Isso pode parecer implausível em nosso sistema ocidental de astros, mas era muito real para Jesus. Quando ele viu uma pobre viúva lançar duas moedinhas na caixa de ofertas (Mt 21.1-4), comentou que ela contribuíra mais do que todos os grandes doadores juntos.

> *"Grandeza no Reino não tem a ver com fazer mais do que outra pessoa, mas com fazer o melhor com o que lhe foi dado.*

A razão? Eles tinham tanto que podiam dar um donativo impressionante do seu excedente sem sentir nenhuma falta daquilo, mas ela deu tudo o que tinha para viver. Em outras palavras, Deus não olha para quem pode dar a maior *quantidade*, mas a maior *porcentagem*. O julgamento com base na quantidade é competitivo, já o julgamento por proporção tem a ver com zelo. Alguns obreiros cristãos que estão entre os primeiros por seu talento e o reconhecimento que têm serão os últimos no Reino, porque dissiparam intensamente seu enorme talento ou desperdiçaram o que receberam com a criação dos seus próprios impérios. Outros, que parecem estar no chão do ministério, poderão acabar como os mais celebrados no céu. Não me surpreenderia em encontrar crianças com síndrome de Down entre os maiores no Reino.

O que isso significa para um coach é que não importa com quem se trabalhe: *o cliente tem potencial para grandeza definitiva no Reino de Deus.* Hoje, em seu próximo agendamento, talvez você preste coaching a alguém de destaque no céu. Que divina perspectiva essa que podemos assumir como coaches cristãos, e que vantagem temos em crer radicalmente nas pessoas! Não importa se você presta coaching a executivos de topo ou a operários de linha de montagem, a pastores de megaigrejas ou a leigos, a líderes seniores ou a adolescentes do ministério de jovens: seu cliente pode viver hoje como um dos grandes no Reino dos céus. E é a *isso* que vale a pena dedicar seu coração no coaching.

Sucesso e formação

O outro lado da definição divina do sucesso tem a ver com quem somos. Para Deus, o sucesso tem mais a ver com tornar-se o tipo certo de pessoa do que com fazer tudo certo. A realização do potencial interno como algo criado segundo a imagem de Deus é o que nos capacita a fazer aquilo para o que fomos criados. O fazer emana do ser, portanto o verdadeiro sucesso tem a ver com o que somos.

A beleza de definir o sucesso em termos de ser é que se pode experimentar o sucesso mesmo em meio a fracassos externos. Um cliente a quem prestei coaching me procurou por causa de uma avaliação negativa de desempenho: seu chefe o havia preterido em uma promoção porque seus colegas o avaliaram como distante, indiferente, exigente e difícil como companheiro de trabalho. Chegou até mim um tanto confuso, já que sempre viu a si mesmo como bom com as pessoas. Estava perplexo e sem saber como reagir.

> *Aos olhos de Deus, o sucesso refere-se mais a tornar-se o tipo certo de pessoa do que a fazer tudo corretamente.*

Inicialmente ele enxergava aquela avaliação como um evento muito negativo. Aquilo abalou sua autoconfiança e ameaçou sua carreira. Mas quando começou a perceber por que parecia distante ao pessoal e como ele poderia mudar, sua perspectiva mudou. Aquele aparente fracasso ensinou-o a reduzir o ritmo, a dar mais atenção a emoções e sentimentos e a apreciar mais a vida e o trabalho. Em sua avaliação seguinte, os resultados foram muito diferentes.

A maioria das pessoas enxergaria aquela primeira avaliação como fracasso ou derrota: ele não estava "agindo certo" e assim sofreu as consequências. Essa é uma oportunidade de ouro para o coach rearranjar a situação em termos de formação. Circunstâncias adversas são como um arado que revira o chão compactado do nosso coração, permitindo que a semente da verdadeira mudança lance raízes. Essa visão de enfrentar a adversidade como beneficiário de uma grande oportunidade de crescimento interior constitui uma abordagem poderosa. Quando aquele homem descobriu que não era aquilo que pensava ser, ele contratou um coach, assumiu o encargo de um autoexame honesto e mudou. Ao agarrar a oportunidade de uma mudança do coração, sua avaliação negativa tornou-se um sucesso que lhe transformou a vida.

Outro cliente me procurou porque se considerava um fracasso. Ele abandonara um emprego e uma casa de que realmente gostava para seguir uma carreira diferente, mas assim que a assumiu percebeu que ela não combinava com ele. Agora, depois de três anos de preparo e dezenas de milhares de dólares despendidos em estudos indo pelo ralo, parecia-lhe ter errado totalmente a vontade de Deus para sua vida.

Quando nos aprofundamos nesse sentimento, aquilo proporcionou uma maravilhosa chance de se orientar com base em uma perspectiva diferente. "Eis aqui como as coisas se parecem do meu ponto de vista. Seu casamento tem sido conturbado por anos, mas neste ano você finalmente procurou ajuda e está fazendo grandes progressos. Pela primeira vez contratou um coach para ajudá-lo a descobrir a vontade de Deus para a sua vida em vez de tomar tais decisões por conta própria. E você anda trabalhando com empenho em sua vida devocional e gasta mais tempo com Deus do que nunca antes. Para mim, isso não se parece com fracasso! Eu diria que você está mais no centro da vontade de Deus para sua vida do que jamais esteve."

O sucesso nessa situação não consistia em estar no lugar certo, executando o trabalho certo, como muitos clientes creem. Consistia em tornar-se o homem que Deus o chamara para ser. Às vezes, quando avançamos, a aparência é de que estamos retrocedendo!

Pense nisso assim: quando presta coaching a alguém em habilidades de tomada de decisão, seria mais importante que a pessoa tome uma boa decisão ou que se torne um bom tomador de decisões? Se ajudarmos alguém a tomar uma boa decisão, faremos bem uma determinada coisa. Mas se o ajudarmos a tornar-se um excelente tomador de decisões, afetamos todas as decisões que serão tomadas pelo resto da vida. Tornar-se alguém diferente traz mais fruto do que fazer algo corretamente.

Significância e vida abundante

Como muitas pessoas procuram coaching em busca de significância (a percepção de que a vida vale a pena e o que faço é significativo), a compreensão de como a significância se encaixa em uma visão de mundo bíblica também é importante. Jesus tinha uma aguda visão do que era significativo na vida. Sua ideia sobre o significado da vida é tão profunda que pode ser expressa em uma única palavra: ágape. O centro da vida consiste em amar Deus com todo o coração toda a alma, mente e força e em amar o próximo como a si mesmo. É isso que faz a vida funcionar. A melhor vida possível é uma vida na liberdade e no poder de oferecer as dádivas de amor, justiça, compaixão, serviço, paz e amabilidade a todos com quem temos contato, sem necessidade de nenhuma retribuição. Imagine-se esbanjando esse transbordamento de vida: cheio em vez de necessitado, livre de qualquer ambição por segurança, significância ou aceitação, isento de raiva e lutas íntimas, com recursos íntimos para sempre oferecer o melhor aos que o cercam. Seria uma vida e tanto!

Em geral, os líderes do movimento de coaching concordam com Jesus sobre essa imagem de uma vida transbordante como sendo a vida boa. Eles insistirão que você crie uma superabundância que o livre de preocupação e estresse, de baixas expectativas e grandes realizações, render-se a outros e perseguir as oportunidades que a vida oferece. Todos concordamos em que ter mais do que o suficiente e não passar necessidades são ingredientes essenciais de uma boa vida!

O coaching de vida no campo secular ensina a extrema atenção consigo mesmo como a via para uma vida transbordante. Tudo começa com você. Assuma a responsabilidade pela sua vida. Encontre seus vazamentos de energia e vede-os. Aprenda a

---

Exemplos da divergência

Eis aqui três exemplos publicados da linha predominante sobre como praticar extremo cuidado por si mesmo. Escolhi casos nos quais a divergência dos valores bíblicos fosse bastante óbvia (tente aplicar essas declarações a Jesus, Paulo ou Abraão!). A filosofia subjacente sobre a qual prestamos coaching faz uma enorme diferença!

- *"Se o seu emprego, negócio ou profissão o prejudica e não parece que você conseguirá eliminar completamente o estresse dele, demita-se, venda-o ou mude de profissão."*
- *"Faça uma lista de dez promessas que você fez a outros e que lhe causam estresse – ainda que seja estressante, você pode agir. Revogue todas essas dez promessas e elabore alternativas com os destinatários das promessas."*
- *"Identifique as três fontes (pessoas, papéis, expectativas) do seu atual estresse. Elimine esses três itens."*

---

dizer "não". Alinhe-se com seus valores. Livre-se de relacionamentos insalubres que o arrastam para baixo. Não tolere as coisas – mude-as. Dê a você mesmo o que deseja para a pessoa que mais ama. Descubra o que mais tem a sua cara e persiga-o. Não permita que as expectativas dos outros determinem você. Tenha supremo cuidado de si mesmo.

Tomadas individualmente, todas essas atitudes podem ser apropriadas. O que precisa ser desafiado é a filosofia subjacente. Em essência, o coaching de vida predominante diz que, se tratarmos bem a nós mesmos, teremos uma vida excelente e os outros em torno também se sentirão bem tratados.

Cuide primeiro de você para ter uma vida excelente. É aqui que os caminhos divergem. Jesus diz exatamente o oposto: *morra primeiro para você a fim de ter uma vida excelente.*

Segundo Jesus, o caminho para uma vida transbordante consiste em abrir mão de tudo para amá-lo e servi-lo, não em se concentrar em ganhar mais. "Deem, e lhes será dado: uma boa medida, calcada, sacudida e transbordante" (Lc 6.38). Abundância não é questão de acumulação, mas de se relacionar com o melhor dos amigos, que tem mais do que o suficiente para tudo, e que gosta de compartilhar isso. Um superávit no Reino de Deus não é algo que você precise adquirir – ele simplesmente flui pelas mãos dos mordomos aos quais Deus o dá precisamente porque eles não retêm tudo para si mesmos. O amor ágape é a via de Jesus para um transbordamento que abastece os outros a partir da plenitude nele – e no processo produz realização também em nós.

Existem muitos exemplos de materiais para propósito de vida cristã baseados nessa filosofia de "cuide primeiro de você". Busquemos algo mais elevado. Um bom ponto de partida será expor as metas e os valores que criamos para nossa prática de coaching e examiná-los à luz dessas duas filosofias concorrentes:

- *"Para o que você presta coaching?"*
- *"O que fez você se dedicar ao coaching?*
- *"Em que medida suas metas de prática de coaching se alinham com os valores de amor, serviço e entrega?"*
- *"De que modo você estruturou seu atendimento em torno do serviço a outros, e onde você se concentra em satisfazer primeiro suas próprias necessidades? Como você poderia se alinhar melhor com o estilo de Jesus?"*
- *"Se alguém simplesmente observasse suas práticas de coaching, o que consideraria seus valores e prioridades?"*
- *"Quem além de você se beneficiará quando você atingir suas metas em seu atendimento?"*

Significância do coaching

Um bom lugar para se conversar sobre significância é ao redor dos objetivos do cliente. "O que ouço é que você quer extrair mais do seu trabalho. Vamos então começar definindo o objetivo. Como se apresentaria uma vida de trabalho significativa?" Se o cliente estiver operando com base em

> O significado da vida é amar.
> Tudo o mais emana daí.

um padrão cultural de sucesso ou significância, poderá ser de grande ajuda pedir-lhe que verbalize sua filosofia. Todos temos inconsistências no modo como vivemos nossos valores – e os valores culturais são fáceis de ignorar até sermos forçados a articular como vivemos. Muitas vezes, quando examinamos áreas como significância ou realização, os clientes optarão por ações em torno de oração ou estudo bíblico para ajudá-los a descobrir o que Deus diz sobre a questão.

Como os valores subjacentes explicam por que fazemos aquilo que fazemos, outro modo de chegar ao ponto com um cliente é perguntar "por quê":

- *"Por que você persegue esta meta? O que ela lhe proporcionará?"*
- *"Digamos que a vida mais significativa seja aquela que simplesmente se dedica a amar. O que precisaria mudar para que você fizesse do amor o centro da sua vida?"*
- *"Como isso tornará a vida melhor para você? Para os que convivem com você? Como você pretende priorizar esses dois fins?"*
- *"Parece que a suposição por trás disso é que, se você cuidar das questões da sua própria vida, terá algo para dar. Fale um pouco sobre como essa filosofia combina com sua fé."*
- *"Se buscasse significância do mesmo modo como Jesus fez, o que você faria?"*
- *"O que você busca para obter significância (ou sustento, ou segurança) aqui? Como isso funcionou para você no passado?"*

Outra boa maneira de explorar a significância seria um estudo de caráter. Que personagem das escrituras você admira por ter levado uma vida significativa? O que a tornou significativa? A discussão da experiência de vida de caracteres bíblicos muitas vezes leva as pessoas a estudarem tais passagens em termos de ações concretas. Ou gostariam de falar com alguém que admiram sobre o que confere significado à vida.

Jesus nos mostrou que o alinhamento da vida com o amor, a entrega e o serviço é o caminho para a significância. Como o anseio por significância é muitas vezes o que induz as pessoas a procurarem um coach, quero oferecer-lhes a oportunidade de empenhar-se em criar uma vida em torno do amor e não em torno de reconhecimento, resultados ou realização pessoal. É realmente melhor dar do que receber.

SEÇÃO II

COACHING PARA DESCOBERTA DE PROPÓSITO

"Não sei qual será o objetivo da sua vida, mas uma coisa sei: aqueles dentre vocês que serão realmente felizes são os que procuraram e descobriram como servir."

Albert Schweitzer

4

O ARRANJO DAS SETE PERGUNTAS

Eu não sei o que será o seu destino, mas uma coisa eu sei: aqueles de vocês que serão realmente felizes são aqueles que procuraram e encontraram como servir.

Albert Schweitzer

Agora que já examinamos as bases fiolosóficas do coaching de vida cristão, vamos mergulhar nos exercícios práticos e nas técnicas que os coaches aplicam para ajudar as pessoas a encontrarem e seguirem os objetivos de vida que Deus lhes deu.

Há muitas maneiras diferentes de estruturar a descoberta e a perseguição do propósito de vida. Passaremos a organizar a busca por meio de um modelo chamado as *sete perguntas sobre propósito de vida*. Mediante a organização em torno destes sete temas, ajudaremos os que atendemos a entenderem para onde o processo se encaminha e como as diferentes peças do quebra-cabeça se encaixam.

As sete perguntas são:

1. **A quem** pertenço?
2. **Quem** sou eu?
3. **Por que** desejo *isso*?
4. **Para o que** a vida me preparou?
5. **Para onde** o Mestre me envia?
6. **Quando** isso acontecerá?
7. **Como** chegarei lá?

As primeiras cinco perguntas referem-se à *descoberta* do propósito de vida, enquanto as últimas duas têm a ver com sua execução (pondo em prática o que se descobriu). Vamos primeiramente dar uma breve olhada em cada uma delas para depois, nos capítulos seguintes, mergulhar no modo de encaminhar essas áreas.

O significado das sete perguntas

A primeira pergunta – "**A quem** pertenço?" – aborda nossa identidade fundamental. *Para* quem vivemos? Quando fazemos escolhas de vida, nossa identidade básica pode ser relativa a nós mesmos ou a alguém outro (quando submetemos nossa identidade à dele) – nossa tribo ou nação ou Jesus como mestre da nossa vida. Esta pergunta indaga "Quando a situação estiver crítica, a quem escolhemos servir? Será que esta vida é minha para eu arranjá-la visando ao meu próprio prazer e benefício ou devo fidelidade a alguém maior?" Obviamente isso pode fazer uma enorme diferença na trajetória da nossa vida. Para abreviar a questão, vamos nos referir a esta área como **identidade**.

"**Quem** sou eu?" refere-se à configuração. Abrange nossa natureza interior: características como tipo de personalidade, dons, pontos fortes e talentos. Neste nível, as pessoas mudam lentamente com o tempo, se é que mudam, de modo que a compreensão de quem somos é extremamente valiosa nos relacionamentos, na carreira, na tomada de decisões e em outras áreas. A esta área vamos nos referir como **perfil**.

A próxima pergunta indaga "Por quê?" Ela aborda nossos desejos, paixões e motivações. **Por que** desejo isso? Por que isso seria suficientemente importante para eu lhe entregar minha vida?" A paixão é uma parte vital da condução de uma vida com propósito. Para conseguir algo extraordinário, necessitamos de um anseio excepcional a fim de completarmos a carreira. Esta área abrange sonhos e desejos, aquilo que nos energiza, bem como nossos valores e nossas suposições essenciais. Em geral, os destinatários do coaching encontram importantes indicadores de propósito de vida nessas **paixões.**

O outro lado da dicotomia entre natureza e educação é expresso pela pergunta "Para **o que** toda a minha vida me preparou?" Há aspectos valiosos a recolher ao longo da vida, que desenham nosso destino: habilidades aprendidas, experiência de trabalho e vida, caráter e autocompreensão. Um levantamento daquilo que nos tornamos na vida complementa e valoriza o quadro do perfil. Chamamos esta área de **preparo.**

A quinta pergunta é o **chamado**: "**Aonde** o Mestre me enviará?" Um chamado é um encargo que nos vem de fora para servir a um fim maior (servirá principalmente a outros, não a nós). Como modelo de propósito de vida cristão, o arranjo das sete perguntas pressupõe que um chamado da parte de Deus seja parte integrante do propósito de vida de *cada* cristão. Nesta área exploramos o que Deus nos revelou sobre a missão da nossa vida, as pessoas e necessidades a quem fomos chamados a servir, a mensagem da nossa vida e o modo como experiências de sofrimento e sacrifício se integram em nosso propósito de vida.

"**Quando** isso acontecerá?" é a pergunta sobre o cronograma. A maioria de nós expressa esta pergunta como "Por quanto tempo, Senhor?"! Se uma parte do seu chamado for possuir uma empresa, talvez agora seja o momento do lançamento, ou você poderá ter anos de preparo diante de você. Exploraremos modelos de estágio de vida e padrões de desenvolvimento de chamado, e mostraremos como criar cronogramas de chamado que expliquem como os atendidos se movem em direção aos seus objetivos. Também aprenderemos como encaminhar o processo de desenvolvimento de chamado e não apenas papéis convergentes. Chamaremos esta área de **cronograma.**

A pergunta final é "**Como** chegarei lá?" Esta pergunta move o processo de coaching em direção às metas e às ações que transformarão o propósito de vida da pessoa em realidade vivida. As ferramentas básicas de coaching para este processo de **implementação** (como modelos de conversação) estão expostas nos meus livros anteriores: *A arte de fazer perguntas em coaching* e *Coaching de liderança.*

O diagrama de propósito

Para resumir, então, temos sete áreas em potencial a explorar com nossos clientes a fim de ajudá-los a descobrir e perseguir seu propósito de vida, cada categoria com uma pergunta fundamental:

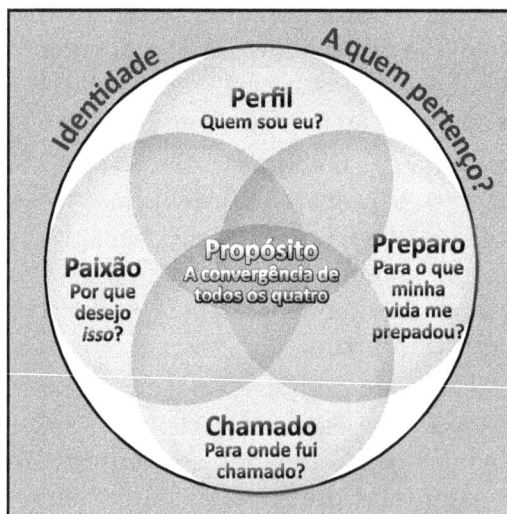

1. **Compromisso:** A quem pertenço?

2. **Perfil:** Quem sou eu?

3. **Paixão:** Por que desejo *isto*?

4. **Preparo:** Para o que toda a minha vida me preparou?

5. **Chamado:** Aonde o Mestre me enviará?

6. **Cronograma:** Quando tudo isso acontecerá?

7. **Implementação:** Como chegarei lá?

A descoberta do propósito de vida (as primeiras cinco perguntas) será o foco do restante deste livro. O diagrama de propósito [à direita] mostra como essas questões se encaixam uma na outra. O contexto geral é a *identidade*: uma pessoa rendida a Cristo opera em um campo totalmente diferente do que a pessoa cujo compromisso é com ela mesma. Dentro do círculo da identidade existem quatro áreas superpostas destinadas a apontar os propósitos de vida: *perfil, paixão, preparo e chamado*. Estes quatro círculos convergem no que importa: nosso *propósito de vida*. Em outras palavras: encontramos nosso propósito na intersecção de quem somos, para o que nossa vida nos preparou e nosso chamado externo de Deus em favor de outros.

Onde você busca seu propósito?

Este modelo aborda uma questão exclusiva do coaching cristão: como Deus nos revela nosso propósito? A maioria dos modelos de propósito de vida nos faz olhar para dentro, para nossa paixão, perfil e experiência de vida, e diz: "O que eu faria com paixão? O que combina comigo? O que me daria uma sensação de propósito e realização?" Essas perguntas começam a revelar nossos anseios mais profundos, o que é um exercício valioso. Esses anseios se alinham de muitas maneiras com nosso propósito de vida, uma vez que fomos criados por Deus para o nosso propósito (as boas obras que ele planejou de antemão para que as executássemos).

Todavia, como seres humanos caídos, nossos anseios também estão contaminados de egoísmo, medo, dor, orgulho e tudo aquilo em nós que ainda precisa submeter-se ao domínio de Cristo. Se o nosso mundo interior contiver tanto a glória de Deus quanto a covardia da natureza humana, o olhar para dentro oferecerá a mesma mistura – um quadro defeituoso daquilo que deveríamos ser e fazer. Os modelos de descoberta de propósito de vida que apenas olham para dentro sempre nos deixarão ansiosos porque, lá bem no fundo, sentimos que nosso lado corrupto sempre espreita por baixo das nossas mais elevadas aspirações.

Se o nosso verdadeiro propósito não pode ser discernido pelo olhar para dentro de nós, onde o encontraremos? Precisamos retornar ao arquiteto original e dar uma olhada nos desenhos. No momento em que enxergarmos a intenção do projetista é que aquele edifício semiacabado em nosso coração começará a fazer sentido. Isso ocorre porque um modelo de propósito de vida verdadeiramente bíblico precisa incluir o componente adicional do *chamado*: uma incumbência externa *da parte de Deus em favor de* outros. Se adotarmos somente nossos sonhos e anseios internos como estrada para o propósito de vida, aquilo funcionará tão bem para um Hitler como para uma Madre Teresa.

Todavia, as pessoas também podem emperrar no outro lado dessa questão. Por que não orar simplesmente e esperar até que Deus me revele o propósito da minha vida? Para que toda essa exacerbada introspecção e concentração na minha personalidade e em minhas paixões? Não seria a tentativa de encontrar meu destino também apenas uma focalização em mim mesmo? Não – porque Deus, em sua presciência, *também nos criou para a nossa função*. O modo como fomos projetados, nossos melhores sonhos e mesmo a história da nossa vida (que nos prepara de um modo dirigido por Deus) revelam a intenção do Criador. Ou poderíamos dizer que uma parte da revelação do nosso chamado repousa dentro de nós, no modo como fomos feitos. José desde cedo foi um sonhador. Paulo tinha uma personalidade radical e completa desde o primeiro dia em que o encontramos como Saulo. O propósito de Deus para a vida desses homens revelou-se parcialmente no que eles eram. Assim, o chamado de Deus em sua vida e os melhores anseios no coração do cristão são complementares.[6]

E uma vez que ouçamos um chamado, será necessário conhecer a nós mesmos para segui-lo. Alguma vez você já trabalhou com alguém que estivesse seguindo o chamado de Deus, mas não parecia capaz de apreciá-lo? Pode-se trabalhar dentro da sua área de chamado, mas fora do seu perfil. Por exemplo, alguém que Deus *chamou* para dirigir uma organização visionária, mas nunca aprendeu direito a delegar (falta *preparo*), acaba se ocupando com uma porção de detalhes administrativos em que não é bom (a função não se alinha com seu *perfil*) e passa a desejar outro emprego (sua *paixão* foi sufocada). Assim, mesmo que esteja seguindo seu chamado, essa falta de alinhamento com quem ele é implica haver pouca alegria ou eficiência naquilo.

O Deus que nos teceu no ventre da nossa mãe de modo assombroso e maravilhoso sabia desde o início o que faríamos bem e ele atribui seu chamado de acordo com isso. Perfil, preparo e paixão precisam alinhar-se com o chamado para que a pessoa maximize sua influência, longevidade e prazer na missão da sua vida. Temos de olhar *tanto* para dentro *quanto* para fora para encontrar nosso propósito.

A peça teatral do propósito de vida

Uma excelente analogia para o diagrama de propósito é um ator em uma peça teatral. Quando desempenhamos uma função, precisamos assumir seu caráter e *nos tornarmos* aquela função se quisermos cumprir nossa tarefa (nos tornarmos atores). Trata-se de uma analogia muito forte porque incorpora os aspectos tanto do ser quanto do fazer no destino. Abaixo constam seis diretrizes do nosso modelo de propósito de vida expostos segundo a analogia do ator. Quando estas se juntarem, poderemos pôr para funcionar a nossa vida.

---

6   Trata-se também de uma função de maturidade e santificação. À medida que assumimos a mente de Cristo, nossos pensamentos e desejos se conformam a ela. Com isso *desejaremos* mais e mais dirigir nossas paixões naturais e capacidades na direção dos propósitos de Deus.

1. **Deus nos criou como peça exclusiva dos seus propósitos na história**

   A vida tem significado como parte da história maior de Deus com a criação, a redenção e a união de todas as coisas em Cristo. Temos uma função pessoal a desempenhar nessa história.

2. **Fomos *projetados* pela presciência de Deus desde o nascimento para essa função.**

   Podemos olhar para dentro aos nossos talentos, capacidades e tipo de personalidade para encontrar pistas da função que temos condições de desempenhar. Fomos feitos para essa função.

3. **Nossa *paixão* pela nossa função nos sustenta nela**

   Existe um fogo que arde dentro de nós para contar essa história. Nossa paixão pela função é o que nos confere a determinação para aprender nossas tarefas e para dar tudo de nós nessa função.

4. **Somos *preparados* para a nossa função pela nossa experiência de vida**

   Sua vida inteira até este ponto é o ensaio para este desempenho final. Enquanto não estivermos bem ensaiados, não estaremos prontos para a abertura.

5. **É preciso seguir o roteiro**

   Podemos fazer parte da grande produção de Deus ou podemos recitar um monólogo por nós mesmos em nosso próprio palco. Para participar da história maior de Deus, precisamos *nos comprometer* com a autoridade do diretor e nos ater ao roteiro.

6. **O diretor determina nossa função**

   Precisamos olhar *para fora* a fim de receber o *chamado* para a função atribuído pelo diretor. Não conheceremos plenamente o propósito do diretor para a produção até que ele o comunique.

Coaching de cristãos e de não cristãos

Se este for o modelo de coaching para cristãos, como aplicá-lo a não cristãos? O ponto de partida é que cada um, cristão ou não cristão, tem um destino. Deus criou cada um para uma função; nós apenas escolhemos se nos encaixaremos na peça de Deus ou não. Mesmo quem ainda não tiver assumido um compromisso com Deus terá em si o perfil que ele implantou ali desde o início, e Deus ainda está atuando nessa vida, enviando-lhe as experiências de que necessita para prepara-lo, ativar sua paixão e deixa-lo pronto para aceitar seu chamado.

Portanto, as mesmas ferramentas funcionam para prestar coaching a cristãos e a não cristãos nas áreas de perfil, preparo e paixão[7]. Somente o compromisso com Deus e o chamado como parte da sua história maior ficam faltando.

A boa notícia aqui é que, para os que vêm a Cristo mais tarde na vida, *sua vida antes da fé não está perdida!* Por exemplo, alguns dos maiores evangelistas vieram das piores sarjetas. Por quê? Porque sua experiência de vida os preparou para entenderem a vida dos não salvos. Passaram por tudo o que acomete as pessoas que desejam alcançar e, conhecendo a dor da sua jornada e a alegria da sua redenção, têm paixão por apresentar outros ao grande Deus que encontraram. O modo mais eficaz de as pessoas irem além da falácia de que sua vida foi desperdiçada é ajudá-las a encontrarem seu chamado para então descobrirem como sua experiência de vida as preparou para exercê-lo.

Coaching com exercícios de reflexão

Gostaria de tocar brevemente no tópico da reflexão antes de mergulharmos na próxima seção. Este livro inclui toda uma série de exercícios de reflexão para o coach. Existem algumas importantes adaptações que se pode fazer para extrair o máximo considerando o estilo de reflexão único e o tipo de personalidade do cliente.

Um deles envolve os estilos de aprendizado extrovertido e introvertido. Os introvertidos descobrem sozinhos e refletindo – sua motivação principal é primeiro assimilar algo internamente, para depois aplicá-lo externamente quando o tiverem elaborado. Os extrovertidos pensam em voz alta – aprendem melhor conversando. Assim, enquanto seus clientes introvertidos gostarão de bastante reflexão individual, a mesma abordagem pode enlouquecer um extrovertido. Um bom meio de adaptar-se à extroversão é simplesmente transformar os exercícios de reflexão em exercícios de discussão pedindo ao cliente que converse sobre os assuntos com um amigo ou o cônjuge. Outra opção para o extrovertido é enunciar suas reflexões para um gravador portátil em vez de anotá-las por escrito.

Para os extrovertidos, é especialmente importante agir a respeito da reflexão. Enquanto um introvertido pode pensar a respeito de algo por semanas sem sentir necessidade de agir, os extrovertidos precisam agir a respeito daquilo em que pensam e depois permanecer pensando no

---

7   E até certo ponto, mesmo na área de chamado. Lembre-se: algumas pessoas optam por entregar sua vida a um chamado da sua nação, tribo, família ou outra fonte externa.

processo de ação. A vinculação de descobertas de propósito de vida à imediata implementação de ações concretas (ou apenas assegurando ações refletivas discutidas em seus encontros) ajuda os clientes extrovertidos.

O diário espiritual é outro item no qual se enfrenta obstáculos se ele não for adaptado ao estilo do cliente. Algumas pessoas (como eu) escrevem seus diários em sentenças completas e parágrafos. Outras preferem listas com marcadores ou rabiscar em todas as direções através da página, ou ainda gravar os diários em áudio em vez de escrevê-los. Alguns, ainda, entendem os diários como um diário que mantêm sobre o criado-mudo – provavelmente não algo que você pretenda como coach.

Costumo discutir detalhadamente com os clientes as suas opções de diário, que estilo de reflexão funcionará melhor para eles e como preferirão anotar suas constatações. A proatividade eliminará muitos possíveis obstáculos no processo de reflexão antes de sequer ocorrerem.

5

PRIMEIRA PERGUNTA:
IDENTIDADE – A QUEM PERTENÇO?

"Sua vida não lhe pertence: ela pertence a Deus. 'Ser você mesmo' é ser e fazer o que Deus quer que você seja e faça, sabendo que Deus o criou para uma missão e conhece você e sua missão melhor que você mesmo."

Leonard Sweet

Jackie assomou à nossa porta doida para nos contar suas novidades: "Oi – estou noiva", exclamou, orgulhosamente exibindo o anel no seu dedo. "Vamos nos casar em junho!"

Foi um daqueles momentos em que é difícil não revelar os sentimentos. Havíamos gasto vários meses discipulando Jackie quando ela reorientou sua vida em torno do Evangelho. Suas grandes questões eram o casamento e os relacionamentos românticos. Jackie sonhava em se casar e se apaixonou pelo ideal da vida de casada. Entretanto, seu namorado bebia pesadamente, estudava Nintendo e não era cristão. Foi uma verdadeira luta para ela entender que aquele relacionamento era incompatível com sua fé. Duas semanas atrás ela finalmente decidira romper com ele.

"Então venha aqui e conte-nos o que aconteceu", disse finalmente minha esposa Kathy, resgatando-nos de um momento constrangedor. Em poucos minutos ficamos conhecendo a história toda. Ela finalmente juntara a coragem de dizer a ele que terminara. Na noite seguinte ele apareceu no apartamento dela, encostou uma faca em seu próprio pescoço e ameaçou suicidar-se se ela não reatasse com ele – o que ela fez!

E agora estavam noivos.

Kathy lhe perguntou o que Deus lhe dissera sobre essa decisão. Jackie simplesmente desconsiderou a pergunta. "Ele é aquele com quem quero me casar – é isso."

Não vimos muita coisa de Jackie até um mês depois do casamento, quando ela voltou para conversar. Nessa ocasião, a conversa foi muito diferente.

"Acabo de cometer o maior erro da minha vida", disse Jackie sobriamente, "e agora estou presa".

Quando chegamos a conversar sobre sua vida amorosa, a resposta de Jackie à pergunta "A quem você pertence?" foi "A mim!" Essa escolha levou-a a um relacionamento doloroso e a uma grande perda. Agora que ela chegou ao ponto de optar pelo compromisso com Deus em seus relacionamentos, sua dor está em querer ser redimida para os propósitos de Deus, e ele incorporou mesmo esse trabalho de redenção em seu propósito de vida.

A história de Jackie é de graça e renovação, mas também é de perda de oportunidade e de rejeição dos propósitos de Deus. A lição é ser impossível cumprir nosso propósito como cristãos sem um compromisso fundamental com o senhorio de Cristo. A identidade é a palheta com que pintamos nosso propósito de vida. Mude as cores e tudo o mais no quadro do seu propósito mudará. Infelizmente, Jackie descobriu isso pela via mais difícil.

A promessa de identidade (senso de pertencer)

Um dos erros que tenho cometido como coach foi pressupor que os cristãos com que trabalho tenham tomado sua decisão sobre o senhorio. Ao fazer isso, omiti uma importante área de transformação e servi aos meus clientes menos bem do que poderia ter feito. Vamos, por isso, dar uma olhada naquilo que a identidade implica para depois discutir sobre como lhe prestar coaching.

Fazer de Jesus o Senhor vai além de confiar nele como Salvador[8]. Trata-se de uma decisão única que define a direção fundamental da nossa vida como de identidade com Cristo. Consiste em abrir mão e em encarregar Deus de tudo. Uma "promessa de fidelidade" ao Reino de Deus poderia ser algo como isto:

---

8   A igreja primitiva parecia não reconhecer essa distinção – aceitava-se o pacote todo de uma só vez ou nada. Em que pesem as questões teológicas, penso que hoje as pessoas entenderão mais facilmente o senhorio se conversarmos separadamente sobre a decisão pelo senhorio e a salvação.

"Jesus: desejo que assumas o controle da minha vida. Decide o que que-
res que eu faça e eu o farei. Convido-te agora para cada área do meu
coração e dos meus atos. Opto por não esconder nem manter nada sob
o meu controle ou fora dos teus limites. Ambos sabemos que eu jamais
conseguirei realizar isso sem tua ajuda, de modo que também peço por
esta. Onde quer que se ache algo que eu não possa abandonar, tens a
permissão para mudar meu coração e tornar-me disposto a ir contigo."

Reconhecer Jesus como Senhor não significa que a partir de então faremos tudo certo ou que nunca resistiremos àquilo que Deus pretende conosco. Caso contrário, estaríamos todos desqualificados. A decisão pelo senhorio implica que nossa resposta à pergunta "A quem pertenço?" seja: "A Jesus".

Eis aqui uma analogia com uma meta mais rotineira. Digamos que, aos dezesseis anos, Kely decida perseguir seu sonho de tornar-se jogadora de futebol e de chegar ao nível máximo das suas habilidades. Trata-se de uma decisão única por meio da qual ela orienta seu coração em tornar-se jogadora de futebol (sua identidade) e em fazer o necessário para chegar lá. Sua decisão define a trajetória geral da sua vida.

Cada dia requer decisões relacionadas com as aspirações atléticas de Kely. Devo correr hoje? Até onde? Terei coragem de tentar o time da faculdade? Passarei minhas férias em um campo de futebol ou vou passá-las com meus amigos? Terei suficiente confiança no meu futuro para arriscar minha poupança ingressando em uma equipe?

> É impossível cumprir nosso propósito como cristãos sem um compromisso fundamental com o senhorio de Cristo.

Antes de Kely tomar a decisão fundamental de se concentrar em futebol, cada escolha implicava a avaliação do futebol contra outras prioridades da sua vida e a tentativa de selecionar o que fosse mais importante para ela naquele momento. Contudo, assim que ela fez daquele sonho a missão da sua vida, aquelas outras decisões tornaram-se muito mais fáceis. A decisão única sobre o que teria a importância suprema orientou todas as decisões menores sobre prioridades diárias.

Esse tipo de "promessa de fidelidade" é uma boa ilustração para a decisão pelo senhorio. É poderosa porque, uma vez tomada, qualquer outra opção de seguir Deus fica mais fácil. Quando o cristão cujo padrão de vida é ter Jesus como Senhor entende que Deus está solicitando algo, ele estará capacitado a escolher aquilo e a tocar a vida, enquanto outros ainda se debatem com vozes conflitantes.

A decisão de senhorio libera uma quantidade incrível de energia para perseguir o propósito de Deus para nossa vida. Em vez de se debater com cada pequena decisão ou de gastar metade do tempo seguindo Deus e metade fugindo dele, a inclinação do coração nos empurra firmemente na mesma direção. Com o tempo, chegaremos ao ponto em que o nosso coração estará tão orientado para Deus que será necessário esforçar-se para **não** obedecer.

Estudo de caso de identidade

Neste diálogo de coaching, note como o coach ajuda esse casal cristão a conectar o que desejam no casamento com um compromisso mais profundo com Cristo em sua vida material.

Pedro e Valéria se conheceram com mais de 50 anos de idade, dois anos depois do falecimento da primeira esposa de Pedro. Nenhum dos dois pensava em se casar de novo, mas quando se conheceram sentiram-se fortemente atraídos e celebraram seus votos mútuos dois anos depois. Valéria era estreitamente ligada à sua família, ainda morava perto dela no bairro em que se criara e não queria sair de lá. Pedro chegara a Rochester para acompanhar sua esposa durante seu tratamento, mas nunca conseguiu um emprego satisfatório naquela cidade e tinha saudades dos amplos espaços abertos de Montana. Vamos acompanhar a conversa de coaching por partes:

"Bem, o que ouço é você dizer que realmente quer esse emprego."	Pedro tem um forte desejo de realização na carreira, mas o coach não percebe muito de um processo de tomada de decisão a não ser de "Quero isso, por isso vou atrás". Por isso ele indaga sobre o processo.
"Sim, é uma oportunidade única na vida. Uma propriedade de 5.000 acres – serei o chefe da equipe, grandes benefícios, pacote completo."	
"E o que pretende fazer?"	
"Realmente quero assumir aquilo! Estou neste emprego sem perspectivas há três anos, recebo meu salário, mas esta é a minha chance de fazer o que sempre quis."	
"Então, como tomará essa decisão?"	
"Bem, eles querem que eu vá lá e trabalhe por três semanas para terem certeza de que sou o cara certo, e depois fecharão."	

"Deixe-me reformular: qual é o seu processo para ouvir o Senhor nisso? Você precisará de algum conselho ou terá que conversar com sua mulher ou tomar tempo para orar ou algo nessa linha?"

"Ah, sim. Tudo sobreveio muito rapidamente. Valéria e eu conversamos um pouco e ela disse estar disposta a me seguir se eu achar que é isso o que devo fazer. Eu só sinto que devo ser um bom mordomo dos meus dons e aplicá-los de fato."

"Ou seja, Valéria diz que o seguirá para Montana. Trata-se realmente daquilo que ela quer fazer?"

"Hum... não estou bem certo."

"Dê seu melhor palpite. Se Valéria fosse lhe dizer agora onde ela realmente gostaria de viver, o que você acha que ela diria?"

"Ela provavelmente dirá que desejaria ficar aqui com sua família."

"Então, o que ouço é que ela está disposta a ir, mas que no fundo ela não quer. Como soa isso para você dito em voz alta?"

"Não muito bem..." [longa pausa]

"Posso fazer uma observação aqui?"

"Certamente".

"Percebi várias vezes que, quando vocês dois tomam alguma decisão importante, Valéria cede a você e lhe diz o que você quer ouvir, mesmo quando ela está desapontada. E você cede ao que ela quer e decide não seguir os seus sonhos, mesmo quando você se desaponta. Mas o que vejo é que ambos se encontram e chegam ao ponto em que ambos estão plenamente convictos de ser aquilo que Deus lhes diz em conjunto. Pense um pouco nisso – está correto ou estou omitindo algo?"

Como Pedro não captou a questão na primeira vez, o coach fornece vários modelos de resposta para a questão.

O fato de o casal ter conversado brevemente sobre uma mudança importante e que ela esteja "disposta a segui-lo" é uma bandeira vermelha.

Em vez de moralizar a respeito da função de Pedro como marido, o coach ajuda-o a sintonizar-se com as necessidades da esposa.

O coach cita uma observação e pede a Pedro que a avalie. Esta é uma importante diferença entre coaching e mentoria: o cliente de coaching atribui significado às suas próprias ações.

"Bem... ambos tendemos a evitar conflitos, e provavelmente você está certo ao supor que tendo a ceder, e ela também. Pode ser que, depois de perder a Carol, eu receie perder de novo alguém. Assim, quando aparece um conflito, eu me retraio."

"Então imagine isso. Qual será o resultado para o seu relacionamento se pelos próximos dez anos você agir segundo esse temor e ceder cada vez que surgir uma tensão?"

"Não seria bom. Provavelmente eu acabaria bastante aborrecido porque não terei sido efetivamente eu mesmo."

"E o que acontecerá a Valéria se ela não disser o que realmente deseja e ceder a você por dez anos?"

"Também não é bom. Creio que ela não se sentiria bem amada. Parece que, se eu continuar a agir baseado nesse temor, chegarei exatamente àquilo que temo."

"Boa visão. Então, o que você pretende fazer a respeito disso?"

"Bem, creio que temos que conversar sobre tudo isso. Preciso ser sincero sobre minha posição e pedir-lhe que também me conte o que ela realmente deseja."

"Você gostaria de pôr isso em prática?"

"Sim."

"Soa excelente! Deixe-me então desafiá-lo a dar mais um passo adiante: eu realmente creio que Deus falará a você sobre o que deve fazer e que, se ambos o escutarem, ele os levará a consenso sobre isso. Como ficaria se vocês, como casal, começarem a andar para além desses temores a fim de seguir Deus juntos como 'uma só carne'?"

"Conversaremos bem mais. E sendo francos a respeito do que sentimos em vez de tentar com tanto esforço agradar o outro – e provavelmente mesmo orando juntos. Gosto dessa ideia de tomar decisões em conjunto em vez de ficar rodeando tal como agora."

"Então temos aqui o desafio. Para que funcione, vocês precisarão comprometer juntos o seu casamento para Cristo – tomar de uma vez por todas uma decisão de que no seu casamento vocês farão as coisas ao modo de Deus. Você consideraria dar este passo?"

"Soa assustador, mas também empolgante realmente investir no melhor. Vamos conversar sobre isso!"

A exposição da observação de modo neutro, não julgador, induz rapidamente uma conversa a respeito de temores básicos (estas são as verdadeiras questões do senhorio).

O coach permite que o cliente execute hipoteticamente as implicações de uma escolha de longo prazo – o que tende a aumentar a motivação para uma mudança.

O coach afirma o relacionamento de Pedro com Deus enquanto o desafia a ir mais fundo. A abordagem de coaching por meio de confrontação é desafiar a pessoa a avançar para aquilo que ela pode tornar-se, e não retroativamente para o que fez de errado.

Quando ir mais fundo

A chave para esta conversa dar certo é que ela implica um aspecto claramente ensinável: um ponto em que as atuais circunstâncias motivam Pedro a reexaminar suas suposições essenciais. Aspectos ensináveis são o sinal mais claro de que as questões de senhorio podem ser abordadas porque evidenciam a atividade do Espírito Santo, convencendo e preparando a pessoa para a mudança. Uma vez realizado este trabalho preparatório, não haverá necessidade de arrombar a porta do coração da pessoa, porque ela já estará sentindo uma profunda necessidade de mudar.

Eis aqui mais algumas dicas que podem indicar a disposição de lidar com questões fundamentais de identidade:

1. **Conexões entre as circunstâncias atuais e o objetivo final da vida**

   Deus muitas vezes estimula aquilo que guardamos mais profundamente a fim de obter acesso ao nosso coração. Assim, quando Deus complica o propósito de vida da pessoa, isto é um sinal. Certo cliente compartilhou sua frustração por sempre trabalhar em organizações com sérios conflitos internos. Sua série de experiências foi tão impressionante que comecei a explorar se o seu chamado não consistiria em reunir pessoas em torno de algum consenso. Quando ele percebeu que suas circunstâncias o prepararam para essa missão de vida, parou de resistir e começou a dedicar-se a elas como parte do plano de Deus para sua vida.

2. **As coisas emperram e providências práticas não funcionam**

   Quando as soluções práticas não funcionam, é hora de pesquisar obstáculos internos. Se algo parece muito mais difícil do que deveria, busque obstáculos internos relacionados com questões de identidade.

3. **A pessoa passa por uma fase de transição**

   O principal foco da atividade de Deus em transições é dirigido para dentro. Ele acaba com o que estamos fazendo para abrir espaço em nossos pensamentos (e agendas!) para reexaminar nosso mundo interno. Portanto, há perigo em errar ao conversar sobre quase qualquer ocorrência significativa neste nível.

4. **A argumentação parece irracional**

   Recentemente ouvi um cliente desqualificar a si mesmo para o trabalho com pais de adolescentes (embora tivesse sido pastor de jovens por 10 anos!) porque seus filhos ainda não estavam naquela idade. Meu desafio foi: "Então Jesus não tem nada a nos dizer sobre casamento porque ele ainda não estava casado?" Depois de uma boa risada e um pouco de reflexão, ele começou a sintonizar-se com o desejo de ser exatamente aquilo que era o verdadeiro obstáculo. Quando dizemos algo em cuja consistência nem *nós mesmos* cremos, parecerá natural reexaminar a suposição que está por trás.

5. **A pessoa está passando por uma adversidade importante**

   O questionamento da questão da identidade custa, de modo que é preciso circunstâncias incomuns ou apostas altas para levar-nos até ele. Clientes que estejam passando por sofrimentos, perdas ou frustração intensa têm mais probabilidade de querer questionar as questões de identidade.

Identidade após a decisão de senhorio

Deus está sempre perseguindo nosso coração para nos levar a uma união mais plena com ele. Nós reagimos entregando-lhe o domínio sobre tudo o que a nova situação atual trouxer à tona. Assim, o processo de tornar Jesus o Senhor nunca termina de verdade: sempre existem novas áreas do coração mesmo para cristãos maduros levarem a Jesus. Como diz Paulo, precisamos "pôr em ação a salvação de vocês com temor e tremor, pois é Deus quem efetua em vocês tanto o querer quanto o realizar, de acordo com a boa vontade dele" (Fl 2.12s).

Algum tempo atrás, um cliente (Jeff) envolveu-se em uma parceria comercial confusa, causadora de verdadeira hemorragia financeira. Em uma conversa bem ampla para explorar primeiramente como ele se metera naquela posição,

Identidade e questões hipotéticas

Nas decisões sobre identidade, muitas vezes será útil examinar a questão hipoteticamente. A capacidade de ponderar diferentes opções teoricamente nos afasta do ambiente de temor e ajuda a trabalhar com a mente e o coração, e não apenas com emoções.

- *"O que poderia acontecer se você lançasse fora seus interesses pessoais e apenas tratasse de fazer o que Deus lhe disse? Forneça-me um cenário."*

- *"Se você olhasse para isso como um investidor e tratasse de arranjar sua vida aqui para obter o máximo de retorno para o Reino, o que você poderia fazer com isso?"*

- *"Aquilo que você teme aconteceria se você fosse por esta rota? O que melhoraria se você pensasse em fazer isso?"*

- *"Dê o seu melhor palpite: o que você acha que Deus pediria de você aqui? Por que isso?"*

Jeff começou a falar sobre seu padrão de se vincular a modelos de comportamento espiritual para, então, se queimar com eles. Quando seu último mentor espiritual faliu e se queimou, Deus perguntou: "Onde está sua rocha?" O escape de Jeff daquela experiência consisitiu em aprender a não confiar tão sem critério nas pessoas[9].

Mais tarde, quando a conversa retornou ao seu trabalho, comentei: "Parece que também nos negócios você busca parcerias com pessoas que lhe dão uma sensação de certeza nas decisões..."

"Oh, exclamou ele abruptamente, interrompendo-me. "É isso. Olho para elas para serem minha rocha nos negócios exatamente como olhava para os pastores como rochas. Preciso refletir sobre isso."

As questões de identidade podem sobrevir a qualquer momento durante a conversa de coaching, e com qualquer um. No caso, Jeff descobriu uma necessidade de orientar-se mais plenamente por Jesus em suas decisões empresariais. Como ele já tinha tomado a decisão única de senhorio, Jeff foi capaz de mudar rapidamente no sentido de submeter essa área a Cristo no momento em que a identificou.

Essa história destaca dois importantes princípios de identidade. A primeira é que Deus toma ativamente toda circunstância pela qual nossos clientes passam e a utiliza para conformá-los à imagem de Cristo (veja Rm 8.28s). Não importa o que enfrentemos, Deus quer moldar nosso caráter por meio disso se nós permitirmos. Assim, *toda* questão de coaching oferece a oportunidade de conversar sobre identidade quando descermos a um nível mais profundo e conversarmos sobre *ser* em vez de apenas sobre *fazer*.

O segundo princípio é um importante contrapeso ao primeiro: o ato de convencer as pessoas da sua pecaminosidade e necessidade de mudar é tarefa do Espírito Santo (Jo 16.8). Ele faz isso muito bem: Tem trabalhado com bilhões de pessoas por milhares de anos e tem muito mais experiência nisso do que nós. Portanto, deixemos que ele faça seu trabalho.

Felizmente não cabe a nós diagnosticar se as pessoas não fizeram de Jesus o seu Senhor, nem de conseguir que o façam. Sua função como coach é andar junto *quando as circunstâncias já tiverem induzido os clientes a encararem as questões fundamentais* e então ajudá-los a ir aonde o Espírito Santo já os está levando. Assim, a menos que o processo de mudança já tenha começado, a tentativa de conduzir alguém a fazer de Jesus seu Senhor não funcionará – esta é a sua ordem do dia.

---

9 "Veja João 2.23-25 sobre o modo de Jesus lidar com isso.

Níveis de engajamento

Uma ferramenta que funciona bem nas questões de identidade em coaching é a dos níveis de engajamento. Eis aqui três níveis de mudança com que podemos trabalhar[10]:

1. Persistência
2. Mudança de cabeça (externa)
3. Mudança de coração

Vejamos um cenário que explique os diferentes níveis. Uma pessoa vem consultar você por se sentir emperrada em seu emprego, sentindo que não está indo a lugar algum. Quem funcionar então no nível de persistência poderá dizer: "A situação do meu emprego é terrível. Estou sobrecarregado, ganho menos do que deveria, mas não posso arriscar uma demissão. Vou ter que ir aguentando". Para quem for resistente, a meta será simplesmente sobreviver e talvez ganhar um pouco de simpatia ao longo da trajetória para sentir-se melhor.

Embora possa valer a pena deixar alguém em situação difícil desabafar um pouco, será difícil criar movimento quando alguém enxerga sua tarefa em simplesmente persistir. Um modo de romper o dilema é observar como a pessoa reage e então propor um ponto de vista diferente: "Quando você fala assim, até parece que não existe nada que possa fazer a respeito. O que você faria se realmente acreditasse que aquilo poderia mudar?"

O estilo mais comum de engajamento se dá na cabeça. Aquele cliente poderá dizer: "Minha meta é encontrar um novo emprego no qual eu possa realmente desabrochar" ou "Percebi que me faltam algumas habilidades essenciais de

> ### Mais perguntas sobre identidade
>
> - *"Retroceda um pouco. O que você acha que Deus estaria fazendo em você por meio desta situação?*
> - *"Digamos que Deus tenha lhe enviado isso por ser exatamente o que você precisa agora para prepará-lo para o seu destino. O que isso significaria?"*
> - *"De que modo isso vem preparando você para aquilo para o que você nasceu? Não apenas em termos de habilidades ou princípios, mas como vem transformando você na pessoa que precisa ser para fazer o que você foi chamado a fazer?"*
> - *"O que esta situação e suas reações a ela dizem sobre quem você é?"*

---

10 Mais ferramentas para conduzir os níveis de engajamento constam em *A arte de fazer perguntas em coaching*, de Tony Stoltzfus, pg. 161-162.

que eu precisaria para subir na empresa". O objetivo é prático e externo – o cliente deseja mudanças, mas enxerga-as simplesmente em termos de fazer coisas diferentes em vez de tornar-se uma pessoa diferente. Muitas grandes mudanças ocorrem neste nível, mas isso não toca a identidade fundamental do cliente porque ele não requer mudanças no coração.

O nível de engajamento do coração vai além: o problema não está nas minhas circunstâncias, mas em mim. Não se trata apenas de eu ter *feito* algo errado ou de que me falta alguma habilidade. Meu desempenho brota naturalmente daquilo que sou e ele não mudará enquanto eu não mudar. Um engajamento pelo nível do coração poderá soar mais ou menos assim: "Meu chefe me disse no mês passado que a razão de eu não ser promovido é que uso as pessoas em vez de me relacionar com elas, e não consigo me livrar desse desafio. Gostaria de entender por que faço isso e como poderia mudar". Quando se atinge o nível da motivação (por que faço isso), a porta se escancara para conversar sobre identidade!

Recentemente um dos meus colegas coaches me desafiou sobre um padrão que tenho: de minimizar as dores brincando com elas em momentos inadequados da conversa. Ir ao nível do coração dessa questão significa perguntar "Por que faço isso? O que me induz a rir quando conto uma história dolorosa? E se eu fizer isso para manobrar a veemência da minha conversa, o que será que produz veemência que necessite antes de tudo de manobras?" Manobrar o comportamento é uma estratégia em nível de cabeça. O coração mudará se eu perguntar: "O que diz isso sobre mim?"

Coaching na plenitude do tempo

O maior desafio no coaching de identidade é permitir que Deus determine o ritmo em vez de tentar resolver tudo na hora. A Escritura diz que: "O presente abre o caminho para aquele que o entrega e o conduz à presença dos grandes" (Pv 18.16). Gosto de dizer o contrário: "A carne abre caminho [...] e arrasta para a lama". Nossas dificuldades muitas vezes são o resultado direto das questões de senhorio em nossa vida. É difícil observar alguém permanecer fazendo a mesma coisa que causa dor e resistir à tentação de intervir e tentar salvá-lo.

Será útil lembrar que as questões de senhorio representam decisões fundamentais a respeito da nossa identidade – e a identidade não é fácil de mudar. Minha experiência como coach é que é preciso circunstâncias extraordinárias (muitas vezes dolorosas) para gerar o nível de motivação necessário para uma transformação verdadeira do coração. Tenho trabalhado com líderes que tiveram que circundar a mesma montanha meia dúzia de vezes antes de estarem prontos para lidar com Deus. O simples fato de eu enxergar algo que penso ser necessário que o cliente mude não quer dizer que seja o momento de Deus para abordar a questão.

Pense nisso assim: quantas coisas que você poderia fazer melhor Deus vê neste momento? (um bocado!). Acaso ele o confronta com tudo aquilo imediatamente? Não – ele mantém você em um processo vitalício de desenvolvimento que o faz avançar continuamente. Assim, tratar meus clientes como Deus me trata

> ## Coaching de identidade
>
> 1. **Aguarde** Deus fornecer uma situação propícia.
>
> 2. **Ore** para que Deus envie à pessoa as circunstâncias de que precisa para mudar.
>
> 3. **Posicione-se** para ser a pessoa a procurar quando o cliente estiver pronto para a reavaliação.

significa abordar apenas aquilo que esteja na ordem do dia de Deus naquela fase da vida deles.

Como nós mesmos não podemos mudar corações, precisamos esperar que Deus forneça uma situação propícia que crie um contexto para a mudança. Para isso, uma ferramenta-chave do coaching é a oração. Posso pedir a Deus: "Envia-lhe as experiências de que ele necessita para receber-te plenamente nessa área" ou "Faze nela aquilo que ela mesma não consegue fazer". Se eu orar, farei ativamente algo com minha visão intuitiva que me ajudará a parar de tentar forçar algo goela do cliente abaixo.

Outra técnica é colocar a si mesmo à disposição para reavaliação. Rocky era um líder ENFP (altamente relacional, desestruturado, orientado para o futuro) que achava difícil avaliar objetivamente as oportunidades que lhe apareciam. Seu comportamento otimista fazia com que regularmente superestimasse suas chances de sucesso e subestimasse o tempo necessário para chegar lá.

Na primeira vez em que o desafiei no seu padrão, ele simplesmente não estava pronto para ouvir. A novidade lhe parecia tão boa que ficou convicto de que encontraria um meio. Em vez de empurrá-lo, eu disse: "Certo, posso ficar fora disso. Como dará algum trabalho encaixar tudo, que tal incluirmos isso como parte de nossa agenda de coaching para as próximas sessões?" Rocky concordou, e no processo de tentar resolver aquilo juntos ele levantou a ideia de ele próprio ser excessivamente otimista, e pediu ajuda para isso.

Se um cliente *realmente* quiser fazer algo que pareça autodestrutivo e não estiver disposto a ouvir algo diferente, não será uma estratégia vencedora colocar-se na frente desse trem em movimento acelerado. No entanto, arranjar as coisas de modo a criar uma chance de conversar sobre o resultado dessa decisão poderá ser o meio. Se trabalharem juntos ou criarem algumas formas de avaliar o progresso ao longo do caminho, você estará bem posicionado para levar vantagem no momento propício, quando ele chegar.

Exercícios de coaching: a verificação da identidade (5.1)

Este exercício devocional ajuda os clientes a examinarem seu próprio coração em cinco áreas nas quais muitas vezes queremos ser nosso próprio mestre. A ideia é formular esta oração, vigiar suas reações íntimas e então documentar a experiência. O exercício consiste em *observar* as próprias reações, não em tentar controlá-las ou em fornecer as respostas "corretas".

Trata-se de um passo desafiador, de modo que se pode querer discutir a fundo o modo de executá-lo sinceramente e, então, experimentar o amor de Deus em meio à fragilidade humana.

Peça aos clientes que lhe enviem seus relatórios do exercício e preste atenção a sentimentos, dúvidas, alegrias e temores que experimentarem. As emoções brutas que vierem à tona são "ganchos" para uma cuidadosa sondagem e um pedido de que a pessoa reflita no significado do que vem passando:

- *"Você citou que aquilo foi desanimador. Reviva essa emoção e a descreva para mim."*
- *"O que essa emoção revela sobre o que se passa dentro de você?"*
- *"O que você pode aprender disso a respeito do que arrasta ou determina você?"*
- *"O que Deus lhe diria neste ponto?"*

Quando as pessoas se debatem neste nível profundo, conseguimos uma ressonância com nossa condição humana comum e compartilhada (o fato de sermos todos poços sem fundo de questões não resolvidas) durante o desafio. Enquanto alguns coaches acham que nunca devemos incluir a nós mesmos na conversa, eu creio que poderá ser muito útil compartilhar *breves* exemplos das nossas próprias lutas nesses pontos a fim de manter uma sensação de segurança e mutualidade.

Necessidades, perdas e vínculos (5.2)

Quando vem à tona uma área em que o cliente se debate com identidade, isso é bom – o primeiro passo para mudar é sempre conscientizar-se da necessidade de mudança. Essa conscientização é evidência da atividade do Espírito Santo. A celebração da consciência do pecado (não do próprio pecado!) pode exercer um profundo impacto na pessoa como conscientização da obra do Espírito Santo em lugar de tratar aquilo como razão para culpa ou vergonha. Às vezes podemos gastar tanta energia em nos sentirmos mal a respeito de nós mesmos que não resta mais nenhuma energia para mudar.

Por outro lado, se um cliente tiver realmente tomado a decisão de senhorio, mas a aplicação normal de disciplina ainda o mantiver em luta[11], passo a procurar alguma razão subjacente na qual a disciplina não esteja operando. Encontre a razão e você poderá mudar o comportamento.

Um exercício que aplico (verbalmente ou como reflexão entre as sessões) para encontrar a razão chama-se *necessidades, perdas e vínculos* (5.2). Essas questões sondam as motivações ou impulsos íntimos por trás do estresse ou de uma luta para mudar. As necessidades são aquilo que tentamos obter agindo daquele modo, enquanto as perdas são aquilo que tememos poder acontecer a nós se não o fizermos. Já vínculos são o que faz essa questão se prender tanto a nós.

Conversei hoje com um pastor cujas decisões precárias no passado criaram um bocado de estresse em sua função. Ao refletir sobre aquilo, ele disse: "Eu sabia na ocasião que as decisões não eram boas, mas fui em frente assim mesmo. Quando as pessoas ao meu redor parecem saber o que querem, eu simplesmente deixo correr. Por que faço isso?"

Apliquei uma pergunta do tipo "necessidades" para ajudar a revelar o que se passava com ele: "O que você ganha confiando mais no discernimento dos outros do que em seu próprio?" Essa pergunta se tornou para ele uma ação concreta de reflexão durante a semana. Em geral, a resposta é uma necessidade humana básica como aprovação, segurança, certeza ou proteção. Existe algo muito importante que ele ganha ao adiar as opções aos outros e o padrão não mudará enquanto não descobrirmos a razão.

---

11 Obviamente, assuntos como dependências (vícios) e doenças psicológicas extrapolam os limites daquilo sobre o que vimos falando, uma vez que, de qualquer modo, não prestamos coaching a tais situações.

5.1. VERIFICAÇÃO DE IDENTIDADE

Tome essas cinco áreas e ore sobre elas durante o seu período devocional. Pode lançar mão dos termos fornecidos ou estendê-los. A ideia é *observar* o que se passa em você à medida que ora, e não tentar converter você no cristão perfeito. Aplique as perguntas para reflexão ao final para anotar os pensamentos e as sensações que lhe ocorrerem à medida que ora. Depois, simplesmente mantenha-se presente diante de Deus com o que você é e o que escreveu. Você pertence a ele.

Controle

"Senhor, dirige a minha vida. Vou largar as rédeas – desejo que organizes minha vida e me dês o que pensas ser o que preciso. Vou parar de tentar controlar minhas circunstâncias – vou aceitar o que quer que venha das tuas mãos. Vou deixar de controlar as pessoas ao meu redor, seja por raiva, argumentação ou exercendo poder. Recebo-te como meu mestre."

Dinheiro

"Senhor, desejo que administres todo o meu dinheiro o tempo todo. Quero entregá-lo, guardá-lo, gastá-lo ou poupá-lo apenas como disseres. Entrego-te também minhas ansiedades a respeito do dinheiro. Tu és minha segurança e meu provedor. Muito obrigado por tudo o que tenho: é suficiente para mim. Estou contente contigo e com o que me deste. Decido não procurar nada que possa comprar para ser feliz."

Reconhecimento

"Senhor, sê minha recompensa. Ouvir-te dizer 'está bem feito' é a única recompensa pela qual decido trabalhar. Vou deixar de agradar ou impressionar quem quer que seja para que goste de mim. Vou largar o esforço para ser famoso, realizado ou competente. E decido encarar os conflitos e dizer a verdade porque confio o resultado a ti.

Relacionamentos/intimidade

"Senhor, confio a ti os meus relacionamentos. Encarrego-te de todas as áreas do meu casamento (inclusive se vou me casar). Tu és o protetor dos meus filhos, o guarda do meu coração nas amizades. És o amor da minha vida e és suficiente para mim. Não vou sair por aí em busca da satisfação das minhas necessidades relacionais ao meu modo. Minha vida sexual é tua também – em meus pensamentos e atos decido agir de acordo com o teu critério e levar uma vida de pureza."

Autoimagem

"Senhor, admito que sou um pecador de coração. Morro completamente para a necessidade de parecer que está tudo bem – não é assim. Vou abandonar a necessidade de ser alguém, de criar uma imagem pública ou de enfeitar minhas histórias para parecer melhor. Decido ser aberto sobre minhas falhas, pedir perdão rapidamente e ser o que sou em vez de tentar polir minha imagem. Minha identidade está em tuas mãos."

Reflexão

1. Como você se sentiu ao orar assim?

2. Enquanto ora, acompanhe a você mesmo através de cada área. Posso dizer isso sinceramente? Foi fácil ou difícil? Será que me abri para Deus ou tentei esconder-me?

3. Que emoções vieram à tona enquanto eu orava? (p. ex., alegria, temor, alívio, raiva, etc.). O que há por trás desses sentimentos?

4. O que essas observações me dizem sobre mim mesmo?

5.2. NECESSIDADES, PERDAS E VÍNCULOS

Quando parecer extraordinariamente difícil fazer algo ou quando lutamos para mudar um comportamento, poderá ser útil parar e procurar alguma razão subjacente em vez apenas forçar as tentativas. Separe algum tempo e reflita nas perguntas abaixo para conseguir identificar o que se passa abaixo da superfície quando a mudança for extraordinariamente difícil.

Necessidades

- *"O que você ganhará fazendo isso?"*
- *"E o que isso lhe proporciona?"*
- *"O que esse padrão (ou comportamento) lhe dará que lhe pareça necessário?"*
- *"Que desejo ou necessidade induz seu comportamento neste caso?"*

Perdas

- *"O que você teme que aconteça se for lá?"*
- *"O que você perderá se isso mudar?"*
- *"O que você vem retendo ou perseguindo neste caso, que você não queira perder?"*
- *"O que seria o pior que pode acontecer?"*

Vínculos

- *"Que lembrança, desejo, temor ou impulso domina você neste caso?"*
- *"Com o que você vem lidando que pareça maior ou mais poderoso que você?"*
- *"O que o retém?"*
- *"Que tipo de ajuda externa lhe dará a melhor chance de romper este vínculo?"*

Dica de coaching

Pelo fato de este exercício se referir à maior conscientização de impulsos ocultos, subconscientes, poderá ser necessário voltar a ele várias vezes ou trabalhar nele ao longo de um período de várias semanas antes que a pessoa comece a entender o que realmente se passa dentro dela.

5.3. ESCLARECENDO SUA IDENTIDADE

Se você anda se debatendo com sua identidade com Deus em seus sonhos, metas de vida ou mesmo só na vida diária, estas perguntas para reflexão poderão ajudá-lo a definir o que se passa em você.

O toque de Deus

- *"Onde Deus vem pedindo mais ou trazendo algo novo para sua vida?"*
- *"Qual é a agenda de crescimento de Deus para você no momento?"*
- *"Como você poderia ajustar sua perspectiva para aplicá-la melhor como preparo para os propósitos de Deus para a sua vida em vez de considerá-la um dever, um aborrecimento ou um problema?"*

Seu coração

- *"Que temores ou hesitações vêm à tona quando você pensa a respeito desta novidade?"*
- *"O que o impele e o que o retém?"*
- *"Que contato Deus deseja com você ou como deseja tocá-lo?"*

Sua filiação

Agora explore por alguns instantes a ideia de que Deus está 100% a seu favor – você é seu amigo dileto e ele não lhe deseja fazer nada que não seja bom, mas que o faça deixar para trás o que é bom em troca do melhor e de avançar com ele. Se quiser, leia o último trecho de Romanos 8 ("Quem nos separará do amor de Cristo...?") e reflita nestas perguntas:

- *"O que Deus lhe diz sobre o seu amor por você nessa área?"*
- *"Como você gostaria de reagir ao coração de Deus?"*
- *"Como você gostaria de estar com Deus neste desafio ou decisão?"*

6

SEGUNDA PERGUNTA: PERFIL – QUEM SOU EU?

"A glória de Deus é um homem completamente vivo."

Santo Irineu

Saul enfrentava novamente um dilema. Enquanto seus atributos físicos lhe granjeavam atenção e oportunidades, ele sempre se debatia com temores e inseguranças. No dia da sua coroação, escondeu-se entre a bagagem para escapar da responsabilidade. Alguns anos depois, ele se apavorou quando seu exército se dissolveu à vista da máquina de guerra filisteia, sufocou sua consciência e ofereceu, ele mesmo, o sacrifício sacerdotal em uma desesperada tentativa de levantar o moral. Naturalmente, Samuel apareceu exatamente quando ele estava terminando o ritual. Com palavras que lhe gelaram o coração, Samuel anunciou que seu reino não duraria – Deus havia escolhido outro rei para o seu povo – e o exército filisteu ainda estava acampado logo depois dos montes ali perto.

De algum modo ele sobreviveu àquele terrível momento e, mais tarde, as coisas passaram a andar bem, apesar daquela profecia de maldição de Samuel. Ele obteve vitórias em todas as frentes e o povo o aclamou por ter salvado suas casas e terras. Seu velho mentor também retornou com uma tarefa da parte de Deus: destrua os amalequitas. O empreendimento de uma cruzada com a aprovação de Samuel restaurou sua popularidade, enquanto o reconhecimento e a aclamação inibiram os temores que o roíam. Depois, tudo desmoronou.

Em vez de destruir o saque, o povo quis preservar os tesouros amalequitas. Saul concordou e, por um instante, todos ficaram felizes. Todavia, no caminho de volta para casa da celebração da sua vitória, ele se deparou com o profeta – que esfacelou a autoimagem de Saul ao expor sua desobediência e dizer-lhe que Deus lhe tirara o reino. Saul contorceu-se para extrair uma concessão de Samuel – para se salvar, honrando-o diante do povo – mas logo ficou claro que Saul e Samuel se desentenderam, e quando a história da decapitação de Agague se espalhou, o povo facilmente deduziu a razão.

Os velhos temores e paranoias retornaram violentamente, e agora não havia Samuel nem promessa de Deus nem senso da presença de Deus para lhes oferecer resistência. A situação ficou tão precária que os cortesãos sugeriram contratar um músico para aliviar alma atormentada de Saul.

Um dos guerreiros de Saul lembrou-se então de um jovem conhecido seu chamado Davi. "Conheço um filho de Jessé, de Belém, que sabe tocar harpa. É um guerreiro valente, sabe falar bem, tem boa aparência e o Senhor está com ele" (1Sm 16.18). Assim, Davi, filho caçula de um pobre pastor de ovelhas, secretamente ungido rei por Samuel, é arrancado do anonimato e levado ao palácio, passando a fazer parte do séquito real. Ele era o exemplo de um homem promissor. Cada vez que o mau humor sobrevinha a Saul, Davi tocava e confortava o rei.

Um conto de dois chamados

1 Samuel 6 contém a narrativa de dois chamados entrelaçados. As qualidades inatas de ambos os homens estavam vinculadas às suas funções. A característica destacada de Saul era seu físico: ele era "jovem de boa aparência, sem igual entre os israelitas; os mais altos batiam nos seus ombros" (lembra os critérios de seleção de um candidato presidencial americano!) Saul era um homem de ação: logo no início do seu reinado, exibiu os traços de personalidade de um líder dominante capaz de pensar estrategicamente, despertando uma visão no povo e de fazer as coisas acontecer (veja 1 Samuel 11). Em outras palavras, os potenciais e o tipo de personalidade de Saul correspondiam ao seu chamado.

Para Davi valia o mesmo. O que fez Davi ser notado e o levou à liderança nacional tem a ver com seus pontos fortes inatos – sua aptidão musical, sua capacidade atlética (note sua habilidade com a funda), sua boa aparência. Davi era bom com palavras (era poeta). Tinha também um grande carisma natural e instintos relacionais, o que imediatamente atraía as pessoas. Saul gostava muito dele, mas logo o renegou – o favorecimento de Davi pelo povo rapidamente ultrapassou o do próprio rei.

Enquanto o chamado, a paixão, o preparo e a identidade eram parte da sua ascensão ao trono, foi o perfil inato de Davi – suas forças, seus talento, seus dons e seu tipo de personalidade – que lançaram sua carreira no início. Pelo fato de Deus o ter criado para a missão da sua vida, o perfil de Davi fornece dicas daquilo para o que ele foi chamado a fazer e ser. Já na sua juventude, um amplo potencial de liderança se revelou em sua vida. Semelhantemente, a exploração dos dons, pontos fortes e tipos de personalidade dos seus clientes proporcionam importantes indicações sobre seu perfil.

Eis aqui alguns princípios universais que podemos extrair da história de Davi e Saul:

- Muitas das suas habilidades inatas estavam evidentes desde sua juventude ou até antes – tal como as suas.
- Seus potenciais e personalidades correspondiam aos chamados de Deus – exatamente como os seus.
- Essas qualidades inatas foram instrumentos para conduzi-los às funções correspondentes ao perfil – as suas também.
- Seu perfil era o equipamento básico que Deus lhes deu para administrar – assim como a sua tarefa é maximizar seus pontos fortes inatos.
- Os pontos fortes sozinhos não bastam – o desenvolvimento do caráter é obrigatório para cumprirmos nosso chamado.

Compreendendo o perfil

O perfil é o ponto de partida para a descoberta do propósito de vida. Consiste em duas áreas complementares: *pontos fortes* e *tipo de personalidade*. Depois de um breve exame de cada área, apresentaremos uma ferramenta de referência de avaliação que ajudará a decidir onde focar a pesquisa. Em seguida passaremos por uma série de exercícios e técnicas de coaching usadas para encontrar o perfil da pessoa, e vamos demonstrá-los por meio de exemplos e amostras de diálogos. Finalmente apresentaremos ferramentas para alinhar a função do cliente ao seu perfil.

O perfil é a soma das qualidades inatas com que nascemos: nossa *natureza*. Os *pontos fortes* são os talentos e as aptidões que nos tornam naturalmente bons em certas coisas. Permitem termos um desempenho excepcional em determinada área com menos esforço e melhores resultados.

Os pontos fortes podem ser qualidades físicas, como resistência ou reflexos rápidos, que nos tornam bons nos esportes, uma bela voz para cantar ou as finas habilidades motoras de um cirurgião. Os pontos fortes também podem ser aptidões, como ouvido musical, facilidade com idiomas estrangeiros ou a capacidade de visualizar objetos em 3-D. Podemos ter o dom de empatia com outros (uma aptidão emocional) ou sermos alguém com grande força de vontade, capaz de superar qualquer obstáculo (uma força volitiva).

Tipo de personalidade é um termo para descrever nossos traços internos exclusivos. Enquanto os pontos fortes se referem a habilidades e desempenho externo, o tipo de personalidade procura explicar a atividade íntima da nossa alma e o modo como esta influencia nossos atos. O tipo fornece um modelo para entender como as diferentes pessoas pensam, assimilam informações, tomam decisões e se relacionam com seu mundo interno e o que está ao seu redor. Refere-se àquilo que se passa dentro da nossa cabeça. (Homens, atenção: o conhecimento dos tipos de personalidade pode efetivamente ajudá-los a entender o que as mulheres da sua vida pensam!) Portanto, seu tipo diz muito sobre aquilo em que nos destacamos, o que apreciamos e que papéis ou atividades nos energizam ou desanimam. Obviamente, isso interessa efetivamente à descoberta do propósito de vida.

Lançando a pesquisa

Então, por onde começaremos o processo de descoberta do perfil? Embora se possa começar em qualquer ponto do diagrama de propósito, normalmente fará sentido começar naquilo com que nossa vida começou: as habilidades inatas que configuram nosso estilo. O estilo subjaz àquilo que nos energiza e motiva (nossas paixões), a que necessidades e pessoas reagimos (chamado) e as influências nas quais conquistamos credenciais e realizações (preparo).

Há mais razões para iniciar a pesquisa por aqui:

- O perfil é a área mais fácil para os clientes empreenderem uma ação (o chamado é a mais difícil).

- O perfil não depende da idade: qualquer adolescente pode tirar proveito da atenção que lhe dê, enquanto o preparo e o chamado tendem a cristalizar-se mais tarde na vida.

- Existe abundância de avaliações objetivas e ferramentas potentes e bem desenvolvidas para o perfil (tais como DiSC, StrengthsFinder© ou MBTI©).

- Como as qualidades inatas não tendem a mudar com o tempo, é mais fácil assimilar as noções de perfil e elas se mantêm relevantes ao longo de toda a vida.

- É fácil obter um ganho rápido nessa área com o fim de energizar o processo de coaching.

Criando uma referência

Se um cliente desejar descobrir seu perfil e alinhar-se com ele, um bom ponto de partida será uma *referência de avaliação*. Seu propósito é identificar o que a pessoa já sabe sobre seu propósito de vida, de modo a permitir a personalização do processo de propósito de vida em função das necessidades exclusivas do cliente. A condição de referência pode ser administrada verbalmente por meio da formulação de perguntas durante uma sessão de coaching ou pode ser atribuída como trabalho preliminar antes de agendar uma sessão.

Na próxima página há um exemplo de uma referência de avaliação preenchida com vistas ao perfil. Em seguida vem uma página sobre a avaliação das respostas do cliente. Existem ainda referências de avaliação e dicas similares para Paixão (exercício 9.1), Preparo (14.1) e Chamado (17.1). Provavelmente você desejará que o cliente comece fazendo todos os quatro. Trata-se de um excelente meio de proporcionar alguma estrutura geral à descoberta de um propósito individual.

6.1 REFERÊNCIA DE AVALIAÇÃO DE PERFIL (EXEMPLO)

As perguntas abaixo nos fornecem uma base para a criação do seu plano personalizado de propósito de vida. Tome cinco a oito minutos para preencher a avaliação. Se você não souber o que dizer a respeito de alguma pergunta, ou tiver que imaginar uma resposta sobre o ponto, deixe a pergunta em branco. Não se trata de um teste em busca de respostas corretas. Queremos tentar verificar o que você já sabe com certeza sobre seu propósito de vida para sabermos por onde começar.

1. Qual é seu tipo de personalidade (segundo a avaliação DiSC[12], Myers-Briggs[13] ou outra)?

   INTJ

2. Cite algumas características associadas a esse tipo de personalidade.

   Gosto de resolver problemas complexos.

   Minha motivação fundamental é buscar competência e fazer as coisas melhor.

   Gosto de terminar as coisas e de saber o que esperar (o J).

3. Cite os tipos de três familiares ou colaboradores (caso os conheça). Depois de cada um, dê exemplos de como seu tipo de personalidade os complementa ou conflita com eles.

   Não sei.

4. Você tem dons espirituais? Se tiver, quais são os dois mais proeminentes?

   Sonhos, ensino

---

12 DISC é um modelo baseado no trabalho do Dr. William Moulton Marston para examinar o comportamento dos indivíduos em um determinado ambiente. Para ele, existem quatro tipos básicos de comportamentos previsíveis. Como resultantes desta matriz temos os seguintes fatores: Dominância (D), Influência (I), Estabilidade (S) e Conformidade (C). (N. de Revisão)

13 Teste de personalidade com base nos tipos: I (Introvertido) ou E (Extrovertido), S (Sensorial) ou N (Intuitivo), T (Pensador) ou F (Sentimental) e J (Julgador) ou P (Perceptivo). (N. de Revisão)

5. Cite cinco talentos, habilidades ou potenciais inatos. No que você é naturalmente muito bom?

> *Sou bom em criar estratégias para o futuro e em elaborar planos de contingência*
>
> *Jogo futebol muito bem – tenho bons reflexos, controle corporal e velocidade*
>
> *Tenho facilidade com matemática*
>
> *Tenho talento para organizar ideias e para verbalizá-las.*

6. Cite três áreas em que você não é forte (para as quais não tem aptidão natural).

> *Nada de particular destaque.*

7. Que porcentagem do seu tempo seu trabalho lhe permite aplicar em suas melhores capacidades?

> *Talvez 10%.*

Analisando a referência de avaliação de perfil

As primeiras três perguntas de referência de avaliação de perfil ajudam a averiguar o conhecimento do cliente sobre tipos. A compreensão dos cinco níveis de tipos de personalidade (veja box) nos ajuda a quantificar a compreensão do cliente.

A primeira pergunta revela se a pessoa conhece seu próprio tipo (nível I *vs.* nível II). A segunda distingue os que sabem o que significa seu tipo dos que só conhecem o enunciado (nível II *vs.* III). A terceira pergunta identifica os que aprenderam a utilizar o tipo em suas atividades diárias e relacionamentos (nível IV ou V).

Uma vez conhecido o nível, torna-se bem mais claro que ações concretas devem ser empreendidas. Por exemplo, se o cliente estiver nos níveis I ou II, um bom início poderá ser uma avaliação e validação formal do tipo. Ou então clientes que operam no nível III poderão desejar

> **Tipo: Níveis de compreensão**
>
> Nível I: Não conheço meu tipo.
> Nível II: Conheço o enunciado mas não sei o que significa.
> Nível III: Conheço meu tipo e entendo o que significa.
> Nível IV: Conheço meu tipo e o dos que me cercam; utilizo esta compreensão para me comunicar e relacionar mais eficientemente.
> Nível V: Especialista em tipos. Posso ajudar outros a identificarem e compreenderem seu tipo e como ele interage com os tipos de outros.

conhecer os tipos das outras pessoas do seu meio (veja exercício 8.2) e criar ações que discutam diferentes estilos de conflito, comunicação ou trabalho.

A comparação dos resultados iniciais com os níveis de proficiência alcançáveis permite mostrar aos atendidos o que poderão conseguir com a exploração dos tipos. A maioria das pessoas está nos níveis I ou II. Em geral, o nível III é suficiente para a descoberta do propósito de vida, enquanto a passagem do nível IV para o V proporciona ao cliente excelentes ferramentas para trabalhar e relacionar-se mais eficientemente. Líderes de organizações beneficiam-se muito da capacidade de funcionar nos níveis IV ou V.

A quarta pergunta refere-se a dons espirituais. Verifique se os clientes sentem possuir algum dom e se sabem qual é (apenas 60% dos cristãos o sabem) e se seus dons efetivamente constam da Bíblia. No exemplo fornecido, o indivíduo citou um dom bíblico ("ensino") e um não encontrado na Bíblia ("sonhos"). Isso lhe dirá algo sobre o conhecimento da pessoa a respeito do funcionamento dos dons! Poderá haver necessidade de uma avaliação dos dons no plano de crescimento.

As perguntas restantes inquirem a respeito dos potenciais. A lista da pessoa relaciona talentos inatos ou habilidades aprendidas? Relata habilidades sólidas, valiosas e proeminentes, ou os pontos fortes citados são triviais ou encobertos? A pessoa foi sequer capaz de citar seus pontos fortes? (Se não, trata-se de um ponto interessante para sondar obstáculos).

A quinta pergunta, sobre debilidades, é similar. Terá a pessoa a capacidade de expor confiantemente alguns pontos significativos em que não seja boa? No exemplo fornecido, a pessoa não citou nenhuma debilidade. Isso poderá abalar sua intuição de coaching!

A pergunta final trata do alinhamento entre perfil e função. Aqui, pontuações baixas podem indicar uma frustrante falta de sintonia[14] (talvez seja por isso que o contratou como coach), falta de compreensão dos próprios pontos fortes e do seu tipo, ou de ambos.

Criando um plano de crescimento

Após revisarem juntos a avaliação, estarão prontos para começar a planejar como explorar o perfil do atendido. A informação de referência evita perdas de tempo com retorno a questões que a pessoa já tratou. Os clientes também podem escolher até que ponto querem avançar na exploração do seu perfil. Nas diferentes fases da vida necessitamos de diferentes níveis de visão do propósito de vida. Alguns precisam simplesmente aprender o suficiente para tomar uma decisão melhor sobre a carreira no próximo mês, enquanto outros buscam realinhar toda a sua vida em torno de um legado definitivo.

Os próximos dois capítulos oferecem uma série de exercícios como opções para criar um plano de descoberta de perfil que atenda à agenda do seu cliente. Cada capítulo oferece vários exercícios simples com opções secundárias para certos tipos de cliente ou para quem deseje trabalho adicional naquela área. Não é preciso executar todos – apenas aqueles que atenderem às necessidades do cliente.

Para assegurar uma elevada assimilação, envolva o cliente o máximo que puder na criação do plano de crescimento. Eis aqui três possíveis abordagens:

1. Solicite uma estratégia

Peça ao cliente que identifique com base em sua avaliação a área em que tenha de crescer e solicite opções e medidas que traduzam tais metas em ações concretas.

---

14 O alinhamento com a função deve aumentar com a idade, de modo que líderes com mais de 50 ou 60 anos atuem em funções que se encaixem bem em seu perfil, o que possivelmente não ocorrerá com líderes mais jovens. Sobre maior convergência de papéis veja o capítulo 21.

Embora esta opção seja boa para manter o controle com o cliente, ela nem sempre funciona. O desafio está em que o cliente poderá não saber onde estão as oportunidades de crescimento e ser incapaz de persegui-las eficazmente por conta própria.

Para poder tomar uma decisão sábia, é necessário ter em mãos certa quantidade de informações sobre as alternativas. Em nossos dias você não desejará comprar um novo carro sem saber seu consumo de combustível por quilômetro. Do mesmo modo, o cliente necessitará de informações sobre possíveis opções com o fim de tomar boas decisões. Você dispõe de um conjunto de ferramentas de propósito de vida que o cliente não conhece (as opções). Assim, a menos que o cliente já esteja muito autoconsciente ou já tenha executado um bom volume de trabalho sobre o propósito, você terá que fornecer-lhe tais informações para que ele possa tomar uma decisão sábia. Assim, nossa segunda possível abordagem será:

2. Apresente opções

Chegue a um consenso sobre as áreas a focar, apresente várias ferramentas que possam prover avanços e peça ao cliente que selecione aquelas que considera prioritárias.

Gosto de expor brevemente alguns possíveis exercícios ou etapas de descoberta para depois pedir ao cliente que escolha aqueles que lhe pareçam prioritários. Mantendo a analogia: sou o vendedor de carros e apresento os diversos modelos que temos à disposição (com base no que você disse querer) e depois peço que você escolha aquele que melhor atenda às suas necessidades. Em geral, a técnica de coaching consiste em apresentar algumas opções e depois se retrair para deixar o cliente avaliá-las e, então, escolher.

Cuide para "chegar a um consenso" sobre as áreas a focalizar. Muitas vezes o cliente poderá identificar *onde* ele precisa crescer ("Não conheço meu tipo") muito mais rapidamente do que *como* produzir tal crescimento. As ferramentas e os exercícios provavelmente terão que vir de você.

No entanto, há ocasiões em que mesmo a opção dois não bastará para controlar a questão. Retornemos então à nossa analogia da compra do carro: normalmente, ao comprar um carro, você terá, no mínimo, uma lista mental de recursos e qualidades que deseja do veículo. No entanto, suponha alguém que nunca tenha entrado em um carro antes de ir a uma loja para comprar um. Nesse caso, ela não conhecerá sequer as *categorias* de opções dentre as quais escolher. "Posso ter ar condicionado? Para que usaria aquilo? E para que serve esta alavanca no piso entre os assentos?" Se eu for o vendedor, terei *muito* a explicar antes que a pessoa possa realmente tomar uma decisão informada.

Posso também tomar um atalho: perguntar à pessoa qual é seu objetivo geral ao comprar um carro ("Preciso me deslocar ao trabalho, mas só posso gastar 500 reais por mês") e depois aplicar meus conhecimentos das opções disponíveis para oferecer sugestões. Esta é a opção número três:

3. Formule um pedido

Sugira alguns exercícios, explique por que você acha que serão benéficos e peça ao cliente que decida como reagirá ao seu pedido.

Aplico pedidos quando entramos em alguma área na qual o cliente nunca tenha estado antes. Por exemplo, se a pessoa nunca realizou antes uma avaliação de personalidade ou de dons, ela não terá como saber o que a avaliação poderá fazer por ela a não ser que lhe seja amplamente explicado. Tal como o vendedor de carros, posso optar por fornecer a explicação ou posso ir direto do seu objetivo às ferramentas que tenho, e então formular um pedido: "Creio que uma avaliação e validação pelo DiSC™ poderá ajudá-lo a atingir seu objetivo. Vou lhe pedir o seguinte: que tal darmos um primeiro passo e, assim que você perceber o que o DiSC™ oferece, você poderá decidir até onde quer ir com ele.[15]

Isso nos leva de volta à compreensão da função do coach. Nossa atribuição não é ser um *especialista em discernimento* – que detecta a tarefa para que a pessoa nasceu a fim de lhe contar isso. Seu trabalho consiste em ser um *especialista em processos*: em compreender a trajetória de autodescoberta e em ser capaz de oferecer ferramentas e informações sobre esse processo que ajudarão os clientes a atingirem o objetivo mais rapidamente do que poderiam sozinhos.

A razão em si pela qual o cliente o procurou é a expectativa de que você tenha algo a oferecer que o ajude a descobrir seu propósito de vida. Uma vez determinadas as condições de referência, não tenha receio em oferecer recomendações sobre o tipo de *processo* que conduzirá aos objetivos do cliente.

Estratégias de criação de plano de crescimento

1. **Solicite** ao cliente o desenvolvimento de um plano.

2. **Apresente** opções para o plano e solicite ao cliente que escolha entre elas.

3. **Peça** uma resposta a uma estratégia que você sugerir.

Se você aplicar a referência como ação concreta, uma boa prática será conseguir que o cliente o envie antes da sessão agendada. Com isso, você terá tempo de revê-lo antecipadamente e de apresentar e oferecer ao cliente uma pequena lista de opções de exercícios.

---

15 Em algum momento sempre explico aos meus clientes que existem três modos possíveis de reagir a um pedido: poderão dizer: "Boa ideia, vou fazer isso!" ou poderão preferir declinar e explicar por que, ou ainda podem modificá-lo de modo a se adaptar melhor a eles. De qualquer modo, porém, um pedido exigirá uma decisão, seja qual for.

7

Quais são meus pontos fortes?

"Uma vida não examinada não vale a pena ser vivida."

Sócrates

Os pontos fortes são talentos e habilidades naturais e inatos capazes de produzir um desempenho extraordinário – um importante componente do propósito de vida. Alguém pode ser bom em lidar com números, outro sabe visualizar relações espaciais, enquanto um terceiro tem mãos de pianista. Esses talentos são o que nos capacita a um bom desempenho no nosso ambiente, a aumentar rapidamente nossa proficiência e a funcionar consistentemente em nível excepcional. Força tem a ver com poder – e os pontos fortes representam seu poder inato de fazer algo bem feito.

Os pontos fortes dos meus filhos apareceram quando tinham apenas alguns anos de idade. Taylor é naturalmente atlético e gosta de explorar os limites do seu corpo. É alguém que precisa subir até o topo e não pode ficar sentado na plateia: quebrou o braço tentando subir em uma árvore sem usar as mãos. Foi o primeiro a se aventurar no playground em um restaurante McDonald, e gostou daquilo. Embora nossa filha tenha dois anos a mais, ela não se arriscou nos túneis antes que ele fosse primeiro.

Por outro lado, nossa filha tinha tão pouco medo de gente quanto nosso filho tinha da altura. Com um ano e meio ela avançava para pessoas que nunca tinha visto, subia nos joelhos delas e esperava que lessem algo para ela. Graças à sua aptidão natural para palavras e comunicação, tornou-se poeta e letrista de canções ainda adolescente.

Pontos fortes e tipo de personalidade

Os pontos fortes e o tipo de personalidade têm muito em comum porque os mecanismos internos e o desempenho externo estão conectados. Todavia, os pontos fortes podem referir-se a coisas que não se encaixam

bem no tipo de personalidade ("ele é muito hábil com as mãos" ou "ela aprende idiomas com facilidade"), enquanto os tipos de personalidade muitas vezes explicam funções internas que não são pontos fortes ("Um NT é movido principalmente por competência" ou "O temor básico de um D é a perda de controle"). Considero útil pensar nos dois como um contínuo sobreposto (veja o diagrama). No extremo esquerdo, os pontos fortes são qualidades puramente físicas que nem fazem parte da personalidade – tais como coordenação entre mãos e olhos. A extremidade direita do espectro contém coisas como motivações íntimas ou desejo de privacidade, que não são pontos fortes ou pontos a desenvolver, mas simplesmente retratam a personalidade.

Poderíamos dizer que os tipos de personalidade se referem à nossa atuação interna, enquanto os pontos fortes dizem respeito a aptidões para fazer certas coisas. Por exemplo: um "C" no DiSC™ é motivado internamente a executar bem as coisas e a completá-las (seu tipo), o que tende a lhe conferir aptidões para trabalhos como contabilidade, que requerem precisão com números (um pontos fortes).

Ambos os tipos de personalidade e de sistemas de força criam categorias classificatórias que oferecem linguagens para entender as diferenças humanas. Considero muito útil enxergar essas categorias como contínuos com limites difusos. Alguns clientes (particularmente os Cs do DiSC) podem perder o rumo ao tentarem assegurar que cada noção do seu propósito se encaixe na categoria "correta". Suas noções são reais; as categorias são simples estruturas artificiais que nos ajudam a lembrar e entender as noções. Assim, é muito menos importante saber se algo é um pontos fortes ou uma qualidade do tipo do que apenas saber que aquilo está presente!

Pontos fortes vs. habilidades

Às vezes, os clientes confundem pontos fortes e habilidades. Uma habilidade é a capacidade prática de executar bem uma tarefa. É proficiência. Todavia, é possível ser proficiente em algo que não seja natural para nós! Muitos clientes procuram coaching porque sabem executar bem seu trabalho, mas não gostam dele ou podem ter sucesso nas tarefas que lhes atribuídas, mas se desgastam com o extraordinário esforço que sua execução requer. As habilidades nem sempre são pontos fortes.

Também os pontos a desenvolver que se consiga superar ou compensar não são pontos fortes. Adotaremos o termo "habilidades aprendidas" para aquelas nas quais *não somos* naturalmente bons, mas em que nos tornamos proficientes assim mesmo. Quem é naturalmente fraco em determinada área poderá ganhar proficiência nela, mas aquele nível de excelência sem esforço manifestado por aqueles verdadeiramente dotados naquilo sempre permanecerá fora de alcance. Um desempenho excepcional duradouro só é possível quando as habilidades são construídas em cima dos pontos fortes naturais.

E esta é a importância dos pontos fortes na descoberta do propósito de vida. Para maximizar a vida, é preciso exercer uma função que permita operar a partir dos seus pontos fortes porque estas são as áreas em que você pode realmente se destacar.

Uma suposição comum é que nosso maior crescimento provenha da identificação e correção dos nossos pontos a desenvolver. Assim, por exemplo, as revisões de cargos muitas vezes se concentram em apontar pontos a desenvolver como áreas para crescimento e vinculam a carreira e a remuneração do indivíduo a sua superação. Todavia, os autores de *Now, Discover Your Strengths* (descubra agora seus potenciais) invertem esta noção convencional de pontos fortes.

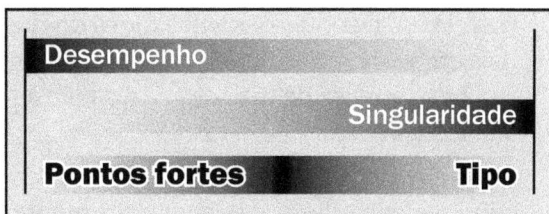

Strengths-Finder™

O sistema Strengths-Finder™ é um recurso excelente para medir pontos fortes e ajudar os clientes a se refocalizarem em torno do que têm de melhor. Essa avaliação define um ponto forte como "desempenho consistentemente próximo da perfeição em determinada atividade". Trata-se de uma definição mais ampla do que a que aplicamos aqui: alcançar um desempenho próximo da perfeição implica prática e desenvolvimento de habilidades (o que incluímos sob o tópico do Preparo) construídos em cima dos talentos inatos. Com efeito, em grande parte o Strengths-Finder™ é um sistema de tipificação de personalidade de orientação empresarial. Ao separar aqui o tipo dos pontos fortes, permitimos que o cliente pergunte "Qual é o meu perfil natural?" e "No que sou bom?" como duas perguntas separadas.

A extensa pesquisa em que o livro se baseia constatou que *o maior potencial de desempenho e crescimento provém da capitalização dos nossos pontos fortes*. Em outras palavras: não gaste sua energia tentando melhorar seus pontos a desenvolver naturais! Em vez disso, encontre seus talentos inatos, invista o máximo da sua energia em fazer deles pontos fortes de classe mundial e reestruture suas funções em torno deles. Esse processo combina perfeitamente com os valores de coaching: em vez de fixar-se no que falta à pessoa, a ajudamos a descobrir suas qualidades e a capitalizá-las.

Infelizmente, a ampla maioria das pessoas trabalha em funções que não lhes permitem aplicar regularmente seus melhores pontos fortes. Há ampla documentação do fato de que apenas um em cada cinco trabalhadores nas grandes empresas de todo o mundo aplica diariamente seus pontos fortes – e é aí que o coach pode ajudar. Aumentando a conscientização dos líderes a respeito de seus pontos fortes e ajudando-os a realinhar-se com o fim de despender mais tempo nessas áreas, aumenta-se automaticamente sua satisfação e eficiência no local de trabalho.

Áreas de desenvolvimento de caráter

Há uma importante ressalva à ideia de concentrar-se em seus pontos fortes. Neste ponto, a área de desenvolvimento significa simplesmente a falta de certo talento inato. Por exemplo: líderes fortes e visionários são muitas vezes fracos nas habilidades necessárias para a efetiva implementação. Não há nada de errado com isso – é questão de concentrar-se em sua capacidade de visão e entrar em parceria com bons implementadores! Todavia, nossos talentos também nos tornam vulneráveis às correspondentes questões de caráter. Enquanto Saul era visionário e um homem de ação, o outro lado da moeda era o medo de perder o controle. A incapacidade de Saul em lidar com sua área de desenvolvimento de caráter evoluiu para uma paranoia debilitante que solapou fortemente sua capacidade de atuar como líder nacional.

Pontos fortes são ...

1. Habilidades naturais e inatas. Nascemos com eles e já os manifestamos na infância.

2. Áreas em que temos desempenho em nível excepcional sem esforço.

3. Coisas que conseguimos aprender ou captar rapidamente.

4. Que nos energizam e satisfazem quando as executamos.

5. Reconhecidos por outros quando aplicados.

Esta é a lição. Quando falamos em "pontos fortes" ou "pontos a desenvolver" nos referimos a talentos inatos. Os melhores resultados virão da maximização das nossas melhores capacidades e não da remediação dos nossos pontos a desenvolver. Todavia, quando falamos de potenciais ou debilidades de *caráter*, vale o oposto. Falhas sérias de caráter podem destruir de um momento para o outro o trabalho de toda uma vida com o melhor que temos de capacidade. Elas não podem ser ignoradas. Portanto, com respeito aos talentos e capacidades, concentre o máximo do seu esforço em maximizar seu melhor. Quanto ao caráter, concentre-se em lidar com as debilidades.

Identificando pontos fortes

Um excelente método para identificar os pontos fortes é realizar uma avaliação formal (tal como a Strengths-Finder™). Ou então o processo pode ser conduzido informalmente, mediante reflexão em nossas experiências e elaborando uma lista dos pontos fortes a partir delas. Uma vantagem do método informal é que ensina o cliente a pensar nas experiências passadas e encontrar nelas dicas sobre o propósito de vida. As ferramentas para o processo de avaliação derivam diretamente das características dos pontos fortes (veja box). Podemos elaborar um exercício em torno de cada característica:

1. **Habilidades naturais, inatas**
   Inventário pessoal: em que você se considera naturalmente bom? (7.1)
2. **Áreas em que seu desempenho é extraordinário sem esforço**
   Observe os sucessos e identifique os pontos fortes por trás deles (7.2)
3. **Energização e satisfação por atuar ali**
   Verifique o que é energizante e satisfatório e o que não é em suas funções atuais. (7.4)
4. **Reconhecimento por outros quando exercido**
   O que dizem a respeito dos seus potenciais aqueles que o conhecem bem? (7.5)

Criando um plano de desenvolvimento

A referência de avaliação do perfil (6.1) lhe proporcionará uma noção do quanto tem a caminhar com seu cliente nesta área. Para a maioria das pessoas, os exercícios primários serão suficientes para identificar seus pontos fortes. Providenciamos exercícios secundários adicionais para trabalhar com os que necessitarem de mais ajuda.

Limites de atuação a partir dos pontos fortes

Todos gostaríamos de atuar o tempo todo em nossos pontos fortes. Os seguintes fatores limitam nossa capacidade de fazê-lo.

1. **Falha em desenvolver habilidades baseadas nos pontos fortes**

   Nossas capacidades terão menos valor e tenderemos a permanecer em papéis de pouca influência ou de nível básico.

2. **Falta de credenciais**

   Falta de formação, experiência ou patrocínio podem limitar as oportunidades.

3. **Falhas de caráter**

   Pontos cegos ou falhas do passado (tais como dívidas ou divórcio) podem limitar as opções

4. **Incapacidade de exercer escolhas**

   Fatores culturais, econômicos ou políticos (como vida sob algum regime totalitário) podem limitar as opções.

5. **Etapa de vida**

   É muito mais provável estar desempenhando uma função bem adaptada entre os 50 e 60 anos do que entre os 20 e 30.

Assim, que exercícios funcionarão no seu plano de desenvolvimento? Para pessoas fortemente autoconscientes ou que já tenham realizado avaliações de pontos fortes no passado, o inventário de pontos fortes (7.1) mais o exercício de identificação de pontos a desenvolver (7.3) costumam ser suficientes. Acrescente alguns dos exercícios de pontos fortes por trás dos sucessos (7.2), de pontos fortes e energia (7.4) ou de validação de pontos fortes (7.5) quando o cliente lutar para decifrar seus pontos fortes. Para aqueles que desconfiarem da sua própria análise, o exercício de validação pode ser particularmente útil – certifique-se apenas de solicitar retorno de pessoas positiva próximas ao cliente!

Um meio de aplicar o aprendido consiste no exercício de *Descrição de Cargo 80/20* (21.4). Ele ajuda a detectar o grau de alinhamento entre função e pontos fortes e sugere mudanças a empreender para melhor aproveitamento dos pontos fortes. Gosto de combinar esse exercício com uma avaliação de personalidade, uma vez que proporciona outra camada de informações sobre a função ideal.

Normalmente esses exercícios são realizados como reflexões pessoais entre as sessões de coaching. Encoraje seus clientes a lhe enviarem antecipadamente seu trabalho via e-mail – é muito mais fácil prestar coaching em torno do exercício quando já o temos em mãos e tido oportunidade de revisá-lo. Quando olho para a lista de pontos fortes de um cliente, busco tópicos extraordinários a enfatizar, obstáculos para atuação nos pontos fortes (veja box), se a pessoa está identificando corretamente os pontos fortes (e não habilidades aprendidas ou alguma outra coisa) e a habilidade que a pessoa tem para formatar seus pontos fortes e seus pontos a desenvolver.

Um meio de ajudar aqueles que não sejam muito inclinados a refletir é executar durante a sessão um dos pontos fortes a título de exemplo. Aplique as perguntas do exercício até identificar um ponto forte e depois largue a pessoa para que encontre o resto. Por exemplo, se estiver executando o *Inventário de Pontos Fortes*, pergunte: "Dê um exemplo. Qual seria um dos seus melhores pontos fortes?" Quem for capaz de citar e descrever algum, provavelmente conseguirá terminar sozinho. Com aqueles que não conseguirem, você terá chance de tratar as dificuldades antes que eles desperdicem uma semana inteira.

Algumas pessoas não conseguem enunciar seus pontos fortes porque não pensam ou simplesmente lhes falta autoconsciência. Nesses casos, o simples ato de trabalhar com elas poderá resolver. Ocasionalmente podemos nos deparar com alguém que tenha algum obstáculo interno nessa área. Tenho prestado coaching a pessoas a quem disseram tantas vezes que não tinham nada de bom que não conseguiam verbalizar um ponto forte genuíno, e ainda a outras que tinham tanto medo de parecer vulneráveis ou tão perdidas em um mundo de sonhos que não conseguiam citar nenhum ponto de desenvolvimento. Muitas vezes, a melhor resposta será devolver a questão e descer a um nível mais profundo: "Percebo que você citou cinco pontos de desenvolvimento, mas não conseguiu citar nenhum ponto forte. O que se passa?"

Sobre outras maneiras de lidar com obstáculos, veja Identidade (capítulo 5) e Obstáculos para os Sonhos (capítulo 12).

Pontos fortes e controle de tempo em papéis convergentes

Enquanto nossos pontos fortes são qualidades inatas que temos desde o início, nossa capacidade de entendê-los e de atuar neles não é assim. Por exemplo, quem terá mais probabilidade de acabar em uma função que corresponda aos seus pontos fortes: uma jovem recém-formada do segundo grau em busca do seu primeiro emprego ou uma gerente com 30 anos de experiência no seu ramo?

A capacidade de atuar dentro dos seus pontos fortes é também função do estágio da vida – uma noção importante para coaches de vida. J. Robert Clinton identificou em seus escritos sobre teoria de desenvolvimento de liderança (p. ex. – *Making of a Leader [Etapas na vida de um líder]*) o conceito de *convergência*: um estágio de máxima produtividade, geralmente em uma pessoa com idade entre 40 e 60 anos, cuja função coincide com seus pontos fortes, sua personalidade e seu chamado. Muitas vezes, o próprio líder afirma que essa *função convergente* combina com seus pontos fortes e seus pontos a desenvolver conhecidos.

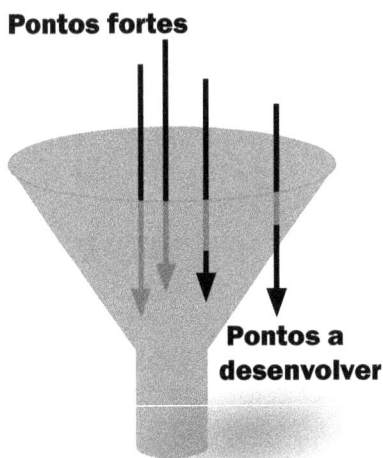

Pontos fortes

Clinton também identifica alguns estágios anteriores na vida em que somos preparados pela experiência para essa tarefa final. Um meio de visualizar nossa passagem através desses estágios é descer através de um funil (veja o diagrama). As paredes do funil representam os limites da nossa compreensão do propósito da vida. Quando somos jovens, o funil é amplo: há muitas coisas que não sabemos sobre nós mesmos e há muitas coisas que podemos fazer que nos movem em direção ao nosso propósito. O princípio orientador é: "O que quer que sua mão encontre para fazer, faça-o com todas as suas forças".

Pontos a desenvolver

O objetivo na adolescência e na juventude é *acumular experiências que revelem nosso perfil*. À medida que encontramos os lugares em nos encaixamos ou não, começamos a definir os limites dentro dos quais precisamos permanecer para cumprir nosso propósito. Quanto mais experiências tivermos, mais claros ficarão os limites.

No estágio médio da vida (muitas vezes desde pouco antes dos 30 anos até os 50) tratamos de esclarecer nossos pontos fortes e de desenvolvê-los sistematicamente. Assumimos papéis que nos convertem na pessoa que precisamos ser para cumprir nosso propósito. O estreitamento do funil significa que existem menos papéis que combinam com o que temos que aprender – o foco fica muito mais claro. Mais tarde na vida (a partir dos 50 anos), o período de descoberta e desenvolvimento dos pontos fortes já se completou e é hora de nos concentrarmos em nossa melhor função e em maximizar nossa influência. Este estágio está representado pela haste do funil – o foco não se contrai mais, já que sabemos onde estamos. Quando estamos dentro desse canal, Cristo flui com máximo efeito através de nós ao mundo.

A importância de entender esses estágios é que o modo como se presta coaching sobre pontos fortes varia radicalmente com a idade. *É preciso orientar a pessoa através do processo de desenvolvimento*, não apenas em direção ao achado da função ideal que se encaixe nos pontos fortes do cliente. Um ótimo plano para alguém com mais de 50 anos (identificar uma função convergente e mover-se dentro dela) pode não funcionar para alguém com 25. Nessa idade, o autoconhecimento, o caráter e as habilidades necessários para uma função no propósito ainda não estão presentes. Quando presto coaching a pessoas mais jovens, concentro-me no processo de aprendizado com base nas funções e nas experiências que elas têm, e não em enquadrá-las no papel em que "melhor se encaixem". E quando presto coaching a pessoas de meia idade (em que muitas vezes se tem alguma ideia sobre o propósito, mas ainda não se está preparado para desempenhá-lo) ajudo os clientes a desenvolverem estratégias de preparo para serem proativos em termos de crescimento e não ficarem apenas esperando que Deus os libere.

7.1. INVENTÁRIO DE PONTOS FORTES

Esta autoavaliação ajuda a pôr no papel o que sabemos intuitivamente sobre nossos pontos fortes. Execute este exercício *rapidamente* e não tente ser particularmente correto, nem superanalise o que escrever: avaliaremos suas anotações mais tarde.

Dica de coaching

Este exercício é particularmente útil para quem já realizou algum trabalho de descoberta de propósito de vida. O levantamento daquilo que já se sabe pode permitir saltar a maioria dos outros exercícios desta seção.

Etapa 1: Reflexão

Faça uma lista dos seus pontos fortes. Quais são seus talentos e habilidades naturais? Que atividades são fáceis para você? Quais dos seus talentos as pessoas costumam comentar? Podem ser habilidades atléticas, aptidão para determinado tipo de tarefa ou algo que a experiência mostrou que você sabe fazer muito bem. Anote simplesmente o que lhe ocorrer. Quando chegar ao ponto de não conseguir pensar em mais nada, passe para os *Exemplos de pontos fortes* (7.6) e busque ideias ali.

Dica de coaching

Este exercício consiste principalmente em pôr algo no papel como ponto de partida. Procure conseguir que o cliente lhe envie suas anotações antes da próxima sessão de coaching para que você possa revisá-las. Preste atenção a clientes cuja falta de confiança ou autoconsciência transpareça em listas precárias. Aí haverá necessidade de algum trabalho a mais para animar essas pessoas. Uma ferramenta para encorajar esses relutantes em compartilhar seus pontos fortes é retornar à infância:

- *"No que você era bom quando criança?"*
- *"Que tipo de competições ou prêmios você ganhou? Que ponto forte haveria por trás daquilo?"*
- *"Em que você ia bem na escola? Socialmente? Nos esportes? Na vida acadêmica?"*

Etapa 2: Refino

Agora retorne e revise o que escreveu. Elimine tudo o que seja habilidade aprendida: algo em que você não seja naturalmente bom, mas que possa fazer se for necessário. Fique à vontade para combinar itens similares ou para excluir o que, em um segundo exame, você não perceber como potencial – conceda-se o benefício da dúvida e elimine da lista aquilo de que não tiver certeza.

Etapa 3: Os cinco principais

Ponha um asterisco junto àqueles que você considerar seus cinco principais pontos fortes.

7.2. PONTOS FORTES POR TRÁS DOS SUCESSOS

Nossos sucessos são o que nos dá a capacidade de máximo desempenho, de modo que normalmente podemos encontrar pontos fortes por trás deles. Neste exercício anotaremos alguns sucessos e tentaremos descobrir os pontos fortes que os possibilitam.

Etapa 1: Lista de sucessos

Anote pelos menos cinco realizações significativas. O que você fez de que se orgulhe? O que outros aplaudiram ou apreciaram em seus sucessos? Em que você venceu competições ou prêmios, atingiu alguma meta importante ou fez verdadeira diferença? Concentre-se em determinada tarefa, projeto ou evento (não em uma função que se tenha estendido por meses ou anos). Se possível, encontre coisas em diferentes áreas (trabalho, família, esportes, serviço, liderança) e em diferentes fases da vida desde a infância.

> ### Dica de coaching
>
> *Este é um segundo exercício de inventário, útil para quem passa pela primeira vez pelo processo de descoberta de propósito de vida ou que teve problemas com o inventário de pontos fortes (7.1). Se a pessoa tiver acesso a um grande volume de informações pelo inventário de pontos fortes, provavelmente não precisará fazer este também.*
>
> *Clientes mais jovens ou mais inseguros poderão não se lembrar de realização alguma ou ter vergonha de falar dela. Normalmente consegue-se romper essa barreira começando com perguntas informativas sobre a vida deles ("Conte-me mais sobre o que você faz no trabalho"), para gradualmente ir se aprofundando naquilo que fazem bem.*

Etapa 2: Identificação de pontos fortes por trás de sucessos

Retorne agora a cada um dos seus sucessos ou realizações. Quais dos seus talentos ou habilidades essa história destaca? Com o que você contribuiu para transformar aquilo em sucesso? O que você fez naturalmente ou em que teve grande influência com pouco esforço?

> ### Dica de coaching
>
> *Eis algumas perguntas investigativas adicionais para extrair pontos fortes de uma história de sucesso:*

- *"O que você faz para aquilo dar certo?"*
- *"Que habilidades aquilo requereu?"*
- *"Que aspecto animou você ou lhe veio naturalmente?"*
- *"Naquela situação, o que você viu ou fez que outros não enxergaram ou não puderam fazer?"*
- *"O que outros confirmaram em você quando você conseguiu aquilo?"*
- *"O que você fez que teve a maior diferença com o menor esforço?"*

7.3. IDENTIFICAÇÃO DE PONTOS FRACOS/A DESENVOLVER

O conhecimento daquilo em que *não* se é bom é parte importante do conhecimento dos nossos pontos fortes. Lembre-se: todos temos pontos a desenvolver. Se ninguém fosse fraco naquilo em você é forte, você não teria nenhum propósito de vida!

Etapa 1: Exame das experiências

Pense em várias funções ou situações em que você percebeu não ter ido bem (muitas vezes, frustração, estresse, ineficácia ou falta de confiança são sinais de atuação fora dos nossos pontos fortes). Em cada situação, o que você fazia e que *não era* um ponto forte, não veio naturalmente ou minou sua energia?

> *Dica de coaching*
>
> *Preste atenção a clientes cuja falta de confiança ou autoconsciência se manifesta em uma longa lista de pontos a desenvolver e uma lista breve de pontos fortes. Prefiro ver uma lista de pontos fortes pelo menos tão longa quanto a de pontos a desenvolver.*
>
> - *"Quando foi que você disse: 'Aquilo foi trabalhoso demais – nunca mais farei isso'?"*
> - *"Em que áreas da vida você observa outros e diz: 'Uau! Eles são muito bons nisso'?'"*
> - *"Dê uma olhada em seus pontos fortes. Todos eles tendem a ter pontos a desenvolver correspondentes. Quais seriam as suas?'"*
> - *"Este ponto a desenvolver pode bem ser o reverso de um ponto forte correspondente. Por exemplo, pessoas boas em detalhamentos tendem a ser não tão boas em visualizar o futuro, e vice-versa. O que você faz bem em outra área que torna difícil ir bem aqui ao mesmo tempo?"*
> - *"É mais difícil para você falar dos seus pontos fortes ou de seus pontos a desenvolver?"*

Etapa 2: Autoinventário

Agora volte atrás e recorra àquilo que já sabe sobre você mesmo. O que poderia acrescentar à lista de coisas que o desanimam ou que não vêm com facilidade? Em que ocasião você fez um grande esforço para conseguir resultados adequados? Acrescente esses itens à sua lista. Quando não se lembrar de mais nada, passe para os *Exemplos de pontos fortes* (7.6) em busca de ideias.

7.4. PONTOS FORTES, TIPO E ENERGIA

Este exercício para o local de trabalho ajudará a identificar pontos fortes e explora o ajuste entre suas funções, seus pontos fortes e seu tipo de personalidade.

Etapa 1: Manter uma lista (diária) de energia

Crie duas listas paralelas em seu computador ou em um bloco de anotações e mantenha à vista ao longo do dia. Uma das listas será de coisas que o fortalecem e a outra do que drena suas energias. À medida que trabalha, pare periodicamente por alguns segundos e anote o que lhe dá ou toma energia no que vem fazendo. Vá montando essa lista por, pelo menos, uma semana.

> *Dica de coaching*
>
> *Há pessoas para quem será difícil fazer tal coisa sem lembretes regulares. Pode ser útil programar alarmes no computador ou fazer breves anotações três vezes ao dia em uma agenda. Líderes que, de fato, fazem isso durante seus dias úteis tendem a gerar mais descobertas do que aqueles que montam uma lista só na noite anterior à sessão de coaching.*

Etapa 2: Análise (10 min)

Como a atuação em seus pontos fortes tende a ser energizante e satisfatória, enquanto a atuação fora deles é desgastante, suas duas listas deveriam dizer-lhe algo sobre onde se localizam seus pontos fortes. Tome dez minutos para considerar o que é energizante. Que pontos fortes inatos você aplica nessas tarefas? Anote esses pontos fortes. Depois aplique o mesmo processo àquilo que o desgasta. O que isso lhe diz sobre suas debilidades?

Pontos fortes	Pontos a desenvolver

Dica de coaching
Eis aqui algumas perguntas de avaliação para ajudar a tocar este exercício:
- *"Cite alguns elementos comuns ao que lhe dá energia. E quanto ao que causa desgaste?"*
- *"O que você descobriu que não tenha notado antes?"*

- *"O que você poderia fazer nesta semana para livrar-se de atuações em alguma área desgastante e em favor de algo energizante?"*

7.5. VALIDAÇÃO DE PONTOS FORTES

Obter retorno é um ótimo modo de enriquecer sua lista de pontos fortes ou de ganhar confiança naquilo com que já se identificou. Encontre uma pessoa que conheça você bem, com quem tenha um forte relacionamento (cônjuge, familiar ou colega próximo) e que tenha disposição de gastar 20 minutos para ajudá-lo. Explique que você deseja comentários sinceros e objetivos sobre seus pontos fortes. Depois faça o seguinte:

Etapa 1: Pergunte

"Quais seriam, na sua opinião, cinco talentos ou habilidades que eu tenha; que sejam meus melhores pontos fortes? Onde você viu essas habilidades em ação?" (Se seu amigo não souber o que dizer, mostre-lhe os *Exemplos de pontos fortes* da planilha de trabalho 7.6)

Dica de coaching

Os indivíduos mais jovens terão o maior benefício com isso porque dispõem de menos experiências para embasar a compreensão dos seus pontos fortes. Pais ou irmãos (que o conhecem por toda a vida) podem ser uma excelente fonte.

Etapa 2: Reveja sua lista

Mostre ao seu amigo os pontos fortes e pontos a desenvolver que encontrou por meio dos exercícios 7.1 e 7.3 e peça comentários. Acrescente à sua lista todos os novos achados que pareçam corretos.

Dica de coaching

Clientes envergonhados ou tímidos podem ser animados a estabelecerem seu próprio julgamento em vez de apenas aceitarem o que outros pensam deles se lhes perguntarmos se o retorno que receberam está correto.

7.6. EXEMPLOS DE PONTOS FORTES

Segue uma lista de formatações genéricas de possíveis pontos fortes. Aproprie-se deles! As melhores declarações sobre os seus pontos fortes destacam o que é verdadeiramente exclusivo em você.

- ☐ Matemática/números
- ☐ Comunicação
- ☐ Fazer amigos/trabalhar em rede
- ☐ Introspecção
- ☐ Esportes
- ☐ Coordenação motora
- ☐ Força/resistência física
- ☐ Tarefas repetitivas
- ☐ Criatividade
- ☐ Resolução de problemas
- ☐ Multitarefas
- ☐ Foco em algum grande projeto
- ☐ Habilidade manual
- ☐ Escrita
- ☐ Soluções rápidas e discutíveis
- ☐ Aprendizado de idiomas
- ☐ Empatia
- ☐ Saber ouvir
- ☐ Atuação/representação de um papel
- ☐ Atuação em equipe
- ☐ Sensibilidade estética
- ☐ Arte
- ☐ Senso de direção
- ☐ Visualização
- ☐ Sonhar/*brainstorming*
- ☐ Acolhimento
- ☐ Enfrentamento de conflitos
- ☐ Bom com ferramentas

- ☐ Assertividade
- ☐ Assumir riscos
- ☐ Raciocínio
- ☐ Sensibilidade emocional
- ☐ Veemência
- ☐ Tranquilidade
- ☐ Viver o momento
- ☐ Música
- ☐ Inspiração
- ☐ Consertar coisas
- ☐ Construir coisas
- ☐ Projetos
- ☐ Gestão de pessoas ou projetos
- ☐ Detalhes
- ☐ Contar histórias
- ☐ Fazer as pessoas rirem
- ☐ Doação
- ☐ Organização
- ☐ Delegação
- ☐ Pensamento crítico
- ☐ Honestidade
- ☐ Demonstração de misericórdia
- ☐ Persistência
- ☐ Reflexão
- ☐ Planejamento
- ☐ Improvisação
- ☐ Entusiasmo
- ☐ Decisão
- ☐ Previsão
- ☐ Divertir-se

8

Qual é o meu tipo de personalidade?

"É espantoso. São tantas coisas fantásticas que poderíamos ter feito com nossa vida se tão somente soubéssemos como."

General Benjamin em *Bel Canto*

Tipo de personalidade é um termo especializado criado para formatar as diferenças humanas. Os sistemas de personalidade categorizam as pessoas em áreas como padrões de pensamento, estilo de tomada de decisão, que tipos de informações nos interessam, como exercemos influência, etc. Essas diferenças são agrupadas em "tipos", normalmente organizados por teorias sobre o que compõe a personalidade humana. O primeiro sistema de que há registro foi desenvolvido séculos antes de Cristo pelo filósofo grego Hipócrates com base em suas observações do comportamento humano. Ele postulou que as pessoas possuem quatro fluidos corporais básicos e que cada indivíduo apresentaria um de quatro tipos de personalidade (colérico, sanguíneo, fleumático e melancólico), dependendo de qual desses quatro "humores" predominasse.

Embora o embasamento científico disso já tenha sido descartado há muito tempo, esse sistema de personalidades ainda está em uso mais de 2 mil anos depois, testificando a utilidade dos tipos de personalidade. Depois do jogo básico de ferramentas de coaching (ouvir, perguntar, estabelecer metas, etc.), o tipo de personalidade é a ferramenta de coaching que mais aplico. Se eu conhecer o tipo do cliente, automaticamente passo a entender melhor a pessoa. Fico sabendo o que tendem a esperar de mim como coach, de que modo o processo de coaching poderá ajudá-los melhor, algumas das questões com que se debatem, e mesmo como ajustar meu estilo de coaching de modo a maximizar o efeito do processo de coaching.

Seguem aqui alguns exemplos. Se eu estiver orientando um líder que seja um "D" no perfil DiSC™, saberei que terei de trabalhar com alguém agressivo, orientado para tarefas, que gosta de ir direto ao ponto e agir. Com um alto "D", levo a conversa rapidamente para diante, falo diretamente e posso

omitir com segurança muitos dos pequenos toques relacionais que tanto significam para a personalidade "I". Desafio o cliente cada vez mais diretamente e peço mais ações concretas. Também tenho consciência de que o calcanhar de aquiles do meu líder "D" consiste em atropelar os outros, de modo que mais provavelmente lhe pedirei que exponha bem o modo como decisões importantes influenciarão aqueles que o cercam.

Se eu precisar prestar coaching a um "P" do Myers-Briggs a respeito de gestão de foco e tempo saberei que estou trabalhando com alguém de ética brincalhona – quem é "P" primeiro brinca e depois trabalha ou transforma o trabalho em brincadeira. Os Ps tendem a ir coletando informações e a manter suas opções em aberto o máximo de tempo que puderem, o que lhes pode criar problemas com o cumprimento de prazos, o ambiente de trabalho dos "J"s. A maioria das ferramentas de gerenciamento de tempo foram desenvolvidos por Js (os opostos do tipo P), que apreciam clareza e definições, e estes poderão administrar as tolices dos Ps.

Um dos meus clientes "P" sofreu particularmente com isso. Ele vacilava entre tentar fixar um prazo para tudo ou trabalhar baseado em uma lista de tarefas a cumprir. Ficou tão esgotado com isso que perdeu o controle sobre a vida e a agenda. A conversa sobre gerenciamento de tempo segundo as tendências naturais desse tipo foi uma revelação. Ele descobriu que aquilo que funcionava melhor para ele era uma agenda variável, não um bloqueio rígido de prazos. Sempre que tinha oportunidade de escolher no momento o que fazer, ele conseguia agendar as tarefas e executá-las sem sentir-se tolhido.

O alinhamento com seu estilo natural de trabalho tende a elevar seu nível de energia, melhorar o desempenho e muitas vezes a descobertas como "Não sou aquele preguiçoso fracassado em administrar o tempo e incapaz de cumprir prazos que sempre pensei ser!" Ao encontrar no processo de coaching uma genuína compreensão daquilo que lhe corresponde, o relacionamento torna-se muito mais valioso.

Esses tipos de resultado que abrem a visão constituem uma poderosa lógica para iniciar o processo de descoberta de propósito de vida mediante os tipos de personalidade. A razão pela qual é tão fácil obter grandes ganhos aqui é o fato de tanta gente saber tão pouco sobre isso. Por exemplo, 70%

Sistemas de personalidade

Eis alguns dos sistemas de personalidade mais conhecidos:

• **Myers-Briggs (MBTI):** Desenvolvido há 60 anos com base nas teorias psicológicas de Carl Jung, este sistema é administrado milhões de vezes por ano. É o sistema de personalidade mais aplicado, mais bem validado e mais ricamente documentado.

Para o coach: Existem exemplos de precedentes disponíveis na internet, mas para adquirir e administrar as avaliações há necessidade de treinamento especial e credenciais acadêmicas. Existem catálogos inteiros de livros e recursos sobre tópicos como MBTI e liderança ou tipos e estilos de oração. Há também disponibilidade de ferramentas profissionais para geração de relatórios.

• **DiSC™:** Criado originalmente na década de 1920 por William Marston, o DiSC™ descreve quatro estilos fundamentais de comportamento. É uma dos sistemas mais utilizados.

Para o coach: Como o trabalho original não tinha copyright, muitas versões do DiSC™ evoluíram com o tempo, tornando o treinamento mais fácil e barato do que com o MBTI. Existem versões com ilustrações bíblicas e também ferramentas profissionais de geração de relatórios.

• **Temperamentos:** Popularizadas pelo best seller de Keirsey e Bates *Please Understand Me* (Entenda-me, por favor), trata-se das quatro categorias originais de Platão/Hipócrates correlacionadas a quatro pares básicos de letras no MBTI.

Para o coach: Há muitos sistemas baseados nessas categorias, com diversos nomes para os tipos (por exemplo: Lion/Otter/Golden Retriever/Beaver [Leão, Lontra, Golden Retriever, Castor]. É um sistema simples, de baixo custo e com testes gratuitos na internet.

• **Dons motivacionais:** As sete categorias baseiam-se nos tipos de dons expostos em Romanos 12. Popularizada na década de 1970, a versão mais conhecida, de Don e Katie Fortune, descreve sete tipos com diferentes motivações e estilos.

Para o coach: Custo muito baixo, com base bíblica e bem simples, trata-se de um bom sistema para trabalho em igrejas ou com líderes de ministério. Sua linguagem "evangeliquês" o torna menos útil no ambiente empresarial.

• **O Eneagrama:** Trata-se de um sistema de nove tipos dispostos em relações geométricas, totalmente desenvolvido na década de 1960. Tem sido usado em diversos contextos espirituais.

Para o coach: A avaliação "oficial" pode ser baixada gratuitamente da internet – pode-se até incluir a avaliação efetiva no próprio site. É um sistema menos conhecido, com menos recursos.

das pessoas não têm ideia do seu tipo segundo o sistema de personalidade mais comum (Myers-Briggs). O conhecimento dos dons espirituais é igualmente precário: um recente estudo constatou que apenas cerca de 30% dos cristãos adultos conseguem identificar algum dom espiritual que sentem ter – enquanto quase outro tanto supõe ter algum dom espiritual que nem sequer consta da Bíblia! Minha experiência com líderes espirituais é que, embora haja quem "conheça os textos", poucos conseguem explicar o que esses textos significam ou como aplicar qualquer conhecimento de tipo às suas funções ou seus relacionamentos.

Exercício de tipos para coaches

Assim que você tiver obtido algum treinamento básico sobre sistema de personalidade de sua escolha, como chegar a dominá-lo plenamente? Eis aqui cinco maneiras de trabalhar em busca do domínio dos tipos:

1. **Praticar.** Forneça avaliações e validações gratuitas a dez pessoas ou mesmo a vinte. Compartilhe seu conhecimento e melhore a vida dos seus amigos, da família, da igreja ou do pequeno grupo enquanto aprende. Prática cria proficiência.

2. **Encontrar exemplares**. Um ótimo meio de lembrar as características de certa personalidade é escolher um exemplar (alguém que você conheça e que corresponda àquele perfil) de cada tipo. Ao relembrar aquela pessoa, as características daquele tipo virão imediatamente à memória.

3. **Obter um companheiro de tipificação.** Trata-se de algum amigo tão interessado em tipos quanto você. Gaste tempo conversando sobre os tipos dos seus amigos mútuos ou de figuras políticas, empresariais ou religiosas conhecidas. Troque histórias sobre sua própria personalidade. Vocês conseguiriam aprender a, juntos, tipificar grosseiramente as pessoas sem aplicar alguma avaliação formal?

4. **Organizar uma noite de tipos.** Convide dois ou três amigos ou casais que conheça bem, dê uma avaliação a cada um e depois valide os resultados fazendo cada um ler seu perfil de tipo em voz alta. Darão muitas risadas e você aprenderá um bocado.

5. **Ensinar sobre tipos.** Ofereça uma aula interativa em sua igreja (para alguns dos sistemas de personalidade existem livros com jogos de aprendizado interativo – será um grande impulso para uma oficina dessa espécie). A atividade de aprendizado que proporciona maior retenção é ensinar outros.

Para aplicar tipos, é necessário primeiro assumir um sistema de personalidade e dominá-lo. Recomendo que o primeiro investimento em treinamento de habilidades de coaches depois da sua certificação seja o de tipos de personalidade (a menos que já se domine algum sistema).

E não tenho como exagerar a ênfase na ideia de buscar a maestria e não de se limitar apenas ao interesse. Se você pretender ajudar outros com tipificação, o domínio dos níveis II ou III (veja pg. 99) não será suficiente – será necessário avançar para o nível IV, no qual se pode ajudar os clientes a identificarem seus tipos e a entender como seu tipo interage com os de outros. Domine os tipos do mesmo modo como domina suas habilidades de coaching e você descobrirá um recurso ainda mais valioso para seus clientes.

Sistemas de dons

Uma área de tipos de particular interesse para coaches cristãos são os sistemas bíblicos de dons. Existem três principais correntes de pensamento sobre dons bíblicos. A primeira diz que todos os dons do Novo Testamento podem ser incluídos na mesma lista porque seriam todos os dons. Outra escola de pensamento agrupa as quatro listas de dons do Novo Testamento com outros "dons" (como celibato, habilidade manual ou música) a partir do contexto geral da Bíblia. Uma terceira diz que o Novo Testamento enuncia vários tipos de dons (dons carismáticos, profissionais e motivacionais) com características e funções completamente diferentes, e que não devemos misturar as listas.

Embora a primeira e a segunda abordagem sejam as mais adotadas, penso que elas turvam o quadro tanto quanto ajudam. Um problema é o número total de dons citados (muitas vezes mais de 30). Compreender trinta dons e o modo como interagem é imensamente mais difícil do que dominar um sistema como o DiSC™, com quatro tipos básicos.

Segundo: Suponhamos que uma dessas avaliações indique que alguém tenha dons de expressão profética, apostolado e exortação (um de cada uma das três principais listas do Novo Testamento). Um problema imediato será: seria sequer possível "ter" um dom tal como de expressão profética ou de milagres (segundo a lista de 1 Coríntios 12)? Não conheço ninguém capaz de conjurar um milagre sempre que queira. A lista de Coríntios não é uma de dons que "tenhamos" no sentido de que estejam dentro de nós e sob o nosso controle. O Espírito manifesta esses dons *através* de nós "segundo sua vontade" (1Co 12.11).

Com a lista de Efésios, os problemas são similares. Se a pessoa do nosso exemplo tiver o dom do "apostolado" (fundação e supervisão de igrejas e organizações) mas tiver apenas 15 anos, estaria habilitado a exercer tal dom? O pastoreio ou o ministério apostólico são *chamados* para os quais se amadurece, não dons depositados em nós ao nascermos, a serem usados a nosso critério.

A única lista de dons que realmente consta possuirmos ("tendo dons, vamos usá-los") é a de Romanos 12. Esses sete dons (há quem os chame de "dons motivacionais") são aquilo que chamo de "tipos de personalidade da Bíblia". São traços inatos que distinguem como pensamos e tomamos decisões, o que nos motiva e o que se passa na nossa cabeça. Faz muito sentido tratar a lista de Romanos separadamente em vez de misturá-la com outros tipos de dons.[16] Assim, em vez de criar uma categoria completamente separada de dons espirituais, passarei a tratar a lista de Romanos como um sistema de tipos de personalidade.

Estudo de caso I: Tipo em conflito

Jenifer, uma gerente de escritório de 27 anos, procurou um coach para melhorar sua satisfação com o emprego e avançar na carreira. Como parte normal do processo de instrução, sua coach (Nádia) lhe passou uma avaliação DiSC™ via internet. A avaliação gerou um relatório de 15 páginas que foi enviado por e-mail a Jenifer e sua coach. Uma das primeiras ações de Jenifer foi ler o relatório, sublinhar as qualidades que lhe pareciam combinar com ela e anotar as que não combinavam. Um segundo passo foi identificar cinco noções-chave do seu tipo sobre as quais ela poderia construir para melhorar sua satisfação com o trabalho (veja exercício 8.3).

A confirmação dos resultados de uma avaliação foi importante (já que nenhuma ferramenta está sempre correta). Assim, em sua próxima sessão, Nádia gastou tempo validando o tipo de Jenifer. Aquilo correspondia à sua própria autopercepção? Quanto daquele relatório parecia corresponder às expectativas? Havia ali pontos em que ele parecia não se encaixar? Jenifer viu que se tratava de uma descrição muito boa (ela surgiu como alta "D"), mas havia várias áreas que sentiu não compreender ou em que não se encaixava bem. Para consolidar sua autocompreensão, Jenifer anotou uma providência para a semana seguinte a fim de conversar sobre o relatório com sua mãe e seu melhor amigo (veja exercício 8.1) para obter a perspectiva deles.

Enquanto isso, Nádia começou a prestar coaching a Jenifer a respeito da sua satisfação. Uma área que rapidamente veio à tona foi o relacionamento de Jenifer com sua assistente administrativa.

---

16 Para uma discussão mais ampla deste ponto, veja *Discover Your God-Given Gifts (Descubra os dons que Deus lhe deu)*, de Don e Katie Fortune.

"Às vezes ela consegue ser tão frustrante*", declarou Jenifer. 'Tudo precisa ser feito exatamente assim. Se eu deixar escapar um único recibo no meu relatório de despesas, ela imediatamente vem me perseguir por causa daquilo. Faz mil perguntas e precisa conhecer cada etapa de um plano antes de entrar em ação. E cada vez que empreendo algo novo, ela gasta as primeiras duas semanas resistindo antes de embarcar. Reconheçamos: quando ela diz que executará uma tarefa, eu sei que será feita, e bem feita, mas às vezes tem tanto medo de cometer erros que avança como lesma."*

"Bem, aqui parece ser interessante aplicar alguns conceitos do seu relatório de tipificação. O que ele diz sobre seu estilo de trabalho preferido?"

"Vejamos... como 'D', avanço rapidamente e orientada por resultados. Diz que tenho a tendência de fazer malabarismo com muitas bolas facilmente, que decido com rapidez, mas que não gosto de muitos detalhes e de administração – o que certamente é verdade – e que tenho a tendência de ir logo ao ponto nas conversas."

Exercício de coaching: migração de tipo

Este é um exercício para ajudá-lo a melhorar seu serviço de coach. Comece com um sistema de personalidades que lhe seja familiar. Para cada um dos tipos nesse sistema anote pelo menos cinco coisas de que aquele tipo goste em comunicação.

Se precisar de ideias, procure esse perfil em algum livro ou relato. Que estilo de comunicação aquele tipo mais desejaria e necessitaria em um coach?

Em seguida, identifique duas ou três coisas importantes que você poderia suprir (ou aprender a suprir) a esse tipo de indivíduo.

Finalmente, reveja sua lista de clientes, anote o tipo de cada pessoa e anote um lembrete sobre como poderia modificar seu próprio estilo natural de coaching ou personalidade com o fim de melhor atender às necessidades daquele indivíduo.

"Excelente. Assim, como ficaria sua assistente nesses mesmos aspectos?"

"Ela é lenta nas decisões e providências. Não consegue executar muito bem tarefas múltiplas. Não se orienta por resultados tanto como por... perfeição, acho. Às vezes penso que, se ela executasse apenas uma coisa por dia, mas bem feita, estaria contente. Ela realmente gosta dos pequenos detalhes administrativos que me enlouquecem – consegue ficar simplesmente ali sentada por horas fazendo aquelas coisas."

"Boa descrição. Não temos certeza, mas considerando o que você disse, parece-me que ela poderia ser uma 'C' no DiSC. O Cs são pessoas que contribuem para assegurar que as coisas corram bem. Tendem a ser mais lentas em mudanças e tomadas de decisão do que os Ds como você porque querem pensar em tudo integralmente para então trabalhar com excelência. Tendem a ser bons nos detalhes, muito confiáveis e teimosos com o cumprimento dos seus compromissos. Isso se parece com ela?"

"Bastante."

"Quando trabalhamos com tipos diferentes, a chave para converter frustração em um relacionamento de trabalho eficiente é ser capaz de jogar com seus pontos fortes e complementar seus pontos a desenvolver. Poderá ser útil escolher uma área com que você esteja frustrada e buscar um modo de aplicar os princípios de tipificação a ela. Que tal isso?"

"Se fizer diferença, estou plenamente a favor. Poderíamos conversar a respeito da lentidão em tomar decisões? É o que mais me incomoda."

"Perfeitamente. Se você for uma D, desejará agir agora, enquanto ela, sendo uma C, necessitará de mais tempo para assimilar as informações e considerá-las por inteiro. Como seria possível mudar a forma de se comunicar de modo a lhe dar tempo para pensar sobre as decisões sem retardar o trabalho?"

"Hum... creio que ela deverá tomar conhecimento das coisas antes de estarmos prontos para agir nelas."

"Como você poderia fazer isso?"

"Bem, um jeito seria passar-lhe as coisas gradualmente e não tudo de uma só vez. Tenho a tendência de comunicar tudo junto nas reuniões da equipe por ser mais eficiente. Será que ajudaria eu passar a ela instruções durante a semana precedente a respeito do que será tratado?"

"Parece uma ótima ideia. O que mais você poderia fazer?"

"Na verdade, eu poderia passar a ela a agenda da reunião da equipe para digitá-la. Isso me pouparia um pouco de tempo e fornecerá a ela alguma noção dos assuntos de que trataremos."

"Parece outra boa ideia. Vamos então dar um passo adiante. Até agora temos trabalhado na busca de meios para compensar a maior lentidão dela em tomar decisões. De que forma você poderia abordar esse ponto forte como um valor *e não como* ponto a desenvolver?*"*

"Não tenho certeza do que você quer dizer."

"Tudo bem – em outras palavras, então: Haveria situações em sua vida nas quais seria útil avançar mais devagar e considerar plenamente as questões?"

"Ah, sim. Às vezes cometo umas gafes e depois levo três meses para consertar aquilo de novo."

"Pois bem, de que modo sua assistente poderia ajudar nisso?"

"Interessante ideia. Ela tende a focalizar aquilo que poderia dar errado e eu tendo a enxergar o que poderia dar certo. É provável que ela possa ajudar-me nisso."

"De que modo? Dê-me um exemplo de algum projeto no qual esteja trabalhando em que esse estilo cuidadoso poderia ser um ponto forte."

"Bem... temos que reorganizar o modo de lidar com os telefonemas do nosso

serviço de atendimento ao cliente. Eu pretendia montar rapidamente um plano para anunciá-lo na quinta. Mas talvez, se eu passar minhas ideias primeiro para ela e lhe pedir que me indique três questões que eu deva levar em conta para que esse plano funcione – creio que isso a trará para o meu lado e me fornecerá algumas sugestões práticas para o início. Gostei!"

Este estudo de caso aplicou uma combinação de vários exercícios e uma avaliação DiSC™ para ajudar a cliente a aplicar a tipificação a um conflito de trabalho. Ao descrever o seu próprio perfil e o da sua assistente, ela conseguiu expor os pontos fortes da sua equipe, minimizando ao mesmo tempo os confrontos. No caso, foi crucial a coach ter o domínio de tipificação em nível V – ela ajudou Jenifer a remanejar o conflito em termos de diferenças de personalidade, e não de falhas pessoais, criando assim estratégias que fizessem essas diferenças trabalharem a seu favor.

Este é mais um exemplo de uma área em que o conhecimento do coach sobre ferramentas relacionais agrega valor ao processo. As soluções e a escolha de onde aplicar as ferramentas ainda provêm do cliente, mas ao introduzir a tipificação, a coach remanejou a situação e abriu todo um novo conjunto de soluções.

Estudo de caso II: Tipos e funções de liderança

Paulo era há muito tempo o pastor sênior de uma grande congregação com múltiplas equipes. Aos 55 anos, ele passou a pensar em como maximizar sua influência ao longo dos anos passados – uma questão comum nesse estágio da vida. Paulo procurou um coach para ajustar seu foco e realinhar sua função a fim de melhorar sua eficiência.

Uma área que visaram primeiro foi a reorientação de funções e dos padrões de comunicação da sua equipe central em torno de tipos de personalidade. Paulo atingiu o nível II de compreensão do seu perfil: ele tinha algum conhecimento do seu próprio tipo, mas não o suficiente para aplicá-lo eficientemente à sua função ou sua equipe.

Como já haviam passado muitos anos desde sua última avaliação, o coach repetiu o processo com ele. Os resultados foram validados mediante a solicitação de retorno por sua esposa e alguns dos seus principais líderes. À medida que Paulo cresceu na compreensão do seu estilo ENFP, conseguiu enxergar melhor seu impulso por relacionamentos, sua propensão a voltar atrás e reconsiderar decisões já tomadas, bem como sua tendência de pensar em voz alta (e depois descobrir, para seu desgosto, que sua equipe implementava ideias que ele apenas havia soltado por aí). O coach ajudou Paulo a identificar as tarefas e os papéis que combinavam com os pontos fortes da sua personalidade, de que tipo de equipe ele precisava cercar-se (veja *Minha equipe ideal,* exercício 8.5) e como delegar à sua equipe tarefas que não correspondessem aos seus pontos fortes.

Paulo também estava tratando de desligar de sua equipe um amigo de muitos anos – um exercício muito doloroso para um ENFP relacional! O coach o ajudou a administrar sua tendência a adiamentos e a enxergar para além das dificuldades da situação. Até esse ponto, Paulo já havia obtido tanto dos tipos de personalidade que quis aplicá-los aos outros dois membros da sua equipe central.

As avaliações daqueles dois integrantes da equipe revelaram que um era um ENTJ (Jim, o pastor executivo) e o outro, um ISTJ (Jean, o dirigente da equipe). O coach teve uma sessão individual com cada um deles para validar seus tipos e discutir padrões de comunicação da equipe.

Jim e Paulo se entendiam bem – conectavam-se no nível de sonho/visão (seu N comum) e a tendência a agir nascida da sua extroversão comum. Um ponto problemático era a agenda variável de Paulo como ENFP. Jim, como ENTJ, se frustrava quando planejava algo e então os objetivos mudavam. Seu estilo T de tomada de decisões (racional, baseado em princípios e disposto a uma comunicação mais rude) trombava às vezes com o estilo F de Paulo, mais intuitivo e orientado por relacionamentos – por exemplo, Jim achava que Paulo já deveria ter demitido seu amigo há muito tempo.

O desafio maior tinha a ver com o ISTJ Jean. Como único introvertido e sensorial (de orientação prática e para o presente) na equipe, Jean muitas vezes se incomodava em executar os sonhos impossíveis dos outros dois líderes que não haviam considerado adequadamente os recursos necessários ou o impacto prático das agendas da rotina diária. Como SJ leal, Jean simplesmente engolia suas reservas e encontrava um meio de lidar com aquilo. Mas a equipe estava fracassando porque os dois acelerados extrovertidos não concediam tempo suficiente ao introvertido Jean para processar as decisões da equipe, de modo que ele tendia a não se manifestar, mesmo quando inquirido.

Depois de catalogar essas questões em sessões individuais, o coach levou Paulo a avançar nas principais questões antes de reunir a equipe completa. Por várias horas, esses três líderes concentraram-se em entender os pontos fortes de cada um e em elaborar estilos de comunicação que funcionassem para cada um. Por exemplo, os dois Js aprenderam como solicitar decisões finais de um chefe ENFP e o P Paulo concordou em ser mais responsável no cumprimento de decisões uma vez tomadas. Os Js aprenderam a enxergar a adaptabilidade de Paulo como ponto forte e conversaram a respeito quando sua abordagem P de manter opções em aberto funcionava melhor do que seu próprio estilo natural.

Para engajar Jean plenamente no processo de tomada de decisões, os dois extrovertidos concordaram em fornecer a Jean uma agenda antes das reuniões para que tivesse mais tempo para pensar a respeito das decisões em pauta. Aprenderam também a apresentar algo a Jean e a pedir-lhe que lhes desse retorno após certo tempo, em vez de cobrar uma decisão imediata.

Além disso, a equipe examinou suas descrições de cargo e realocou algumas tarefas com base em dons. Por exemplo, por ser um ENFP, Paulo achava muito difícil manter uma linha firme em conflitos sobre privilégios na equipe. Criaram-se procedimentos que canalizariam tais questões e Jean e Jim (que não eram tão susceptíveis a manipulação relacional), eliminando um enorme desgaste para Paulo.

O resultado final foi que Paulo passou a atuar de forma bem mais suave com sua equipe central. A eficiência resultante liberou tempo para concentrar-se na mentoria de uma geração seguinte de líderes (uma das principais paixões de Paulo) e passou a dedicar menos energia à manutenção do funcionamento dos sistemas. Paulo percebeu o trabalho com seu coach como experiência "muito valiosa", que faria uma enorme diferença no legado dos seus principais anos de ministério.

Neste estudo de caso, o coach aplicou ferramentas de personalidade para identificar o perfil pessoal de cada integrante da equipe, com o fim de eliminar as fontes de conflitos e ajudar a realinhar as funções da equipe para adaptá-los aos seus tipos. As soluções ainda vêm dos clientes – o coach fornece ferramentas e informação básica sobre os tipos, que podem ser usadas para encontrar as respectivas soluções. A prestação de coaching a líderes de organizações com base em tipos de personalidade naturalmente evolui para a orientação de todo o grupo por haver muito que aprender com a tipificação sobre as melhores funções, comunicação, estilos de conflitos e mais.

8.1. VALIDAÇÃO POR PARCEIROS

Quem nos conhece bem, quase sempre tem valiosas noções a oferecer sobre como atuamos em nosso tipo. Este exercício ajuda a confirmar qual é o seu tipo e oferece noções sobre como os outros o enxergam.

Sente-se por uma meia hora com algum amigo próximo, um familiar ou o cônjuge – alguém que conhece você há muitos anos – e discuta seu perfil pessoal. Faça seu amigo ler seu perfil junto com você (de um livro ou relatório). Aplique estas questões para dirigir a conversa:

- Peça para seu amigo destacar os quatro ou cinco tópicos que melhor se encaixem em seu perfil.
- Pergunte que noções esse perfil oferece a respeito de quem você é e sobre como relacionar-se com você.
- Poderia o seu amigo se lembrar de um ou dois episódios que ilustrem algumas dessas características típicas?
- De que modo essas qualidades influenciam o modo como você executa seu trabalho e outras funções que você desempenha?
- O que esse perfil explica sobre você, que a maioria das pessoas não entenda?

Dica de coaching

Ao nos inteirarmos de um sistema de personalidade, em geral nos ensinam um processo de validação que o acompanha. Se o cliente ainda estiver inseguro sobre o seu tipo, mesmo após uma sessão de validação, ou se tiver dificuldades em vincular seu tipo àquilo que se passa na vida real, este exercício poderá ajudar.

Algumas perguntas para revisão do exercício de validação por parceiro:

- *"O que você descobriu sobre si mesmo ao conversar com alguns parceiros sobre seu tipo?"*
- *"Você recebeu algum retorno que o incomodasse ou que achasse não se aplicar a você? Por quê?"*
- *"Pense em um conflito que você tenha tido no passado com algum desses indivíduos. Como o seu tipo se manifestou naquela situação?"*

8.2. NOITE DE TIPIFICAÇÃO DE FAMÍLIA

Eis aqui um excelente jogo para encontros ou reuniões da família estendida, com sua família imediata (se os filhos tiverem idade suficiente) ou com uma equipe de trabalho. Ele ajudará a se compreenderem melhor mutuamente e proporciona um bocado de boas risadas!

Você precisará de um livro sobre algum sistema de personalidade com que tenha alguma familiaridade e que inclua perfis de algumas páginas sobre cada tipo (experimente o *Type Talk*, de Kroeger, sobre MBTI; *Discover Your God-Given Gifts*, de Fortune, sobre dons motivacionais ou o Código de Personalidade, de Bradberry, sobre DiSC™). Nota: seu grupo precisa estar à vontade e seguro uns com os outros. O jogo poderá não funcionar em famílias disfuncionais ou em equipes!

Etapa 1: Combine as regras básicas

Crie um conjunto de regras básicas como as que seguem e que todos possam aceitar:

1. Concentre-se em qualidades positivas e não nas negativas. Faça disso um momento que os aproxime e que seja edificante para todos.
2. Respeitem-se. Não contem episódios que embaracem ou machuquem as pessoas.
3. Seja honesto se a conversa enveredar por alguma área sensível da sua vida sobre a qual você não gostaria que outros falassem.
4. Se você achar que a descrição de algum outro tipo se encaixa melhor em você, poderá mudar a qualquer momento.

Etapa 2: Descubram seus tipos

Se o livro incluir avaliações, faça com que todos as executem. Alguns livros (como o *Type Talk*, por exemplo) contêm listas para seleção de termos que cada um poderá examinar a fim de determinar o que se aplica ao seu tipo.

Etapa 3: Validação

Peça a cada um que leia em voz alta o perfil do seu tipo. Sempre após uma ou duas sentenças, o leitor dirá por que acha que aquelas características combinam com ele ou não. Se não tiver certeza ou desejar um retorno, peça contribuições ao restante do grupo. A ideia é validar se este é realmente o seu tipo. Se a descrição não bater bem, tente com alguns outros tipos um pouco diferentes e veja se esses se encaixam melhor.

Certifique-se de ser o primeiro nesta etapa, assumindo o risco de ser o primeiro vulnerável!

Etapa 4: Conte histórias (opcional)

Quando cada um tiver validado o seu tipo, veja se consegue se lembrar de alguns episódios da história familiar ou exemplos engraçados do modo como os diversos familiares agiram segundo seus tipos ou interagiram entre si. Lembre-se de observar as regras básicas, manter-se positivo e se edificarem mutuamente!

8.3. AS DEZ PRINCIPAIS PERCEPÇÕES DE TIPO

Agora que você leu bem o seu perfil de personalidade e realizou uma validação, selecione as dez noções mais importantes que o seu perfil oferece sobre o que você é e faça uma lista deles. Ao selecionar, anotar e compartilhar essas noções, elas se fixarão na sua memória e permanecerão com você daí em diante.

Dica de coaching

Um dos desafios dos tipos de personalidade é que certas pessoas não gostam do seu próprio tipo e gastam muita energia com compensações ou tentando tornar seu estilo pessoal mais agradável para outros. Um sinal disso é o perfil da pessoa não corresponder ao modo como ela se apresenta. Há algum tempo prestei coaching a um executivo que parecia ter modos muito brandos e respeitosos, mas era uma personalidade extraordinariamente dominante em sua avaliação pelo DiSC™ (um alto D). Um pouco de sondagem revelou um padrão de retorno negativo em sua juventude que o fez tentar ser algo que não era para não atropelar os que fossem menos autoconfiantes.

Desafiei-o a encontrar um modo de aplicar seus pontos fortes que também atuasse a favor dos outros. "Em vez de tentar diluir seu estilo natural para se aproximar dos outros no nível das debilidades deles, não seria o caso de puxá-los para cima a fim de encontrá-lo no nível dos seus pontos fortes?"

Não gostar de seu tipo pode resultar de se concentrar principalmente em seus pontos a desenvolver, em lugar dos seus pontos fortes. As seguintes perguntas podem ajudar os clientes a enxergarem seu estilo sob uma outra luz:

- *"Que tipo você gostaria de ser? Que desejo isso lhe satisfaria?"*
- *"Qual foi o bom propósito de Deus ao lhe dar a personalidade que você tem?"*
- *"Como fomos feitos à imagem de Deus, cada tipo de personalidade reflete outra faceta da personalidade de Deus. Que imagem de Deus existe no seu tipo?"*
- *"Como pareceria o seu tipo de personalidade visto da perspectiva de Deus?"*

Opção:

Compartilhe estas dez noções com um bom amigo ou familiar e solicite comentários. Isso edificará seus relacionamentos e ajudará a lembrar mais a respeito do seu tipo.

8.4. MINHA EQUIPE IDEAL

Equipes podem tirar grande proveito da compreensão dos tipos porque ela lhes permite ajustar suas funções a fim de adaptá-las ao estilo pessoal de cada um. Este exercício ajuda líderes de equipes a identificarem seus pontos fortes e o que seu tipo tem a oferecer e, em seguida, lista os pontos fortes e tipos necessários como complementos. Pode-se também aplicar este exercício para formar equipes ou ajudar os líderes a criarem funções convergentes. Se você não tiver certeza dos tipos que melhor o complementariam, peça ajuda ao seu coach.

1. Do que esta equipe precisa ser capaz para atuar com excelência? Que pontos fortes ou características típicas são necessários para suas tarefas? Liste-os à esquerda.

2. Quais dessas qualidades o seu próprio tipo tem a oferecer?

3. Identifique as habilidades aprendidas em sua função – coisas que você sabe fazer, mas que não lhe vêm naturalmente. Que tipos gostariam de fazer aquilo e poderiam livrar você disso?

4. Que capacidades lhe faltam? Que tipos as forneceriam? (Para obter ideias, você talvez queira rever os perfis dos diferentes tipos e perguntar a você mesmo que capacidades exclusivas de cada tipo seriam as mais necessárias em sua equipe.)

5. Quais são os pontos a desenvolver do meu tipo? Que tipos complementarão tais pontos a desenvolver?

Qualidades ou pontos fortes requeridos na equipe	Tipos ou pessoas que os oferecem
Equipe de levantamento de fundos missionários	
Criação de redes de contatos	*Eu (ENFP ou I)*
Convites	*Paulo ou Melissa? (J ou D)*
Controle financeiro	*ISJ's ou C – achar alguém*
Criação de formas e procedimentos	*ISTJs ou C*
Redação e publicação de um boletim	*Eu + ?*
Montagem de equipe	*Eu*
Redação de uma proposta de doação	*Terceirizar? INTJ ou D?*
Manutenção de contatos com missionários	*Sally ou Lou – dirigidas p/pessoas ou S relacional*
Líder de equipe de oração	*alguém apaixonado por oração*
Jantar anual de levantamento de fundos – Planejamento	*Eu + equipe*
Logística do jantar de levantamento de fundos	*Mais SJs ou S ou C*

Conclusão: Preciso de mais Js (ou C) e especialmente SJs na minha equipe para executar as tarefas administrativas e financeiras.

Dica de coaching

Um sistema que trabalha com dicotomias (escolhas ou/ou) é perfeito para este exercício – basta olhar para o oposto de cada tópico para encontrar os potenciais complementares. Neste exemplo, o ENFP precisa das habilidades dos introvertidos para o foco a fim de complementar seus próprios potenciais, da atenção dos Ss para os detalhes práticos e do impulso de um J para obter clareza e finalização.

8.5. EXERCÍCIO DE COACHING: TIPIFICAÇÃO DE EQUIPE

Segue um procedimento de coaching para tipificar uma equipe e ajudar um grupo a integrar essas noções em seu processo de formação de equipe.

Etapa 1: Iniciar com o líder da equipe

A maioria das oportunidades de tipificação de uma equipe inicia-se com o líder do grupo. Tipificar primeiro o líder e ajudá-lo a aplicar as noções de tipificação na equipe aumentará a motivação e posicionará o líder para lançar o processo de tipificação da equipe. Trabalhe com o líder para desenvolver alguns objetivos claros para o processo:

- *"O que você espera ganhar com a tipificação da sua equipe?"*
- *"O que proporcionará sucesso a este processo?"*
- *"Como você precisaria crescer pessoalmente por meio deste processo? Você estaria disposto a compartilhar antecipadamente esse desejo com sua equipe?"*
- *"Do que preciso estar consciente ao trabalhar com os integrantes dessa equipe?"*

Como este será um processo em grupo, seus integrantes precisarão saber de antemão que você discutirá os tipos de cada um e seu relacionamento mútuo.

Etapa 2: Avaliação da equipe

Avalie cada integrante da equipe, providencie um perfil ou forneça, a cada um, dados sobre seu tipo, pedindo-lhes que leiam o material antes da reunião. Tendo o perfil de cada um em mãos, já ficarão evidentes algumas possíveis questões de comunicação e conflitos.

Etapa 3: Validação individual/Sessões de adaptação a funções

Agende sessões individuais de interpretação com cada integrante da equipe. Serão momentos para ajudar as pessoas a entenderem seu próprio estilo e o modo como este interage com os estilos dos outros em um ambiente seguro e individual. Durante essa sessão, você procurará:

1. Discutir o relatório e responder a perguntas genéricas.
2. Validar o tipo da pessoa.

3. Obter do indivíduo uma descrição da sua função e discutir como seu tipo interage com esta.

4. Discutir como seu tipo se encaixará no processo da equipe (ao contrário do modo como lidam com indivíduos). Comece a expor problemas de comunicação, conflitos ou diferentes estilos de trabalho e reclassifique tais situações em termos de tipo.

Etapa 4: Relatório para o líder

Antes de se reunirem como grupo, em geral será sábio retornar ao líder e resumir alguns dos resultados e as principais questões identificadas. Muitas vezes, o líder da equipe é o alvo de uma porção de frustrações dos integrantes, de modo que uma reunião a sós oferecerá à pessoa a chance de digerir os achados e entender como responder. Crie uma estratégia comum sobre como lidar com questões problemáticas durante a sessão em grupo. O líder da equipe precisa estar preparado para liderar em condições de vulnerabilidade pessoal, reagindo bem aos retornos e com disposição de mudar para maximizar os resultados do processo.

Etapa 5: Sessão de tipificação da equipe

Dirija a equipe em uma sessão de grupo que explore o tipo de cada pessoa e comece a clarificar a comunicação ou reoriente as funções com base nas percepções de tipos. Você procurará:

Rodada 1

1. Faça cada um compartilhar seu tipo (peça ao líder do grupo que comece), bem como alguns pontos-chave que tenham aprendido sobre eles próprios no decurso do processo.

2. Depois do depoimento de cada um, destaque alguns dos pontos fortes daquele tipo e de que forma contribuem. Reserve algum tempo para o grupo confirmar os pontos fortes daquela pessoa.

Rodada 2

3. Escolha um exemplo de como o tipo do líder afeta o grupo (por exemplo: ele é um sonhador e as pessoas mais práticas não sabem como lidar com aquilo).

4. Ajude o grupo a reconfigurar sua visão daquela qualidade em termos da respectiva dinâmica do tipo. Guie-os através do processo de

aprendizado de comunicar-se de modo eficaz e respeitoso conside-rando essa diferença. Se necessário, desenvolva providências con-cretas de comunicação que façam o processo funcionar para todos.

5. Repita isso várias vezes com questões que tenha discutido antes com o líder.

Rodada 3

6. Assim que o grupo estiver indo bem, permita que comecem a le-vantar desafios que identificaram e que possam resolver juntos. Ou então identifique desafios adicionais que você enxergue e faça-os desenvolver soluções.

9

TERCEIRA PERGUNTA:
PAIXÃO – POR QUE DESEJO *ISSO*?

"Todos os gigantes da fé têm uma coisa em comum: nem vitória, nem sucesso, mas paixão."

Phillip Yancey

Para fins de demonstração em coaching peço frequentemente a alguém da plateia que compartilhe como questão de coaching algum sonho não realizado. Certa vez, após uma prolongada espera por um voluntário em um grupo de pastores, um homem compartilhou um sonho que ele considerava financeiramente impossível: levar toda a sua família a uma extensa viagem a Israel. John hesitou em expor aquilo porque também questionava se seria justo gastar tanto dinheiro em algo que fosse basicamente uma atividade de férias da família.

A opção de John em explorar um sonho impossível conduziu a uma memorável demonstração de coaching a respeito de paixões – e de realizar o sonho! Note como o coach ajudou John a expor seu sonho, a entender o que havia por trás e a tratar dos obstáculos para sua realização.

"Conte-me um pouco mais sobre esse sonho."

"Bem, sempre tive o desejo de ir a Israel para ver por onde Jesus andou – os lugares que passei tanto tempo estudando na Bíblia. E tenho sonhado em levar minha família comigo. Mas nós temos quatro filhos, e quando penso no tempo gasto e nas tarifas aéreas e em quanto mais aquilo custaria, achei improvável que aquilo algum dia aconteceria."

"Voltaremos à questão financeira, mas antes diga mais alguma coisa sobre essa viagem. O que vocês fariam, aonde iriam? Desenhe para mim um quadro daquilo."

"Certo. Iríamos a todos os principais lugares: a Belém, a Jerusalém e ao Monte das Oliveiras. Posso me imaginar caminhando por lá, meditando nas passagens que se passaram em cada um daqueles lugares. Mas principalmente" – e aí a voz de John se elevou e as palavras começaram a jorrar com emoção – *"posso me ver sentado na grama em círculo com meus filhos e tornando a Bíblia viva para eles! Que maneira maravilhosa de compartilhar os episódios da vida de Jesus e de entender que nossa fé está enraizada na História e que não se trata de algum mito."*

O coach aplicou a técnica do *futuro ideal* para ajudar o cliente a experimentar por meio de linguagem visual o futuro que desejava.

"Pelo jeito, trata-se de algo que realmente o empolga. Por que você tem essa paixão em tornar a Bíblia viva?"

"Veja: gosto muito de história – foi com o que me ocupei na faculdade. E estamos tão longe daquilo. Lemos a Bíblia, e tudo aquilo aconteceu há 2.000 anos e a meio mundo de distância, e assim, de algum modo, não parece real. Enxergar a História torna aquilo real. Poderia mostrar aquela realidade aos meus filhos – e não apenas qualquer história, mas a história do meu Salvador – isso é poderoso para mim. Seria como baixar uma parte do meu coração para dentro da minha família."

O coach segue a paixão de John em descobrir seus valores.

"Vejamos se consigo resumir isso. Pelo que entendi, a fundamentação da fé na realidade por meio da História seria algo que você valoriza muito."

"Correto. Na verdade, nunca pensei nessa viagem nestes termos. Seria bem mais para mim do que apenas turismo."

"E quanto à ideia de despejar seu coração em sua família? O que torna a família importante para você?"

"Simplesmente acho que a família deve ser uma prioridade máxima."

"Por quê?"

"Pastores demais põem o ministério acima da família e eu não quero fazer isso."

"E o que está por trás dessa ideia? De onde vem a motivação para tornar a família uma prioridade máxima?"

"Dever" e "deveria" são muitas vezes *valores de aspiração*: coisas a que aspiramos, mas que não vivemos realmente porque não emanam do nosso coração. O coach sonda para verificar se este seria um valor real.

"Bem, eu mesmo sou filho de pastor. Meu pai foi um bom homem, mas sempre que houvesse algum conflito entre as atividades familiares e alguma necessidade da igreja, ele estava na igreja. Realizei algum trabalho de cura íntima e consegui perdoá-lo e deixar isso para trás. Mas seus erros são uma grande motivação para agir corretamente. Tenho o compromisso de ser um pai de verdade para meus filhos, alguém que seja parte importante da sua vida. Desejo que aprendam de mim, se baseiem em mim e conheçam meu coração. Não quero ser apenas um ganha-pão."

O coach repete o valor que detectou na declaração do cliente e pede confirmação.

"Portanto, investir na família seria também um valor importante para você."

"Com toda a certeza."

"Pois bem, antes você ficou em dúvida se perseguir esse sonho mereceria ser uma prioridade em sua vida. O que você pensaria a respeito à luz desses valores para a família e a História?"

"Boa pergunta. A ideia liga-se a alguns temas de maior valor para minha vida. Creio ser bem mais importante do que eu pensava ser... mas ainda resta a questão financeira."

Ao descobrir os valores profundos por trás do nosso sonho, o cliente elimina o obstáculo interno — se o sonho merecer efetivamente ser perseguido.

"Certo, então vamos pensar nisso um pouco. Dê-me cinco opções para viabilizar isso financeiramente."

"Bem... uma possibilidade seria tirar um grande naco da poupança. Ou então eu poderia ligar isso com alguma viagem ministerial ou um compromisso de palestras de modo a não precisar pagar tudo."

O coach e o cliente começam a explorar soluções práticas para superar o obstáculo financeiro.

"O que mais você poderia fazer?"

"Talvez pudéssemos arranjar nosso verão de modo a poder aproveitar alguma daquelas ofertas de voo de baixo custo..."

John tocou no ponto central do seu sonho quando formulou a pergunta da paixão: "Por que desejo *isto*?" Em consequência, começou a explorar meios de transformar aquele sonho em possibilidade. Apenas alguns meses depois, ele foi convidado a apresentar uma palestra em Israel – e os organizadores da palestra concordaram em pagar também a viagem da sua família! Foi uma convergência impressionante de paixão e aplicabilidade prática.

Princípios da paixão

A paixão é a motivação subjacente e a energia por trás do nosso propósito de vida. Nossas paixões definem o que é o mais importante para nós, o que realmente nos move e o que perseguimos com energia. São os impulsos que nos compelem a *fazer* algo.

A paixão pela justiça foi o que moveu Wilberforce a conseguir a proscrição da escravidão na Inglaterra. Um desejo apaixonado de demonstrar misericórdia manteve Madre Teresa trabalhando a vida toda nas favelas de Calcutá. Sem o dinamismo da paixão, jamais engrenaremos nosso chamado com o impulso e o entusiasmo necessários para levá-lo em frente. John ansiou por anos ir a Israel, mas seu obstáculo interno (duvidando que fosse um fim válido) o impediu de aplicar sua paixão àquilo. Removido o obstáculo, liberou-se uma energia criativa que o ajudou a encontrar um meio de realizar o que considerava impossível.

A história de John revela várias chaves para compreender o lugar da paixão no propósito de vida.

- **As paixões nos motivam e energizam**

  Quando John percebeu que seu sonho era realmente importante, encontrou a energia para persegui-lo.

- **As paixões se alinham com valores**

  Seremos mais apaixonados por aquilo que guardamos mais profundamente.

- **Sonhos são uma janela para o coração**

  Mesmo para quem pareça tolo ou impossível remover o véu de sobre suas paixões, seus desejos mais profundos e seus valores.

- **Obstáculos bloqueiam a paixão**

  Quando sonhamos, muitas vezes tendemos a ver os obstáculos imediatos e a emperrar, tal como John. Se em lugar de parar permitirmos que nossas paixões nos energizem, podemos (ou Deus pode) encontrar algum meio.

- **Obstáculos podem ser externos ou internos**

  Inicialmente, John foi impedido pelas finanças, mas seu obstáculo mais profundo era interno: seria esse um sonho legítimo a perseguir?

- **Podemos testar os sonhos por meio de suas motivações**

  Observar a razão *por que* queremos perseguir um sonho e o que nos impele ajudará a tomar uma decisão sólida sobre o que perseguir ou não.

Sendo a motivação por trás dos nossos empreendimentos mais importantes, a paixão é parte essencial do propósito de vida. Portanto, procuramos como coaches ter acesso a ela. A história de John também expõe as três principais áreas da paixão que exploraremos com vistas ao propósito de vida: *energia, sonhos e valores.*

A avaliação da energia é fácil de entender – ajudamos o cliente a se conscientizar dos tipos de tarefas e funções que criarão energia e satisfação e quais são os que fazem a pessoa sentir-se cansada, esgotada ou improdutiva. A energia liga-se ao nosso senso de significância: a realização de metas realmente importantes para nós rende um senso de cumprimento de propósito muito maior do que as mundanas ou urgentes, mas não importantes.

Sonhos são um campo mais amplo. Neles vislumbramos os grandes objetivos vitalícios que podemos até recear citar, e também sonhos menores, apenas prazerosos, que podemos atingir em algum fim de semana ou nas férias. Os vários obstáculos em que os clientes esbarram no processo de sonhar são cruciais nessa área. Aí tocamos também em tópicos como estilos de sonho (diferentes tipos de personalidade sonham diferentemente), a visão e a imagem daquilo que o cliente gostaria de ser na vida.

Finalmente, observaremos os valores essenciais. Valores expressam nossas suposições fundamentais sobre o que é significativo na vida. São a base para nossas decisões e a raiz das nossas paixões.

Esta Seção termina com alguns exercícios de resumo que ajudarão os clientes a criarem um conjunto permanente de declarações sobre valor e a derivar daí o que mais os apaixona.

Referência de avaliação

Um bom ponto de partida para trabalhar com paixão é a "referência de avaliação". Novamente, isso se destina a ajudar você e seus clientes a identificarem o que já sabem e no que valerá a pena trabalhar mais. A próxima página contém um exemplo de uma "referência de avaliação" de paixão preenchida. O exercício pode ser executado verbalmente mediante formulação das perguntas durante uma sessão de coaching ou pode ser passada como lição de casa antes da sessão. Após o exemplo consta uma página de critérios para a "referência de avaliação".

9.1. REFERÊNCIA DE AVALIAÇÃO DE PAIXÃO (EXEMPLO)

Estas perguntas fornecerão uma base para criar um plano personalizado de descoberta de propósito de vida. Gaste cinco a oito minutos para preencher a avaliação. Se não souber o que dizer sobre uma pergunta ou tiver de imaginar uma resposta imediata, deixe-a em branco. Este não é um teste no qual sejam pressupostas respostas corretas: estamos apenas tentando determinar o que você já sabe com certeza sobre seu propósito.

1. *Qual é sua principal paixão na vida?*

   Ser um homem de Deus exemplar na minha geração.

2. *Alguma vez você já fez uma lista de sonhos de vida? Se fez, cite dois ou três sonhos dessa lista ou que você teria anotado nela se tivesse uma.*

   Venho perseguindo alguns sonhos, mas nunca elaborei uma lista formal.
   Fazer duas breves viagens missionárias ao Quênia ou a Madagascar com minha esposa.
   Algum dia gostaria de ter minha própria empresa.

3. *Cite duas áreas da sua função atual que o energizam e duas coisas que o esgotam. Foi fácil ou difícil pensar nisso?*

   Energiza: Motivar minha equipe visando às nossas metas anuais
   *   Treinar outra equipe para futuros cargos de gerência*

   Esgota: Redigir relatórios trimestrais
   *   Processos de demissão ou disciplinares*

   Preciso pensar um pouco sobre isso.
   Foi mais difícil pensar naquilo que me esgota.

4. *Alguma vez você anotou um conjunto de valores pessoais ou de liderança? Se fez, cite dois:*

   Mais ou menos. Fizemos isso uma vez na igreja.
   Valorizo a Bíblia como Palavra de Deus e fonte de fé e orientação.
   Desejo ser para meus filhos um exemplo de pai amoroso.

5. *Em que medida sua função principal se alinha com suas paixões essenciais e o que o energiza? O que precisaria mudar para obter um alinhamento perfeito?*

   Muito bem, creio. Na maior parte dos dias fico na expectativa de ir trabalhar.
   Poderia ser melhor, mas é difícil apontar exatamente o quê.

Critérios para a referência de avaliação

Nosso propósito é obter uma percepção do progresso que o cliente já alcançou na exploração dessas áreas, de modo que possamos criar um plano de descoberta de propósito de vida que atenda às suas necessidades. A primeira pergunta examina a compreensão que a pessoa tem da sua motivação central. Eis o que pretendo:

- **Verbalizada de forma clara, concisa e impactante** – dando a entender que a pessoa pensou a fundo no assunto e já tenha usado esses termos antes e não tendo montado algo. Este exemplo tem tal sabor.

- **Expressa de forma singular**: A paixão da pessoa é propriedade sua, correspondendo de maneira singular a ela. O exemplo parece estar verbalizado em linguagem bem genérica – gostaria de sondar isso e verificar se esta seria uma paixão genuína e pessoal ou apenas uma boa ideia cristã ou um chavão.

- **Uso de termos que indicam paixão**: Busco palavras fortes, emocionais, tais como "exemplar", com que a pessoa revele animação ao falar sobre aquilo. Suas verdadeiras paixões lhe dão energia.

A próxima pergunta refere-se a sonhos. Listas de sonhos são suficientemente comuns para que alguém que tenha executado algum trabalho formal sobre propósito de vida já tenha elaborado alguma. Como estamos tentando obter uma percepção do grau em que a pessoa já avançou nessa área, busque respostas que lhe forneçam a sensação de ponderação e reflexão a respeito, e não apenas de um estímulo momentâneo. O exemplo do sonho a respeito de missões de curto prazo é muito específico (duas viagens a dois países em particular). O sonho de possuir uma empresa é vago – gostaria de perguntar mais a respeito e verificar do que se trata. Uma boa pergunta para avançar será indagar sobre sonhos em várias diferentes categorias da roda de vida (11.5) a fim de conferir o equilíbrio.

A pergunta sobre energia (3) aponta para a conscientização daquilo que gera ou rouba energia. Clientes que tenham que pensar um pouco para poder formular uma resposta provavelmente se beneficiarão de alguma reflexão adicional nessa área.

A quarta pergunta toca em valores. Embora muitos líderes tenham sido expostos a conceitos de valor em suas organizações, a maioria nunca criou um conjunto próprio de valores. Quando a pessoa expuser exemplos de valores, verifique se correspondem à definição de valor – às vezes se obtêm declarações ou aspirações teológicas (o que as respostas no exemplo parecem ser) em vez de valores centrais vividos. Como os valores serão mais úteis se estiverem memorizados e acessíveis a qualquer momento, busco também declarações breves e sucintas em vez de divagações.

A pergunta cinco confere o alinhamento entre função e paixão. Uma vaga satisfação ou insatisfação com a função tende a indicar falta de auto-consciência. Pessoas que apreciam ou detestam fortemente suas funções saberão dizer exatamente como saber mais a respeito das suas paixões que aquelas muito satisfeitas, mas que tenham dificuldade em explicar o que seria necessário mudar para fazer tudo correr realmente bem.

Criando um plano

Após rever a análise, criem um plano em comum para explorar mais esta área. Seu plano deverá levar em conta o grau de esforço que o cliente queira dedicar à descoberta da paixão. Os próximos três capítulos contêm exercícios de criação de um plano de descoberta que atenda à agenda do cliente (o capítulo seis traz mais sobre criação de planos de descoberta).

10

Paixão e energia

"Aquilo que domina nossa imaginação e nossos pensamentos determinará nossa vida e nosso caráter."

Ralph Waldo Emerson

Paulo expõe sua paixão – pregar o Evangelho a todo o mundo conhecido – como algo que o impelia, que o energizava, até mesmo como uma "compulsão" (1Co 9.16). *Para isso eu me esforço, lutando conforme a sua força, que atua poderosamente em mim* (Cl 1.29). Essa apaixonada energia impeliu-o através de todo o mundo conhecido, incendiado pelo desejo de pregar o Evangelho até os confins do Império Romano.

Se somarmos os sofrimentos e sacrifícios de Paulo ao perseguir seu alvo, obteremos uma inequívoca evidência de uma paixão consumidora por trás do que ele fazia. Em favor disso, ele renunciou a toda a sua vida pregressa de fariseu ("o que quer que tenha ganhado, considero perda por amor de Cristo") e arranjou toda a sua existência em torno da pregação do Evangelho àqueles que ainda não o ouviram. A paixão de Paulo não foi apenas uma boa ideia ou um sonho humano, ou ainda autoengrandecimento, mas algo inspirado por Deus.

Reconhecimento de sinais de energia

Assim, como orientar alguém a descobrir sua paixão? Uma técnica-chave é conscientizar-se da energia do cliente. Quando falamos, o tom, o volume, o conteúdo emotivo, etc. da nossa voz variam com o tempo. A título de exemplo, leia em voz alta as duas frases seguintes:

- "Não estou certo do que nos impede de nos entendermos."
- "Fico *tão frustrado* com ela! Sempre que conversamos, parece que atiramos granadas um no outro."

A energia nessas duas frases difere muito. A primeira é fria e analítica, enquanto a segunda é animada e emotiva. A pessoa da segunda frase fala de algo que a apaixona. Se falasse de um encontro casual na rua com alguma conhecida informal, não transmitiria tal nível de emoção. Aquele relacionamento é suficientemente importante para realmente afetá-la.

Quando falamos das nossas paixões, desejamos que outros as captem – para entenderem que se trata de algo que nos ocupa e para saberem por que nos ocupa. Assim, consciente ou inconscientemente, modificamos o modo de falar para comunicar essa energia. Eis alguns sinais de paixão ou indicadores de energia ilustrados por meio das frases exemplares acima:

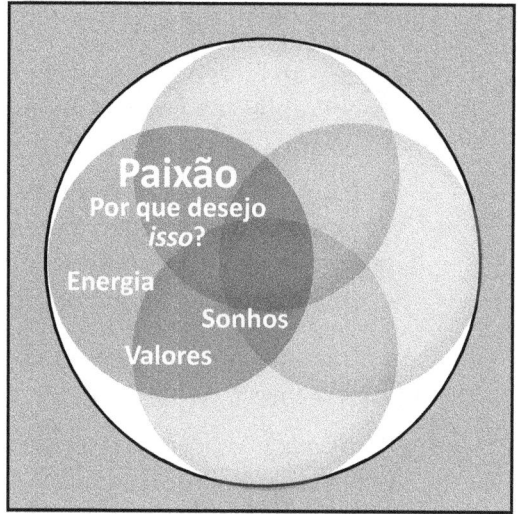

- **Ritmo.** Tendemos a falar em outro ritmo (geralmente mais depressa) quando a nossa paixão aflora. Por exemplo: a segunda frase acima tende a vir como uma enxurrada de palavras.

- **Volume.** Fala-se mais alto quando se está excitado e mais brandamente quando se está pensativo ou quando se toca em algo doloroso.

- **Repetição.** A repetição da mesma palavra ou do mesmo tema pode sinalizar paixão.

- **Tom.** Emoções afetam a qualidade da nossa voz. Pode tremer quando estamos emocionados, acompanhar-se de suspiros quando desanimados ou ser cortante quando estamos com raiva.

- **Confiança.** Quem está apaixonado tende a expressar-se mais diretamente e com maior confiança de que suas ideias estejam certas. Note que o primeiro exemplo é hesitante ("Não estou certo..."), enquanto o segundo é declaratório.

- **Escolha das palavras: conteúdo emotivo.** Quem está apaixonado tende a uma linguagem hiperbólica ou inflamada – "atiramos granadas" em vez de apenas conversar. Lança-se mão de metáforas gráficas e analogias para transmitir a força dos sentimentos.

Para reuniões presenciais também há dicas visuais a aplicar:

- **Expressão facial.** As pessoas se animam quando falam das suas paixões. Pode-se observar a energia em suas expressões de alegria ou expectativa de tristeza ou raiva.

- **Linguagem corporal.** Em uma reunião face a face, nota-se muitas vezes alguém se erguer, ficar mais alerta, dobrar-se para a frente na cadeira ou mexer mais as mãos quando suas paixões afloram. A energia que sentem é expressa em sua posição corporal.

Para transformar estas dicas em descobertas de propósito de vida, comente com o cliente o que você observou:

- *"Notei que você ficou bastante agitado quando começou a falar do problema com o ônibus escolar. Parece que aí você tocou em algo importante – o que desperta sua paixão nesse caso?"*

Chamar essas áreas energizadas de paixões (como no exemplo acima) pode ajudar o cliente a revelar o que realmente abriga seu coração. A regra geral é seguir a energia para identificar a paixão – os valores, sonhos e desejos que movem mais profundamente a pessoa.

Exercício de coaching — cultivando a consciência da energia

Eis dois modos de agir para obter maior consciência da energia em uma conversa:

1. Atente a indicadores de energia. Escute por três a cinco minutos alguém falando sobre algo importante. Pode pedir a um amigo ou ao cônjuge que compartilhe algo que esteja ocorrendo em sua vida, assistir a alguma fala na TV ou escutar um professor ou pregador. Mantenha à vista a lista de indicadores de energia da página 149. Quantas dicas você consegue encontrar em cinco minutos? Faça anotações enquanto escuta e em seguida avaliem juntos o que você viu e o que aquilo significa. Ou então tente conseguir que dois coaches escutem a mesma fala e compare depois suas anotações.

2. Atente a indicadores de significância. Peça a um amigo ou ao seu cônjuge que compartilhe um importante sonho ou desejo. Note sinais de energia e aplique a técnica de *observação e pergunta* para formular perguntas de acompanhamento. Veja se consegue detectar a paixão ou o valor central por trás daquele sonho. Aplique uma pergunta simples como esta repetidamente para poder concentrar-se na escuta:

"Você disse que _____. Conte-me mais sobre isso."

Um meio de seguir a energia em direção às paixões é a técnica que chamo de *observação e pergunta*. Funciona otimamente para ir ao fundo de um sonho ou valor. É muito simples: procure detectar as pistas de energia do cliente, selecione a palavra ou frase que parece expressar a maior energia e peça ao cliente um detalhamento daquilo. Eis um exemplo:

"Cite um dos seus sonhos."

"Bem, estou pensando em me envolver com Habitat for Humanity – conhece? É um programa de construção de casas para pessoas sem recursos. Sair por aí com um martelo e uma turma para, juntos, ajudar a pôr em pé uma casa inteira em uma semana parece um desafio incrível. Também gosto da ideia de prestar ajuda a alguém."

"Incrível" é uma palavra de alta energia. "Gosto de ajudar" é menos charmoso.

"Você disse que aquilo poderia ser 'um desafio incrível'. Fale mais sobre isso."

"Parece legal. Quero dizer que se trata de juntar uns 20 caras – e todos somos competitivos – mas que não dará certo se cada um agir por conta própria. Precisa ser um esforço de equipe. No colégio eu jogava futebol e sempre amei aquela atmosfera de concentração em que cada um dedicava tudo ao mesmo objetivo."

"Fale mais" é um ótimo pedido nessa técnica: é totalmente neutro e deixa o cliente ir na direção que quiser.

"Fale mais sobre a atmosfera de concentração. O que é importante para você naquilo?"

"Amar" é uma palavra forte – é o que todos procuramos.

"Não sei... acho que é como sentir-se parte de algo significativo quando todos pertencem a algo maior. Às vezes a vida pode ser bastante rotineira no escritório, revolvendo papéis de um lado para outro dia após dia. Não que seja um trabalho ruim – só que às vezes eu gostaria de fazer algo diferente."

"Pertencer a algo maior" é uma ideia importante para o cliente.

"Você disse ser importante fazer parte de uma equipe em que todos pertencem a algo maior. Detalhe isso um pouco."

*"É como... creio que lá no fundo sou uma pessoa de equipe. Prefiro muito mais trabalhar por um grande objetivo com um grupo do que conseguir algo por mim apenas. Eu **gosto** de compartilhar o crédito; **gosto** de participar do sucesso dos outros e que eles façam parte de mim."*

"Parece que existe muita energia nesse apreço pelo compartilhamento de crédito e sucesso. O que há por trás disso?"

"Uma das minhas maiores alegrias é ter sucesso em companhia. Para mim, o ambiente importa menos pela construção de uma casa do que pela construção de uma equipe bem-sucedida..."

O cliente repetidamente enfatiza a palavra "gostar" – quase como se os outros esperassem algo diferente dele, mas isto é o que ele é.

À medida que a conversa avança, a energia e o nível de significância continuam a subir. Ao seguir repetidamente as pistas de energia, perguntando o que é mais significativo, rapidamente se conduz o cliente a uma das suas "maiores alegrias" – e isso provavelmente revela uma paixão central.

Identificando a energia

Seguindo a energia

Eis algumas indagações para seguir a energia até o valor ou a paixão subjacente:

- *"Por que isto lhe dá energia?"*
- *"O que nisso tudo impele ou engaja você?"*
- *"O que isso lhe proporciona quando segue nessa direção?"*
- *"Por que isso é importante para você?"*
- *"O que há por trás disso?"*
- *"O que o empolga nisso?"*

Os clientes também podem aplicar exercícios de reflexão para examinar sua vida e encontrar pontos de paixão. Como energia elevada muitas vezes aponta para paixão, essas ações concretas implicam o exame de várias atividades para ver quais nos energizam ou esgotam, como no exercício *Atividades energizantes* (10.2). Alguns clientes poderão fazer isso durante uma sessão, enquanto outros precisarão seguir uma lista por telefone por uma semana ou que alguém os guie através do exercício. Não é frequente as pessoas esbarrarem em obstáculos ao tentarem identificar o que as energiza – simplesmente não prestavam atenção.

Este é um bom exercício para Ss no MBTI – começa com experiências práticas de mão na massa e aplica marcas concretas como pontos de partida para chegar à questão abstrata. O exercício *Atividades energizantes* (10.2) também pode ser aplicado para obter resultado imediato – tome a lista de drenos de energia e elimine ou reduza um a um o tempo gasto com eles.

O *Foco da paixão* (10.1) visa identificar paixões diretamente sem primeiro buscar atividades energizantes. Tende a ser mais fácil para clientes mais idosos ou maduros e para pensadores conceituais (Ns do Myers-Biggs).

10.1. FOCO DA PAIXÃO

Este exercício explora as causas, os ideais e os temas pelos quais alguém é apaixonado. Aplique as perguntas abaixo para identificá-los e depois posicione cada um no centro do alvo, com o mais forte dirigido ao centro. Aqui buscamos ideais, de modo que, se pensar em uma atividade que você ame (p.ex., windsurf), tente formatar a paixão subjacente (estar em forma, vida ao ar livre). Para obter uma visão equilibrada, pense em cada uma das *categorias da roda da vida* (11.5).

- Em que *causas* tenho investido a longo prazo? Onde atuei como voluntário ou contribuí ao longo dos anos porque me importo profundamente com aquilo?

- Quais são meus *assuntos prediletos?* Trata-se das questões e ideias sobre as quais falo o tempo todo, discuto com as pessoas, que me animam ou irritam?

- Que *necessidades* mexem com meu coração? Que necessidade não posso deixar de satisfazer?

- O que faz aflorar minhas *emoções*? O que me sufoca ou me compele a agir quando vejo ou penso naquilo?

- O que mais me anima ou alegra na vida? O que mais me entristece?

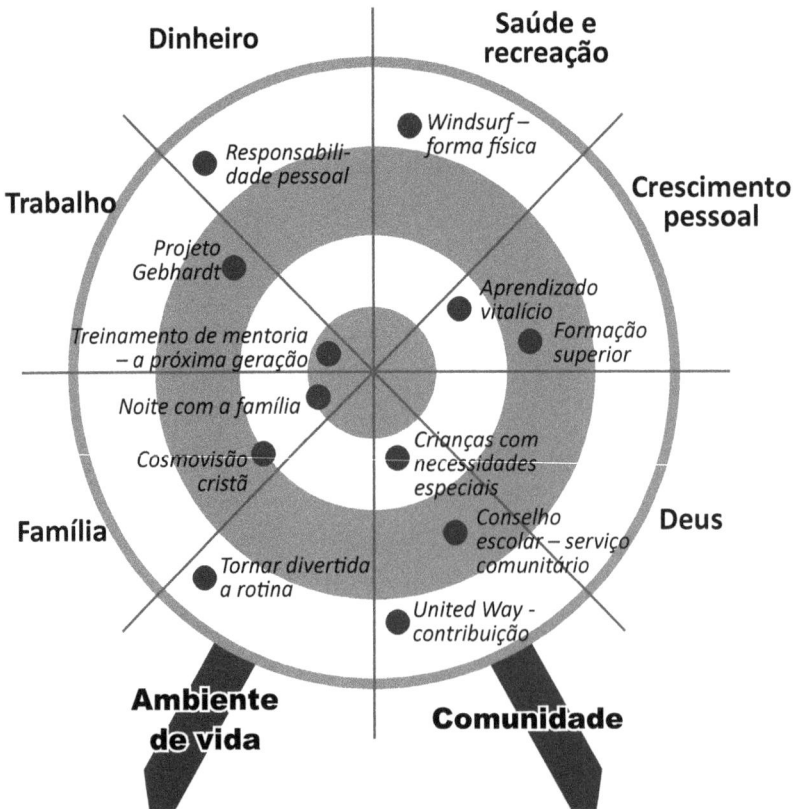

10.2. ATIVIDADES ENERGIZANTES

Esta reflexão (similar a *Pontos fortes, tipo e energia* 7.4) oferece outro modo de identificar o que nos energiza, podendo, assim, conectar-se com nossas paixões. Criaremos uma lista daquilo que nos engaja e energiza na vida e depois a exploraremos em busca de noções.

Etapa 1: Funções e responsabilidades

Comece pensando nas diferentes funções que você desempenha na vida: empregado, estudante, cônjuge, amigo, pai ou voluntário. Que atividades realmente o estimulam? O que você pensa a respeito ou prevê mesmo quando não está lidando com aquilo? Se for difícil lembrar exemplos, verifique a agenda do mês passado. Não superanalise – apenas tente anotar alguns exemplos.

Etapa 2: Entretenimento e comunhão

Complemente sua lista com outras áreas da vida: hobbies, envolvimento na igreja, recreação, interesses. Não buscamos o que seja produtivo, mas o que você gosta de fazer. A que você dedica o melhor da sua energia e de onde você obtém mais energia?

Etapa 3: Identificação dos temas

Agora examinaremos essa lista em busca de pistas das suas paixões centrais. Eis algumas perguntas refletivas como ajuda:

- *Por que* você se ocupa com essas coisas? O que há por trás que lhe dá energia?
- O que se destaca ou o surpreende ao examinar esta lista?
- Que temas se repetem nesta lista? (Por exemplo: "trabalhar com crianças").
- Como você resumiria em apenas quatro ou cinco frases o que lhe dá energia em todas essas diferentes coisas?

Dicas de coaching

A parte mais desafiadora deste exercício é encontrar os temas apaixonantes subjacentes às atividades. Para clientes com dificuldades de resumir ou de enxergar padrões, poderá ser muito útil citar o que enxergamos nas reflexões do cliente.

O exercício do foco da paixão visa diretamente temas apaixonantes, enquanto este exercício toma uma via indireta ao começar com as atividades que nos energizam. Se a pessoa nunca fez antes algum trabalho de propósito de vida, este processo em duas etapas pode, às vezes, ser mais fácil de percorrer.

11

Sonhos e Desejos

"Não ignoro que alguns de vocês chegaram até aqui vindo de grandes provações e tribulações. Alguns de vocês vieram diretamente de celas apertadas. Alguns vieram de áreas em que seu anseio por liberdade lhes rendeu os golpes das tormentas da perseguição e os chocou com os ventos da brutalidade policial. Vocês são os veteranos do sofrimento criativo. Continuem a trabalhar com a fé na capacidade redentora do sofrimento imerecido. Retornem ao Mississipi, retornem ao Alabama, retornem à Carolina do Sul, retornem à Geórgia, retornem a Louisiana, retornem às favelas e aos guetos das suas cidades do norte sabendo que, de algum modo, esta situação pode e vai mudar.

Não vamos chafurdar no vale do desespero. Digo-lhes hoje, meus amigos, que apesar das dificuldades e dos sofrimentos do momento ainda tenho um sonho. É um sonho profundamente arraigado no sonho americano.

Tenho um sonho de que um dia esta nação se erguerá e viverá o verdadeiro significado do seu credo: 'Consideramos estas verdades como autoevidentes: que todos os homens foram criados iguais'.

Tenho um sonho de que um dia os filhos dos antigos escravos e os filhos dos antigos donos de escravos nas vermelhas colinas da Geórgia serão capazes de sentarem-se juntos a uma mesa fraterna.

Tenho um sonho de que um dia mesmo o Estado do Mississipi, um Estado deserto abatido pelo calor da injustiça e da opressão, será transformado em um oásis de liberdade e justiça.

Tenho um sonho de que meus quatro filhos um dia viverão em uma nação em que não serão julgados pela cor da sua pele, mas pelo conteúdo do seu caráter.

Tenho hoje um **sonho**!

Tenho um sonho de que um dia o Estado do Alabama, dos lábios de cujo governador hoje respingam palavras de interposição e anulação, será transformado em uma situação em que garotinhos e garotinhas negros poderão andar de mãos dadas com garotinhos e garotinhas brancas, caminhando juntos como irmãs e irmãos.

*Tenho hoje um **sonho**!*

Tenho um sonho de que um dia cada vale será exaltado e cada colina e montanha serão aplainados, que os terrenos acidentados se tornarão planos e que os lugares tortos se tornarão retos e que a glória do Senhor será revelada e que toda a carne o verá.

Esta é a nossa esperança. Esta é a fé com a qual retorno ao Sul. Com esta fé seremos capazes de extrair da montanha do desespero uma pedra de esperança. Com esta fé seremos capazes de transformar as estridentes dissonâncias da nossa nação em uma bela sinfonia de fraternidade. Com esta fé seremos capazes de trabalhar juntos, orar juntos, lutar juntos, ir presos juntos, levantar-nos juntos pela liberdade, sabendo que um dia seremos livres."

Dr. Martin Luther King Jr., 1963

Sonhos são poderosos. Sonhos e aqueles que os sonham podem mudar culturas, redirecionar nações e mover montanhas. Sonhos animam nosso coração com apaixonada energia, estimulam-nos a agir e oferecem a esperança de que um futuro melhor não é apenas possível, mas imperativo. Sonhos são as imagens da nossa paixão, projetadas no futuro.

No contexto de coaching, podem-se definir sonhos como *"imagens do futuro no qual esperamos viver um dia."* São instantâneos da vida que desejamos.

Como as metas constituem grande parte do coaching, será útil distinguir claramente entre sonhos e metas. Uma meta é um fim que nos comprometemos a alcançar. Sonhos simplesmente olham para o futuro e dizem: "É isso o que desejo".

Um sonho se converte em meta quando nos comprometemos a alcançá-lo dentro de certo cronograma. Todavia, parte do poder dos sonhos consiste em *não* precisarmos de planos práticos para atingi-los. Não é preciso comprometer-se em fazer um sonho acontecer – ele é simplesmente uma imagem de um futuro que corresponde aos nossos desejos. O fato de não

> **Sonhos são imagens do futuro no qual esperamos viver um dia**

precisarmos ter um plano realista deixa-nos livres para imaginar o que realmente queremos, em vez de ficarmos amarrados àquilo que julgamos possível.

"Visão" é outra palavra confundida com sonhos. Uma visão é uma meta de sonho que visa conquistar outros para trabalhar por seu cumprimento. É uma imagem visual de um futuro desejado que um visionário se comprometeu a fazer acontecer trazendo outros a bordo para ajudar. Isso significa que a um visionário não caberá recrutar pessoas para uma visão se ele não

estiver pessoalmente comprometido a levá-la até o fim. Se as suas visões forem simplesmente ideias para um belo futuro, você será um sonhador, não um visionário. A moeda dos sonhos é a *esperança*, enquanto visões rodam por *fé*, a substância daquilo que se espera.

Se uma visão vier verdadeiramente de Deus, ela existe para realizar o maior dos três: o amor ágape. Uma visão bíblica é uma imagem de um futuro que Deus apaixonadamente deseja e nos chama a alcançar. Portanto, os visionários bíblicos não são possuidores de visões aos quais outros servem para executar o trabalho do Reino: são escravos dos desejos de Deus por amor dos outros. Portanto, se você ouvir um líder dizer algo como "Você está aqui para servir à minha visão", corra na direção oposta. Este será um líder que mais provavelmente está construindo seu próprio império, e não o Reino de Deus.

Princípios de sonho

O discurso "Tenho um sonho", de Martin Luther King, ilustra vários importantes princípios sobre sonhos[17] que podemos aplicar ao processo de coaching de vida. Tome um momento para reler o discurso e fixá-lo na mente e então vamos mergulhar nele.

1. Sonhos são imagens visuais

Note a abundância de imagens no discurso de King. Ele nos leva às "vermelhas colinas da Geórgia", a um futuro em que "meninos e meninas negros poderão andar juntos com meninos e meninas brancos de mãos dadas como irmãos". Não se ouve tanto quanto se enxerga King falando. As imagens visuais afetam-nos muito mais profundamente e são muito mais poderosamente motivadoras do que palavras. Por isso encorajaremos os clientes a aplicar o processo de visualização para revestir o esqueleto dos importantes sonhos com a carne das imagens mediante o exercício *Visualizando seu sonho*.

---

17 King atua aqui também como um visionário. Ele certamente estava comprometido com seu sonho – deu sua vida por ele!

2. Sonhos revelam os desejos mais profundos

O sonho de King nos toca em um nível visceral e emocional porque expressa o clamor por liberdade e justiça do coração de todo um povo. Os sonhos ressoam com as paixões do nosso coração. Um dos serviços que os coaches oferecem aos clientes é ajudá-los a encontrar os profundos desejos que repousam por baixo dos seus sonhos (veja *Temas de sonhos* 11.2).

3. Sonhos motivam

Martin Luther King falou do seu sonho de um futuro melhor para motivar os afro-americanos a continuarem trabalhando em favor da igualdade e manter a esperança por uma mudança não violenta. Os sonhos motivam porque sua visualização ativa a esperança de que possam ser alcançados. Um sonho bem ilustrado torna o futuro desejado suficientemente real para nos dispor a pagar um preço para tê-lo. Neste capítulo exploraremos duas técnicas de aumento de motivação: a *visualização* do cumprimento de um sonho (11.4) e a consideração do custo de não atingir um sonho (veja o exercício *Arrependimentos* em 12.2).

4. Sonhos ignoram obstáculos

Parte do poder dos sonhos no processo de coaching é que desconsideram os obstáculos atuais. Note que King insiste com sua plateia a *"retornar... sabendo que, de algum modo, esta situação pode e vai mudar"*. O sonho é que, de algum modo, a desigualdade mudará. Não sabermos como isso se dará é irrelevante diante do fato de este ser um sonho digno de ser perseguido. Esta qualidade dos sonhos leva-nos a uma importante técnica de coaching. Quando um cliente é barrado por obstáculos atuais (como falta de tempo ou recursos), ignorar o obstáculo e pintar um futuro de sonho libera um impressionante poder para remotivar as pessoas e ajudá-las e engajar sua criatividade para se desemperrar.[18]

Mudança *vs.* deixar pra lá

Uma técnica para ajudar os clientes a lidarem com circunstâncias externas é explorar a mudança das expectativas além de mudar a situação. Se não vislumbrarem mudanças, peça aos clientes que imaginem como seria simplesmente fazer as pazes com as circunstâncias e ir em frente.

Inversamente, se a pessoa está se acomodando, desafie-a a imaginar um futuro em que aquilo com que ela se está conformando seja totalmente eliminado.

---

18 Esta "técnica do futuro ideal" é tratada com mais profundidade em *A arte de fazer perguntas em Coaching*, pg 66.

5. Sonhos conectam-nos com o céu

Por descreverem um mundo ideal, os sonhos têm certa qualidade transcendente. King diz que "... não nos satisfaremos até que a 'justiça flua como as águas e o direito como um poderoso rio'". Um mundo imperfeito não se presta à perfeição dos sonhos. O sonho de King é de fato uma imagem do céu. E, nesse sentido, qualquer sonho genuíno está enraizado no céu porque todo sonho genuíno foi criado para encontrar ali o seu cumprimento final (Hb 11.16).

Sonhos e limitações

É importante manter em mente que os sonhos são lembranças do Éden. Podemos imaginar uma vida ideal em que tudo vá bem, mas não podemos reproduzi-los plenamente neste mundo lesado. Sonhos são ecos da eternidade fluindo através dos tempos para uma raça caída. Embora possamos persegui-los aqui, nossos desejos mais profundos serão satisfeitos em última análise só no céu.

Significaria isso que deveríamos parar de sonhar ou de perseguir sonhos? De modo algum! Temos que sonhar a fim de manter o céu em mente e de compreender o quanto este mundo fica devendo a ele. Sem sonhos facilmente nos acomodaremos num mundanismo pragmático.

Todavia, ao contrário do que alguns ensinam, os sonhos têm limites. Há um máximo para aquilo que podemos fazer. Nós podemos até crer que toda a criação deve curvar-se aos nossos desejos pessoais e satisfazer todas as nossas necessidades, mas isso não quer dizer que tal coisa acontecerá. Qualquer consideração honesta da realidade mostrará que, mesmo os melhores sonhos das melhores pessoas, nem sempre se realizam.

No entanto, simplesmente parar de sonhar lança-nos no polo oposto – de deixar o barco correr e abandonar a esperança por um futuro melhor. E a esperança é parte integrante da vida bíblica. Ela nos leva além de simplesmente fazer as pazes com o pecado e a injustiça para fazer algo a respeito. Como, então, equilibrar a balança?

Em *The Power of Purpose* (O poder do propósito), Peter Temes observa que o impulso ocidental é de mudar o mundo a fim de atender às nossas expectativas, enquanto no pensamento oriental mudamos nossas expectativas para adaptá-las àquilo que o mundo nos oferece. O sonho ocidental é o poder pessoal ilimitado em rearranjar as circunstâncias para atender aos nossos desejos (basta ver a seção de autoajuda da livraria mais próxima para encontrar uma sala cheia de conselhos sobre como liberar seu poder pessoal). O sonho oriental é ingressar em um nirvana em tal paz com o universo que nada possa abalar a pessoa.

A fé cristã histórica, nascida no Oriente e alimentada no Ocidente, admite a verdade de ambas as abordagens. Cada coisa tem seu tempo. Há tempo para trabalhar por mudanças custe o que custar e há tempo de deixar correr e estar em paz com a situação existente. Há tempo para ir atrás dos sonhos e tempo para largá-los. Como coaches, precisamos aprender a posicionar ambas as abordagens (veja Box).

Propósito de vida e sonhos

O futuro específico com que alguém sonha diz muito sobre seu propósito de vida. Para quem sonha em abrir um abrigo e em ter a chance de hospedar todo tipo de pessoas e lhes prestar serviço, esse sonho pode ser um recipiente dos seus mais profundos desejos na vida. Assim, uma importante parte do processo de descoberta de propósito de vida será expor esses sonhos.

Um excelente ponto de partida é o *inventário de sonhos* (11.1). Esta versão está dividida em duas seções: uma para grandes sonhos e uma segunda para sonhos de entretenimento. Grandes sonhos são desejos expostos em termos de grande porte: fazer um mestrado, fundar uma empresa, orientar cinco jovens líderes ou ir ao campo missionário. Muitos se encaixam no segundo nível dos propósitos de Deus – trabalhar para despertar o seu Reino no mundo (veja diagrama). Sonhos de entretenimento não têm tanto a ver

Os propósitos de Deus

Lógica		Resultado final
Edificar o Reino em você	**1** Estar com O cerne	Recompensa final: Filho de Deus
Levar o Reino ao mundo	**2** Atuação missionária O chamado	Grandeza no Reino de Deus
Experimentar o bem no mundo	**3** Bem-estar temporal O estilo de vida	Consome-se no fogo

com legados e mais com prazer. Pertencem ao terceiro nível de propósito. Quem sabe você sempre quis empreender uma longa caminhada com três amigos, viajar de balão de ar quente ou visitar regularmente os netos.

A separação destas duas listas encorajará os clientes a incluírem os inocentes desejos que dão sabor à vida. Com apenas uma lista de grandes sonhos, os cristãos tendem a se sentir envergonhados colocando juntos "tirar férias na praia" e "levar dez pessoas ao Senhor ao longo da minha vida". Descartamos os desejos de entretenimento como "não suficientemente espirituais". No entanto, esses sonhos *existem* e precisam ser postos em proporção adequada com o propósito inteiro de Deus. Significa tratá-los com leveza e permitir frequentemente que Deus os proporcione a nós como dádiva em vez de fazer deles o foco da nossa vida.

Sonhe grande

Crer nas pessoas as ajuda a fazer mais do que poderiam fazer sozinhas – e é isso que o coach faz. É fácil sonegar nossos sonhos e limitá-los a algo que pareça administrável com os nossos recursos atuais. No entanto, crescemos à medida que perseguimos um sonho dado por Deus – de modo que necessitamos de sonhos em termos do nosso potencial, não do nosso presente. Eis aqui várias maneiras de desafiar aqueles que sonham pequeno a pensarem maior:

- **Peça mais.** "E se você tratasse de se desenvolver? Que tal duplicar esse impacto ou talvez multiplicá-lo por dez?"
- **Elimine o fracasso.** "Imagine que você não pudesse falhar – sabendo que Deus está por trás disso. Qual seria então o tamanho do seu sonho?
- **Visualize.** A visualização do cumprimento de um sonho em detalhes é altamente motivadora. Muitas vezes o cliente criará coragem de pensar maior se empenharmos tempo neste ponto.
- **Solicite fé.** "Posso desafiá-lo a empurrar isso para além das suas capacidades atuais? E se você empreendesse algo que requeresse a mão de Deus para dar certo?

Os sonhos de entretenimento são muito úteis em situações nas quais os clientes ainda não sabem quais seriam os sonhos maiores que querem perseguir. O exame dos desejos por baixo desses sonhos de entretenimento (veja 11.2) pode, muitas vezes, abrir o acesso a paixões centrais tão bem quanto o exame dos grandes sonhos.

A criação de um estilo de vida de sonho (veja 11.3) é outro modo de revelar sonhos de entretenimento. A descrição de alguma situação de vida, de local de trabalho, de moradia, de agenda e de relacionamentos com que realmente se goste de viver pode facilitar a verbalização do que alegrará a vida.

Incluí em 11.1 e 11.2 alguns dos meus próprios inventários de sonhos de anos atrás para mostrar o aspecto de uma lista desse tipo e como ela muda com o tempo. Alguns sonhos se realizaram e por alguns perdi o interesse, retirando-os da lista. Ainda estou trabalhando com uns poucos e em alguns ainda não fiz progresso algum até agora (por exemplo, construir uma casa), e estou em paz com isso. Uma lista de sonhos não é um manual de regras a seguir. Na verdade, nossa lista *deve* mudar à medida que a idade avança e nos conscientizamos mais daquilo que Deus pôs em nosso coração. Faz parte do envelhecimento aprender a largar graciosamente sonhos que ficaram de lado e a permitir que o sonho verdadeiro, o sonho pelo céu, crie raízes no lugar deles.

Esses exercícios são, em geral, aplicados como medidas de reflexão. A maioria das pessoas gosta de pensar em um futuro ideal, de modo que isso normalmente não constitui um obstáculo. Todavia, é bem comum encontrar áreas isoladas do coração que impedem que tais desejos aflorem. Ao receber de volta uma lista de sonhos, estas são algumas pistas que procuro:

- **Liberdade para sonhar.** A pessoa foi capaz de anotar tanto os grandes sonhos quanto os de entretenimento? A lista contém mais do que alguns poucos itens?

- **Equilíbrio.** Os sonhos abordam muitas áreas da vida ou algumas categorias estão ausentes? Por exemplo: em uma lista superespiritualizada, tudo se relaciona ao ministério.

- **Energia.** Faça perguntas sobre alguns dos sonhos e procure por paixão e energia. Se estiverem ausentes, o que se passa ali?

- **Parceria.** De que modo o casamento (ou sua ausência) afeta os sonhos da pessoa? Será que os parceiros sonham juntos ou um deles domina? As solteiras estão apostando todas as fichas dos seus sonhos no príncipe encantado?

Estilos de sonho

Outra coisa que gostaria de enfocar é o estilo de sonho do cliente. A diferença mais evidente é aquela entre os Ss e os Ns do Mycrs-Briggs. Os Ns são sonhadores naturais: vivem orientados para o futuro, são pensadores conceituais que facilmente criam imagens de sonho desvinculadas do presente (em outras palavras, conseguem sonhar sem saber que precisam de um plano para chegar lá). Já os Ss são práticos e orientados para o presente. Sonham extrapolando experiências concretas para o futuro. Para eles, sonhar sem uma conexão com a realidade do presente é frustrante e não faz sentido.

Anos atrás jantamos com um impressionante senhor já idoso. Ele prestava assistência a um industrial. Sua empresa estava prestes a ser vendida e ele tentava estabelecer o que faria com o restante da sua vida ativa. Comecei então perguntando a ele a respeito do seu futuro. Não chegava a lugar nenhum. Ele não tinha sonhos não realizados a perseguir (era feliz com o que fazia), nenhum remanescente da infância que sempre quisesse ser, e não era capaz de imaginar um futuro ideal muito diferente daquilo que estava vivendo na ocasião. Nada na minha caixa de ferramentas de propósito de vida funcionava.

Finalmente me dei conta de que ele era um S, e todas as minhas perguntas lhe pediam que sonhasse no estilo N – criando um futuro ideal a partir do nada. Passei então a inquiri-lo sobre experiências passadas.

"O que você fez no passado que realmente lhe correspondesse? Em que papéis brilhou? O que vem fazendo hoje que realmente lhe dá impulso?"

Ele tinha muito mais a dizer quando era inquirido sobre experiências concretas. A certa altura perguntei o que ele mais apreciava em seu trabalho atual. "Bem", respondeu ele, "todos os dias vou a algum lugar que realmente precisa de mim. Se eu não conseguir aquela peça vital, possivelmente a fábrica toda pararia. Assim, trato de ser sempre o herói do dia: resolvo os problemas, todos ficam felizes e amanhã parto para outra". A pergunta seguinte foi a chave da conversa: "Que tipo de trabalho lhe permitiria fazer mais *disso*?"

Portanto, descubra como seu cliente sonha. Os exercícios de sonho são mais naturais para os Ns (afinal, eles são os sonhadores), mas os Ss podem apreciá-los quando se concentram em experiências passadas daquilo que amam e as ultrapassam para uma imagem do futuro que desejam.

Encontrar paixões sob os sonhos

Um meio de acompanhar um *inventário de sonhos* é escolher um sonho e ir atrás dele! Se o cliente desejar coaching para perseguir certo sonho, como fundar uma escola cristã, muitas vezes o primeiro passo será *visualizá-lo* (Exercício 11.4) em detalhes – criar uma imagem completa da vida diária naquela escola dos sonhos. Assim que se tiver uma imagem clara do que se deseja e houver motivação para persegui-lo, pode-se passar para o processo básico de coaching de criação de metas, opções e ações.

Todavia, se o seu objetivo for descobrir o propósito de vida do cliente, o caminho a tomar é encontrar a paixão que subjaz aos seus sonhos. Por que você quer abrir uma escola? O que ela proporcionará a você e às pessoas a quem você deseja servir? Desde grandes e audaciosas metas que mudarão o mundo até desejos inocentes ou entretenimentos, todos os sonhos são janelas para os desejos do coração. São *recipientes* que dão forma às paixões de modo a podermos visualizá-las e falar delas. O coaching de propósito de vida usa os detalhes da imagem do sonho para revelar o desejo escondido por baixo dele.

Ao examinar uma coleção de fotos da família, enxerga-se o tempo todo os mesmos rostos. Não será difícil identificar onde estão os irmãos, as irmãs e as vovós. Como os sonhos são instantâneos do que as paixões representarão ao longo da vida, eles são o álbum de família do coração. Ao folhear os sonhos, não demorará para identificarmos a "família" de paixões subjacentes que aparecem nas imagens.

Os *temas de sonhos* (Exercício 11.2) fornecem uma estrutura para esse processo. Pode ser particularmente interessante trabalhar com *sonhos de entretenimento*. As pessoas, muitas vezes, ficam impressionadas com tudo o que as experiências divertidas que evocam podem dizer-lhes sobre o que são e o que valorizam.

Temas de sonhos podem ser exercitado como reflexão, mas prefiro acompanhá-lo. Novas noções sobre temas surgem mais facilmente com um observador objetivo que nos ajuda a dar nome às conexões. Inicialmente, identifique um tema (por exemplo: "Muitos dos seus sonhos têm a ver com estar na natureza"). Em seguida comece a perguntar "O que isso lhe proporcionaria?" ou "Por que isso é importante para você?" até que se consiga

---

Liberdade para sonhar

Eis algumas dicas para sonhar livremente:

- **Sonhe a lápis**

  Os sonhos são recipientes para as paixões. Sempre se pode trocar o recipiente.

- **Crie um "espaço de sonho"**

  Permita ao cliente sonhar. Forneça-lhe recursos ilimitados, a noção de que não poderá falhar ou qualquer coisa de que precise para sonhar grande.

- **Não se preocupe com a implementação**

  Sonhos não precisam de planos – eles são uma imagem do futuro desejado.

- **Não existe resposta "correta"**

  Não se ganha pontos a mais por fazer as coisas acontecerem exatamente como foram visualizadas. Apenas os coloque no papel!

---

chegar ao cerne da paixão subjacente. Um coach experiente nesse processo poderá conduzir rapidamente a conversa através dos sonhos para os desejos profundos sem se distrair com questões pragmáticas sobre a viabilidade do sonho.

Coaching para além do recipiente

O tratamento de um sonho como instantâneo de um desejo subjacente é também um excelente meio de engajar clientes cujos sonhos parecem não se encaixar nos valores do Reino. Observe como o coach conduz a conversa sobre o sonho para o verdadeiro desejo e como isso muda linha-mestra da conversa.

"Pelo jeito, você progrediu um bocado em direção à sua meta original. Do que mais você gostaria de tratar hoje?"

"Bem," disse Antonio, "andei sonhando em encontrar uma fé que tenha mais a ver com Deus do que com religião. Gostaria de gozar sua comunhão sem aquele monte de podes e não podes e em tratar as pessoas corretamente em vez de crer as coisas certas. Ainda creio em Deus, mas estou farto da religião organizada. Desejo criar um tipo de vida espiritual que não inclua uma igreja".

"Certo – parece ser algo que o apaixona bastante. Você poderia me contar um pouco a respeito do que o fez sonhar nessa direção?

"Ando cansado de toda essa mesquinharia e de ver as pessoas não seguirem o que dizem. Na semana passada descobrimos que um dos diáconos tem um caso. Embora dois deles soubessem disso há quase um ano, ninguém fez nada. É sempre a mesma coisa – importamo-nos mais com as aparências do que com o que é correto. Acabei decidindo que faria melhor em andar só."

Em vez de reagir à emoção de Antonio, o coach sonda para entender o que está por trás desse sonho (o que também é um ótimo meio de ganhar tempo enquanto se decide como responder)!

"Portanto, você diz que viver de acordo com o que dizemos é importante para você."

"Exatamente."

"E o que há por trás disso?"

"Bem, para mim coisas como honestidade e integridade são importantes. Não gostaria de ser o tipo de pessoa que diz uma coisa e faz outra e não quero pertencer a um grupo que proceda assim."

O coach começa a inquirir sobre motivações subjacentes.

"Certo. Então, ficando só, o que você ganharia daquilo que agora lhe falta?"

"A capacidade de ser parte de algo em que eu creia. Ficar livre da frustração de lidar com toda aquela tranqueira religiosa. Passo mal quando fazemos toda essa estupidez uns para os outros – não vale a pena."

Fica-se frustrado com algo que preocupa profundamente.

"É razoável. De modo que parar de ir à igreja e não ter aquelas frustrações seriam seu verdadeiro objetivo?"

"Hum... não entendi. Dá para perguntar de outra maneira?"

"Claro. Eis aqui um cenário: digamos que você encontre uma igreja na qual realmente se vive como se fala – as pessoas seriam honestas, lidariam com as coisas do modo como se apresentassem e você não sofresse todas essas frustrações. Se a opção fosse entre andar só ou pertencer a uma ótima igreja, o que você faria?"

O coach desafia Antonio a reexaminar o que ele realmente deseja.

"Bem... sim, eu me ligaria a ela. Só não creio que tal tipo de igreja exista."

"Deixando então essa questão de lado, qual seria o seu desejo mais profundo: viver sua fé sozinho ou pertencer a uma comunidade que realmente a viva em comum?"

O desejo subjacente ao sonho é ser parte de uma comunidade de verdade. Isto é bíblico.

"Eu bem que gostaria de fazer parte de tal comunidade. Só que nunca estive em nenhuma que funcionasse."

"Então, se expressarmos a opção em termos dos seus desejos profundos, quais seriam eles?"

"Parece que eu teria duas opções: posso ir em frente e viver com Deus sozinho, o que não é meu desejo mais profundo, mas me livrará dessa situação frustrante, ou posso continuar a tentar encontrar uma comunidade de verdade, que é o que realmente desejo, embora esteja perdendo a esperança de encontrá-la."

"Então o que estou ouvindo é que o que você deseja é comunhão?"

(E a razão por que a igreja não é perfeita é o fato de você ter ingressado nela – ainda trataremos disso mais adiante.)

"Sim. Quanto mais conversamos, tanto mais entendo a importância disso para mim. Só não sei onde encontrá-la."

"Bom, isso parece algo com que se possa trabalhar."

"Certo – vou nessa."

Neste diálogo, o coach ajudou Antonio a reconfigurar seu sonho de um modo que lhe permitisse ir em direção a Deus e encontrar, ao mesmo tempo, o desejo do seu coração. O que faz isso funcionar é a confiança do coach em que os sonhos são recipientes de desejos que originalmente se destinavam a apontar para Deus. Em vez de opor-se ao sonho do cliente, o coach ajudou Antonio a explorar o que havia por trás dele e depois o desafiou a satisfazer esse desejo em vez de contentar-se com algo de segunda linha. Portanto, as etapas desta técnica são:

1. Levar o sonho a sério.
2. Encontrar o desejo profundo por trás, que aponte para Deus.
3. Convidar à reorientação da meta em torno do desejo verdadeiro e não do recipiente (o sonho).

O coaching para além do recipiente até o verdadeiro desejo pode funcionar mesmo com desejos manifestamente carnais. Se um cliente desejar ter um caso, o que ele espera ganhar com aquilo? Qual é o verdadeiro desejo do seu coração em um relacionamento romântico? Pode ser intimidade, ser respeitado, excitação ou escapar das críticas em casa. Não vou orientar alguém a ter um caso, mas posso orientá-lo para uma verdadeira intimidade, a respeito ou a uma vida com significado dentro do plano de Deus para ele. Quanto mais proximamente se tocar o verdadeiro desejo do coração (que foi criado para se cumprir no céu), tanto mais fácil será criar uma meta orientada para o Reino.

Costumo aplicar uma variante desta abordagem de coaching quando os sonhos são frustrados por circunstâncias externas. Por exemplo: o sonho é sair para um cruzeiro pelo Caribe com seu marido, mas você não pode fazê-lo, porque tem dois filhos pequenos em casa. Um meio de contornar esse obstáculo seria identificar o desejo pessoal subjacente. Se for ter uma oportunidade especial de criar lembranças permanentes apenas com seu marido, eu poderia pedir: "Cite cinco outras maneiras de satisfazer esse desejo sem se afastar de casa por uma semana."

Separar os fatores

O diálogo com Antonio também ilustra uma técnica chamada "Separação de fatores". Quando dois ou mais fatores contribuem para uma decisão, o coach cria cenários que permitam ao cliente avaliar a decisão seguindo um fator por vez.

No caso de Antonio, ele expressou duas motivações: o desejo de andar só e o desejo de se livrar de uma situação frustrante. Qual deles realmente reflete seu verdadeiro desejo? Dessa forma, o coach cria um cenário que separa os dois fatores: e se a opção fosse uma excelente comunidade ou fé individual? Ao eliminar da opção o fator de frustração, pode-se avaliar a força do desejo de viver só.

Outro modo de formular a mesma pergunta seria: "Se a prática de uma fé individual se revelasse tão frustrante quanto a permanência na igreja, o que você escolheria? Isso nivela a frustração das duas opções – só que propor dois resultados negativos será menos motivador para o cliente.

A imagem visual do sonho (participar de um cruzeiro) é um *recipiente* para o desejo subjacente. Os desejos, porém, podem caber em muitos recipientes diferentes. Quando os clientes conseguem separar sua paixão do recipiente do sonho, abrem-se muitas novas opções para sua realização.

Depende de como você joga

Se alguns sonhos levarem a desejos verdadeiros e outros não, poderá ser útil ter uma moldura para saber o que é o quê.

Eu gostaria de um dia ir a Bora Bora e estar dentro de uma daquelas cabanas de bambu construídas à margem de uma laguna tropical verde--azulada. Eu ficaria sentado lá com os pés chapinhando na água límpida e morna, observando o pôr-do-sol, a lua nascendo sobre a água e as rochas e dormir sobre as ondas.

Soa fantástico, não? Não há nada de errado em sonhar com isso – na verdade, esse tipo de sonho me faz pensar no céu, desde que o deixe solto. Mas se eu me prender a ele e fizer de Bora Bora uma paixão a perseguir e o foco da minha vida, aquela viagem não só deixará de me satisfazer, mas transtornará o resto da minha vida. Com isso retornamos ao diagrama do propósito: um desejo de felicidade temporal (nível I) exorbitou e deslocou a comunhão com Deus e a promoção do seu Reino como foco da vida (veja o diagrama).

O dinheiro e a sexualidade são semelhantes. Não são intrinsecamente maus, mas podem ser perseguidos de forma destrutiva. Muito do conteúdo dos nossos sonhos cabe nesse fundo neutro em que o objeto do sonho não é nem bom nem ruim. O que faz a diferença é o modo como os perseguimos. Qualquer prazer temporal elevado à categoria de propósito primário leva à morte, não à vida.

Os propósitos de Deus

Lógica		Resultado final
Edificar o Reino em você	Estar com O cerne (1)	Recompensa final: Filho de Deus
Levar o Reino ao mundo	Atuação missionária O chamado (2)	Grandeza no Reino de Deus
Experimentar o bem no mundo	Bem-estar temporal O estilo de vida (3)	Consome-se no fogo

Nossas paixões enquadram-se em três categorias:

- **Desejos verdadeiros**, que refletem a imagem de Cristo e nos apontam para o céu
- **Desejos inocentes**, que são parte da natureza humana e são neutros
- **Desejos corrompidos** são desejos verdadeiros ou inocentes distorcidos em formas pecaminosas e destrutivas.

Quando nossos desejos fogem ao controle, eles tendem a ser desejos verdadeiros perseguidos de modo errado ou desejos inocentes exorbitantes. O sexo fora do casamento é, muitas vezes, um desejo verdadeiro de intimidade perseguido de maneira errada. O arranjo de toda a vida em torno de uma viagem a Bora Bora é um desejo inocente exorbitante. A Carta de Tiago ensina que os desejos tendem a se corromper quando não são satisfeitos, e não são satisfeitos quando o foco consiste em cumprir os desejos temporais em lugar de estar em comunhão com Deus:

"De onde vêm as guerras e contendas que há entre vocês? Não vêm das paixões que guerreiam dentro de vocês? Vocês cobiçam coisas, e não as têm; matam e invejam, mas não conseguem obter o que desejam. Vocês vivem a lutar e a fazer guerras. Não têm, porque não pedem. Quando pedem, não recebem, pois pedem por motivos errados, para gastar em seus prazeres (Tiago 4.1-3).

Busca cega

A *busca cega* ocorre quando perseguimos algo sabidamente indevido e conscientemente ignoramos os sinais de alerta para podermos continuar a correr atrás daquilo. Eis aqui quatro sintomas de busca cega, com uma pergunta para cada uma:

- **Pressão para ter aquilo agora**

  "A que se deve a urgência disso? Precisa acontecer agora ou poderia esperar?"

- **O beneficiário sou eu**

  "Quem além de você se beneficiará desse sonho?"

- **Ignorar o impacto sobre os que me cercam**

  "Como isso afetará seu cônjuge? Seus filhos? Como impactará suas amizades?"

- **Evitar o exame de implicações futuras**

  "Imagine o impacto que isso terá sobre os próximos anos da sua vida."

Desejos não são maus em si. Tiago (que é bem radical a respeito) efetivamente diz que a coisa certa a fazer com um desejo é pedir sua realização a Deus! Mas ele tem uma advertência: a paixão não se destina a me satisfazer, mas a me levar a servir.

Assim, as paixões podem ser testadas em termos de *equilíbrio* e *busca*: estaria aquele sonho em equilíbrio adequado com outras coisas na vida e mereceria ele prioridade na busca? Trata-se de importantes indagações a considerar no coaching de propósito de vida!

Eis mais algumas:

Equilíbrio:

- *"Avalie a significância desse sonho. Quanto da sua vida merece ser dedicado a ele?"*
- *"Como isso se encaixa nas suas outras prioridades na vida?"*
- *"Se a satisfação desse sonho fosse o que você fez de mais importante neste ano, isso seria gratificante ou uma decepção?"*
- *"O que você ganhará satisfazendo esse sonho?"*

Busca

- *"Fale um pouco sobre como você poderia desenvolver melhor esse desejo segundo as diretrizes bíblicas para uma vida que valha a pena."*
- *"Aonde isto o levará? Que tipo de vida você terá no futuro se perseguir este sonho dessa maneira?"*
- *"O que impele o desejo de perseguir isso?"*
- *"Quem mais se beneficiará deste sonho? Bastaria isso para torná-lo verdadeiramente significativo?"*

A chave para perguntar a respeito de relação e busca é acreditar na pessoa. Se você começar com perguntas do tipo "Como é que você sequer pôde *pensar* em seguir esse desejo carnal?", o diálogo emperrará bem depressa.

11.1. INVENTÁRIO DE GRANDES SONHOS E DE SONHOS DE ENTRETENIMENTO

Comece a anotar o máximo de sonhos para o seu futuro em que você possa pensar. Sonhos são aquilo que você gostaria de fazer algum dia. Haveria aí grandes coisas que você gostaria de conseguir, marcos decisivos a alcançar, ou uma diferença que você sonha fazer no mundo? Anote-os abaixo de "grandes sonhos". Os sonhos de entretenimento são o que lhe dá prazer na vida. Haveria aí um lugar ao qual você sempre quis ir, uma experiência que você gostaria de ter ou algo divertido que você gostaria de fazer apenas por fazer? Anote estes sob "sonhos de entretenimento".

Pode-se também tentar pensar em sonhos nas *categorias da roda da vida* (11.5): *Deus, trabalho, dinheiro, ambiente de vida, crescimento pessoal, saúde e recreação, comunidade e família.*

Grandes sonhos

Minha lista de 1990

Conseguir trabalhar em meio período quando tiver 45 anos.	Feito! A ideia original havia sido trabalhar em um emprego regular por meio período de modo a poder ministrar no outro meio período. Revisei isso no sentido de trabalhar ativamente por meio período e gastar metade do meu tempo para escrever e refletir. Atingi esta meta quando tinha 45 anos e meio!
Comprar uma casa para nós e não ter dívidas.	Em andamento. Possuímos mais ou menos metade da casa, mas ainda há muito a caminhar.
Criar um ambiente de comunidade para artistas.	Alcançado parcialmente por meio de um programa de estágio-residência de um ano que criei e dirigi. Bem cedo na vida percebi o desenvolvimento da minha paixão por meio das artes, enquanto agora se trata de fluxo de liderança. Hoje estou trabalhando em uma comunidade similar para coaches.
Aplicar minha criatividade para compartilhar com outros a intimidade que podemos ter com Deus.	Faço isso a vida toda. O desejo de conectar pessoas com Deus e umas com as outras converteu-se em escrever e ensinar em lugar de música e arte.
Produzir um CD profissional com as canções compostas por mim e por Kathy.	Parcialmente realizado. Comecei a fazer isso e nunca terminei. Algumas das nossas canções foram publicadas em CDs, mas não se trata mais de uma meta importante e saiu da lista.

| Se tiver filhos, criá-los no Senhor. | Em andamento. Atualmente estamos praticando escola doméstica e sentimos que nossos filhos estão em ótimo lugar. Foi um grande investimento! |
| Viver em comunidade e ajudar outros a fazê-lo. | Desde que criei essa lista, passamos mais de cinco anos vivendo em comunidades internacionais e planejamos continuar assim no futuro. |

Sonhos de entretenimento

Minha lista de 1990

Construir uma casa.	Ainda não. Na ocasião, a ideia era "construir uma casa com minhas próprias mãos". Ainda continuo sonhando em projetar uma casa e em construí-la, mas não há mais prioridade em fazer tudo sozinho.
Construir um telescópio de 16".	Feito! Estudei física na faculdade e gosto de astronomia e cosmologia. Construí um modelo de 18" cerca de 10 anos atrás, me diverti um bocado com aquilo e depois o vendi.
Fazer uma viagem de balão.	Tirei da lista. O que eu tinha na cabeça? Tenho medo de altura. Ficar suspenso a 1.000 pés num cesto de vime não seria nada divertido!
Aprender a tocar piano	Tirei da lista. Comprei um teclado e comecei a aprender, mas descobri que a música não era um chamado primário, e deixei para lá.
Ter um estúdio doméstico: sintetizador, 4 pistas, microfones, computador	Feito. Fiz isso e me diverti brincando com ele. Foi o que me ajudou a enxergar que a música não era a direção para minha vida.
Decorar nossa casa de modo a demonstrar fé e criatividade.	Feito. De fato fizemos isso quando compramos uma casa próxima a uma faculdade e realizamos um ministério com estudantes: papéis de parede assustadores, um fundo pintado a mão, um mural com notícias de eventos atuais, etc. Depois que vieram os filhos, a casa tornou-se mais um santuário do que um objetivo e deixou de ser prioridade.
Fazer um longo retiro em algum lugar idílico.	Feito. Kathy e eu tivemos um trimestre sabático em um quieto centro de retiros. Comecei agora a sonhar em encontrar algum lugar na praia onde possa permanecer por três meses para escrever.

11.2. TEMAS DE SONHOS

Este exercício identifica temas nos seus sonhos e os desejos profundos que os animam.

Etapa 1: Identificação dos temas

Dê uma olhada no seu inventário de sonhos (11.1). Será que vários dos sonhos se dirigem ao mesmo fim? Quais sonhos estão conectados, e como? (Confira o exercício de *foco da paixão* (10.1) e a forma como o fez). Encontre os temas que perpassam seus sonhos. Se não enxergar as conexões, sente-se com um amigo e pergunte-lhe que temas ele enxerga em sua lista de sonhos.

Etapa 2: Dar nome às paixões

Confira seus temas e dê um nome às paixões subjacentes que o animam. Por que eu sonho esses sonhos em particular? O que aquilo me proporciona? O que diz isso a respeito do que me preocupa?

Lista de amostras de sonhos com comentários sobre temas

<ul><li>Por meio da minha criatividade, compartilhar com outros a intimidade que podemos ter com Deus.</li><li>Produzir um CD profissional das nossas canções</li></ul>	*Um tema que conecta muitos dos meus sonhos é música e artes. No entanto, a música é o recipiente dos desejos subjacentes (transparência, intimidade). Acabei deixando a música de lado, mas ainda continuo profundamente apaixonado por transparência e intimidade.*
<ul><li>Criar um ambiente de comunidade para artistas</li><li>Viver em comunidade e ajudar outros a fazê-lo</li></ul>	*Comunidade é um tema que perpassa muitos desses sonhos. Ele brota da minha paixão por relacionamentos e o lugar que entendo ocupar na transformação pessoal. Os recipientes em torno dessa paixão podem mudar, mas a paixão permanece.*

- Construir uma casa.

- Construir um telescópio de 16"

- Escrever um livro

- Viajar de balão

- Ter um longo retiro em algum lugar idílico

Deu para perceber que gosto de projetar e construir coisas? Gosto muito de elaborar um modo de fazer algo que nunca fiz antes – visualizando-o mentalmente e então criando-o de fato. Criar projetos e protótipos é essencial para o meu chamado.

Alguns dos meus sonhos refletem uma paixão subjacente por apreciar Deus na natureza. Trata-se um valor importante que se traduz em coisas como viagens de balão ou construção de telescópios ou onde vou escolher morar.

Perguntas de coaching

- *"Que temas você percebe serem comuns em seus sonhos?"*

- *"Alguns dos seus sonhos parecem focalizar-se em _____. O que significa essa conexão?"*

- *"O que esse sonho lhe proporcionaria? Haveria outros sonhos sobre o mesmo assunto?"*

- *"O que o apaixona nesse sonho?"*

- *"E o que isso lhe proporciona?" (Continue perguntando até chegar ao desejo).*

11.3. ESTILO DE VIDA DE SONHO

Com que estilo de vida você sonha? Visualize seu ambiente e seus padrões diários no futuro quando obtiver o que lhe parecer uma vida excelente. O objetivo não é escolher o que seria mais caro ou confortável – sonhe a respeito de um estilo de vida efetivamente possível, que corresponda ao seu estilo e lhe permita fazer o que você aprecia. Divirta-se com isso: visualize onde você gostaria de morar, sua casa, seu local de trabalho ideal, sua agenda, suas atividades, as pessoas com quem gostaria de trabalhar ou sua rotina diária. A ideia é pôr na mesa o que você realmente deseja, de modo que possa enxergar do que se trata. Se você não for um sonhador por natureza, olhe para o passado e o presente em busca de situações ideais e junte-as para criar uma imagem do futuro que desejaria.

Meu estilo de vida ideal

Viver nas montanhas – no alto de uma serra, com ampla vista através de três ou quatro cadeias de montanhas.

Uma casa simples, dois dormitórios, quintal que dê pouco trabalho. Um porão em que minha esposa possa guardar seus projetos de modo a não atravancarem a casa.

Meu escritório – escrivaninha sob uma grande janela. Bem cuidado. Muito espaço para estantes de livros. Portas pelas quais eu possa sair para um quintal sombreado para trabalhar ao ar livre. Uma vista inspiradora. Um quarto de trabalho também para minha esposa.

Viagens a trabalho não mais do que uma por mês – e curtas. Controle da minha agenda. Equilíbrio entre tempo para reflexão e trabalho.

Uma pequena e rústica cabana com uma pequena mesa e cadeira na floresta, a 50 metros de casa, aonde eu possa ir para estar a sós com Deus. Não precisa de telefone, nem de água, nem de banheiro.

Trabalho braçal para me exercitar. Criação de jardins, fontes e belos espaços.

Alguns bons amigos para toda a vida. Alguns que morem perto, de modo que possamos compartilhar posses e refeições e caminhar juntos. Outros com quem possa conversar regularmente por telefone e com os quais possa me reunir para fazer algo duas vezes por ano por um fim de semana.

Oportunidade regular de ver os netos.

Perguntas para coaching

- *"Como esse estilo o ajudará a cumprir sua missão de vida?"*
- *"Que empecilhos para realizar a sua missão este estilo de vida eliminaria?"*
- *"O que existe nisso que lhe proporciona prazer de viver?"*
- *"De que modo aquilo que você anotou aponta para seus desejos profundos?"*

Opção de grupo: colagens

Pegue um maço de revistas, recorte ilustrações que representem sua vida ideal e cole-as em um mural. Depois de mais ou menos uma hora de recortes e colagens, compartilhem suas colagens entre vocês. Explique por que escolheu cada uma das figuras e o que elas representam.

11.4. VISUALIZAÇÃO DO SEU SONHO

Siga em frente até uma época em que você tenha realizado seu sonho e crie uma imagem da sua vida de então. Não se preocupe em como chegar lá – apenas como a vida se apresentaria na ocasião. Pense em onde moraria, seu ambiente (lar ou local de trabalho), as idades dos familiares, com que espécie de pessoas você trabalharia. Entre em detalhes. Passe por uma situação média no futuro em que você tenha alcançado seu sonho e anote o que vê.

Dica de coaching

As pessoas muitas vezes têm problemas com este exercício por ser demasiado genérico. Palavras têm pouco impacto emocional em comparação com imagens e, para criar uma imagem, precisamos de detalhes. O cliente poderá dizer algo como: "Trabalharia em administração". Aplique suas habilidades inquiridoras para extrair bem mais: "Que cargo você teria? Quantos subordinados teria? Qual seria sua responsabilidade específica? Qual seria o aspecto do seu escritório? Da sua equipe? Da sua rotina diária? Detalhes como esses avivarão o sonho.

Eis algumas perguntas de coaching adicionais para visualizar o sonho:

- *"Visualize cinco ou dez anos à frente – descreva como será sua vida se você tiver realizado esse sonho." (Esta pergunta coloca a pessoa dentro do futuro dos seus sonhos e a ajuda a olhar para além dos atuais obstáculos em seu caminho).*

- *"Pinte um quadro disso para mim – seu ambiente de trabalho, sua equipe, seus clientes, sua rotina diária. Coloque-se pessoalmente naquele futuro e descreva-o em detalhes."*

- *"Qual será sua idade na ocasião? Qual será a idade dos seus filhos? O que isso significa?"*

- *"Fale sobre as pessoas em torno de você. Com que espécie de equipe, usuário final ou parceiros você trabalhará?"*

- *"Escolha uma pessoa específica do seu público-alvo que você conheça e conte-me exatamente como a realização do seu sonho influenciaria a vida daquela pessoa." (Pensar em pessoas, lugares ou situações reais pode facilitar a descrição do futuro sonhado).*

- *"De que modo a perseguição e realização deste sonho tornará você alguém diferente?"*

11.5. AS CATEGORIAS DA RODA DA VIDA

Se você estiver tentando criar um conjunto de valores ou uma lista de sonhos que englobe a vida toda, a divisão da vida em categorias pode ajudar. Forçando-se a considerar um conjunto de diferentes áreas da vida, você tenderá menos a se esquecer de algo importante. Aplicaremos as mesmas oito categorias da *análise da roda da vida* que consta do livro *A arte de fazer perguntas em coaching*, como categorias dos seus sonhos, valores e preparo. Consulte a lista abaixo para ver o que poderá se encaixar em cada categoria.

Análise da roda da vida

Trabalho

Seu emprego, a carreira ou a vocação. Para pais que ficam em casa, a vocação será manter a família funcionando!

Dinheiro

Finanças, aposentadoria, investimentos, hábitos de gasto e poupança, doações, etc.

Ambiente de vida

Seu ambiente físico: casa, carro, quintal, dormitório e objetos seus que componham esse ambiente.

Crescimento pessoal

O que você faz para se desenvolver: estudo, treinamento, projetos de aprendizado, leitura, responsabilidade pessoal – tudo que expanda seu mundo, desenvolva novas capacidades ou crie mudanças pessoais.

Saúde e recreação

Hobbies, esporte, bem-estar, dieta, cuidados com a saúde, sono, dia de repouso, férias – tudo o que cuida da sua mente, do seu corpo e da sua saúde emocional.

Comunidade

Relacionamentos com amigos e vizinhos e seus serviços comunitários: associação de pais e mestres, política, voluntariado, comitês, projetos de serviço, etc.

Família

Seu cônjuge, os filhos e relacionamentos com a família estendida.

Deus

Seu relacionamento pessoal com Deus mais o envolvimento em atividades religiosas: devoções, envolvimento na igreja, lideranças, retiros, disciplinas espirituais, etc.

12

OBSTÁCULOS PARA OS SONHOS

"Se no primeiro momento a ideia não for absurda, não há esperança para ela."

Albert Einstein

Jacó e sua esposa viviam brigando. "No mês passado, tiramos férias em família na Carolina do Norte", disse ele exasperado, "e agora todos os dias falam em voltar para lá. Eu não quero ser estraga-prazeres, mas não sei como seria possível."

"O que há por trás desse sentimento?"

"Joana sempre gostou do clima do cenário e da cultura da Carolina do Norte. Foi difícil para ela adaptar-se aqui, o que também precisa ser considerado. Para as crianças trata-se provavelmente dos amigos e do contraste entre o familiar e um lugar diferente."

"Então, se você lhe perguntasse o que ela deseja, o que acha que ela diria?"

"Que ela quer voltar para lá. Dirá isso na hora."

"E me parece que você vê isso de outra forma?"

"Bem, creio que decidimos que isso dependeria do lugar para onde eu fosse chamado. Oramos juntos e chegamos a um acordo: é um cargo de sonho, alinha- -se perfeitamente com minhas metas de carreira, mas agora ela bate o pé e parece não haver meio-termo algum. Estou disposto a fazer isso por ela, mas não existe emprego para mim na Carolina do Norte, e como é que eu encontraria um em um mês? Um corte de 50% no salário também não a satisfará, e eu já pedi demissão, de modo que não podemos permanecer aqui."

"Portanto, de qualquer maneira você terá alguns grandes obstáculos a supe- rar. Fico curioso – se sua esposa realmente queria viver na Carolina do Norte, isso aflorou quando vocês decidiram a favor deste emprego?"

"É isso que realmente me frustra. Achei que isso fosse o chamado de Deus e ela concordou comigo – mas agora, mudou de posição."

"Quer dizer que vocês conversaram sobre isso?"

"Tentamos", disse Jacó desanimado. "Quando começo a falar nos fatos concretos, ela vem com aquela conversa de 'você pensa mais no seu emprego do que em mim', entra no modo passivo-agressivo e aí tudo degringola. Eu realmente gostaria de caminhar junto nisso, mas não sei como fazer isso acontecer. É a terceira vez agora que passamos por algo assim – situações em que ela acredita em uma opção, mas não consegue ficar feliz com ela – e eu não quero passar por isso mais uma vez."

Obstáculos afetam todas as áreas do diagrama de propósitos, mas eles são mais proeminentes em relação aos sonhos. Nesta história, Joana abriu mão de seus sonhos em favor dos de Jacó – até que as férias trouxessem seus desejos à tona com força total. Agora seus planos e acordos anteriores (além das suas finanças) atrapalhavam o sonho dela. Do ponto de vista de Jacó, seu emprego ideal parecia perfeito até que o acordo com sua mulher ser tornasse um obstáculo. Nenhum dos dois parece estar ciente dos obstáculos internos que tornavam o conflito tão intratável.

Um obstáculo é algo que se interpõe no caminho de um pensamento racional a respeito da questão e de busca do propósito de vida. Os coaches tratam de dois tipos principais de obstáculos: externos e internos. Um obstáculo externo é uma circunstância que parece bloquear o avanço – tal como a possibilidade de Jacó encontrar um emprego na Carolina do Norte (em prol do sonho de Joana). Obstáculos externos são quaisquer pessoas, circunstâncias e recursos (ou sua falta) que impedem seus sonhos e metas.

Obstáculos internos nos bloqueiam quando nossos padrões de raciocínio jogam areia nas engrenagens do avanço. Enquanto os obstáculos externos tendem a ser bastante fáceis de identificar, os internos ficam profundamente enterrados em nossa psique. O que incapacita Joana de identificar e articular seus verdadeiros desejos? Talvez ela se tenha desapontado tantas vezes que decidiu não esperar mais nada. Ou pode ser que ela não achasse que seria importante para Deus que ela vivesse em um lugar de que gostasse. São exemplos de obstáculos internos.

Às vezes, os obstáculos internos podem mesmo ser princípios ou suposições carinhosamente acalentados. Um dos meus obstáculos internos era a suposição de que "se um relacionamento se rompeu, existe algo de errado comigo". Essa suposição me impediu de deixar a vida correr, levou-me a situações insalubres e impediu-me de tomar posição por aquilo que era correto. Estava tão estreitamente relacionado com valores centrais como o contato com Deus e liderança relacional que eu nunca entendi que havia uma fortaleza imiscuída ali. Mesmo depois de aquilo contribuir para várias situações extremamente dolorosas, levei um ano com um conselheiro até trazer a questão à luz e realinhar essa área do meu coração com as Escrituras.

Lidando com obstáculos externos

Em geral, os obstáculos externos não espreitam em alguma emboscada. A maioria dos clientes saberá dizer exatamente quais são eles: "Não tenho tempo para seguir este sonho" ou "Não tenho as credenciais para isso". Ouço alguns desses obstáculos com tanta frequência que passei a chamá-los de "Os Cinco Grandes":

1. **Dinheiro:** nunca há suficiente
2. **Tempo:** idem
3. **Oportunidades:** tem-se a capacidade, mas não a chance de colocar em prática.
4. **Capacidade:** falta algum conhecimento ou uma habilidade particular para ir em frente.
5. **Pessoas:** precisa-se ou da cooperação de alguém ou que alguém saia do caminho

Ferramentas práticas funcionam bem para soluções externas. Técnicas opcionais oferecem um bom ponto de partida.[19] Por exemplo: um cliente pede coaching para criar uma função convergente que corresponda ao seu chamado. No processo de identificação de potenciais e paixões, esbarra-se no fato de que ele tem forte

> **Perguntas para os Cinco Grandes:**
>
> - *"Dê-me algumas opções: como você poderia arranjar o dinheiro necessário para perseguir isso?"*
> - *"Que mudanças em sua agenda, em seus recursos ou em seu cronograma poderiam proporcionar-lhe o tempo necessário para fazer aquilo?"*
> - *"De onde poderia vir a oportunidade de que você necessita? Que providências poderiam aumentar suas chances de chegar lá?"*
> - *"Quem dos seus conhecidos poderia ter a resposta ou ensinar você a fazer isso?"*
> - *"Seria possível atingir 80% desse sonho com 20% dos recursos? Como isso poderia ser feito?"*
> - *"Do que essa pessoa-chave precisará nessa situação? Como você poderia ajudá-la a sair ganhando também?"*

aversão por conflitos e tenta evitá-los. Mas o tipo de situações de liderança de que ele gosta implica, por natureza, conflitos organizacionais. No passado, ele tem recusado funções em sua área por causa da sua aversão por conflitos (a tendência a evitar conflitos pode ser também um obstáculo interno – começaremos tratando-a como obstáculo externo e depois avançaremos). O que você faria então, como coach, para ajudá-lo?

19   Em *A arte de fazer perguntas em Coaching* são encontradas diversas soluções a partir da pg. 42.

Superando o pensamento unidimensional

Para superar um problema prático necessitamos de soluções práticas. Um ótimo ponto de partida é enunciar o problema de forma simples e clara. Nessa situação, a questão é: "Considerando-se que nessa função ocorrerão conflitos, como se poderão arranjar as coisas de modo a tirar o melhor proveito dos seus potenciais?"

Categorias de soluções

Eis aqui várias categorias gerais de soluções para obstáculos externos aplicáveis em muitas situações:

1. **Pessoas**. Quem poderia ajudar? Quem poderia saber a resposta?

2. **Objetivos**. E se você modificasse o sonho ou o respectivo cronograma? Como poderia realizar 80% dele com 20% dos recursos?

3. **Sonho vs. desejo**. Qual é o desejo por trás desse sonho? De que outras maneiras você poderia perseguir esse sonho?

4. **Aprendizado**. Onde se poderia encontrar uma resposta? Como você poderia aprender isso?

5. **Expectativas**. Como eu poderia realinhar minhas expectativas com o que será realisticamente possível?

6. **Eu mesmo**. O que ando fazendo para provocar isso? O que eu poderia mudar em mim para fazer diferença?

Provavelmente, o cliente responderá primeiro com ideias que reduzam a quantidade de conflitos. Embora ele possa ser capaz de propor várias maneiras de conseguir isso, o raciocínio exclusivamente dentro dessa caixa limitará as possíveis soluções. Quando encaramos um problema a partir de apenas uma perspectiva, tendemos a emperrar. O próprio obstáculo se tornará um empecilho menor diante do nosso próprio pensamento unidimensional.

A chave para romper a barreira está em induzir o cliente a pensar em novas dimensões. O coach citará a estratégia de resolução de problemas aplicada pelo cliente, a exclui e então o desafia a resolver o problema de outro modo. "Até agora você falou em soluções que tentem a reduzir a quantidade total de conflitos. O que mais você poderia fazer para gastar menos tempo e energia nessa área?" Em quantas outras categorias de soluções *você* poderia pensar? Faça um *brainstorm* por alguns minutos e em seguida procure uma lista de possibilidades na nota de rodapé.[20]

---

20 Outras opções: 1) Deixe correr. Simplesmente ignore os conflitos e deixe que se resolvam por si. 2) Delegue. Passe a administração do conflito para outra pessoa. 3) Equipe. Aborde o conflito em grupo. 4) Terceirize. Lance mão de apoio externo para resolver conflitos. 5) Repense. Identifique os desejos por baixo dessa função sonhada e veja que outras funções poderiam se encaixar melhor.

Como descobrir a existência de outras soluções? Muitas vezes consigo me sintonizar com pensamento unidimensional quando me ocorrem soluções fora da caixa do cliente. Por exemplo, eu poderia pensar "Por que não delegar algo disso à sua equipe?" Como coach, não costumo simplesmente deixar escapar minhas próprias soluções. Mas se eu conseguir pensar em opções claramente alheias à caixa do cliente, uma pergunta que amplie a caixa poderá ser conveniente: "A que tipo de recursos humanos você poderia recorrer para ajudá-lo?"

A chave para essa pergunta é que não perguntei a respeito da minha ideia (delegação), mas de *toda uma categoria de soluções envolvendo outras pessoas*, entre as quais a delegação é uma das possibilidades. Tomo a noção que adquiri e expando-a para uma categoria mais ampla que o cliente possa então explorar. Eis outro exemplo. Eu penso: "Por que não deixar esse pessoal resolver seus próprios conflitos em vez de me intrometer para salvá-los?" Todavia, em vez de oferecer aconselhamento, pergunto: "Pelo jeito você acha que tratar desses conflitos é responsabilidade sua. Como poderíamos mudar isso?"

Esta é uma entre muitas técnicas de *brainstorming* (tempestade de ideias) e opções que funciona com obstáculos. Uma vez que o cliente tenha enunciado uma possível solução, uma etapa final será então elaborar um plano em torno dela. Com sonhos, os planos tendem a atrapalhar, mas com obstáculos a disponibilidade de um estratagema passo a passo para superá-lo pode ser libertador e dar esperança.

Arrependimentos

Outra técnica de coaching para lidar com obstáculos é o arrependimento. A maioria de nós deve ter pelo menos pensado a respeito do custo de perseguir os sonhos. Elaboramos orçamentos, estimamos o tempo que levará, lutamos com sacrifícios que o sonho poderá exigir. Todavia, é muito mais raro encontrar alguém que efetivamente examinou o custo de *não* perseguir um sonho. Esta é a ideia do arrependimento: pede-se ao cliente que avalie o custo de *não* avançar. Eis um exemplo:

"...Pelo que entendo, então, você gostaria de voltar a estudar e se preparar para ser professor."

"Sim, é isso que quero – só que não parece ser possível."

"Qual é o empecilho?"

"Bem, eu teria que retornar à escola – por três anos, se o fizer em tempo parcial. Não sei se conseguiria fazer isso e trabalhar o mesmo número de horas. E, além da questão do tempo, nossa renda cairia ao mesmo tempo em que

gastaríamos mais com o estudo. Calculei quanto isso custaria e é bastante – vai raspar nossas economias.

"Certo – portanto, isso implica alguns sacrifícios. Entretanto, vamos examinar também o outro lado. Imagine por um minuto que você tenha 80 anos de idade e, relembrando sua vida, vê que nunca deu o primeiro passo para se tornar professor. Seria irrelevante ou algo de que você realmente se arrependeria?"

"Oh, com certeza me arrependeria. Sentiria ter perdido algo."

"Diga mais: que outros sentimentos você tem a respeito dessa opção?"

"Algo como uma dor no estômago. Seria como... como se tivesse perdido a fé na vida ou algo assim. Ficaria desapontado comigo mesmo."

"E o que isso significa para sua decisão?"

"Vou precisar levar isso muito mais a sério. Com a questão vista por este ângulo, o dinheiro parece ninharia."

Arrependimentos exploram o custo de permanecermos onde estamos. Como essa técnica é típica para conversas de coaching, existe aqui também um exercício (12.2) para tratar disso em forma de reflexão.

Obstáculos e expectativas

Quanto maior for o seu sonho, tanto mais obstáculos devem ser esperados. Se fosse fácil, outra pessoa já o teria feito. Muitas vezes esquecemos que o nosso chamado de vida diz respeito a nos tornarmos e não a fazermos algo. *O processo de seguir o chamado nos transformará na pessoa que fomos chamados a ser*, assim como nos tornarmos essa pessoa nos capacitará a cumprir nossa missão de vida. Os obstáculos são o campo de treinamento do chamado. Eles não nos impedem de nos tornarmos quem fomos chamados a ser; pelo contrário, ensinam-nos a nos tornarmos tal pessoa. Não podemos cumprir nosso chamado sem aquilo que os obstáculos nos proporcionam.

Francamente, um dos obstáculos espirituais mais debilitantes que os cristãos enfrentam são suas expectativas sobre obstáculos. Esperamos que, se Deus estiver presente em algo, aquilo funcionará – que a evidência de estar em ordem com Deus é o funcionamento suave e bem-sucedido de tudo. Não importa que Jesus tenha refutado completamente essa ideia – o impulso de obter controle do nosso futuro fazendo certas coisas "corretas" que assegurarão circunstâncias favoráveis para nós está profundamente enraizado na psique humana.

Assim, quando nos deparamos com obstáculos na vida, ficamos surpresos e desiludidos. Achamos que o negócio seria que, tendo achado o modo correto de servir a Deus, em troca as circunstâncias nos seriam favoráveis – de modo que teríamos uma vida de sucesso, saudável e feliz. Assim, quando vem o sofrimento, sobrepõe-se àquilo que já era uma experiência ruim o medo de termos falhado e a desilusão que resulta de nos admirarmos por Deus romper o negócio.

O que se supõe ser a trajetória cristã parece ser uma questão teológica crucial para coaches de vida. Será que Deus promete aos nossos clientes uma vida favorável, feliz, próspera, saudável e mais aqui na terra? Em uma palavra: não – e se você ouvir algo diferente na TV, não creia. Lembre-se dos níveis de propósito. Deus está mais preocupado em ter seu coração para sempre do que em fazê-lo feliz aqui e agora.

Estudo bíblico: sucesso

Quer ver em que medida sua visão da vida cristã coincide com as Escrituras? Escolha três personagens biográficos *quaisquer* da Bíblia e estude a efetiva experiência de vida de cada um (em oposição àquilo que diz) nas seguintes áreas:

- Quanto "sucesso" ele ou ela teve?
- Como estava sua segurança física e financeira?
- Obtinha o devido reconhecimento?
- Em que medida sua vida era confortável?
- Quanto demorou entre seu destino se revelar e se cumprir? O que aconteceu durante aqueles anos?

Tente estudar Oseias, Jeremias, Davi, Noemi, Paulo, José, Moisés, Pedro, Jonas, Abraão, Sara, Jesus, Noé, João Batista, Eli ou Daniel.

Sei que os clientes terão dificuldades na vida, tal como Paulo. Sei que às vezes serão pobres para que outros enriqueçam, tal como Madre Teresa. Não me surpreendo quando Deus permite a quebra das suas empresas para chamar sua atenção, como ocorreu com um dos meus atuais clientes. E como sei que o plano de Deus inclui tanto o sofrimento quanto o sucesso, posso manter diante deles a esperança da glória no meio de tudo – que essas dificuldades os transformarão nos homens e mulheres que foram destinados a ser e os capacitarão a levar muitos outros a compartilhar o Reino eterno. Creio nisso porque também é a história da minha vida. E creio que o plano de Deus opera tanto por meio da dor quanto pelo prazer, porque esta também foi a história da vida de Jesus.

Você não prestará um bom serviço aos seus clientes se lhes apresentar a promessa de uma boa vida isenta de dificuldades e sofrimentos. Deus não instalou seu Reino para nos proporcionar um meio de controlar nosso futuro e assegurar-nos circunstâncias favoráveis. No entanto, ele prometeu que *em* todas essas coisas somos mais que vencedores (Rm 8.37). As promessas de Deus destinam-se a nós no meio da nossa vida, não a retirar-nos dela. *O justo passa por muitas adversidades, mas o Senhor o livra de todas* (Sl 34.19).

Coaching seguindo os níveis de propósito

Se os seus clientes desanimarem com os obstáculos, será tremendamente útil ganharem uma perspectiva dos propósitos de Deus. Um ótimo meio de ajudá-los a se reorientarem é conduzi-los através dos níveis de propósito, ou seja, ajudar a pessoa a deixar de olhar para a situação em termos de nível inferior (conforto e sucesso temporal) para visar aos dois níveis superiores: levar o Reino a outros e edificar o Reino internamente.

Os propósitos de Deus

Lógica		Resultado final
Edificar o Reino em você	Estar com / O cerne	Recompensa final: Filho de Deus
Levar o Reino ao mundo	Atuação missionária / O chamado	Grandeza no Reino de Deus
Experimentar o bem no mundo	Bem-estar temporal / O estilo de vida	Consome-se no fogo

Alguns anos atrás trabalhei com um cliente que se debatia com seu relacionamento com Deus. No processo de administrar uma empresa da família, ocorreu uma ruptura relacional e a situação chegou ao ponto em que ele já não era convidado para reuniões de família. Depois sua casa se incendiou duas vezes no período de um ano. Ele estava emperrado – perguntando-se onde estaria Deus no meio disso tudo e como um Deus de amor poderia ser tão volúvel. Nada daquilo fazia sentido.

Quando o inquiri inicialmente a respeito do que se passava dentro dele, ele respondeu apenas "Não sei". Uma das primeiras tarefas que lhe passei foi ler um livro sobre a vida de José. Não há dúvida de que José teve sua porção de golpes pesados quando foi vendido como escravo por seus próprios irmãos e depois lançado injustamente na prisão. A rejeição pela família foi algo com que aquele cliente podia identificar-se! Todavia, ao cabo de tudo, José pôde dizer aos seus irmãos: *Vocês planejaram o mal contra mim, mas Deus o tornou em bem, para que hoje fosse preservada a vida de muitos...* (Gn 50.20). Comecei a desafiá-lo brandamente a tentar uma nova perspectiva: e se Deus pretendesse algo de bom com isso? Conversamos sobre o seu chamado e quem ele gostaria de se tornar. Também conversamos sobre a vontade de Deus para ele. Que parte da sua própria jornada Jesus lhe está permitindo compartilhar por meio disso? De que modo isso elevaria aquele relacionamento a um novo nível?

Ao longo do processo de reconfiguração das suas expectativas da vida cristã, ele encontrou Deus de um modo novo e recuperou uma trajetória para a obra da sua vida. Cerca de seis meses depois, ele me telefonou para compartilhar algo gratificante: dera um exemplar do livro sobre José de presente à sua irmã (aquela de quem se havia distanciado), ela gostou dele o suficiente para usá-lo em um estudo bíblico na vizinhança, e um dos seus amigos encontrou o Senhor por meio daquilo. Ela ficou empolgada e ele foi abençoado por ter participado disso com ela.

Então, por que sua casa queimou duas vezes? Poderíamos dizer que vivemos em um mundo caído e que, às vezes, simplesmente acontecem coisas ruins. Ou podemos dizer que tudo está sob a soberania de Deus e Deus o quis. Pode-se mesmo dizer que Deus arranjou tudo aquilo a fim de que o amigo da sua irmã se salvasse. Não sou suficientemente esperto para resolver isso do lado de cá do túmulo, mas sei o seguinte: não importa por que tenha acontecido, *nossa reação é exatamente a mesma:* dirigir-nos a Deus e dizer: "Senhor, disseste que tomarias tudo que acontecesse na minha vida e o tornarias em bem a fim de criar em mim a imagem de Cristo se eu dedicar aquilo aos teus propósitos. Como queres que eu te encontre por meio disso?"

Em resumo, encaminhar a elevação dos níveis de propósito significa reconfigurar a situação em termos dos propósitos mais elevados de Deus – levando seu Reino ao mundo e formando Cristo em nosso coração. Para aplicar esta técnica, formule uma pergunta que lembre esses outros níveis e peça à pessoa que reflita sobre eles:

- *"Em vez de enxergar isso como um obstáculo frustrante, pense na questão como oportunidade. De que modo isso poderia colaborar para aumentar o domínio de Cristo no seu coração?"*
- *"De que modo Deus vem transformando quem você é por meio desta situação?"*
- *"Quem se beneficiará de um encontro seu com Deus por meio disso?"*
- *"Se Deus lhe enviou esta situação por ser exatamente o necessário para prepará-lo para o seu destino, o que você acha que ele poderia estar fazendo?"*

Temos aqui um exercício de *identificação de obstáculos* (12.1) para o caso de você querer levar os clientes a refletirem sobre suas barreiras. Para superar obstáculos, em geral se recorre a outra pessoa (se pudéssemos fazê-lo sozinhos, já o teríamos feito!), de modo que, em vez de fornecer exercícios, este capítulo se concentra em ferramentas para abordar obstáculos na conversa de coaching.

Lidando com obstáculos internos

Esbarramos em obstáculos internos quando nossas suposições íntimas, princípios ou questões de cura se interpõem a um sonho. Em contraste com obstáculos externos, bastante abertos, os internos são difíceis de enxergar. Eles aparecem inicialmente como sugestões sutis no comportamento ou nas reações do cliente. Normalmente não conseguimos identificar nossos próprios obstáculos internos até trombarmos com os bloqueios que causam. Portanto, o processo começa com um bloqueio. Eis aqui alguns exemplos comuns:

1. **Incapacidade de sonhar ou limitações incomuns ao sonho**

   "Quando você começa a pensar em seus sonhos ou em ter um futuro melhor aqui, o que o impede de imaginar o que seria possível?"

2. **Pessoa emperrada**

   "Parece que você emperrou aqui. O que você acha que o esteja impedindo?"

3. **Medos ou suposições irracionais que não combinam com fatos conhecidos**

   "Você disse antes que tem muita experiência no trabalho com essa faixa etária, mas a impressão é que você está se autodesqualificando para falar a eles. Fale sobre isso."

4. **Incapacidade de encarar algo**

   "Começamos várias vezes a conversar sobre desafiar aquela pessoa e eu noto que você sempre muda rapidamente de assunto. O que você pensa ser a causa dessa reação?"

5. **Repetição de rótulos negativos**

   "Já ouvi várias vezes de você a frase 'Não sou líder' e isso não parece combinar com o que vejo em você. De onde lhe vem essa ideia?"

Muitas vezes percebemos obstáculos internos porque nos induzem a fazer coisas sem sentido. Por exemplo: "Por que ela não consegue gerar nenhum sonho que não se relacione com ministério?" ou "Por que ele age como se não fosse qualificado quando obviamente o é?" Lembre-se, porém: as pessoas têm boas razões para agir como agem. As emoções têm sua própria lógica. Quando alguma suposição é danosa ou autossabotadora, não será a pessoa que dirá "Acho que hoje assumi uma suposição derrotista!" De alguma forma, aquela suposição é útil ou faz sentido no mundo daquela pessoa. O maior sucesso em mudar aquela suposição se tem quando se identifica sua *razão*.

Eis aqui um exemplo de coaching em torno de um obstáculo interno que começa com um bloqueio que o coach identificou. Note como o coach traz o obstáculo à luz.

"Pergunta: você tem andado à procura de ideias para uma escapada com a família. Ao longo dos últimos um ou dois meses também conversamos sobre como encontrar mais tempo para atividades que você aprecia, como caminhadas, camping ou navegação. Ouvi várias opções de atividades conjuntas de que sua esposa e seu filho gostam, mas nenhuma para fazer aquilo de que você gosta."

O coach enxerga um padrão nas reações do cliente e segue sua curiosidade em persegui-lo.

"Só preciso achar tempo para fazer algo por conta própria," replicou Matt. *"Não quero impô-las a eles."*

"O que você quer dizer com não querer 'impor' algo?"

"Só porque eu gosto daquilo, não quer dizer que eles também gostarão. Será um tempo melhor para todos se fizermos algo de que eu sei que eles gostarão."

"Impor". De onde vem isso?

"Aprecio sua disposição em renunciar à sua vida em favor da sua família, mas também fiquei curioso: o que aconteceu no passado quando vocês foram acampar ou caminhar como família?"

"Bem, na verdade nunca fizemos isso."

"Então, por que você acha que eles não gostarão disso?"

"Hum... não é bem o que eu gostaria de lhes pedir que façam."

"Seu filho Joey é escoteiro, certo? Eles já foram acampar alguma vez?"

"Sim."

Aqui aparece uma declaração interessante: o cliente supõe que despertará certa reação. A verificação do coach constata que não existem fatos que respaldem essa suposição.

"Então, da última vez em que foram, o que ele achou daquilo?"

"Foi um tempo muito bom no acampamento dos escoteiros. Desde então, ele vem-me amolando para deixá-lo ir de novo."

O coach sai em busca de outros fatos para conferir a suposição do cliente.

"Certo – vamos voltar atrás um pouco. Por um lado, seu filho gostou tanto do acampamento que vem amolando para deixá-lo ir de novo. Por outro, você não quer pedir-lhe para ir acampar porque não quer impor isso a ele. Essas duas coisas parecem não combinar. Dá para falar um pouco sobre isso?"

Isto parece um obstáculo interno: a suposição do cliente é irracional diante dos fatos.

"De fato, acho que isso soa um pouco maluco. Eu só não quero induzi-los a fazer algo que não queiram..."

"Então, o que você acha que acontecerá se lhes pedir para ir acampar? Como você imaginaria isso?"

O coach vai buscar a suposição por trás do comportamento.

"Seria bem decepcionante. Diriam que não gostam disso e então eu teria que insistir e começar um conflito ou desistir. Parece mais fácil não perguntar."

"Faz sentido. Vamos então ir um pouco mais fundo – o que faz você crer que antes de tudo receberia um 'Não'?"

É daqui que provém a suposição. *Parece racional para o cliente, mas será que funciona?*

"Pensando agora um pouco nisso, houve uns tempos no início do nosso casamento em que Liz e eu discordamos sobre aonde ir nas férias, e eu apenas decidi que seria mais fácil eu não esperar algo que desejasse, deixar que ela decidisse e evitar conflitos. Mas isso faz 20 anos."

"Se entendo bem, então, você diz que 'é melhor desistir e não esperar nada que possa causar uma discussão'. Essa suposição o satisfaz ou não?"

Damos um "nome" à suposição. Em seguida, perguntamos se a suposição melhora ou piora a vida.

"Bem, nos últimos anos Liz e eu tivemos algumas desavenças em que ela se irrita comigo porque não lhe digo o que quero. E acho que eu também deveria ter dito que vou levando a pior – como nunca levanto a questão, acabamos nunca fazendo aquilo de que realmente gosto. Acho que Liz sabe disso e se sente mal assim, mas não a deixo fazer nada a respeito."

"Portanto, você gostaria de mudar essa suposição?"

"Como se faz isso?"

"Bem, você decidiu crer isso. Existe algo que o impeça de revogar a decisão?"

"Não, não creio. Quer dizer que posso simplesmente revogar a decisão?"

"Poderia?"

"Sim, acho que posso!

O cliente descobre que sua suposição é efetivamente contraproducente – ela lhe proporciona exatamente aquilo que ele quer evitar. Uma excelente razão para mudar!

Neste diálogo, o coach é alertado inicialmente por um padrão interessante nas opções de Matt. Sua exploração revela uma suposição irracional que não corresponde aos fatos e uma incapacidade para enfrentar um conflito familiar. O coach conseguiu ajudar Matt a dar um nome à suposição subjacente, o que induziu à mudança.

Quando nos defrontamos com um efetivo obstáculo interno, a situação tende a se tornar mais emocional ou irracional à medida que se vai mais fundo. Por outro lado, às vezes os fatos confirmam a opção do cliente quando vêm

> ## Coaching de obstáculos internos
>
> Eis o processo adotado neste diálogo:
>
> 1. Seguir a curiosidade quando ela aponta para um possível obstáculo.
> 2. Encontrar fatos para conferir a reação do cliente.
> 3. Havendo dissonância, justapor os fatos à reação do cliente e solicitar uma reflexão (se então a reação do cliente for coerente com os fatos, não existirá obstáculo).
> 4. Extrair e expressar a suposição subjacente.
> 5. Pedir ao cliente que decida o que fará com aquela suposição.

à tona. Se Matt tivesse dito "Não vamos acampar porque as alergias da minha esposa são tão graves que ela poderá ir parar no hospital", haveria um bom e racional motivo para um comportamento que parecia irracional.

Por estarmos então visando um ponto cego (algo que o cliente não enxerga), o coach normalmente terá que começar seu exame por ali. Se o obstáculo parecer impedir o cliente de atingir uma meta, este será um bom ponto para se aprofundar. Deixe sua intuição guiá-lo quanto ao momento oportuno de abordar obstáculos!

Fortalezas e suposições profanas

Este diálogo ilustra o que a Bíblia chama de "fortaleza" em 2Co 10.3-6. Nesta passagem, muitas vezes inadequadamente interpretada, a fortaleza é um "pensamento", "argumento" ou uma "pretensão que se levanta contra o conhecimento de Deus". Em outras palavras, fortalezas têm a ver com pensamento *errado*, não com poderes espirituais. Embora as armas com que a combatemos sejam espirituais, a própria fortaleza não é algo no nosso espírito, mas na mente.

As fortalezas (chamadas às vezes de suposições profanas) são declarações de identidade, em geral encaminhadas negativamente, baseadas em

Identificando fortalezas

Fortalezas caracterizam-se por:

1. Declarações identificadoras negativas. Tentar *não* ser como alguém.
2. Reação exagerada. A emoção é desproporcional à situação.
3. Reações irracionais. Fortalezas são escolhas emocionais, não racionais. Muitas vezes nem fazem sentido.

ferimentos[21]. Influenciam-nos por serem parte da nossa identidade e são fortes porque a ferida emocional que criaram em torno não está curada. Por decidirmos enquanto ainda estamos feridos como responderemos no futuro em situações similares, construímos parte da nossa identidade em torno de reações ou de autoproteção.

No diálogo usado como exemplo descobrimos que Matt estava ferido por causa de discórdias no início da sua vida conjugal e que ele continua tentando proteger-se contra algo que aconteceu há 20 anos. Eis alguns exemplos adicionais de formas que as fortalezas podem adquirir:

- "Nunca mais vou fazer isso!"
- "Quando eu crescer, serei dono de uma porção de empresas e nunca serei pobre."
- "Como você pode possuir uma casa e ainda ser cristão?" (Essa foi uma das minhas).
- "Meu pai nunca esteve próximo de nós quando éramos crianças e eu jurei que nunca serei assim."

Observe que todas essas mensagens são negativas. O erro de uma fortaleza é a nossa reação ao tentar *não ser como* alguém ou uma situação que nos fere em vez de tentarmos *ser como* Jesus.

Existem duas estratégias fundamentais a aplicar no coaching de fortalezas. Às vezes, a ferida já foi tratada com o tempo, e basta o cliente revogar sua decisão. Todavia, se a ferida ainda estiver presente, muitas vezes haverá necessidade de oração, aconselhamento ou cura interna para liberar a ferida emocional antes que a suposição possa mudar.

Então, como saber qual dessas abordagens adotar? Sempre será um bom começo simplesmente perguntar aos clientes como gostariam de lidar com aquilo. Em geral, a cura escapa aos limites do relacionamento de coaching, de modo que, se necessário, convém criar alguma ação concreta

---

21   Estude a história de Esaú e a passagem sobre a "raiz de amargura", em Hebreus, para saber mais sobre fortalezas. Esaú experimentou favoritismo e amor condicional de parte dos seus pais, e a quebra dos seus relacionamentos familiares decorreu do seu ferimento. A venda da sua primogenitura representou um desligamento do sistema familiar que o ferira.

em busca de recursos para obtê-la. Uma abordagem alternativa seria tentar apenas o mais simples primeiro (revogação da decisão). Se isso não funcionar, sempre se pode retroceder e explorar a opção de cura.

Abordagens por força bruta

A tentativa por meio da solução mais simples é uma estratégia de coaching confiável. Se o cliente achar que funcionará, deveria tentar. Se a solução do bom senso não proporcionar progresso, pouco se perderá. Todavia, a estratégia do "mais simples primeiro" sairá pela culatra se o cliente não conseguir largar uma solução que não funcione. Por exemplo, em áreas nas quais a mudança tenha falhado repetidamente, os clientes muitas vezes insistirão em uma solução do tipo "ser mais disciplinado" ou "tentar com mais insistência". Chamo isso de abordagem por força bruta: aplicar mais energia à situação e nos forçarmos a mudar.

Não sou um grande adepto de abordagens por força bruta. Presume-se que a disciplina nos leve a um ponto em que algo ocorra com facilidade, sem necessidade de lhe aplicar esforço. Em outras palavras, o propósito da disciplina é levar-nos ao ponto de não *precisarmos* ser disciplinados. Continuar a trabalhar na mudança de um modo que requeira significativa energia sem que se vá tornando mais fácil parece-me uma proposição perdedora.

Um raciocínio do tipo força bruta pode ser desafiado com perguntas como "Como isso funcionou com você no passado?" Se você já tentou alguma vez perder peso, exercitar-se regularmente ou manter devoções diárias por meio de mais disciplina e falhou 14 vezes seguidas, por que haveria de crer que essa abordagem funcionará agora? Se existir um padrão de fracasso, haverá necessidade de alguma mudança significativa em sua abordagem para obter resultados diferentes – e um dos pontos a visar para essa mudança são os obstáculos internos.

> Se essa abordagem já falhou 14 vezes seguidas, por que se haveria de crer que apenas um esforço maior funcionará desta vez?

Muitas vezes as abordagens por força bruta são impelidas por um "dever". "Devo ser capaz de disciplinar a mim mesmo para fazer isso" ou "Se eu fosse realmente espiritual, já teria dominado isso". O obstáculo interno é a suposição da pessoa sobre o processo de mudança! Essas suposições não são apenas irracionais (já provamos que isso não ajuda), mas nos impedem de retroceder e dizer "Isso não funciona – o que mais eu poderia tentar?"

Quando a aplicação normal de disciplina não dá resultado, convirá voltar atrás e perguntar "por quê?". O que se passa por baixo da superfície?

Por que está tão difícil o sucesso aparecer? O que está sabotando você? Encontre a raiz do obstáculo, arranque-a e as mudanças ficarão mais fáceis.

Lutei por anos com padrões de alimentação saudável e de exercícios. Mesmo quando tinha sucesso por algum tempo, logo recaía nos meus padrões antigos. A comida era uma muleta para eu me sentir de bem com a vida. Tentei de todas as formas me autodisciplinar – mas o esforço mais intenso não funcionava. Simplesmente não conseguia mobilizar a energia para mudar.

Aí recebi um diagnóstico de distimia e fui medicado de acordo. Em questão de semanas passei a dormir bem pela primeira vez em 15 anos. Sentia-me descansado, tinha mais energia e de repente *desejei* praticar exercícios. Comecei espalhando adubo no jardim e me diverti praticando cinco ou seis horas de trabalho braçal pesado por semana. Depois de me sentir fisicamente quebrado por tantos anos, havia me esquecido o que significava sentir-se bem. Comer e cochilar foram as maneiras pelas quais tentei conviver com o que vinha estragando meu corpo.

Tentei a abordagem por força bruta e me sentia cada vez mais idiota à medida que falhava. Somente quando finalmente descobri a raiz do obstáculo consegui fazer aquilo que realmente queria.

Revolvendo a escuridão

Às vezes temos dificuldades em encontrar uma ferramenta para manejar as motivações ou os medos emboscados abaixo da superfície. Uma ótima técnica para revelá-los é o que chamo de "revolver a escuridão". Quando um cliente evita ou teme algo e não sabe por que, crie uma ação concreta que o faça executar em pequena escala o que ele teme e acompanhe o que se passa internamente nele enquanto faz aquilo.

A ideia não é superar os temores por força de vontade, mas executar o que se teme e observar como aquilo o afeta. É um exercício de coleta de dados. Para clientes desconectados do seu mundo interno, a nova imagem emocional que, então, emerge, muitas vezes destrava a mudança.

Há algum tempo, eu vinha trabalhando com um cliente a respeito de assertividade. Ele passava por dificuldades para entender por que era tão passivo em situações conflituosas, de modo que decidimos revolver a escuridão. O cliente estabeleceu uma ação concreta de orar por situações que o desafiassem a ser assertivo. Duas semanas depois, relatou um conflito com seu chefe, um amigo que se aborreceu com ele e devolveu um artigo defeituoso a um vendedor que tentara coagi-lo a ficar com aquilo. Por meio dessas experiências, o cliente começou a se conectar com sua falta de autoconfiança – habitualmente, ele presumia que os outros fossem melhores ou mais confiáveis do que ele, de modo que se retraía quando deveria manter posição. Esse reconhecimento iniciou uma jornada transformadora de reconfiguração da sua identidade em torno do que ele realmente era.

Obstáculos espiritualizados

Muitas vezes, os "deveres" em função dos quais vivemos prendem-se à nossa necessidade de nos apresentarmos de algum modo como cristãos. Esses obstáculos espiritualizados derivam das nossas diretrizes humanas, que criamos quando nos tornamos religiosos a respeito da vida cristã. Por exemplo: podemos recear não ter enunciado corretamente o nosso chamado, ou que pareçamos arrogantes se verbalizarmos um grande sonho (veja mais no box). A título de exemplo do coaching, consideremos a pergunta "Tal sonho teria vindo de Deus?", o que pode ser uma grande barreira para clientes cristãos. Pensamos que, se não ouvirmos Deus exatamente, falharemos e envergonharemos a nós e o Reino. Não é nenhuma perspectiva muito motivadora, concorda? Então, como tratar desse obstáculo?

Uma coisa impressionante que aprendi sobre orientar pessoas a ouvirem Deus é que, em pelo menos oito de dez casos em que alguém diz "Não sei o que Deus me diz", após uns 20 minutos de conversa se descobre que sabiam *sim* – apenas não tinham a confiança para crer que tivessem ouvido. Tenho prestado coaching a cristãos que afirmavam nunca terem ouvido Deus falar com eles em toda a sua vida, mas quando exploramos situações e decisões passadas rapidamente encontramos situações em que encontraram Deus.

Quando os clientes acham que não sabem o que Deus está dizendo, começo tratando de descobrir *o que* sabem:

- *"Conte-me mais sobre a situação."*
- *"O que Deus lhe disse até agora sobre isso?"*
- *"O que você sabe?"*
- *"O que o seu coração lhe diz?"*
- *"Se você não tivesse medo de _____, o que faria?"*
- *"Dê sua melhor sugestão: o que você acha que Deus quer que você faça?"*

Se a pessoa estiver realmente atolada na dúvida "Seria Deus ou eu?", existem outras opções de coaching. Crie uma ação concreta no sentido de levar a situação a Deus em oração e em pedir orientação. Como coach, quero ajudar a pessoa a agir propositadamente nessa questão: "Quando você orará a respeito disso? Que tempo você separará?" Muitas vezes o

Obstáculos espiritualizados comuns

Eis algumas suposições erradas comuns com que os cristãos se debatem.

- Gente humilde não fala sobre grandes sonhos.
- Tenho que ser capaz de conquistar isso sem ajuda.
- Tenho que ser capaz de [insira uma habilidade qualquer] como [uma pessoa com dom nessa área].
- Deus não abençoa pessoas que não vivem direito.
- Viver segundo a vontade de Deus significa estar no lugar certo fazendo a coisa certa no momento certo.
- Quando Deus está presente em algo, aquilo funciona.
- Adversidades provêm de pecado em nossa vida.
- Não consigo ouvir Deus.
- Se eu fizer mais, Deus ficará satisfeito comigo.
- O que meu coração deseja é "apenas eu".

retorno à oração ajuda – é impressionante como Deus leva sua resposta a sério quando pedimos seriamente. *Se algum de vocês tem falta de sabedoria, peça-a a Deus, que a todos dá livremente, de boa vontade, e lhe será concedida* (Tg 1.5).

Às vezes a fé que comunicamos à pessoa como coach já está nela. Dizendo apenas "Creio que Deus falará a você" (e realmente crendo!) elevará o nível de fé o suficiente para romper a barreira da pessoa. Tal como tudo na vida cristã, ouvir Deus desperta a fé. É preciso decidir crer que ele esteja falando e colocar fé naquela voz ainda pequena no coração. Muitas vezes a voz já veio – a barreira está em a própria pessoa crer que já tenha ouvido Deus lhe falando.

Observo, também, que diferentes pessoas têm diferentes modos de ouvir Deus, e é uma boa prática trabalhar com padrões históricos. Pergunte: "De que modo Deus falou com você no passado sobre decisões importantes?" Tenho clientes cujas decisões importantes foram consistentemente confirmadas por provisão, outros que ouvem por intermédio da Escritura, alguns que buscam acordo com o cônjuge – até mesmo um para quem aquilo que planejava não dava em nada e o que vinha de Deus simplesmente lhe caía no colo!

Uma breve observação sobre obstáculos no reino espiritual. Os poderes demoníacos são reais e podem erigir difíceis obstáculos externos. Por exemplo: a oração de Daniel foi impedida por três semanas por potências demoníacas. Quando ocorrem obstáculos internos, a história é outra. Quando ouço um cliente dizer algo como "O inimigo roubou minha alegria e me desanimou", costumo perguntar: "Onde você acha que tem uma porta aberta em você que ele possa explorar para fazer isso?" ou "Qual é o ponto vulnerável por onde passa esse ataque?" Quando atinge nosso mundo interno, o único poder que o inimigo tem sobre os cristãos é aquilo que lhe entregamos. Se o cristão achar que aquilo que ele vem sofrendo é um "ataque espiritual", trata-se de uma excelente oportunidade para ajudá-lo e identificar o ponto vulnerável e a fechar a porta.

Testando sonhos

Às vezes, o obstáculo em ouvir Deus pode ser abordado tentando-se um sonho. Se você tiver que desarraigar sua família para poder obter um grau acadêmico, será necessário ter confiança nesse procedimento. A Bíblia oferece vários testes que os coaches podem empregar para aumentar a confiança dos clientes na tomada de decisões.

Um deles tem a ver com fidelidade. Na continuação daquela passagem de Tiago: *Peça-a, porém, com fé, sem duvidar, pois aquele que duvida é seme-*lhante à onda do mar, levada e agitada pelo vento. Não pense tal pessoa que receberá coisa alguma do Senhor, pois tem mente dividida e é instável em tudo o que faz* (Tg 1.6-8), ter mente dividida significa pedir orientação a Deus sem decidir segui-la quando a receber. Quem apenas buscar confirmação para aquilo que já tem no coração ou quiser ouvir o que Deus tem a dizer para, então, decidir se poderá pagar o preço, não pode esperar receber alguma orientação muito clara. Quem ouve, submete sua decisão antes de perguntar.

Quando meus clientes cristãos consideram passos importantes, procuro incutir-lhes confiança e poder para saber que Deus falou. Quero que atinjam o melhor. Assim, mesmo que a pessoa esteja muito empolgada com alguma meta, ainda lhe pergunto: "O que Deus lhe diz a respeito disso?" Se ela não perguntou ou se ainda não ouviu nada, quero crer que possa ouvir e a desafio a correr o risco de perguntar. Eis como isso pode se apresentar:

Exercício: orar de ambos os modos

Outra maneira de testar um sonho é orar por ele de ambos os modos:

- Primeiro ore: *"Deus, agradeço-te por me permitires perseguir este sonho. Obrigado por teu favor sobre ele. Quero fazer isso contigo e para ti..."*
- Depois ore: *"Deus, obrigado por me liberar disso. Agradeço por pretenderes o melhor para mim e por eu poder me afastar disso..."*

Observe suas reações internas enquanto ora. Onde existe paz nisso? O que o seu espírito confirma?

"Ela parece ser uma pessoa perfeita. Mas como você sabe que esta é a garota que Deus determinou para você?"

"Bem, gosto muito dela e quero me casar com ela."

"Será que isso basta? Ou você gostaria de ter mais clareza se puder?"

"Se eu puder ter mais – claro. É difícil ouvir Deus nesse tipo de situação – meu envolvimento emocional nisso é muito grande."

"Então, como você poderia livrar-se desse envolvimento? O que custaria você ir até onde Deus possa lhe dar qualquer resposta e você se satisfaça com ela, sabendo que ele tem o melhor para você em mente?"

"Bom, acho que preciso mesmo largar tudo e dizer: 'Deus, tu me bastas'."

"Vale a pena fazer isso?"

"Sim, mas não é fácil."

"Mas eu creio que você conseguirá. Pode ser um dos grandes momentos em sua vida com Deus."

"Acho que vou precisar ir embora para algum retiro ou algo assim e realmente lutar com Deus sobre isso."

A chave para esse tipo de conversa é manter em pé uma forte esperança – de conseguir ouvir Deus com clareza e de ter verdadeira confiança nele – e, ao fazer isso, comunicar sua confiança no cliente. Mesmo o casamento é um sonho com raízes no céu – podendo satisfazer efetivamente apenas se estiver totalmente sob o domínio de Cristo.

Outro ótimo exercício de teste de sonhos é o de 1 João 3.16-22. Podemos confirmar nosso coração diante de Deus e saber que somos da verdade se vivermos em amor ágape sacrifical em favor dos nossos irmão e irmãs em Cristo. A pergunta de teste é: *"A quem esse sonho beneficiará?"*

Se a única resposta razoável for "Apenas a mim", não se obterá muita firmeza neste teste! Todavia, esse versículo sugere um modo de ir na direção dela: reconfigure seus sonhos de modo a servirem a outros de forma sacrifical e não apenas a você.

Outro teste que aplico regularmente é o do alinhamento conjugal. "Como sua esposa/seu marido se sente a respeito dessa decisão? O que Deus disse a ela/ele?" Com surpreendente frequência constato que os casais não chegaram a consenso sobre decisões importantes. Esta é uma daquelas coisas que especialmente os homens sabem ser sábia, mas que pode facilmente ser esquecida na prática (mais sobre propósito de vida e casamento: veja o capítulo 5).

12.1. IDENTIFICAÇÃO DE OBSTÁCULOS

A maioria de nós se defronta com obstáculos quando começa a perseguir seus sonhos. Não há nada de anormal com isso – um sonho que mereça a dedicação da vida *precisa* custar esforço e forçar-nos a crescer ao longo do caminho. Os obstáculos sobrevêm em dois formatos: externos e internos. Obstáculos externos são circunstâncias que nos impedem de avançar – coisas como falta de dinheiro, habilidades ou credenciais. Obstáculos internos são suposições ou padrões de pensamento que nos retêm. Quem crer que conflitos sejam algo a evitar a todo custo, por exemplo, sofrerá ao sonhar em assumir funções ou responsabilidades que impliquem conflitos.

Obstáculos externos

Recolha-se por mais ou menos meia hora e considere que circunstâncias externas bloquearão a busca do seu sonho. Poderá ser útil imaginar você mesmo se movendo em direção ao alvo passo a passo, perguntando: "De que precisarei para esse sonho que eu não tenha e que seja difícil de obter?" O que não tivermos, mas que acreditamos poder adquirir, não é obstáculo – estamos em busca daquilo diante do que dizemos: "Não sei de que modo isso possa vir a acontecer algum dia".

1. _____
2. _____
3. _____
4. _____
5. _____

Obstáculos internos

Agora imagine de novo a jornada de busca do seu sonho, passo a passo, desde o início, e observe suas reações *internas*. Como você se sente ao pensar nos diversos desafios que esse sonho implica? Quando aparecem emoções como medo ou dúvida? O que seu crítico interno lhe diz? Anote abaixo seus pensamentos e sentimentos.

1. _____
   _____
2. _____
   _____
3. _____
   _____

12.2. ARREPENDIMENTOS

Quando consideramos perseguir nossos sonhos, normalmente temos alguma ideia dos custos e riscos implicados em alcançá-los. Todavia, pouca gente examina os custos de **não** assumir o risco de perseguir um sonho. Este exercício ajudará a avaliar o preço de ambas as atitudes.

Etapa 1: Entrar no sonho

Este é um exercício emotivo. Para que funcione, torna-se necessário realmente entrar no sonho. Visualize-se vivendo o sonho. O que seria diferente na sua vida? Como mudaria sua pessoa? O que compensaria dedicar a ele? Executar o exercício de *visualização* (11.4) poderá ajudar.

Etapa 2: Retrospectiva

Imagine-se agora com 75 anos revendo aquilo que fez ao longo da vida. Se você nunca perseguiu esse sonho – o risco parecia excessivo ou você não conseguiu o tempo ou o dinheiro – como você se sentiria a respeito?

- O que lhe faria falta?
- O que você pensaria sobre si mesmo por ter feito tal escolha?
- Você estaria profundamente desapontado ou não seria grande coisa?

Etapa 3: Comparação

Tendo tomado consciência do custo de não perseguir seu sonho, compare-o com o custo de buscá-lo. Como isso mudará a equação? Qual será a melhor opção de longo prazo?

> **Dica de coaching**
>
> *Eis algumas perguntas típicas que o coach poderá formular diante de arrependimentos:*
>
> - *"Muitas vezes pensamos em quanto custará perseguir um sonho. Qual será o custo de **não** persegui-lo?"*
> - *"Imagine-se com 80 anos de idade, sentado na varanda e conversando com seus netos sobre esta decisão. O que você gostaria de poder contar-lhes, e por quê?"*
> - *"O que lhe fará falta – se for o caso – se você apenas mantiver isso em banho-maria por cinco anos?"*
> - *"Em que medida uma reflexão sobre remorsos mudará seu senso de urgência sobre este sonho?"*

13

VALORES

"Vidas baseadas em ter são menos livres do que vidas baseadas em fazer ou ser."

William James

O conflito entre os dois líderes agravou-se rapidamente. Enquanto faziam os últimos preparativos para uma extensa viagem missionária, surgiu um desentendimento sobre quem deveria integrar a equipe. Em uma expedição anterior, um integrante mais jovem da equipe ficou com saudades de casa e se afastou prematuramente, obrigando-os a refazer seus planos. Desta vez, o líder da equipe manteve-se firme: esta viagem representaria um apoio crucial para as novas igrejas que haviam fundado e eles não poderiam arriscar-se a levar alguém que os abandonara na vez anterior. O vice-líder foi igualmente inflexível: aquele jovem teria um grande chamado na vida e precisariam confiar nele e ir atrás daquilo para o que Deus o criara. Finalmente, incapazes de resolver suas diferenças, os dois líderes se separaram.

Este incidente relatado em Atos 15 foi um conflito de valores entre Paulo e Barnabé a respeito de João Marcos. Paulo valorizava a tarefa. Fidelidade e total comprometimento era o que ele esperava dos integrantes da equipe, e quem não estivesse disposto a dedicar tudo teria que ser substituído. Barnabé, o filho da consolação, valorizava o desenvolvimento das pessoas. Foi ele quem saiu à procura de Paulo em seu isolamento, trazendo-o a Antioquia, e até abriu mão da liderança na primeira viagem missionária para deixar Paulo crescer em seu chamado. Para Barnabé, a tarefa *era* desenvolver pessoas. Incapazes de chegar a um consenso sobre Marcos, os dois apóstolos se separaram.

Tal como nesta história, existem valores essenciais que definem nossas paixões e criam a base para as nossas decisões. São diversos os matizes do significado dos valores:

- São convicções profundas e duradouras.
- Os valores definem o que é valioso ou importante em nossa vida.
- Constituem um arcabouço para definir o que pensamos estar certo ou errado.
- Valores são entendimentos e expectativas sobre o modo como as pessoas devem comportar-se.

Os valores expressam o que mais nos apaixona, o que nos motiva e por que preferimos isto ou aquilo. Os valores não são aspirações sobre o futuro: eles afloram em tudo que fazemos *agora*. Se isso lhe parecer um pouco nebuloso, você não está só. Os valores são um dos conceitos mais difíceis de entender para os clientes. Todavia, são muito importantes porque:

- É difícil orientar pessoas para os seus valores se você não souber o que são!
- Como os valores incluem aquilo que é mais importante para os nossos clientes, a descoberta dos propósitos de vida sempre esbarra neles.
- Os valores são o porquê nas nossas decisões. Como o coaching visa à tomada e execução de decisões, o conhecimento dos valores que as induzem proporciona uma tomada de decisões melhor.
- Funções convergentes que correspondem ao nosso destino alinham-se estreitamente com nossos valores. A identificação desses valores é, muitas vezes, o primeiro passo para encontrar a função convergente.

Um aspecto de particular importância no trabalho de coaches cristãos com clientes cristãos é que compartilhamos todo um conjunto de valores – coisas como o amor ágape, serviço ou de nos tornarmos como Jesus. Este sistema de valores substitui aquele sistema cultural de valores de "vida, liberdade e busca da felicidade" que constitui a maior parte da prestação de coaching.

Nossos valores cristãos comuns começam a divergir nos detalhes doutrinários que definem as denominações e os grupos religiosos. Assim, para prestar coaching dentro de um ambiente compartilhado, o coach cristão precisa aprender a priorizar o prioritário. Nossa unidade baseia-se nos credos e entendimentos históricos das Escrituras compartilhados por todas as denominações, não em questões como livre arbítrio contra predestinação, liderança feminina ou se Jesus seria democrata ou republicano. Todos defendemos noções inegociáveis para nós (que são os nossos próprios valores!), mas a capacidade de aderir aos princípios essenciais da fé cristã, deixando o resto ser negociável é o que permitirá prestar coaching a cristãos alheios à nossa própria corrente particular.

Instrução sobre valores

Se um cliente não estiver familiarizado com a noção de valores (a "referência de avaliação" evidenciará isso), haverá necessidade de alguma instrução antes que se possa descobri-los. Muitas vezes, a melhor instrução sobre valores consiste em receber coaching para descobrir um deles e, então, buscar saber como se chegou lá. Eis como isso poderá funcionar:

"Não tenho certeza se entendi essa coisa de valores. Dá para me explicar isso de outra maneira?"

"Claro, Natã. Será que ajudaria examinarmos um dos seus próprios valores?"

"Soa bem. Só não sei bem o que são."

"Certo. Fale sobre alguma decisão que você tenha tomado recentemente – algo que requeira sua atenção."

"Vejamos... alguns dias atrás conversei com minha esposa sobre dar sustento a uma criança na África – sabe, via Compassion International ou algo assim."

"E por que você quer fazer isso?"

"Bem, nos últimos cinco ou seis anos a vida tem estado bastante apertada. Desde que minha esposa deixou seu emprego por causa das crianças e o início da empresa, ficamos em aperto. Mas agora a empresa está indo melhor e podemos ir além das necessidades primárias. Gostaria de aplicar alguma coisa daquilo que Deus nos deu para abençoar outros."

Perguntas para descoberta de valores

- *"Por que isso é importante para você?"*
- *"O que tornaria sua vida insuportável se lhe fosse tirado ou se não pudesse fazê-lo? O que torna isso valioso para você?"*
- *"Ao tomar suas decisões mais importantes, em que você as fundamenta?"*
- *"Em que você investe o melhor do seu tempo, dinheiro e energia? Por quê?"*
- *"Quais são seus assuntos prediletos? Sua preocupações profundas? Por quê?"*
- *"Do que você mais se orgulha? O que mais o anima na vida? Por quê?"*

"E o que há por trás disso, Natã?"

"Trata-se de cuidar dos menos favorecidos e de fazer o que é certo. É assegurar que minhas finanças não girem só em torno de mim."

"Por que isso é importante para você?"

"Bem, são coisas em que creio. E quando realmente se crê em algo, coloca-se aquilo em prática. Dizer que quero levar minha vida a serviço de Deus e então tomar tudo o que ele me dá apenas para o meu benefício pessoal seria uma fraude."

"E por que você se preocupa em fazer a coisa certa e não ser um fraudador?"

"É integridade! É fazer o que se fala. Ser fraudador é não fazer o que se fala."

"E o que está por trás da integridade para você?"

"Fico pensando 'que espécie de pessoa eu seria se não tivesse integridade'. Preocupo-me em agir corretamente porque, assim, os relacionamentos funcionarão ou é o que fará os clientes retornarem à minha empresa, mas mesmo sem incluir a empresa eu o faria. Ainda o faço. A integridade é sua própria recompensa."

"E isto soa como um valor para você, Natã. Começamos com uma decisão porque os valores são o arcabouço por meio do qual tomamos decisões. Continuei inquirindo você sobre a lógica que torna importante o ato de dar até que você desceu até o fundamento da razão por fazer aquilo: a integridade. Sabemos quando lidamos com um valor quando perguntamos "por quê" e não há mais um porquê. Como você disse, a integridade é sua própria recompensa."

"E é por isso que faço muitas das coisas que faço em todas as diversas áreas da minha vida. Certo, acho que entendi."

Este diálogo demonstra como orientar a descoberta de valores durante uma sessão. Comece com algo que seja importante para a pessoa e continue a perguntar "por quê?" a fim de dirigir a conversa para o valor subjacente. Quando o cliente começar a circular o tempo todo em torno da mesma ideia, atingiu-se o valor básico. Pelo fato de o conceito de valor ser difícil de entender, gosto de iniciar a descoberta de valores por meio desse tipo de aprendizado por experiências.

Uma segunda forma de conduzir o aprendizado sobre valores são livros. Um que frequentemente recomendo a líderes de ministério é *Values Driven Leadership* (Liderança movida por valores), de Aubrey Malphurs. Ele é voltado a valores organizacionais, mas presta um bom serviço em apresentar os conceitos básicos sobre valores e traz muitos exemplos. *O caminho*, de Laurie Beth Jones,[22] também contém uma seção de valores e é bem acessível à maioria das pessoas.

Outro modo de ajudar as pessoas a captarem o que são valores é expor o que são e o que não são. A planilha de trabalho de *Características dos Valores* (13.1) relaciona várias características de valores que ajudam o cliente a saber o que buscamos.

---

22   (Rio de Janeiro: Ediouro, 1997.)

O processo de descoberta de valores

Valores são a força motriz por trás do nosso trabalho e das nossas paixões. Todavia, por se tratar de premissas tão profundamente arraigadas, muitas vezes não nos conscientizamos do que são ou de como nos moldam. Uma vez que o cliente entenda o que são valores e sua importância, a próxima etapa será um processo de descoberta deles. Em geral, esse processo demandará várias sessões de coaching até se completar.

Podem-se criar vários tipos de conjuntos de valores. Uma opção seria criar valores para diferentes setores da vida, como trabalho, família ou vida espiritual. A adoção de um esquema como as *Categorias da roda da vida* (11.5) forçará o cliente a examinar o que o motiva nas diferentes áreas. Além disso, será mais fácil identificar e criar valores em setores da vida do que tentar cobrir tudo de uma vez só.

Uma segunda opção seria um conjunto global de valores aplicáveis a todas as áreas da vida. Esta é mais adequada para clientes mais avançados ou para quem já tenha trabalhado com valores antes.

Agrupamento e resumo

Clientes do tipo S no MBTI tendem a demorar mais para resumir as informações em temas conceituais. Trata-se de algo que os Ns fazem bem naturalmente. Para um cliente S, poderá ser útil pesquisar temas em anotações de valores com algum amigo que seja N.

Um terceiro tipo é o dos *valores de liderança* (vide 13.8). Para organizações ou ambientes de equipe é tremendamente útil focalizar por que se faz o que se faz. Uma quarta variante é um conjunto de valores organizacionais: os princípios essenciais que fundamentam as normas e decisões de uma equipe ou organização.

O processo de coaching que adoto para detectar valores é:

1. Executar uma parte do exercício durante a sessão de coaching para ter certeza de que o cliente o entendeu.
2. Liberá-lo para terminar o exercício por conta própria e enviar os resultados por e-mail.
3. Oferecer retorno sobre os resultados na próxima sessão de coaching (veja pg. 209).

Em seguida reinicio o ciclo com a próxima etapa do processo de descoberta. A passagem de anotações para temas e para declarações levará pelo menos três sessões. A maioria das pessoas desejará fazer revisões de suas declarações finais após receber algum retorno, de modo que teremos quatro.

Prática de valores

Seriam valores as seguintes declarações? Por que ou por que não? E se não forem, o que são?

1. Quero ser um daqueles israelitas que entendem os tempos e sabem o que fazer.
2. Valorizo a Bíblia como inerrante Palavra de Deus, nosso guia para a fé e a prática.
3. Valorizo a assistência aos pobres, às viúvas e aos órfãos, de modo que, quando chegar aos 50 anos, quero doar metade da minha renda.
4. Faço meus negócios com generosidade, de um modo que não vise apenas aos meus próprios interesses, mas aos interesses dos outros.
5. Valorizo a criação de um centro de retiros em Cuba para pastores que necessitem de amor e refrigério.
6. O valor segundo o qual eu vivo é: o Senhor ajuda quem ajuda a si mesmo.
7. Em meu relacionamento com Deus, meu centro é a intimidade, a conversa contínua e o encontro de Deus na natureza.

Um meio de começar é aplicar um exercício no qual o cliente identifique palavras ou frases que exponham o que é mais importante para ele. Pode-se aplicar o *arquivo cerebral de valores* (13.3) ou uma abordagem de *escolha de termos* (13.2). A vantagem da *escolha de termos* é que qualquer um pode fazer isso. A disponibilidade de numerosas ferramentas facilita o manejo das declarações de valores – basta combinar palavras da lista. Para clientes com maior dificuldade para entender o conceito de valores, este provavelmente será o caminho a seguir.

A desvantagem da *escolha de termos* é que a seleção a partir de opções pré-definidas limita a particularidade das declarações de valores do cliente. No trabalho com líderes ou com pessoas mais autoconscientes, o exercício *arquivo cerebral de valores* (13.3) oferecerá um ponto de partida melhor. Ele exige mais raciocínio do cliente, mas renderá declarações de valores mais ricos e personalizados, que cobrirão toda a amplitude da vida. Se os resultados do *arquivo cerebral* requererem mais detalhamento, bastará remeter a pessoa de volta à *escolha de termos* para busca de mais ideias.

Quando tivermos uma lista de palavras ou anotações sobre valor, o passo seguinte será agrupá-las em temas que constituirão as declarações de valores propriamente ditos (etapa 2 do exercício de *arquivo cerebral*). Quando criamos declarações em torno das categorias de vida, cada declaração poderá abrigar no máximo dois ou três temas em cada categoria. Para um conjunto global de valores, cinco a oito temas constituirão um bom número.

Finalmente, partimos desses temas para desenvolver declarações de valores em forma de sentenças mediante o exercício 13.6. Em 13.7 consta uma página de exemplos de declarações para orientar o cliente neste processo. Limitar sua lista a alguns poucos valores e formulá-los em frases concisas irá torná-los mais valiosos – enunciados longos e abstratos arquivados por aí serão de pouca utilidade.

Ocasionalmente nos deparamos com clientes que terão dificuldades de trazer algo à tona, mesmo com a abordagem por escolha de termos. Um meio de lidar com esses travamentos é criar um obituário (veja exercício 13.4). O modo como você gostaria de ser lembrado depois de morrer aponta para o núcleo do tipo de pessoa que você gostaria de ser e expõe esses valores. Se o cliente for alguém extrovertido que não gosta de fazer anotações, execute o exercício em forma de entrevista.

Oferecendo feedback

Assim que o cliente tiver executado algum trabalho inicial com os exercícios de *obituário, arquivo cerebral* ou *escolha de palavras,* será o momento de lhe oferecer retorno sobre os resultados. A chave aqui é que se deve fornecer principalmente formato e não conteúdo. Em outras palavras, seu trabalho consistirá em assegurar que os clientes identifiquem valores reais, vividos e apaixonados e que os expressem de maneira útil, e não em lhes dizer quais deverão ser os seus valores.

Normalmente confiro as anotações ou temas do cliente com os quatro testes da planilha de trabalho de *características de valores.* Por exemplo: as frases sobre valor da pessoa são exclusivas e pessoais? Às vezes, citações bíblicas proporcionam boas declarações de valores. Todavia, quando descubro um amontoado de fraseologia cristã padrão ("Desejo servir a Deus em minha geração") começo a duvidar que este seja realmente um valor. Como os valores estão no coração, é de lá que as suas declarações deverão brotar – em suas próprias palavras, não nas de outra pessoa.

Outro meio de conferir valores consiste em tomar uma frase ou um tema e pedir à pessoa que discorra sobre cada palavra daquilo. Em declarações de grandes valores, cada palavra ou frase estará saturada de sentido. Quando se inquire alguém a respeito de uma palavra e não houver muito a explicar a respeito, aquele poderá não ser o melhor exemplo de um verdadeiro valor.

Eis um exemplo de um cliente discorrendo sobre um termo de valor:

"Uma das palavras que você escolheu foi 'integridade'. Discorra sobre isso para mim: o que significa integridade para você e porque você tem paixão por ela?

"Certo. Integridade significa fazer o que se diz. Significa manter a palavra e segui-la. Significa que aquilo que suas palavras dizem que você é e o que seus atos dizem, são a mesma coisa. Dou atenção à integridade porque fazer a coisa certa faz parte do meu relacionamento com Jesus – quero que meus atos honrem o meu Senhor. E a integridade é uma das nossas posses mais valiosas. Ninguém pode tirá-la de nós – é o que nos faz saber que agimos bem mesmo quando todos nos mandam para o inferno. Não sei quem eu seria sem ela."

Dá para perceber a paixão e a força dessa resposta? A integridade está profundamente enraizada na identidade dessa pessoa. "Não sei quem eu seria sem ela." Quando as pessoas falam de valores, naturalmente falam em frases que podem ser incorporadas na própria declaração de valores. Afirmações como "aquilo que suas palavras dizem que você é e o que seus atos dizem são a mesma coisa" ou "honrar o meu Senhor" são expressões de integridade poderosas e personalizadas, que podem tornar-se excelentes declarações de valores.

Eis como se poderia discorrer sobre uma aspiração como valor:

"Você citou 'assistência' como um valor. Descreva isso – por que você tem paixão por assistência?"

"Bem, sabe, todo cristão deve prestar assistência aos seus vizinhos e às pessoas em torno dele. Entendo que isso seja a Grande Comissão. Por isso penso que, para mim, é bastante importante trabalhar e melhorar nisso. Desejo levar pelo menos 10 outros ao Senhor em minha vida – é isso que cada cristão deveria buscar. Assim, a assistência precisa ser parte dos meus valores."

"Então, como você vem praticando esse valor hoje?"

"Hum... tento estabelecer algum relacionamento com meus vizinhos e conhecê-los um pouco. Vai bastante devagar, porque não nos vemos muito. E o emprego é um lugar difícil, sabe? Não há muitas oportunidades ali. Preciso orar mais sobre isso."

Quando alguém expressa uma aspiração como valor (algo que gostaria de ser, mas, no momento, não pratica) a tendência é ouvir muito jargão religioso, "precisas" e "deves" e declarações no futuro. As aspirações visam ao futuro – "Vou fazer" ou "Preciso". Os valores situam-se no presente e devem ser redigidos no presente: "Sou...", "Valorizo..." ou "Creio...". O "devo" e o "quero" são pontos no futuro que nos alertam para o fato de que aquele cliente pode não estar falando de um verdadeiro valor. Assim, o coach verificará pedindo exemplos de como o cliente os pratica no momento. A resposta débil confirma que aquilo é, provavelmente, um sonho ou um alvo, não um valor.

Redigindo enunciados de valor

Uma vez que a pessoa tenha anotado algumas boas reflexões, a etapa seguinte é converter as anotações em *declarações de valores*. A conversão dos seus valores em um formato memorizável é como tirar o passaporte de um cofre para colocá-lo no bolso. O passaporte não terá utilidade na viagem a não ser que o tenhamos à mão. Do mesmo modo, embora seja bom anotar reflexões sobre valores em seu manual de propósito de vida, a posse de enunciados memorizados é muito mais útil. Quando efetivamente tomar decisões sobre a vida, você vai querer ter seus valores à mão.

Gosto de conduzir a pessoa através do processo de desenvolvimento de *um* enunciado de valor durante a sessão, de modo que entenda o processo e o produto final. Depois a solto para terminar os outros por si mesma por meio do exercício de *redação de declarações de valores* (13.6). Os *exemplos de declarações de valores* (13.7) oferecem uma referência útil para o cliente neste estágio.

Se a pessoa estiver criando valores para as categorias de vida, pergunte qual é a área mais difícil ou com a qual esteja menos satisfeita e tome essa área para conduzi-la ao seu primeiro valor, aplicando a técnica do "por quê" (veja pg. 205).

Clientes que aplicarem o *arquivo cerebral* para criar reflexões sobre valores estão um passo adiante nesta etapa, porque já estarão lidando com frases e não apenas com palavras isoladas. Se você tiver começado com o exercício de *escolha de termos*, uma opção será avançar diretamente para *enunciados de valor*. Apenas considere que, provavelmente, a pessoa acabará retrocedendo para retrabalhá-los pelo menos uma vez para obter uma versão final. Podemos também passar primeiro para o exercício de *esclarecimento de valores*. Nesse exercício, o cliente falará sobre seus valores em voz alta com um amigo ou o cônjuge. O ato de verbalizar os valores faz o cliente passar de palavras isoladas para frases e sentenças, o que o aproxima da criação de enunciados. Quem fizer isso junto com o cônjuge ainda inclui o parceiro no processo.

Avaliando os enunciados finais

Na maioria das vezes, os clientes desejam algum retorno sobre seus enunciados de valor. Os quatro aspectos-chave que considero nesse estágio constam da planilha de trabalho *Características de valores* (13.1):

1. **Breve**: Uma frase ou sentença memorizável será o melhor. Uma palavra-chave para lembrar o valor também será de grande ajuda. Divagações contendo vários conceitos diferentes deverão ser editados para o que for mais importante.

2. **Particular:** Suas próprias palavras. Algo significativo para você. Nada de jargão convencional nem frases de outra pessoa.

3. **Significativo:** Cada frase tem significado. O cliente poderá facilmente desenvolver o que escreveu a fim de descrevê-lo em maior profundidade.

4. **Agora:** O valor será redigido no presente (p. ex., "Valorizo" e não "Valorizarei"). Descreve quem você é, não ou que quer ser ou fará.

O problema mais comum com clientes cristãos é adotarem o jargão cristão – "Valorizo a Bíblia como Palavra de Deus" ou "Quero ser um bom pai cristão". Ao trabalhar com líderes de ministério, também será comum encontrar declarações doutrinárias em vez de valores. Quando me deparo com esses problemas, faço as passoas enunciarem os valores de modo a se tornarem pessoais e exclusivos:

- "Poderia dizer isso nas suas próprias palavras?"
- "Por que isso é importante para você?"
- "Isso é algo em que a maioria dos cristãos crê. O que há de particular sobre você nessa área? De que maneira você está apaixonado por isso de forma diferente ou além do normal?"
- "Tente afastar-se do que você crê nessa área para aquilo que você pratica. Qual é a paixão que anima o como ou o porquê você faz isso?"

Eis um exemplo de uma típica sessão de retorno de valores.

"A declaração de valores a que cheguei quanto à família é: 'Dou valor a ser um excelente pai cristão que investe no futuro dos filhos no Reino, criando-os na admoestação do Senhor'. Como soa isso?"	Foco inicial no positivo. O coach pede ao cliente que explique a frase mais poderosa e *particular.*
"Soa bem. Belo e breve. Gostei da frase 'que investe no seu futuro no Reino'. O que ela significa para você?"	
"Vejo nossos filhos como um comissariado – algo que Deus nos deu e que temos que devolver. Assim, desejo educá-los de modo a trazer um retorno ao Reino. É por isso que investimos muito em breves viagens missionárias, em aulas de música e em coisas assim. Quando os filhos manifestam um desejo de fazer algo que possam usar para Deus, empenhamos todo esforço em apoiá-los."	Fica bem claro que este valor está sendo praticado *agora.*

"Excelente! É um bom exemplo do que um valor deve parecer quando explicado. Agora quanto à frase 'ser um excelente pai cristão'. Conte-me o que ela significa para você."

Esta frase soa um pouco como jargão, de modo que o coach verifica se ela realmente expressa o valor.

"Bem, parte disso é o investimento no seu futuro. Outra é apenas permanecer focado. Os filhos são prioridade. Há tantas coisas na vida que querem nos distrair se deixarmos – questões financeiras, TV, bens. Quando tomamos decisões, procuramos sempre pensar bem em como aquilo influenciará os filhos e nossa capacidade de nos manter atentos em sermos ótimos pais."

Há muita coisa por trás dessa frase – trata-se de um valor.

"Também são excelentes ideias. Uma observação: quando você falou sobre os filhos como prioridade e sua atenção como pais, essa linguagem foi bem mais poderosa e pessoal do que 'ser um excelente pai'. Será que isso representaria melhor o cerne desse valor?"

Aqui o coach aplica a técnica da *"particularidade"*. O que o cliente verbalizou é muito mais pessoal.

"Sim, creio que sim. Vou reexaminar este tópico".

"Ótimo. Agora fale algo sobre a última frase – aquela sobre as Escrituras, certo?"

Outra frase padrão que requer verificação.

"É uma espécie de nosso versículo de vida quando se trata de paternidade. Quando enfrentamos algum aperto, minha esposa e eu nos sentamos juntos e perguntamos 'O que a Bíblia teria a dizer a respeito disso'? É impressionante quantas vezes Deus falou conosco ou encontramos uma resposta que rompeu a barreira quando apenas lançamos mão da sua Palavra."

Às vezes, versículos parecem ser apenas jargão ou enchimento, mas às vezes também são referências cruciais dos valores que o cliente pratica.

"Ótimo! Parece algo que vocês realmente vivem e praticam. Assim, fora uma nova declaração para a frase dos 'pais excelentes', parece-me que você tem aí uma declaração de valor muito bem pensada."

13.1. CARACTERÍSTICAS DOS VALORES

Valores essenciais são convicções profundas e duradouras que definem o que é mais valioso ou importante para nós na vida. Abaixo seguem algumas características que definem o que são valores e o que não são.

Valores SÃO:

- **Apaixonados**. São aquilo de que mais cuidamos e o porquê dos nossos atos.

- **Particulares**. Como provêm do coração, aparecem nas nossas palavras, não nas dos outros.

- **Presumidos**. Os valores são parte tão essencial de nós que esquecemos estarem aí.

- **Vividos**. Quando realmente valorizamos algo, nosso comportamento o demonstra.

- **Duradouros**. Valores não mudam facilmente – são raízes que cultivamos por muito tempo.

Valores NÃO são:

- **Metas**. Estas se referem a um objetivo a atingir no futuro. Valores são aquilo que acalentamos agora.

- **Aspirações**. Um valor é algo que já vivemos, não a que aspiramos.

- **Princípios**. Valores não são declarações de causa e efeito sobre como a vida funciona, do tipo "colhe-se o que se semeia".

- **Declarações doutrinárias**. "Creio que a Bíblia é a inerrante Palavra de Deus" é uma declaração doutrinária, não um valor.

- **Visões**. Valores estão enraizados no presente; visões são imagens de um futuro ideal.

Quatro características de boas declarações de valores

1. **Breve:** Uma sentença, uma frase ou mesmo uma única palavra a manter na memória.

- "Então, você conseguiria resumir isso em uma única sentença?"

- "Você poderia reduzir isso a algumas frases substanciais e significativas que possam ser desenvolvidas?"

2. Particular: Em suas palavras, não nas de outra pessoa.

- "O que você está dizendo pode aplicar-se a muita gente. Daria para você dizer isso de um modo que expressasse o que é propriamente seu?"

- "Você poderia dizer isso de um modo que seus amigos reconheçam como seu se o lerem?"

3. Significativo: Cada palavra e frase tem significado.

- "Esclareça isso para mim – o que cada uma dessas frases significa para você?

- "Extraia as palavras-chave daí e diga-me o que cada uma significa."

4. Agora: Escrito no tempo presente para descrever quem você é.

- "De que modo essa declaração se reflete em sua vida exatamente agora?"

- "Seria este um valor que você já pratica ou trata-se de algo a que aspira e que poderíamos estabelecer como meta a perseguir?"

13.2. ESCOLHA DE TERMOS DE VALORES

Assinale na lista abaixo os termos que ressoem mais profundamente em você e que melhor expressem o que é importante para você. Depois de selecionar os que tiverem maior apelo para você, anote-os em uma folha separada. Há alguns que sejam similares ou que possam ser agrupados? Veja se consegue reduzir sua lista para cinco a sete temas ou grupos de termos que sejam os "melhores entre os melhores" para descrever aquilo que o apaixona.

Integridade	Liberdade	Relacionamento	Independência financeira
Honestidade	Exploração	Equipe	Gestão
Legitimidade	Criatividade	Comunidade	Frugalidade
Autenticidade	Entretenimento	Pertencimento	Transbordamento
Prestação de contas	Artes	Profundidade	Compartilhar
Fazer o que diz	Espontaneidade	Ser conhecido	Benevolência
Franqueza	Flexibilidade	Intimidade	Aprendizado vitalício
Sinceridade	Conhecimento	Comprometimento	Investimento
Força	Identidade	Amizade	Sucesso
Caráter	A busca	Comunicação	Reconhecimento
Persistência	Significado	Bondade	Comunhão
Sacrifício	Influência	Compaixão	Envolvimento
Legado	Fé	Cuidado	Avanço na carreira
Família	Paixão	Emoção	Eficiência
Matrimônio	Visão do mundo	Vida espiritual	Consumação
Dever	Aventura	Saúde	Foco
Honra	Diversidade	Devoção	Propósito
Herança	Viagem	Atuação apaixonada	Realização
Responsabilidade	Mudança	Adoração	Construção
Harmonia	Movimento	Generosidade	Liderança
Segurança	Novos desafios	Serviço	Maestria
Estabilidade	Oportunidade	Reflexão	Competência
Paz	Entusiasmo	Alcançar	Precisão
Lar	Começar coisas	Evangelismo	Excelência
Consideração	Empreendimento	Mudar o mundo	Planejamento
Praticidade	Motivação	Hospitalidade	Ser entendido
Nutrição	Progresso	Preocupação	Princípios
Amor	Inspiração	Integração	Racionalidade
Beleza	Renovação	Fazer diferença	Natureza
Romance	Cura	Voluntariado	Exterioridade

13.3. ARQUIVO CEREBRAL DE VALORES

Este exercício pode ser realizado de duas maneiras: como um arquivo cerebral geral para criar um conjunto global de valores, ou lançando mão das *categorias da roda da vida* (trabalho, dinheiro, ambiente de vida, crescimento pessoal, saúde e recreação, comunidade, família, Deus – veja também 11.5) para criar valores para diferentes áreas da vida.

Análise da roda da vida

Deus

Família

Trabalho

Dinheiro

Comunidade

Ambiente de vida

Saúde e recreação

crescimento pessoal

Etapa 1: Arquivo cerebral

Comece com um fluxo de conscientização de palavras e frases do arquivo cerebral. A que você dá mais atenção na vida? O que é realmente importante? Em que você investe o melhor do seu tempo e das suas energias, e por quê? Quais são as prioridades duradouras que determinam suas decisões? Caso você aplique as oito categorias, rode por todas elas e lance suas ideias a respeito de cada uma por uns cinco minutos. Não se preocupe com organização ou avaliação das suas ideias – neste momento basta anotá-las no papel.

Família

Tempo compartilhado – férias, noites de entretenimento, sentar-se em roda para rir e conversar.

Companheirismo. Profundidade e amplitude.

Interdependência. Podemos contar uns com os outros. Relacionamentos compensadores.

Fazer sua parte. Família como unidade. Carregar seu próprio fardo. Mais fácil juntos.

Compartilhar responsabilidade. Tornar divertido.

Trabalho conjunto. Equipe. "Assobiar enquanto trabalha."

Dinheiro

Tempo importa mais que dinheiro. Trocar dinheiro por tempo.

Ter o suficiente em vez de ser rico. Provisão de Deus. O que se pode fazer com aquilo. Uma ferramenta.

Livre para gastar ou poupar. Não ser avarento. Usá-lo com propósito.

A renda vem de Deus. O salário vem dele.

Etapa 2: Reduzir e agrupar

Retroceda agora uma etapa e verifique o que anotou. Veja se consegue agrupar suas anotações globais de valor em cinco a oito temas gerais. Se estiver aplicando as oito categorias, tente reduzi-las a apenas duas ou três frases ou conceitos-chave sobre sua maior paixão em cada área. Não buscamos palavreado bonito (virá mais tarde), mas captar o que melhor reflete a paixão do seu coração.

Família: *Agir juntos é mais divertido. Uma carga dividida fica mais leve. Depender uns dos outros torna tudo compensador.*

Dinheiro: *Dinheiro a serviço do tempo. Liberdade: meu salário vem de Deus e isso basta. Uma ferramenta para propósitos.*

13.4. OBITUÁRIO: COMO EU GOSTARIA DE SER LEMBRADO?

Etapa 1: Redija seu obituário

Imagine o momento imediato após o seu funeral. Seus melhores amigos e sua família se reuniram para lembrar-se de você e celebrar sua vida. Uma a uma, as pessoas se levantam e comentam quem você era e suas qualidades pessoais que mais apreciavam. O que você gostaria que dissessem? Anote algumas frases. Se precisar de ajuda, experimente examinar as *categorias da roda da vida* (11.5) e pergunte o que você gostaria que as pessoas dissessem a seu respeito em cada uma dessas áreas.

> *Era um sujeito comum.*
>
> *Nunca era convencido. Sempre era agradável falar com ele.*
>
> *Foi um grande pai – cuidou muito de mim. Levava-me para a cama todas as noites e orava por mim, e algumas vezes, quando fiquei maior, flagrei-o ainda orando por mim sozinho antes de ir dormir.*
>
> *Cuidava das pequenas coisas. Muitas vezes me impressionou como ele enxergava necessidades sem que alguém dissesse algo, e como ele tratava de atender a elas sem estardalhaço.*
>
> *Não deixava confusão atrás de si.*
>
> *Quando se comprometia com algo, sabia-se que seria feito.*
>
> *Cuidava o suficiente de dar atenção e lembrar o que era importante para nós.*

Etapa 2: Faça uma avaliação

Retroceda agora e verifique o que escreveu. Quais são os temas recorrentes por trás das reações que você visualizou? Por que essas frases em particular são importantes para você?

> *Tema: cuidar das pequenas coisas*
>
> *Tema: ser um do grupo. Ser acessível.*
>
> *Para mim é importante mostrar nos detalhes às pessoas que as amo.*
>
> *Para mim é importante fazer o que se diz.*

Dica de coaching

As reações acima podem conduzir a dois ou três valores essenciais – talvez algo como demonstrar amor nas pequenas coisas, acessibilidade e integridade. Normalmente acrescentarei mais uma etapa (como conduzir a pessoa em torno do que ela escreveu ou combinando aquilo com o exercício de escolha de termos) a fim de trazer a pessoa dessas elucubrações para valores reais.

13.5. DEFINIÇÃO DE VALORES

Um bom meio de completar seus valores é simplesmente conversar a respeito com um amigo íntimo. A necessidade de enunciar em voz alta o que valorizamos clareia o pensamento e facilita a posterior redação deles. Para este exercício precisa-se de um bom amigo, um familiar ou o cônjuge que esteja disposto a conversar sobre valores por uma mais ou menos meia hora.

Simplesmente compartilhe seus valores e depois tente desenvolver cada frase e explicar o que ela significa. Peça ao seu amigo que lhe retorne o que ouviu a fim de deixar tudo claro. Em seguida converse um pouco a respeito. Apresente à pessoa as perguntas abaixo para lhe permitir que apoie você um pouco extraindo seus valores – e certifique-se de formular uma excelente frase para anotar.

- O que significa a frase ____?
- Por que isso é importante para você?
- Que parte disso torna você diferente de qualquer outro cristão?
- Pode me dar um exemplo de como esse valor influencia suas escolhas?
- De que maneira você já pratica isso agora?
- Em tudo isso que você acabou de dizer, quais são as duas frases mais importantes?

Dica de coaching

Este é um ótimo exercício para extrovertidos (que pensam em voz alta) ou para clientes que não gostam de escrever. Assim que tiverem completado a conversa a respeito, o ato de escrever torna-se muito mais fácil.

Refletir é olhar para dentro – o potencial natural do introvertido. Os extrovertidos concentram-se mais no mundo externo do que no interno, razão por que consideram mais difíceis os exercícios escritos, reflexivos. Realizar o exercício em forma de conversa quase sempre ajuda – todo extrovertido gosta de conversar! Outra opção seria a pessoa ditar em um gravador portátil ou para um programa de registro de texto por voz em vez de escrever. Fique alerta para perceber quando seus clientes extrovertidos começarem a penar com toda essa reflexão e ofereça-lhes algumas opções relacionais para facilitar-lhes o trabalho e torná-lo mais agradável.

13.6. REDIGINDO DECLARAÇÕES DE VALORES

A conversão das reflexões sobre valores em declarações fornecerá um resumo conciso e memorizável dos valores que pode ser guardado de cabeça. Quanto mais acessíveis forem, tanto mais úteis serão!

Etapa 1: Revisão das definições

Tome um momento para revisar os *exemplos de declarações de valores* (13.7) e as *características de valores* (13.1) a fim de manter seu objetivo em mente.

Etapa 2: Criação de declarações

Em seguida, tome cada tema e crie uma frase ou um enunciado de uma sentença para aquela área. Comece anotando as palavras ou frases-chave que deseja incluir e depois tente diferentes combinações até obter uma declaração de que goste. A maioria das pessoas experimenta diversas versões antes de estabelecer alguma. O mais importante é que seus valores traduzam o que **você** verdadeiramente valoriza.

Etapa 3: Criação de títulos de declaração

Crie um "título" de uma palavra (ou uma frase *curta*) para a declaração como lembrete.

Palavras e frases-chave de valores

Dinheiro a serviço do tempo.
Liberdade: meu salário vem de Deus e isso basta.
Todas as provisões de que eu possa precisar.
Uma ferramenta para um propósito.

Ensaios de versões

Deus basta para mim, de modo que posso sacrificar dinheiro em favor de tempo.
Como meu salário vem de Deus, fico livre para trocar dinheiro por tempo.
Sempre trocarei dinheiro por tempo. Trabalho para Deus.
Sempre trocarei dinheiro por tempo porque Deus é tudo de que preciso.

Sempre trocarei dinheiro por tempo: Deus provê tudo de que preciso.

Deus é a provisão para tudo de que preciso, de modo que posso trocar dinheiro por tempo.

Título: *Dinheiro a serviço do tempo*

Declaração final: *Deus é a provisão para tudo de que preciso, de modo que posso trocar dinheiro por tempo.*

Dica de coaching

À medida que nos identificamos mais com o que realmente somos, as declarações de valores sempre podem mudar. Se um cliente emperrar na tentativa de acertar, ele poderá soltar-se sugerindo-lhe que diga o melhor que puder, conviva um pouco com aquilo e retorne mais tarde para ajustar a redação.

13.7. EXEMPLOS DE DECLARAÇÕES DE VALOR

Seguem alguns exemplos representativos de breves declarações de valor, mais três problemas de valor comuns com exemplos de como resolvê-los.

Exemplos de declarações

- *"Creio no respeito pela dignidade do indivíduo."*
- *"Valorizo o contato com Deus em toda parte: na natureza, nas circunstâncias, nas pessoas. O que importa são relacionamentos, não regras."*
- *"Pessoas antes de projetos."*
- *"A transparência que experimenta Deus como aquele que cura, e não apenas que protege."*
- *"Integridade: sua palavra é o que você é."*
- *"Valorizo a vida em união no casamento: intimidade na conversação, unidade na tomada de decisões e compartilhamento no chamado."*
- *"Sacrificar-se para conseguir excelência inspira outros e honra a Deus.*

Problema nº 1: Divagação

"Valorizo o ato de ajudar e capacitar pessoas para serem o seu melhor e viverem da melhor maneira, equipando-as para descobrirem para o que foram feitas e acompanhando-as para cumprir esse potencial, porque as pessoas são criaturas de Deus e têm um valor incontestável."

Problema: Todos esses "es" e as redundâncias são assassinos de memória. Os valores devem ser algo conciso e portátil.

Melhor: *"Dou valor a enxergar as pessoas como Deus as criou, com valor incontestável, e a ajudá-las a cumprir esse potencial."*

Problema nº 2: Orientação por meta

"Empenharei minha vida capacitando pessoas a atingirem seu potencial humano e me esforçarei em tornar-me um ótimo recurso para ajudá-las a realizarem plenamente seu destino."

Problema: Isto soa também mais como enunciado de missão (uma tarefa definitiva) do que como valor (por que se faz o que se faz). Os valores enunciam as motivações, não o que se fará no futuro.

Melhor: *"Potencial humano e ajudar as pessoas a atingi-lo plenamente."*

Enunciado n° 3: Impessoal e genérico

"Ser um marido piedoso e amar minha esposa como Cristo amou a igreja."

Problema: É um enunciado vago e não muito pessoal. Qual é sua paixão particular no casamento? Como dizer isso de modo pessoal e não teológico?

Melhor: *"Os pequenos atos de amor e serviço que fazem de cada momento um romance."*

13.8. VALORES DE LIDERANÇA

Líderes de organizações se beneficiarão grandemente da criação de um conjunto separado de valores de como lideram.

Etapa 1: Arquivo cerebral

Comece criando um arquivo cerebral sobre as perguntas abaixo.

- *"Quais seriam os quatro ou cinco mais importantes valores para orientar seu estilo de liderança?"*
- *"O que não é negociável para você como líder?"*
- *"Em que princípios fundamentais se baseia sua liderança?"*

Etapa 2: Conferência da lista

Selecione apenas os itens que lhe parecem mais importantes para o seu estilo de liderança e anote termos e frases que denotem seus valores nessa área.

1. O lugar da Escritura.
2. Liderança unitária vs. compartilhada, trabalho em equipe, feedback
3. Processo de tomada de decisões
4. Interface cultural
5. Relacionamentos e seu valor
6. Estilo de liderança: capacitação, direção, colaboração, etc.
7. Dons e liderança
8. O pobre, o excluído, o mal-afortunado
9. Evangelismo/missões/envolvimento comunitário
10. Disciplina/crescimento espiritual/maturidade
11. Autoridade
12. Treinamento, desenvolvimento de liderança
13. O estilo de vida do líder
14. Disposição de servir
15. Papéis: dos leigos, das mulheres

16. Criatividade, inovação, mudança

17. Unidade, restauração, reconciliação, diversidade

18. Fé, integridade

19. Excelência

20. Autenticidade, abertura

Etapa 3: Criação de valores

Aplique os exercícios 13.5 e 13.6 para converter suas anotações sobre valores em declarações finais.[23]

---

23 Mais ideias sobre conjuntos de valores de liderança ou de organização constam de *Values-Driven Leadership* (Liderança movida a valores), de Aubrey Malphurs.

14

QUARTA PERGUNTA:
PREPARO – PARA O QUE A VIDA ME PREPAROU?

"Vou-me preparar, e algum dia minha chance virá."

Abraham Lincoln, presidente americano

Quando Moisés fugiu apavorado para o deserto diante do faraó, achou que seu propósito de vida tivesse acabado. Depois de identificar-se com seu povo e suas atribulações, ele imediatamente tratou de usar sua posição de poder para buscar o bem-estar de seu povo. Afinal, não era ele um filho na casa do faraó, preparado de forma extraordinária com o objetivo de ajudá-los? Único entre os hebreus, ele nascera para o mando em lugar da escravidão, conhecia os hábitos do palácio, tinha acesso ao faraó e sabia quem manipulava a sociedade egípcia. Quem estaria mais bem qualificado do que ele para liderar?

Provavelmente, Moisés teve o melhor da formação que o Egito tinha a oferecer em todos os aspectos, desde história e política, até estratégia e combate pessoal. Estava acostumado com o poder. Assim, tratou de empregar o que sabia. Quase imediatamente, lançou mão da força para atingir seu objetivo. Mas quando o faraó descobriu cedo demais sua rebelião, Moisés foi obrigado a fugir para o exílio só com a roupa do corpo. Que queda deve ter sido aquela quando o bebê dourado percebeu as limitações do seu poder pessoal e das suas capacidades naturais!

Não está claro qual era a estratégia de libertação de Moisés além de matar pessoas. Tendo crescido em meio às intrigas palacianas, será natural presumir que ele possa ter tido em mente alguma revolta armada e a derrubada do governo egípcio (com Moisés acabando no trono do faraó?). Mas Deus tinha outros planos e o enviou para um aprendizado no deserto.

Deve ter sido fácil Moisés supor que aqueles fossem anos perdidos e sem propósito. Ele sabia haver algo em seu coração sobre a libertação dos hebreus. Mas se a meta era essa, o que acontecera com ele não fazia sentido. Como exilado, perdera posição, favor e acesso ao palácio. Qualquer coisa que pudesse parecer possibilitar seu destino se fora. Arrastando-se, então, pelo ermo como um completo ninguém aos 40 anos de idade, despido de tudo o que ele imaginava ser e sonhava poder atingir – sobrara ainda algo diferente para Moisés do que cuidar de ovelhas? Dá para perceber como ele estava abatido junto à sarça ardente. Deus voltara e dissera: "É hora! Cumpra seu objetivo!" – e Moisés parecia não ter problema algum em falar com Deus – com efeito, fico com a impressão de que ele estava acostumado à conversação divina. Mas Moisés não acreditava em seu objetivo, nem nele mesmo. "Não posso fazer isso!", choraminga, apresentando desculpa após desculpa. "Sou um zé-ninguém! Quem sou eu para me apresentar ao faraó? O povo nunca acreditará que estás comigo. Não sei falar bem. Envie outro!" O homem que Deus passou 40 anos preparando para ser o libertador que ele escolheu sentia-se totalmente despreparado.

Há mais em curso aqui do que apenas a humilhação de Moisés, embora isso fosse importante – Deus levou 40 anos para torná-lo "o homem mais manso que jamais vivera" antes de ele estar pronto para a tarefa. O problema é que *Moisés não enxergava a conexão entre seu preparo e seu propósito*. Moisés estava passando por um padrão comum, mas pouco compreendido no desenvolvimento do chamado: o preparo em uma função alheia à área do seu chamado.

> A vida inteira de Moisés preparou-o para fazer aquilo para o que ele nascera.

Muito frequentemente Deus nos treina nas habilidades e no caráter que o nosso propósito requer em um lugar que parece totalmente desconectado daquilo que imaginamos ser o que devemos fazer.[24] A luta de Moisés foi ainda mais intensa porque o preparo do seu caráter exigiu seu *afastamento* de uma posição muito similar à sua função definitiva, para rebaixá-lo a uma esfera de influência muito menor. Como Moisés não entendia realmente o que seu destino requereria dele ou os meios de Deus para o preparo do seu caráter de líder, ele não reconheceu a que se destinava o preparo de Deus.

Considere por um momento algumas das coisas que Moisés aprendeu ao cuidar das ovelhas de Jetro. Como ele estava destinado a liderar um

---

24　Por exemplo, muitas donas de casa foram meticulosamente preparadas para suas funções convergentes no ministério e no mercado por meio do processo de criação de filhos. Nós, muitas vezes, não percebemos o valor desse preparo porque muito dele se refere ao *caráter interno* e não a *habilidades externas*.

grupo de escravos que viveu ao longo do Nilo por 400 anos, ele era o único dos hebreus que sabia:

- como sobreviver no deserto
- onde ficavam as trilhas e como navegar através daquele ermo sem pistas
- onde estavam as fontes e os oásis
- onde estavam os melhores pastos para o gado nas diferentes estações do ano
- que plantas do deserto eram comestíveis para as pessoas ou os animais
- os animais selvagens do deserto e como lidar com eles
- quais eram os costumes locais
- onde havia lugares fortificados e seguros

Alguém precisaria possuir um conjunto de habilidades de sobrevivência no deserto para que todos aqueles escravos pudessem percorrer tal ambiente hostil, e Deus escolheu Moisés como esse homem. Primeiro ele aprendeu as habilidades básicas de liderança e cultura no Egito. Depois aprendeu suas habilidades práticas para o deserto ao mesmo tempo em que treinou seu caráter – humildade e total dependência de Deus. O fato é que tudo na vida de Moisés, desde seu nascimento, passando por sua formação e até seus anos de pastor de ovelhas, se encaixa no seu chamado. *A vida inteira de Moisés preparou-o para fazer aquilo para o que ele nascera.*

O que é preparo?

Preparo é uma das quatro áreas-chave do diagrama de propósito de vida. É a soma das nossas experiências que nos preparam para o nosso propósito. Como Deus nos prepara ativamente *para* algo, nossas experiências significativas são, também, preditivas do nosso propósito de vida. O estudo daquilo através do que Deus nos conduz revela temas e conexões que apontam para o nosso chamado.

Preparo

Para o que a minha vida me preparou?

Por exemplo: um episódio de preparo comum inclui a experiência do estilo de vida ou dos sofrimentos daqueles aos quais somos chamados a servir. Quando Cristo veio em forma humana, ele passou por todas as tentações que temos de suportar – é por isso que podemos abordá-lo com confiança quando estamos em dificuldades. Ele sabe como é ser humano.

Do mesmo modo, se formos chamados para servir a quem tenha problemas no casamento ou aos que estão à margem da sociedade, podemos contar com que Deus nos faça passar por experiências de conflito matrimonial ou de ficarmos sem amigos e sermos rejeitados. Essa experiência comum de sofrimento é o que permite àqueles aos quais somos chamados a servir a *nos* abordar com confiança.

Quando entramos plenamente em uma função convergente em nossa área de chamado, veremos como tudo o que já experimentamos e aprendemos será aproveitado em nosso propósito de vida. Parte da grande satisfação desta etapa da vida é perceber que tudo na nossa vida faz sentido, mesmo que no momento não o entendamos. Na juventude, muitas vezes experiências de sofrimento e adversidade são misteriosas. Só mais tarde, depois que aprendemos a confiar em Deus em questões que não entendemos é que começamos a perceber de que forma intrincada ele teceu seus propósitos para nós por meio de cada experiência da vida. O coaching de preparo destina-se a ajudar as pessoas a encontrarem o sentido das experiências da vida em termos do seu chamado.

Formação para a nossa natureza

Enquanto a área de perfil lida com a descoberta da nossa *natureza,* o preparo é um inventário da nossa *formação.* Ele inclui habilidades aprendidas, qualificações e credenciais, os relacionamentos e a credibilidade que desenvolvemos e as realizações que alcançamos (bem como nossos fracassos). O preparo é o que nos qualifica a atuar plenamente de acordo com o nosso perfil. Sem o preparo pela experiência de vida moldando o nosso caráter, nosso perfil não alcançará muitos valores duradouros.

> Preparo é o que nos qualifica a atuar plenamente de acordo com o nosso perfil.

Eis aqui uma analogia: eu costumava entalhar madeira. Entalhadores experientes possuem um amplo sortimento de facas, cada uma com outra curvatura ou "corte", além de diferentes larguras. Diferentemente de um canivete ou de uma faca de pão, as ferramentas de entalhe têm a parte afiada da lâmina na ponta, como um cinzel. Como cada lâmina tem uma curvatura diferente e como é difícil afiar uma superfície curva, as habilidades de afiação representam grande parte da arte de entalhar. Algumas das melhores ferramentas até vêm do fabricante sem acabamento no gume – o usuário é que precisa afiá-lo até obter um gume afiado como navalha antes de aplicá-lo à madeira.

Nosso perfil é aquela ferramenta não afiada saída da fábrica. Para extrair o máximo dos nossos dons naturais, será necessário afiá-los com habilidades aprendidas, experiência, credenciais e mais. O preparo toma a lâmina bruta dos nossos talentos inatos e a lixa para formar aquele gume de precisão necessário para nos levar a um nível extraordinário de eficiência. Somente quando o perfil estiver afiado pelo preparo e energizado pela paixão é que o nosso chamado se realizará.

Coaching de conexões

De certa forma, a compreensão de como a vida nos prepara para o nosso chamado pode ser muito acessível aos clientes, mas também pode ser um mistério total. Como a história da nossa vida expõe a narrativa do nosso preparo, todas as informações básicas sobre o que Deus fez para nos conduzir em direção ao nosso destino já consta da nossa memória. A maioria das pessoas consegue facilmente enunciar seus sucessos, suas credenciais ou habilidades aprendidas importantes que tenham alcançado.

No entanto, entender de que modo o sofrimento, o fracasso ou a adversidade se encaixam no quadro é mais problemático. Muitas vezes requer o acompanhamento de um coach para ajudar a enxergar as conexões. Será que José, o filho favorito, teria imaginado que seu preparo para governar um país passaria por uma prisão egípcia? Será que Davi preveria que fugir de Saul e recusar-se a se vingar dele o tornaria adequado para ser rei?

Embora esta seção forneça exercícios para inventariar seu preparo, a tarefa essencial de coaching será ajudar as pessoas a criarem conexões entre experiência e propósito. Uma ótima abordagem é a dos *Eventos de propósito* (16.1). Esses eventos especiais em que percebemos estar a todo vapor fazendo aquilo para o que fomos feitos podem render subsídios incríveis sobre nosso propósito.

Também trataremos de como inventariar habilidades aprendidas, experiências de vida e credenciais, e de conectá-las com o propósito de vida do cliente. O vago senso de conexão entre propósito e preparo que a maioria das pessoas possui pode ser grandemente fortalecido por meio da elaboração de um *currículo de preparo* formal (15.2). Também há ferramentas para considerar um preparo negativo (o que se aprendeu ou se supõe *não* fazer).

Criação de uma condição de referência de avaliação de preparo

Como de costume, iniciaremos a seção de preparo com uma referência de avaliação. Sobre esta área é um pouco difícil formar um quadro. Será importante pedir ao cliente que não faça simplesmente algo na hora para responder às perguntas: embora isso possa ser feito, o que estamos tentando medir é em que medida a pessoa já está consciente de estar preparada. Após o exemplo de exercício há uma página com critérios de avaliação.

14.1 REFERÊNCIA DE AVALIAÇÃO DE PREPARO

Estas perguntas nos ajudarão a criar um plano personalizado de descoberta de propósito de vida. Tome cinco a oito minutos para preencher a análise. Se não souber o que dizer sobre alguma pergunta ou tiver que imaginar uma resposta imediata, deixe-a em branco. Este não é um teste com pontuação por ter uma resposta. O que estamos tentando determinar é o que você sabe com certeza sobre o seu propósito para entendermos por onde começar o processo de descoberta.

1. Anote duas qualidades de caráter de que você precisará no desempenho do seu propósito, que a vida lhe tenha ensinado com o tempo, e diga como elas se conectam com seu propósito.

   Manisfestar-se por aquilo que seja correto (não ser passivo) em situações de conflito – trabalharei com pessoas de grande potencial e não posso ficar marginalizado.

   Como superar o desânimo e continuar avançando com vigor?

2. Cite três habilidades que você adquiriu ao longo da vida que sejam vitais para cumprir o seu chamado.

   Trabalhar em rede – saber como servir às pessoas fazendo contato com elas.

   Administrar meu tempo e minha agenda de acordo com as prioridades.

   Dirigir uma equipe por meio de criação e implementação de um plano estratégico.

3. Dê um exemplo de uma experiência difícil pela qual você passou nos últimos anos, da qual você tem consciência que o preparou especificamente para o seu propósito.

   Passei por alguns momentos difíceis, mas não vejo como eles possam ter me preparado para o meu propósito.

4. Cite um evento passado em que você sentiu estar fazendo aquilo para o que nasceu, bem como dois recados que esse evento lhe transmitiu sobre o seu propósito de vida.

   A administração da campanha anual de doação de sangue. Duas coisas: gosto de trabalhar com líderes comunitários e empresários para melhorar nossa comunidade. Sou realmente bom de papo e em recrutar pessoas. Também é muito divertido.

Análise da referência de avaliação de preparo

A primeira pergunta da referência de avaliação de preparo visa o desenvolvimento do caráter. A maioria das pessoas consegue citar algumas qualidades de caráter que aprendeu ao longo da vida – a questão efetiva é se conseguem conectar essas qualidades com seu propósito. Inquira as pessoas sobre a conexão: "Por que essa qualidade seria vital para o seu propósito? O que aconteceria se não a tivesse?"

A segunda pergunta tem a ver com o *currículo do preparo* (15.2). Nossa intenção é verificar se a pessoa consegue ligar as habilidades aprendidas com o propósito. Quanto mais significativas forem as conexões, tanto mais avançadas provavelmente estarão em compreender para o que nasceram. Se a pessoa não conseguir estabelecer essas conexões, pode-se tentar sondar um pouco ou simplesmente aplicar os *inventários de preparo* para começar a trazer essas conexões à tona.

A terceira pergunta explora o sentido do sofrimento e das dificuldades na vida. Esta pode ser uma pergunta difícil – se a pessoa deixá-la em branco, o inventário de *preparo negativo* (15.4) poderá ser uma importante área de trabalho em conjunto.

A pergunta quatro refere-se a *eventos de propósito* (16.1). Novamente nosso interesse principal está nas conexões entre o evento e a compreensão que a pessoa tenha do seu propósito de vida. Neste exemplo, o cliente conseguiu identificar várias coisas que ele gosta de fazer em função da sua experiência de propósito. Às vezes os clientes conseguirão citar eventos de propósito, mas não saberão o que significam. Ocasionalmente aparecerá alguém que não conseguirá identificar nada em sua vida em que sentisse funcionar a todo vapor. Em geral consegue-se desemperrar a situação com alguma conversa e identificar aqueles momentos.

Obviamente, clientes que não percebam ter nenhuma noção do seu propósito de vida terão problemas com a análise. Muitas vezes, tais pessoas sabem mais do que imaginam, mas existe algum obstáculo que as impede de crer em seu próprio discernimento. Se isso se tornar uma objeção ao exercício ("Como eu poderia fazer isso se não sei qual é o meu propósito?"), muitas vezes uma resposta como "Tente tão bem como puder e não se preocupe com a perfeição daquilo" tirará a pessoa do ponto morto.

Uma vez feita a revisão da análise, será o momento de o cliente e o coach criarem um plano para explorar a área de preparo. Normalmente será desejável executar, no mínimo, os dois exercícios de *currículo de preparo* (15.2 e 15.3) e o de *eventos de propósito* (16.1). Pode-se ainda avançar para *preparo negativo* e *preparo externo* (exercícios 15.4 e 15.5) se a pessoa tiver dificuldade em estabelecer as conexões.

O exercício de *eventos de propósito* é particularmente valioso para pessoas que sentem ter passado grande parte da vida fora da linha (ou que se tornaram cristãs recentemente). Pelo fato de ele contornar as conclusões que a pessoa já tem sobre a vida e retornar aos dados brutos das experiências, proporciona ao coach a munição para conseguir desemperrar alguém que não consiga nada sobre o seu propósito. O *preparo externo* também pode ser usado para isso – fazer a pessoa inventariar as capacidades que tenha desenvolvido antes de ser cristã e ajudá-la a criar as conexões com o propósito.

15

EXPERIÊNCIA DE VIDA

"Todos temos sonhos, mas para transformar os sonhos em realidade, é preciso um tremendo volume de determinação, dedicação, autodisciplina e esforço."

Jesse Owens

Um exame aprofundado do preparo é particularmente valioso para aqueles cujo preparo estiver transcorrendo *fora* da sua área de chamado. Se um fazendeiro que passou toda a vida na mesma cidadezinha se sentir chamado ao campo missionário ou uma dona de casa retornar ao mercado de trabalho ou uma empresária se sentir impelida a migrar para o ministério, eles terão lutas para se sentirem adequados para aquilo que anseiam fazer de coração.

O exemplo bíblico clássico de preparo externo é José. Depois de um bom banho, de se barbear (talvez pela primeira vez em anos) e limpar as unhas, ele foi empurrado para fora do calabouço para se apresentar ao rei do Egito. Se considerarmos apenas sua experiência de trabalho até este ponto, ele pareceria totalmente despreparado para aquele momento. No entanto, seu caráter e sua sabedoria eram tão evidentes que o faraó imediatamente confiou nele e lhe entregou a administração da economia egípcia.

Como José obteve confiança e segurança para migrar diretamente do esgoto da sociedade para o seu chamado como líder nacional? O segredo é que o preparo tem mais a ver com crescimento interno do que com a aquisição de habilidades e credenciais. A maior parte do preparo externo de José (aprendizado do idioma, tornar-se um bom administrador, dominar os costumes egípcios) ocorreu na casa de Potifar. O incidente com a mulher de Potifar que o lançou na prisão marcou sua graduação em uma etapa de preparo externo e o início de uma etapa intensa de trabalho interno. Externamente ele foi rebaixado (tal como Moisés) a uma posição muito inferior à que ocupava antes. Internamente ele estava bem na rota e cresceu muito rapidamente em humildade, confiança e dependência de Deus. Em última análise, a atuação confiante dentro do chamado tem muito mais a ver com dependência de Deus para superar o aperto do que com suas próprias credenciais e seus contatos.

Líderes como José, que têm grandes chamados, passam cedo na vida por experiências traumáticas. Acusado injustamente, trabalhar sob um líder abusador ou precisar subitamente assumir liderança no meio de uma catástrofe organizacional muitas vezes indica que Deus destina tal pessoa a exercer grande influência. Essa percepção anti-intuitiva pode salvar a vida de jovens líderes em crise!

Então, como ajudar pessoas comuns a criarem essas conexões entre preparo e propósito no perfil de José? Eis aqui um exemplo de coaching para uma dona de casa entender seu preparo.

"Retornar e fazer um mestrado – um sonho fantástico, Bia! Creio que será ótimo para você agora que os filhos estão na faculdade. Mas você me parece um pouco vacilante – haveria algo sobre o que você gostaria de falar?"

"Hum... parece um pouco assustador. Quero dizer, permaneci em casa por 20 anos e agora retornar para a psicologia – perdi tanta coisa, esqueci tanto. Sinto-me como se tivesse estado em outro planeta por duas décadas. Sei como criar filhos, mas voltar à escola..."

"Certo. Dá para entender como você se sente. Vamos deixar isso de lado. Para que tipo de tarefas ou situações na escola você se sente despreparada?"

"Bem, primeiro, estudar. Não faço isso há séculos. Acho que temo ter esquecido tanto do tempo de estudo que vou me atrapalhar nas aulas. E depois há a questão de pegar um emprego. Será que alguém vai me querer? Será que terei algo a oferecer? Tenho esta lacuna de vinte anos para o meu retorno sem nenhuma experiência relevante e receio que isso me faça afundar."

"Vamos ver então se conseguimos obter uma imagem objetiva do tanto que você está preparada. Vejamos primeiro a questão do estudo. Imagine a Bia de hoje e a Bia de 20 anos atrás voltando para casa depois da primeira semana de aulas. Durante o fim de semana, você terá que vencer umas cinco horas de leitura e preparar um resumo de uma página. Fale como você faria isso antigamente."

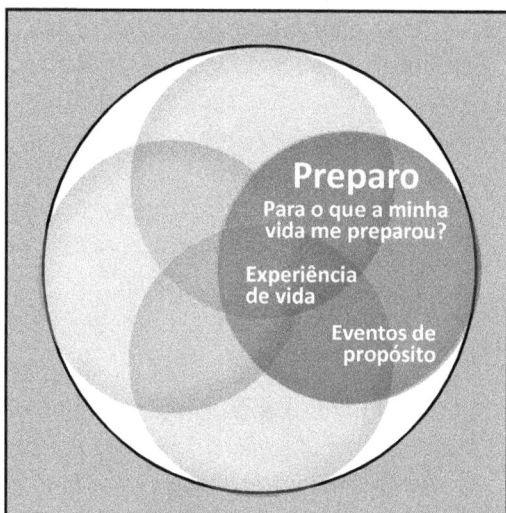

"Nossa, isso me leva para trás. Quando eu estava na faculdade... bem, sexta-feira era a noite do namoro. Carlos e eu quase sempre saíamos até tarde. No sábado eu dormia até tarde, ficava sem fazer nada de manhã, talvez cuidasse dos meus afazeres e à tarde tratava de estudar um pouco e depois saía um pouco com amigos. No domingo à noite eu, finalmente, tomava jeito e terminava as matérias para a segunda. Ah, não ter mais responsabilidades!"

"E como você faria esse trabalho agora?"

"Bem, às sextas-feiras normalmente saímos para jantar por volta das 18h30min, de modo que provavelmente eu tentaria chegar mais ou menos uma hora antes para descansar à noite e ir dormir em um horário decente. O sábado de manhã seria o período de estudo – o sábado à tarde ficaria para compras e pequenas obrigações. Gostaria de estar pronta no domingo, talvez pela hora do almoço, de modo que pudesse descansar de verdade no domingo."

"Agora imagine-se como professora. Qual dessas duas alunas você acha que faria melhor sua lição de casa?"

"Meu eu atual me parece bem mais disciplinado e responsável. Eu também terminava as coisas naquele tempo, mas só trabalhava mesmo direito tarde da noite na véspera. Acho que procrastinava bastante."

"Então, graças a que você seria hoje uma aluna mais disciplinada?"

"O fato de ser mãe. Há um bocado para fazer, e se não fizer, não será feito. Assim, aprende-se a cuidar das coisas, e tomar iniciativas faz com que a gente se sinta melhor do que ficando sentada no sofá vendo TV e evitando o trabalho. Depois de 20 anos lavando roupa e louça, a gente se torna uma pessoa mais disciplinada."

"Portanto, o fato de ser mãe realmente a ajudará na escola."

"Pelo menos quanto a fazer a lição de casa!"

"Você também falou em assumir um emprego depois de se formar. Imagine-se, por um minuto, na pele de uma gerente. Você vai entrevistar uma nova psicóloga para contratação em sua empresa e na sua mesa estão os currículos de duas mestres em psicologia. Uma é uma jovem recém-formada de 24 anos sem experiência de empresa e a outra é a Bia, de 50, com credenciais educacionais similares, além de ter criado três ótimos filhos, servido em vários comitês e projetos comunitários e ser líder em sua igreja. Quem você contrataria?"

"Eu? Me contrataria aos 50."

"Por quê?"

"Porque... bem, sei tanto a mais sobre a vida real. Recém-saída da faculdade eu tinha todo tipo de energia e ambição e uma porção de conhecimento teórico, mas, na verdade, não entendia as pessoas. Simplesmente aplicaria a elas aquelas teorias que li e pensaria que mudariam. Gente é bem mais complicada do que isso.

Quero dizer: só com meus filhos aprendi muito sobre a motivação de diferentes personalidades e de como ajustar meu estilo à comunicação com eles. Eu não sabia isso aos 24 anos."

"Portanto, esses vinte anos de criação de filhos e liderança de pequenos grupos realmente a prepararam?"

"Creio que sim – nunca havia pensado assim antes."

Nesse diálogo, o coach ajuda Bia a lançar fora uma suposição autodepreciativa ajudando-a a estabelecer conexões entre seu preparo e sua meta. Bia chega comparando-se com "outros" e sente estar em falta sem realmente examinar o que esses outros têm a oferecer. Para superar essa falsa comparação, o coach aplica o recurso de fazê-la comparar-se, ela agora, com o que era com menos idade. Isso tira Bia do reino da imaginação para a realidade porque consegue se lembrar do que ela era realmente com aquela idade. Assim que passou a olhar de forma realista para o que sua experiência lhe proporcionará em uma situação real (estudo), ela reconheceu o valor da experiência de vida. O coach aplica uma tática similar com a procura do emprego. Ao colocar Bia na função de um gerente, ela entra em contato com o valor da sua experiência no mundo empresarial.

As perguntas de coaching essenciais para conectar experiência com destino são:

1. *"O que você **tem experimentado**?"*
2. *"Que **valor** têm essas experiências?"*
3. *"Que **habilidades** práticas essas experiências lhe proporcionam naquilo para o que você foi chamado a fazer?"*
4. *De que modo essas experiências lhe proporcionaram o **caráter** de que você necessita para atingir seu destino?"*

A última destas quatro perguntas será particularmente importante se o preparo tiver ocorrido fora da área de chamado. Bia não está tão preparada em termos de conhecimento formativo prático quanto os outros alunos recém-saídos da faculdade. Mas seus potenciais internos (como autogestão, responsabilidade e capacidade de relacionamento com diferentes personalidades na vida real) resultantes dos 20 anos de preparo transparecem.

Preparo e caráter

O chamado refere-se a servir a Cristo para o bem dos outros. O preparo para servir a outros não é apenas uma função de habilidades: também é necessário tornar-se o tipo de pessoa a que as pessoas do seu público-alvo darão atenção. Podemos ter todas as respostas corretas e as melhores credenciais profissionais, mas se ninguém prestar atenção, não teremos influência nenhuma.

Outra forma de expressar essa verdade é que *habilidades canalizam o caráter*. O conteúdo eterno daquilo que as pessoas recebem quando lhes servimos é que Cristo está em nós – o ato de servir é apenas o canal para isso. O verdadeiro poder do serviço não está em você ter feito reparos na minha casa quando eu estava no hospital (embora isso certamente tenha valor!), mas que alguém realmente se preocupou comigo o suficiente para me amar de modo prático. Dessa forma, recebo o coração de Cristo por meio do serviço.

> Muito do preparo de um líder concentra-se no desenvolvimento do caráter, não apenas em habilidades

Quanto melhores forem seus serviços externos, tanto mais pessoas serão influenciadas pelo coração por trás deles. Assim, se alguém tiver ótimas habilidades de liderança, mas for motivado principalmente por uma profunda necessidade de aprovação e a ambição de ser famoso, a influência final das "boas" coisas feitas será o dano e a decepção causados por sua motivação mista. No último dia, haverá líderes diante de Jesus dizendo: "Senhor, acaso não criamos grandes ministérios em teu nome, doamos grandes quantias para a tua causa e ajudamos muita gente?" E Jesus lhes responderá: "Na verdade, aquilo foi tudo só para você mesmo. Não tenho nada a ver com você."

O ministério encarna Cristo em uma pessoa e o canaliza a outros por meio das suas habilidades e capacidades e dos seus potenciais. O ministério é algo que somos e que se manifesta por meio daquilo que fazemos. Como o coração é tão importante, muito do preparo do líder consiste em incorporar Cristo em qualidades de caráter como dependência, confiança, humildade, amor e graça. Todavia, como a maioria das pessoas pensa em preparo quase exclusivamente em termos de habilidades, credenciais e experiência de trabalho, a reconfiguração da experiência de vida em torno do preparo do caráter pode romper grandes barreiras.

Coaching de preparo

Portanto, qual seria o aspecto de um plano de descoberta de preparo? Um bom início será preparar um inventário por meio do *currículo de preparo* (15.2). Trata-se de um exercício de reflexão direto que não requer muitas preliminares – a maioria das pessoas consegue citar suas credenciais formativas ou experiências relevantes sem muita ajuda. Se alguém estiver preparado dentro da sua área de chamado, as experiências de preparo farão muito mais sentido na ocasião, de modo que as conexões com o propósito serão fáceis de estabelecer.

O *currículo de preparo interno* (15.3) é um pouco mais difícil. Uma conversa preliminar sobre a função do caráter no preparo poderá ser útil (veja acima).

Com os inventários elaborados, gaste algum tempo para discuti-los. Pode-se sondar o seguinte:

- *"Em que ponto do seu currículo a pessoa se sentiu confiante? Onde não?"*
- *"Onde há lacunas no currículo? Existem áreas em branco? Onde a pessoa sente necessidade de mais desenvolvimento?"*
- *"Que padrões de desenvolvimento de habilidades e caráter podem ser observados? O que isso revela sobre o fim para o qual Deus estaria preparando aquela pessoa?"*
- *"Seria o cliente capaz de enxergar essas experiências de vida como preparo específico para o seu propósito?"*

Para o currículo de preparo, muitas vezes o passo seguinte será criar estratégias práticas para preenchimento das lacunas no currículo da pessoa – o *preparo externo* (15.5) pode ser facilmente adaptado a esta tarefa. Para levar o preparo interno mais um passo adiante, o exercício de *mensagens de vida* (19.1) põe essas qualidades de caráter em termos de mensagens que Deus plantou em nós por meio das nossas experiências. O *preparo negativo* (veja abaixo) suplementa o currículo para pessoas com dificuldades em enxergar fracassos e reveses como parte do preparo.

Lembre-se: para o cliente efetivar a conexão entre preparo e propósito, ele precisará ter alguma noção do que o propósito de fato *é*. Isso significa que, em geral, a área de preparo *não é* o melhor ponto para se iniciar o processo de descoberta de propósito de vida. Trabalhe um pouco com perfil e paixão antes de passar a esta área.

Experiências de preparo negativo

No diálogo que demos como exemplo, Bia passou por uma série de experiências positivas como mãe, que ela tinha que conectar com seu propósito de vida. Pode-se fazer exatamente a mesma coisa com experiências negativas. O preparo negativo ocorre quando fracassos, sofrimentos ou dificuldades nos proporcionam dádivas inesperadas que nos lançam para frente na direção do nosso propósito. É por isso que a perspectiva do coach é vital – os clientes se envolvem de tal modo em suas circunstâncias que se torna difícil para eles retroceder e enxergar a história mais ampla daquilo que Deus está fazendo. E Deus faz as coisas à sua maneira – às vezes é quase impossível trazer à tona o que ele pretende até que se tenha o quadro completo. Ele deve gostar de surpresas ou o prazer de nos ver exclamando "Uau!" quando alguma parte maravilhosa da nossa paixão aflora de algum erro.

Por exemplo: minha declaração básica de chamado é "construir um caráter de liderança e criar sistemas que construam um caráter de liderança". Uma parte vital do meu preparo ocorreu fora da área do meu chamado quando trabalhava como projetista de mobiliário sob medida. Na maior parte do tempo tínhamos falta de pessoal e estávamos sobrecarregados. Parte disso foi causada por mim mesmo – desenvolvi nossas vendas até um ponto em que mal conseguia dar conta da carga de trabalho. Havia momentos em que eu odiava aquela panela de pressão. Por causa do muito que havia para fazer, tornei-me mestre em minimalismo. Eu vendia serviços de 15 mil dólares com base em um esboço de cinco minutos em papel quadriculado. Podei o tempo médio para calcular o preço de uma peça sob medida de uma hora para menos de cinco minutos. Ainda assim, quase sempre o cronograma estava com semanas de atraso. Sempre entregando mais tarde do que esperava e repetidamente desapontando os clientes e os montadores, muitas vezes me sentia um fracassado.

Na ocasião eu apenas tentava executar meu trabalho. Não enxerguei conexão alguma entre o que se passava e o que queria ser (no ministério). Tudo que eu sabia era que Deus me colocara naquele trabalho e que não me concedera a liberdade de largá-lo – não que não lhe pedisse ano após ano que me deixasse ir! Por volta do término daquela etapa da vida, comecei a duvidar se alguma vez eu chegaria a fazer aquilo para o que fora chamado. Como Moisés, exatamente quando Deus estava terminando o preparo foi que me senti mais emperrado e abandonado por Deus.

O que eu precisava, e não tinha, era de um coach para reconfigurar a situação e dizer "Parece que Deus está lhe proporcionando montes de experiências de trabalho sob pressão. Por que ele estaria fazendo isso neste ponto da sua vida? Como é que isto se conecta com seu propósito definitivo?" Como eu não conseguia enxergar o propósito da minha luta, *supus que não houvesse propósito*. Precisava de um coach que acreditasse radicalmente comigo que todas as circunstâncias pelas quais eu passava eram parte de um plano maior de Deus.

Foi somente anos depois que entendi a incrível dádiva daquele emprego: aprendi a ser altamente criativo e implacavelmente produtivo, quer gostasse daquilo, quer não. Muitos autores lutam com o bloqueio de autor ou sentem que precisariam ter o humor certo estimulando-os antes de poderem escrever. Depois de quinze anos forçado a produzir sob pressão, isso raramente me incomoda. Sei como apenas me sentar e escrever, sei como trabalhar em um padrão viável e sei quando parar de ajustar e dizer "feito". Deus usou meu emprego de projetista de móveis para me preparar para o meu chamado quando eu nem sequer percebia sua atuação.

Coaching de preparo negativo

A situação mais comum de coaching de preparo negativo ocorre quando alguém atua fora do destino. Todo cliente terá algum tipo de problema na vida. A reconfiguração de experiências difíceis em preparo de destino é uma potente ferramenta para ajudar os clientes a admitirem circunstâncias adversas como parte do plano de Deus, e não como alguma punição ou um mal aleatório.

O coaching de preparo negativo tem a ver com ajustes de perspectiva. Quando os tempos estão ruins, facilmente se perde a visão de como Deus faz todas as coisas contribuirem para o bem[25] daqueles que são chamados segundo o seu propósito (o que significa que *tudo* na vida contribui para preparar-nos para o chamado de Deus). Ajude seus clientes a recuperarem a perspectiva convidando-os a considerar os propósitos de Deus na situação:

- *"E se Deus estiver presente nisso? Como esta situação prepara você para sua função no propósito?"*

- *"De que modo será que Deus quer encontrar e transformar você no meio de tudo isso?"*

- *"Digamos que Deus tenha enviado esta situação por ser exatamente o que você precisava para prepará-lo para o seu propósito. Se for assim, o que ele estaria fazendo?"*

---

25 O termo "bem" em Romanos 8.28 significa uma "bondade interna" ou um "bom caráter". Com certeza nem tudo o que ocorre na vida do cristão contribui para lhe dar mais saúde, riqueza ou segurança, mas pode torná-lo mais semelhante a Jesus se for levado em conta em termos de tranformá-lo segundo os propósitos de Deus para o seu caráter e para encontrá-lo ali.

- *"Por que Deus está enviando este tipo de experiência nesta fase da sua vida? Como isso pode prepará-lo para o seu chamado?"*

Às vezes, a justaposição da tarefa ou do público do chamado da pessoa e suas circunstâncias pode ajudá-la a enxergar a conexão:

- *"Então, sua longa doença fez você se sentir excluído e ignorado. Mas eu também sei que seu desejo é alcançar pessoas que estão à margem da sociedade e se sentem mal-amadas. Haveria alguma conexão aqui? Por que Deus está pondo você no mesmo barco que as pessoas que você deseja alcançar?"*

> ### Chaves para coaching de preparo negativo
>
> 1. Creia que a circunstância faz parte do preparo de Deus para o destino.
>
> 2. Crie um convite que permita ao cliente elaborar algo em torno daquela ideia.

Na pergunta acima, lançamos mão do princípio de preparo de que Deus nos permite compartilhar as experiências daqueles a quem servimos (15.1), aplicando-o em forma de pergunta. Quando os clientes começam a considerar o valor de compartilhar a experiência daqueles aos quais eles são chamados, sua atitude sobre experiências muda rapidamente.

Muitas vezes se pode apenas propor um princípio de crescimento que possa aplicar-se à situação da pessoa e convidá-la a decidir se aquilo se aplica ou não. Por exemplo:

- *"Se você for trabalhar em um hospital, estará cercado de pessoas doentes. Foi isso que Jesus assumiu como ministério. Como isso se aplicaria à sua situação?"*

- *"Normalmente, em algum ponto do desenvolvimento dos líderes, Deus os colocará em uma situação injusta ou os fará trabalhar sob alguma autoridade doentia. Qual você acha que poderia ser o propósito de Deus ao colocá-lo bem aqui?"*

15.1. PRINCÍPIOS DE PREPARO

As melhores perguntas sobre perspectivas emergem da compreensão dos princípios segundo os quais Deus desenvolve líderes. Seguem aqui alguns exemplos desses princípios de preparo frequentes na vida de líderes em desenvolvimento.

- Deus levará você através de experiências que o ajudarão a identificar-se com aqueles a quem você foi chamado a servir. Por exemplo: se você foi chamado a ministrar a sofredores, seu próprio sofrimento o preparará para essa tarefa.

- Muitas das nossas experiências desenvolvem os músculos da fé e da bravura de que necessitamos para ter sucesso em nosso chamado. O trato com as pessoas irritantes em seu escritório cria as habilidades e o caráter para lidar com necessidades humanas em uma escala mais ampla.

- O fracasso é um preparo tão bom quanto o sucesso. Se o seu chamado inclui a revitalização de organizações moribundas, que melhor preparo poderia haver do que participar de uma organização agonizante ou – ainda melhor – liderá-la?

- Muitas vezes Deus precisa extirpar da nossa vida um amor inferior a fim de abrir espaço para abraçarmos algum propósito maior. A falência da sua empresa é um ótimo meio de livrar-se da busca por bens materiais.

- Quando Deus trata com um líder, todos os que servem sob aquela pessoa também passam pelo tratamento. Essa adversidade pode destinar-se, principalmente ao preparo de outra pessoa. Você estaria disposto a pagar um preço de propósito dela?

- Seu ponto mais forte no ministério é aquele em que Deus mexeu mais profundamente com seu caráter – porque é ali que Cristo está mais plenamente encarnado em você. Por exemplo: se você foi chamado para ensinar habilidades de liderança, espere que Deus coloque sua própria liderança sob o microscópio e cobre de você um padrão desagradavelmente elevado em comparação com outros.

- Muitas vezes Deus dá aos líderes, cedo na vida, um vislumbre do seu chamado, mas, então, vem um longo período de preparo interno em relativa obscuridade antes de emergirem para aquele chamado. Para um cliente de 30 e poucos anos que se sinta emperrado nessa fase média sempre será útil olhar quanto a isso para a linha do tempo nas vidas de Abraão, Davi, José, Paulo ou mesmo Jesus.

- Deus não lhe dará acesso ao seu chamado a partir de uma posição segura, em que todas as suas necessidades estejam satisfeitas. Seu propósito requererá fé na provisão de Deus.

- Grandes desafios de liderança na juventude podem ser indicadores de um chamado de grande alcance.

- Uma formação bem-sucedida a partir de certo estágio do seu preparo geralmente é marcada pela eliminação daquela esfera ou pelo enfrentamento de um desafio maior. Términos não significam fracasso. Deus não daria isso a você se não o considerasse realmente pronto para aquilo.

- Um período no deserto é uma marca de afeição especial de Deus. Ele nos leva ao deserto para trazer-nos à intimidade no relacionamento com ele (Os 2.14-16).

15.2. CURRÍCULO DO PREPARO

Neste exercício criaremos um resumo das qualificações externas que você acumulou e que o preparam para o seu propósito de vida. Neste momento não se preocupe demais com a conexão de uma qualificação específica com seu propósito – apenas relacione tudo que corresponda a toda categoria e seu coach o ajudará a classificar aquilo.

Credenciais

Graduações, certificações, formação, prêmios e outras qualificações reconhecidas.

Realizações

Quais são suas melhores realizações?

> *Dica de coaching*
>
> *Poderá ser necessário induzir a pessoa a incluir aqui experiências ou realizações alheias ao trabalho como componentes valiosos do seu currículo de preparo.*

Experiência de trabalho e vida

Que experiências importantes você teve na vida? Que papéis exerceu? De que modo sua experiência o equipa para agir, entender ou comunicar-se em relação a outros?

Network (rede)/favorecimentos

Quem conhece você e em que você goza de favores ou oportunidades por meio de relacionamentos?

Habilidades adquiridas

Que habilidades você adquiriu ao longo do caminho? Em que você é especialista?

Dica de coaching

Lembre-se: trata-se de habilidades aprendidas, não de talentos naturais – estes fazem parte do perfil, não do preparo.

15.3. CURRÍCULO DE PREPARO INTERNO

O caráter não é algo com que nascemos – ele é construído por meio da experiência de vida. Toda circunstância que enfrentamos tem potencial para nos preparar para o nosso propósito. Neste exercício vamos inventariar as experiências construtoras de caráter pelas quais você passou e o modo como elas formaram você.

Infância

Que qualidades de caráter seus pais lhe inculcaram profundamente? As primeiras lições sobre coisas como veracidade, trabalho diligente, convívio e respeito podem durar a vida toda.

Funções

Reflita sobre as diferentes funções que você já desempenhou. Quais foram as lições de caráter nessas funções?

Fracassos

Que fracassos significativos ocorreram na sua vida? Como eles formaram aquilo que você é?

Sucessos

Onde você se dedicou a fazer algo com excelência? Que qualidades de caráter se formaram em você por meio do empenho por essa meta?

Padrões

Que padrões você enxerga no modo pelo qual Deus o vem preparando? Em que áreas ele trabalhou repetidamente em você ou o elevou a um padrão superior? Como esses padrões se ligam ao seu destino?

Dica de coaching

Muitos clientes têm dificuldades iniciais em separar "caráter" de "tarefas" e "ser" de "fazer". Portanto, as listas de preparo interno poderão conter coisas como "chefe de escoteiros em minha cidade" entre os sucessos ou "muita experiência em trabalhos com pessoas difíceis" em padrões. Se descobrir itens que não sejam qualidades de caráter, pergunte apenas: "De que modo isso moldou aquilo que você é?" ou "O que essa experiência incutiu em você?" Se a pessoa registrou alguma experiência significativa, provavelmente haverá alguma questão de caráter dentro dela.

15.4. PREPARO NEGATIVO

Este exercício ajudará a entender como Deus prepara você por meio das experiências negativas em sua vida.

Etapa 1: Revisão do propósito de vida

Escreva uma breve declaração do seu propósito de vida da maneira como melhor o entender.

Etapa 2: Inventário

Cite algumas dificuldades, fracassos ou experiências de sofrimento que você passou na vida. Anote-as uma a uma na coluna esquerda abaixo.

Etapa 3: Conexões

Agora conecte suas experiências e seu propósito de acordo com as seguintes perguntas:

1. **Público-alvo:** De que modo esta experiência me conduziu para as necessidades daqueles aos quais fui chamado? Que oportunidades de alcançá-los ou de servir-lhes isto me proporcionou?

2. **Tarefa:** De que modo esta experiência me incutiu paixão em agir a favor de outros? O que eu gostaria de mudar ou de que gostaria de salvar outros por ter passado por essa experiência?

3. **Mensagem:** De que modo isso moldou minha identidade? Que mensagem para outros faz parte da minha história de vida por ter passado por essa experiência?

4. **Impacto:** De que modo essa experiência me tornará mais eficiente em meu chamado?

Experiência	Conexão

Dica de coaching

Poderá ser necessário explicar como Deus usa a adversidade no preparo e oferecer alguns exemplos para que o cliente possa executar bem este exercício. Algumas noções importantes:

1. *Grande parte do preparo consiste em desenvolver o caráter para dar sustento ao chamado. As experiências de construção de caráter tendem a envolver adversidades (não se construirá um caráter se for fácil!).*

2. *O preparo refere-se tanto a extirpar aspectos negativos e obstáculos da vida como a desenvolver habilidades positivas. Situações difíceis revelam obstáculos e quebrantamento para que se possa lidar com eles.*

3. *É assim que Deus prepara os líderes – por exemplo: José, Davi e Moisés todos enfrentaram grandes adversidades no seu preparo.*

15.5. PREPARO EXTERNO

É muito mais fácil observar o crescimento de alguém em direção ao seu propósito quando tal preparo se dá dentro da sua área de chamado. Tratando-se de uma dona de casa reingressando no mundo empresarial ou de um homem de negócios migrando para o ministério, será mais difícil revelar os benefícios da sua experiência precedente. Este exercício ajuda a inventariar as habilidades dominadas fora da área de chamado e a aplicá-las à respectiva função no propósito.

Etapa 1: Inventário de aprendizados

Tome cada uma das oito *categorias da roda da vida* (trabalho, dinheiro, ambiente de vida, crescimento pessoal, saúde e recreação, comunidade, família, Deus – veja 11.5) e anote as principais habilidades, competências e qualidades de caráter de vida que você tenha desenvolvido nessas áreas ao longo dos anos. O que você chegou a dominar? Que habilidades você recolheu? O que você sabe que não sabia antes? Anote todas as habilidades de vida significativas mesmo que não pareçam relacionar-se com seu propósito.

Etapa 2: Generalizar competências

A chave deste exercício é identificar *competências gerais*, não habilidades específicas, para o contexto. As competências gerais subjacentes naquilo que você já fez aplicam-se a tudo – a parte específica ao contexto só aparece na função particular em que você esteja.

> *Exemplo: Como mãe, você aprendeu a comprar eficientemente alimentos, a observar um orçamento mensal, a planejar refeições e a pôr a comida na mesa todas as noites às 18h. Escolher a melhor marca de atum ou encontrar a loja com os melhores preços de fraldas são as habilidades específicas do contexto – acompanham a função de mãe. As competências gerais são mais interessantes: você sabe como administrar o tempo, manter-se no orçamento e maximizar a eficiência de tarefas rotineiras. Existem muitas aplicações para isso!*

Etapa 3: Tradução para a função do propósito

Passaremos agora a traduzir suas habilidades genéricas para sua área de chamado. Com ajuda de um coach ou de um amigo que atue em sua área de chamado, aplique suas competências gerais à sua função no propósito. Onde você terá tarefas similares? Onde as habilidades que adquiriu lhe darão um alicerce pronto para construir? O que você ainda precisa aprender para ter sucesso em sua nova função?

Exemplo: Traduzindo aquelas habilidades de mãe para linguagem empresarial, ela executou um projeto dentro do cronograma e do orçamento, produziu suas mercadorias e maximizou o retorno sobre o investimento. Ela poderá aprender a agir dessa forma em uma escala mais ampla ou em áreas diferentes, ou ainda obter algum conhecimento técnico específico, mas as habilidades básicas de administração do projeto já estão à mão.

Dica de coaching

Quando transitamos entre mundos diferentes (tais como empresa e ministério ou família e emprego), muitas vezes nos sentimos desqualificados. Todavia, a qualificação mais importante para o sucesso é o caráter: o aprendizado de habilidades ou a aquisição de conhecimentos são relativamente fáceis em comparação com o desenvolvimento de uma excelente ética de trabalho ou de trabalhar bem com pessoas. Muitas vezes, o preparo alheio ao chamado se dá no reino do caráter.

16

EVENTOS DE PROPÓSITO

"É com o coração que enxergamos corretamente; o essencial é invisível ao olho."

Antoine de Saint-Exupery

Como é necessário saber algo sobre o propósito de vida para conectar as experiências de preparo com o propósito, como trabalhar com pessoas que nada sabem do seu propósito? Como desafio adicional, aqueles que não conseguem articular um propósito de vida muitas vezes têm obstáculos internos que os impedem de fazê-lo. Por exemplo, alguns cristãos espiritualizam a imagem do seu chamado de tal modo que, se não for em voz audível, não se qualificará. Às vezes se precisa de algum meio de contornar os bloqueios internos dos clientes para ajudá-los a enxergar as indicações de chamado que Deus já implantou em sua vida. O exercício de *eventos de propósito* (16.1) é uma ferramenta para isso.

Um evento de propósito é um breve evento em que sentimos estar desempenhando aquilo para o que nascemos. Os clientes poderão descrevê-lo como um momento em que "estavam a todo vapor" ou "fazendo algo que revelou o melhor de mim." Em geral, essas experiências associam-se com:

1. Um senso de **realização**, significância e profunda satisfação.
2. Maior **eficácia** ou influência excepcional.
3. Forte **confirmação** de outros de que aquilo é a sua cara.

O que fazemos é encontrar os lugares em que o próprio discernimento do cliente lhe diz estar atuando dentro do seu propósito, elucidar os detalhes de tais experiências e generalizar (extrapolar) esses detalhes para um quadro do propósito da pessoa.

O mais fácil será expor essas noções se a experiência for um evento breve e discreto – uma reunião de trabalho de fim de semana, uma con-

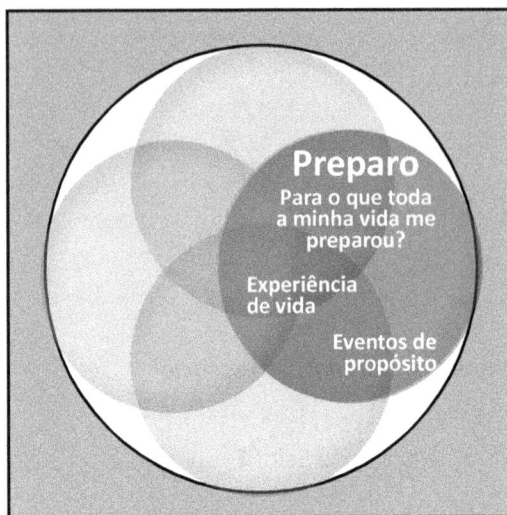

versa pessoal, um projeto de curto prazo ou uma viagem a trabalho. Quando as pessoas falam de um senso de propósito em torno de uma função ou de um projeto mais prolongado, começam a generalizar e resumir, e não é isso o que queremos. Com eventos de propósito, a noção vem do exame de *detalhes específicos*. Com acesso a esses dados brutos originais podemos contornar as conclusões pré-existentes da pessoa a respeito de onde estão e obter uma imagem nova do seu destino.

Randy estava bem travado quando veio para o processo de coaching. Veja como a ferramenta de *eventos de propósito* o faz ver seu obstáculo no passado e abre novas possibilidades.

"Bem Roberto, você me diz que não vê nenhuma indicação para o seu propósito em seu passado."

O cliente despreza suas experiências A.C. (antes de Cristo) como não relacionadas com seu propósito.

"Bem, sim, quero dizer: eu não era salvo até dois anos atrás. Antes disso, desperdiçava bastante minha vida. Quando não estava em alguma balada, ou dormia de ressaca ou tentava aguentar até o próximo fim de semana. Agora minha vida mudou completamente, mas não dá para achar meu chamado no meu passado – foi um desperdício só."

"Certo. Vamos tentar o seguinte: pense em algum momento da sua vida em que você estava realmente bem, em que estivesse executando algum projeto ou uma tarefa que fosse natural e em que você realmente se achava primoroso."

Etapa 1: O coach pede um evento de propósito sem conectá-lo ao propósito, mas o obstáculo de Roberto ainda o bloqueia.

"Não me ocorre nada. Quero dizer, organizei algumas baladas alucinadas, mas aquilo não seria nada do que poderia ser útil agora."

"Vamos ficar nisso, Roberto, e ver aonde chegaremos – depois você pode me dizer se aquilo tem algo a ver. Qual foi a maior balada, ou a de maior sucesso ou mais criativa que você já organizou?"

O coach toma algo que Roberto desprezou e pede permissão para trabalhar com aquele episódio.

"Bem... foi quando juntei a maior parte da turma de adolescentes para uma grande festa. Havia umas 250 pessoas ali antes de a polícia chegar."

"Certo – fale sobre isso. Foi você quem organizou a festa?"

"Principalmente. Eu estava muito animado e juntei alguns dos meus companheiros para ajudar. Encarreguei o Bruno de anunciá-la pelo Facebook para todos serem informados. Daniel conseguiu cerveja com o pai dele – ele é motorista de um caminhão da Budweiser – e Reginaldo serviu de porteiro e cobrou o ingresso do pessoal. Foi o único de nós capaz de manter um maço de dinheiro no bolso sem torrar aquilo."

Etapa 2: O coach começa a extrair detalhes específicos.

"O que mais você fez?"

"Foi por volta do Halloween, por isso promovemos o evento como de uma casa mal-assombrada. O que fez tudo funcionar foi que recrutamos o capitão do time de basquete como testa-de-ferro. Se os pais soubessem que a ideia era minha, teriam proibido os filhos de ir lá. Foi tudo bem até que os vizinhos se irritaram com os carros e o barulho e chamaram a polícia."

"Conte mais sobre a casa."

Quanto mais detalhes, melhor!

"Foi muito legal – arranjamos esqueletos e luzes piscantes e toda espécie de coisas assustadoras. Uma garota até desmaiou ao passar por aquilo. Paulo e eu 'emprestamos' algumas luzes negras por aí e fizemos muito com elas. Achei algumas garotas do curso de artes que pintaram animais estranhos, cadáveres e coisas assim – elas eram meio malucas – e fizeram um belo de um espetáculo daquilo."

"Então, por que você se deu a todo esse trabalho de preparar aquela festança em vez de simplesmente ir passar o tempo com seus amigos?"

Extração de detalhes sobre as motivações íntimas

"Acho que gosto de incluir pessoas – quanto mais, mais divertido fica. Sempre andei com diferentes grupos, e pareceu ser uma boa ideia tentar reunir todo mundo. Ficar fazendo hora no porão do Reginaldo não é nenhum desafio – podíamos fazer isso a qualquer momento. Acho que eu queria mesmo ser reconhecido."

"Ótimo. Agora vou lhe dar um retorno do o que ouvi sobre aquilo que pode conectar-se com o seu propósito de vida, e você me dirá se estou na direção certa ou não. Primeiro, você parece ser um líder natural e visionário. Eu imaginaria que seu propósito implica a reunião de pessoas em torno de algum grande sonho, recrutando uma equipe tal como você fez aqui, delegando tarefas e catalisando algo grande. Você não pensa pequeno – quis reunir a turma toda e conseguiu. Isso combina com você?"

Etapa 3: O coach generaliza os detalhes em enunciados de propósito de vida

"Bem, nunca encarei isso dessa forma, mas acho que é por aí. Sempre incluí outra pessoa nos meus esquemas – e muitas vezes lhes criei problemas. Mas, sim, sou bastante bom em organizar, recrutar e delegar."

Etapa 4: Pedir ao cliente que avalie sua proposta e lhe diga o que daquilo confere.

"Creio ser também significativo que você compreendeu o que era favorável – o capitão do basquete – e você conseguiu usar isso para tranquilizar os pais. Você parece ter uma capacidade natural de reconhecer a política de uma situação e de planejar de acordo. Também é interessante você ter recrutado alguém influente. Parece que você foi uma ovelha negra na escola, mas você também não se limitou a zanzar por aí com os góticos. Outra boa ideia poderia ser que seu destino envolva a construção de pontes entre divisões culturais. Notei que você fez isso várias vezes desde que começamos a conversar. De modo que – o que acha, Roberto? Quanto disso tem a ver com você?"

O coach generaliza um segundo conjunto de detalhes em enunciados de propósito.

"Creio que muita coisa. As pessoas tendem a girar em torno de mim e tenho conseguido acesso a crianças marginais e também aos pais e às autoridades para fazer coisas com a moçada. É tão natural que na verdade nunca pensei nisso como algo especial."

"Você é excepcionalmente dotado em algumas dessas áreas."

"Então, o que você diz é que aprendi a ser um visionário quando ainda estava no mundo, e que agora Deus passa a aproveitar essa experiência para o seu Reino?"

"Roberto, os mesmos potenciais e capacidades naturais que você aplicou para organizar baladas são as que você aplicará para Deus. Ele não vai lhe aplicar um transplante de personalidade – ele está redimindo sua vida. Toda ela."

"Uau! Fantástico!"

> O cliente começa a estabelecer as conexões em falta entre essas experiências e seu chamado e perfil.

Roberto tinha vivido no lado selvagem antes de se entregar a Cristo. Como ele considerava sua vida antes de Cristo como "desperdiçada", a identificação das indicações de propósito em sua vida pregressa não pertencia ao seu paradigma. Para contornar esse obstáculo, o coach empregou a técnica dos *eventos de propósito*.

Note que Roberto mencionou a organização de uma balada como experiência de propósito, mas imediatamente a descartou como inútil. É o obstáculo se manifestando. Todavia, seu coach entendeu que o importante para descobrir o propósito de Roberto não era o que ele houvesse feito até então, *mas por que ele o fez*. Roberto nunca mais organizará outra balada, mas o fato de ter organizado com sucesso um projeto de larga escala com inclusão de diversas pessoas revela algo sobre seus talentos, suas paixões e aquilo em que ele é bom.

Um dos aspectos mais surpreendentes sobre eventos de propósito é a precisão dos pequenos detalhes em revelar as paixões, as capacidades e o chamado das pessoas. Por sermos inquiridos sobre experiências estreitamente alinhadas com o destino da pessoa, os detalhes importam.

Coaching de eventos de propósito

As quatro etapas da ferramenta de coaching de *eventos de propósito* são:

1. **Identificar histórias**

   Localize alguns desses breves eventos "de maior atuação e realização" nos quais a pessoa se sentiu alinhada com um propósito e à vontade.

2. **Extraia detalhes**

   Aplique perguntas abertas de sondagem para obter especificidades do evento.

3. **Generalize os detalhes em enunciados de propósito**

   Trate os detalhes como se fossem um dentre muitos exemplos similares do propósito de vida daquela pessoa em ação e sugira noções de propósito de vida baseadas neles.

4. **Solicite avaliação**

   Peça ao cliente que avalie seus enunciados e decida o que significam.

O exercício fornece exemplos de perguntas de coaching para cada etapa. Se você pediu ao cliente a exposição de várias histórias, procure por temas que apareçam em todas elas e destaque-os. Se estiver avaliando uma única experiência de propósito, escolha os detalhes mais significativos, generalize-os em enunciados de propósito de vida e peça ao cliente que os comente.

Por exemplo: se a história for a respeito de uma viagem para ajudar vítimas na reconstrução após um furacão, você poderá sugerir: "Parece que parte do seu propósito seria ajudar os menos afortunados em situações de crise". Ou se a pessoa abordou um militar de alta patente para conseguir recursos governamentais para construir um abrigo para sem-tetos, você poderá dizer: "Você parece ser capaz de conseguir apoio e recursos das autoridades para incitativas baseadas em fé."

A etapa de elaboração de enunciados de propósito generalizados sempre parece arriscada. Essencialmente, toma-se um único dado e extrapola-se este para a vida inteira da pessoa! O que faz a técnica funcionar é que pedimos aos clientes que selecionem entre literalmente milhares de experiências, aquelas que mais se alinhem com sua função de propósito. Como a seleção busca tão precisamente as experiências que melhor se encaixam, aqueles detalhes aparentemente aleatórios tornam-se excepcionalmente significativos. Creia haver significado nos detalhes e ficará impressionado com as conexões que emergem daí.

Quando se conhece bem a pessoa, muitas vezes será fácil sugerir conexões significativas com base em uma única história. Se não se tiver uma familiaridade tão boa com a vida do indivíduo, pode-se optar por conversar sobre vários eventos de propósito e ir em busca de temas que, mesmo assim, apareçam em todos eles.

> ## Técnica de propósito
>
> 1. Identificar objetivos de vida.
> 2. Extrair detalhes.
> 3. Generalizar os detalhes em enunciados de propósito.
> 4. Solicitar avaliação

Como na qualidade de coaches oferecemos perspectivas sobre o propósito de vida de alguém, será preciso nos certificarmos de permitir que o indivíduo entenda o que se disse e decida sobre sua significância. Em um relacionamento de coaching, o cliente sempre terá a última palavra sobre o que as coisas significam.

Repasse pelo menos uma experiência de propósito antes de liberar o cliente para terminar o exercício entre as sessões. Como a perspectiva é tão importante neste exercício, pode-se acabar repassando mais algumas experiências na sessão seguinte. Costumo recomendar ao cliente que processe os eventos de propósito com um amigo ou o cônjuge a fim de obter noções adicionais.

Estimule os clientes a pensarem em episódios de diferentes momentos da sua vida, diferentes funções que desempenharam e de diferentes esferas de influência (como igreja, emprego, lar ou comunidade). Se as experiências que processaram forem de épocas de vida muito distantes entre si, os temas comuns neles serão ainda mais impressionantes.

16.1. EVENTOS DE PROPÓSITO

Eventos de propósito são experiências em que nos sentimos plenamente no lugar: realizados, eficazes e alinhados com nosso chamado. Faça o exercício com o cônjuge, um amigo ou um coach para obter perspectivas adicionais.

Etapa 1: Identificação dos eventos de propósito

Identifique três experiências nas quais você sentiu ter feito aquilo para o que nasceu – bem feito e com grande impacto. Pense em *eventos específicos, isolados:* algo que aconteceu em determinado dia, ao longo de uma semana ou durante certa conversa. Uma experiência de propósito NÃO é uma função ou um período prolongado na vida em que nos sintamos realizados, mas um evento específico.

Perguntas de coaching
- *"Identifique algumas experiências em que você tenha se sentido totalmente vivo, rodando à toda, com a impressão de estar fazendo aquilo para o que você foi feito."*
- *"Descreva uma experiência em que você tenha tido uma forte sensação de objetivo, parecendo que toda a sua vida foi equipada para aquele um momento."*

Etapa 2: Exponha os detalhes

Tome dez a quinze minutos para identificar o máximo de detalhes específicos que você consiga lembrar sobre cada experiência. Se possível, peça a um bom amigo ou ao seu cônjuge que lhe faça perguntas como as que estão abaixo. Anote possíveis conexões entre esses detalhes e seu propósito à medida que as enxergar.

Perguntas de coaching
- *"O que aconteceu exatamente? Leve-me através da experiência, passo a passo."*
- *"A quem você serviu? Que influência você exerceu sobre outros?"*
- *"Que tipo de tarefa você executou? Como fez isso? O que se conseguiu?"*
- *"O que mais você consegue lembrar?"*

Etapa 3: Procure temas

Compare suas três histórias por meio das seguintes perguntas. Como escolhemos histórias com alta sensação de propósito, os detalhes poderão fornecer uma imagem impressionantemente exata do seu propósito de vida (especialmente se surgirem em mais de uma das histórias). Se generalizar esses temas repetidos em enunciados sobre o seu propósito de vida, o que você dirá?

Perguntas de coaching

- *"Que elemento comum você enxergaria em todas estas histórias? O que isso lhe ensina?"*

- *"Haveria alguma **mensagem** sua a outros que surge repetidamente em tais experiências?"*

- *"O que têm em comum as **pessoas** a quem você serviu nessas três histórias?"*

- *"Que **potenciais** ou dons você aplicou em todos esses eventos?"*

- *"Foi interessante para mim que* _____ [cite algum detalhe que tenha despertado sua atenção]. *Como aquilo se conectaria com seu propósito de vida?*

17

QUINTA PERGUNTA: CHAMADO — PARA ONDE O MESTRE ME ENVIA?

"...Seja feita não a minha vontade, mas a tua."

Jesus

Embora Deus não pretendesse que Israel tivesse um rei, ele honrou seu pedido quando solicitaram um. Deus disse ao profeta Samuel: *Unja-o* [Saul] *como líder sobre Israel, o meu povo; ele libertará o meu povo das mãos dos filisteus. Atentei para o meu povo, pois o seu clamor chegou a mim* (1Sm 9.16). O chamado de Saul foi liderar o povo de Deus e salvá-lo dos seus inimigos (1Sm 10.1).

Ao listar as qualificações de Saul, a Bíblia parece focalizar sua aparência externa. Ele era o maior e mais belo de todos – o método de seleção de líderes de astros do rock. A tarefa era libertar o povo de um opressor externo e Saul parecia adequado para ela. O povo ficou muito impressionado com seu imponente rei – que então descobriram ter-se escondido entre a bagagem para fugir do seu chamado! Ao que parece, seu interior era menos importante para eles do que o visível. O perfil estava lá, mas faltava o preparo. Tem-se a impressão de Deus dizer: "Não foi *minha* a ideia de terem um rei, mas já que pediram um, eis aqui um homem que atende aos *seus* critérios."

O chamado de Davi teve um sabor completamente diferente: *O Senhor procurou um homem segundo o seu coração e o designou líder de seu povo...* (1Sm 13.14). No processo de reconhecimento deste rei, Samuel recebeu uma lição improvisada sobre as qualidades de liderança que Deus prefere. Quando ele lançou os olhos sobre o alto e belo primogênito Eliabe, Deus o advertiu: *Não considere sua aparência nem sua altura, pois eu o rejeitei. O Senhor não vê como o homem: o homem vê a aparência, mas o Senhor vê o coração* (1Sm 16.7).

Essas duas diferentes ênfases explicam por que o reinado de Saul foi um fracasso. Embora ele cumprisse amplamente a tarefa de libertar Israel dos seus opressores, para a qual fora chamado (1Sm 14.48), Saul nunca incorporou o cerne do seu chamado – de apresentar Deus como Rei para o povo. Ele era o rei do povo, mas nunca o de Deus. No final, suas realizações foram uma casca vazia: bem-sucedido por fora, vazio por dentro. E esse fracasso em tornar-se o homem que ele fora chamado a ser acabou por lhe custar o coração do povo, o trono e a vida.

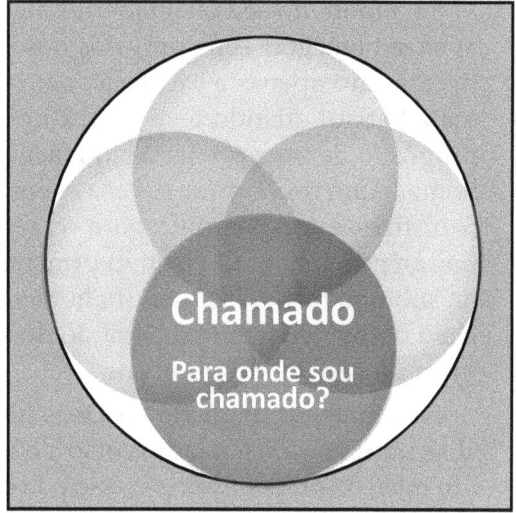

Já Davi foi um grande sucesso na mensagem fundamental da sua vida – de ser "um homem segundo o coração de Deus". A história de Davi e seus salmos preservam um registro das suas vitórias e dos seus fracassos, suas alegrias e arrependimentos e sua luta com Deus. Ganhamos também uma visão da luta vitalícia de Davi com a vingança, das alturas de sua recusa em erguer a mão contra Saul até as profundezas de chamar Salomão ao seu leito de morte para se certificar de que ele cuidaria dos seus velhos inimigos.

Davi nunca foi um homem perfeito. A mensagem da sua vida não é a de agir corretamente, mas de trazer todo o seu coração humano – paixão, desejos, emoções, identidade, autoimagem, fracasso, sucesso – a Deus. Davi é um homem segundo o coração de Deus porque tudo no seu coração foi levado a Deus. O centro da soberba excelência de classe mundial de Davi é o seu rigoroso compromisso com Deus no mais profundo nível. *Este* é o coração do chamado de Davi – e ele o cumpriu.

O compromisso externo

Definimos chamado como "um compromisso externo que aceito com o fim de servir a um bem maior". O que distingue o chamado da paixão e do perfil é que ele vem de fora do nosso ser. Pode-se responder a um chamado para servir ao seu país, à sua tribo, à sua família ou a uma causa. Os cristãos buscam seu compromisso vindo de Deus e creem que este substitui os chamados de qualquer instituição humana. Assim, como cristãos, podemos dizer que:

*"um **chamado** é um compromisso externo <u>vindo de</u> Deus <u>a favor</u> de outros."*

Se a fonte do seu chamado for algo externo, ele o levará para além de apenas perseguir seus próprios desejos. Se o propósito de vida de Davi tivesse sido apenas a satisfação das suas paixões e do seu perfil, ele teria matado Saul quando teve a oportunidade. Era essa a via óbvia para seu propósito de ser rei, e teria sido fácil para ele justificar tirar a vida de um homem que roubou sua esposa e tentou assassiná-lo. Embora livrar-se de Saul fizesse todo sentido para os seus compatriotas, Davi vislumbrava um prêmio maior. O objetivo principal *não* era iniciar sua tarefa de vida de subir ao trono, mas ser um homem segundo o coração do seu Senhor. Davi optou "encarnar" o coração do seu chamado em vez de se apegar à mera função do seu propósito.

Se a fonte do chamado for Deus (não nossas paixões), o objetivo de um chamado será servir a outros (não a nós mesmos). Se você foi chamado a ser um intercessor, por exemplo, isso não significará que você gastará três horas por dia orando pelas suas próprias necessidades! Esse termo significa entrar na brecha em favor de outros. Se você for chamado a criar uma empresa, esse chamado não se destina, em última análise, a ampliar sua rede ou a obter uma aposentadoria precoce – trata-se de representar algo de Cristo para aqueles com quem você trabalha. O serviço está no cerne de todo chamado.

> A fonte do chamado é Deus (não nossos próprios desejos). O objetivo do chamado é servir a outros, não a si mesmo.

Ironicamente, é a vida em favor de outros que torna sua própria vida satisfatória e significativa. Em seu livro *Reclaiming the Fire* (Restituindo o fogo), o Dr. Steven Berglas fala das suas experiências no trabalho com pessoas altamente realizadas que efetivamente conquistaram as paixões em torno das quais edificaram sua vida. Quando a proeza está completa, a meta foi atingida e a medalha ganha, em vez de sentirem que todos os seus sacrifícios valeram a pena, manifesta-se um intenso desapontamento. Quando aquilo a que dedicamos nossa vida deixa de nos satisfazer, perguntamos: "Será que isso é tudo?"

Os atletas têm até um termo para isso: depressão pós-olímpica. Trata-se da desilusão de alcançar o que se supunha ser o penúltimo objetivo apenas para ver o contentamento e a significância procurada escapar por entre os dedos. Para quem fizer da realização pessoal seu objetivo, nada no mundo jamais saciará tal fome. Mas quando largamos o eu para servir a outros, a alegria de cada realização multiplicada pela gratidão daqueles a quem servimos nos achará mesmo que nunca a procuremos. É isso que Jesus queria dizer quando declarou que *"quem acha a sua vida a perderá, e quem perde a sua vida por minha causa a encontrará"* (Mt 10.39).

As quatro facetas do chamado

A vida de Davi é um excelente exemplo da tensão entre ser e fazer no chamado. Um modo de entender como isso interage é examinar quatro facetas do chamado:

Chamado é...

Uma **mensagem** que se transmite/encarna

a um determinado **público**

para exercer uma **influência** definitiva

por meio de uma **tarefa** exclusiva.

Temos então uma **mensagem** que influencia outros à medida que executamos a tarefa da nossa vida. A mensagem é Cristo incorporado em nós de algum modo particular para o mundo. É o modo exclusivo de Jesus irradiar-se através de nós em função de como ele configurou nossa identidade. Eis um exemplo: anos atrás, bons amigos meus descobriram que seu filho em gestação tinha uma deformidade cardíaca e que provavelmente não sobreviveria. Em vez de partir para o aborto, oraram fervorosamente ao longo de toda a gestação, passaram pelo parto e depois viram seu filho morrer alguns dias depois. Foi uma experiência de cortar o coração depositar aquele caixãozinho na sepultura em um dia sem vida de inverno.

Aquele casal atravessou a dor com Jesus e saiu inteiro do outro lado. Se algum dia eu me deparar com alguém sofrendo com a morte de um bebê, é para lá que vou enviá-lo. Como eles encontraram Jesus e lhe permitiram fazer morada naquela parte do seu coração, eles poderão expressá-lo a outros que estejam no mesmo vale da morte.

As mensagens de vida são poderosas no coaching porque revelam coisas de que ferramentas como áreas fortes e perfil carecem totalmente. A mensagem da vida fica enraizada nos pontos em que Deus interagiu profundamente conosco, não em nossos potenciais naturais ou naquilo que nos vem com facilidade. Nossa abertura a Cristo permitindo-lhe gravar sua mensagem em nosso coração é o cerne do nosso chamado. Não é a tarefa externa que satisfaz o propósito de Deus, mas a revelação que vem *por meio* da tarefa – tal como a mensagem do coração de Davi que se irradia para nós sempre que lemos os Salmos. Nossas boas ações serão boas apenas na medida em que o Cristo em nós transparecer através delas.

Essa mensagem de vida destina-se a ressoar em certas pessoas – o nosso **público.** Aqueles aos quais fomos chamados a servir necessitam exatamente daquilo que Deus pôs em nosso coração. Nosso preparo nos qualifica de modo singular para falar com eles e nos torna o tipo de pessoa à qual darão atenção. A identificação específica do público ou da necessidade para cujo atendimento fomos criados é um aspecto essencial da compreensão do nosso chamado.

A razão para tudo isso é criar uma **influência** sobre aquelas vidas. Nosso legado é a influência exclusiva da mensagem da nossa vida sobre nosso público-alvo. É a nossa contribuição permanente para a sociedade e para o Reino de Deus. O verdadeiro objetivo nunca será criar uma organização ou cumprir uma missão – será servir às pessoas por meio da organização ou da missão.

No entanto, a **tarefa** através da qual nossa mensagem flui também é crucial. Temos uma tarefa (ou série de tarefas) exclusiva na missão ou no chamado da nossa vida, que é o veículo mais eficaz para a nossa mensagem. Essa tarefa é o que coloca mãos e pés no Cristo que há em nós e que o conecta com o nosso público. Assim, existe certo tipo de função que corresponde ao nosso perfil e que melhor nos habilita a expressá-lo. A tarefa sem uma mensagem é vazia, mas uma mensagem não canalizada através do tipo certo de tarefas e funções é limitada e ineficaz.

Aplicando a seção de chamado

Juntas, essas quatro facetas constituem a espinha dorsal do chamado. Vamos explorá-las nos próximos capítulos. Esta é a seção mais longa, uma vez que existem poucos exemplos de modelos de chamado em forma de compromisso externo em outra literatura de coaching.

Vamos começar explorando *Revelação*. Como o chamado provém de uma fonte externa, trata-se de algo que ouvimos por revelação e não por introspecção (tal como paixão ou perfil). O capítulo sobre *revelação* contém exercícios e ferramentas para ajudar os clientes a identificarem o que Deus lhes revelou sobre seu chamado. Examinaremos também obstáculos comuns que os clientes enfrentam quanto a ouvir Deus e a palavra "chamado", bem como para lhes prestar coaching. Um obstáculo-chave é o paradigma do "mapa de estrada" (roteiro) do propósito de vida (que muitas vezes se torna um *bloqueio* de estrada) - vamos compará-lo ao desdobramento dinâmico e progressivo do chamado de Abraão.

O capítulo de *Mensagem de vida* preenche os detalhes da encarnação que constituem o cerne do chamado. Como essas mensagens se desenvolvem em áreas nas quais Deus trabalhou profundamente em nós, elas, muitas vezes, estão vinculadas à transição, à adversidade ou ao fracasso. Assim, tomaremos algum tempo examinando padrões de chamado comuns relacionados com sofrimento.

O capítulo de *Público/Tarefa/Influência* ajuda as pessoas a traduzirem suas noções de propósito de vida para um público específico a que foram chamados a servir, uma influência tangível que procuram exercer e a tarefa que melhor canalize tal mensagem. Este capítulo também explora o conceito de legado e o que o cumprimento do seu chamado deixará para trás quando não estivermos mais aqui.

Finalmente incluímos também um capítulo sobre *Funções Convergentes*, dirigido a líderes maduros. Esse material aplica conceitos como estilo de influência e esfera de influência para detalhar o que vem a ser uma função de propósito. Começaremos com uma referência de avaliação e avançaremos a partir daí.

17.1. REFERÊNCIA DE AVALIAÇÃO DE CHAMADO

As perguntas abaixo nos fornecerão uma condição de referência para criar um plano personalizado de decoberta de chamado. Tome dez a quinze minutos para preencher a avaliação. Se você não souber o que dizer sobre alguma pergunta ou se tiver que pensar sobre uma resposta, deixe-a em branco. Isso não é um teste: apenas tentaremos determinar o que você sabe com certeza a respeito sobre seu chamado de modo a sabermos por onde iniciar o processo de descoberta.

1. O que Deus revelou a você sobre o seu chamado de vida?

   Penso que sou chamado a desenvolver na universidade futuros líderes financeiros – não é tanto o ensino em aulas, mas a oportunidade de tocar as vidas dos estudantes que me levou a isso. Sinto-me atraído a influenciá-los a levar uma vida de caráter e integridade em vez de apenas ir atrás de dinheiro.

   Quando eu era jovem, sempre bancava o conselheiro. Todo mundo me procurava com seus problemas e essa sempre tem sido uma área em que Deus me usou.

2. Em que medida você sente estar alinhado com aquilo para o que Deus o chamou? Como você sabe isso?

   Sinto-me como se o tivesse perdido por aí – nada está acontecendo. Depois da faculdade, recebi uma oferta para integrar uma equipe missionária, mas, em vez disso, decidi ir para o mestrado. Às vezes me parece ter sido uma escolha errada.

3. Enuncie uma das suas mensagens de vida: uma mensagem para o mundo que Deus tenha encarnado particularmente em você em uma ocasião em que ele tenha tratado com você profundamente.

   Creio que ele tratou bastante comigo a respeito de finanças pessoais: integridade com dinheiro, livrar-me de dívidas e viver nos limites dos meus recursos. Seria isso uma mensagem?

4. Descreva especificamente as pessoas que você foi chamado a servir ou a necessidade que foi chamado a preencher.

   Veja o item 1 acima. Mais especificamente, estudantes que tenham um ideal que eu possa fazer arder.

5. Qual é sua missão de vida? (A(s) tarefa(s) que você precisa cumprir na vida). Que função você desempenhará definitivamente e como ela se encaixa em seu estilo e o ajuda a cumprir essa missão?

Creio que a missão seja desenvolver futuros líderes em finanças e a função é a de professor. Minha função me coloca todos os dias em contato jovens líderes, o que é ótimo. Gosto do ambiente de sala de aula, mas o trabalho de comitê e de dar notas a trabalhos e coisas assim são perda de tempo. Não tenho certeza de que aquilo ajude minha missão de algum modo.

Análise da referência de avaliação

Tal como nas outras condições de referência, buscamos uma ideia básica sobre a posição atual da pessoa a caminho da sua descoberta.

A primeira pergunta sobre a condição de referência trata diretamente da revelação. Verifique se a pessoa consegue dar respostas que efetivamente soem como revelações, e não apenas como divagação. Será que a pessoa está disposta a declarar inequivocamente o que Deus lhe revelou ou não tem certeza? Ela cita mais do que apenas um método de revelação? O cliente teria algum conhecimento interno e sonhos de infância sobre chamado, mas nada em sua trajetória sobre experiências de direcionamento, escrituras ou palavras-chave do Senhor? Ajudá-lo a se conscientizar de outros modos pelos quais Deus lhe tenha falado por meio do Diário de Revelação (18.2) ou de exercícios de Perdas na Tradução (18.4) pode proporcionar um grande ganho.

Verifico também a tensão entre ser e fazer no chamado. Será que a descrição do chamado do cliente se limita a tarefas ou ele demonstra alguma compreensão do conceito de chamado como encarnação ou ser? Os exercícios de *Perdas na Tradução* (18.4) e *Mensagens de Vida* (19.1) fornecem bons recursos para isso.

A segunda pergunta toca em um dos grandes pavores do chamado: muitas pessoas acham que estão fora de rota ou que a erraram. Para líderes maduros em um estágio no qual deveriam estar agindo dentro do seu chamado, esses sentimentos podem ser recados de Deus para realinhar seu trabalho em funções convergentes. Essas situações os encaminham a uma abordagem prática, muitas vezes uma que alinhe as responsabilidades do líder com seu estilo (áreas fortes e perfil).

Com líderes mais jovens (como neste exemplo), é claro que o sentimento, muitas vezes, se deve a um raciocínio dentro do paradigma MapQuest (veja pg. 287).

A terceira pergunta trata de mensagens de vida. Novamente trata-se de território estranho para a maioria das pessoas; portanto, não se surpreenda se vier um "Não sei". Verifique se o cliente consegue conectar os atos de Deus com questões de caráter no passado e com as situações em que lidera com influência excepcional. O cliente do nosso exemplo identificou uma área de atuação de Deus, mas não a conectou com encarnação ou mensagem, o que significa que provavelmente há mais o que descobrir aqui. As *Mensagens de Vida* (veja 19.1 e 19.2) são consistentemente uma das áreas de maior retorno a explorar com líderes mais maduros. A *Mensagem da sua vida* (19.4) é um enunciado-chave sobre a parte do ser em seu chamado.

A quarta pergunta trata do público (será difícil conhecer sua influência quando não se conhece seu público!). Em que medida o grupo que a pessoa cita é específico? A descrição inclui várias características do público (veja box na pg. 343)? *A quem você ama* (20.1) e *Um público para a minha mensagem* (20.2) podem ajudar a detalhar isso. Líderes que entendem seu público poderão enumerar diversas características dele e fornecer exemplos de pessoas reais que as descrevam.

A última pergunta trata de missão de vida e papéis convergentes. Embora se trate de algo importante principalmente para líderes na segunda metade da vida, líderes mais jovens também poderão beneficiar-se de algum trabalho aqui. Seria a pessoa capaz de enunciar claramente uma função e uma tarefa de propósito e de descrever como estes se encaixam um no outro? A estrutura de mensagem → público → influência → tarefa poderá ajudar essas pessoas a obterem mais clareza sobre seu chamado, particularmente sobre sua mensagem e influência. Existem algumas coisas sobre sua função que se encaixam e outras não – procurarei explorar isso por meio de exercícios como o de *Descrição de cargo 80/20* (21.4) e *Estilos de influência* (21.2) para ver se existiriam outras opções de cargo ou alterações que ela possa fazer em sua função atual a fim de que funcione melhor para o seu perfil.

18

REVELAÇÃO

"Saia da sua terra, do meio dos seus parentes e da casa do seu pai, e vá para a terra que eu lhe mostrarei. Farei de você um grande povo [...] e por meio de você todos os povos da terra serão abençoados" (Gn 12.1-3).

Quando eu tinha 22 anos, um dos livros sobre liderança que eu devorava captou minha atenção. A tese do autor era que nos primeiros cinco anos desde o início da igreja primitiva, as únicas pessoas que lideravam algo eram os 12 apóstolos porque "é necessário ser santificado antes de poder liderar". Seja o que for que você pense desta ideia (tenho hoje minhas dúvidas), na época aquilo me pareceu muito sério. Comecei a orar diariamente: "Senhor, toma os próximos cinco anos da minha vida e apenas me santifica!"

Minha oração baseou-se no modo como eu entendia a ideia de chamado e o desenvolvimento de liderança. Deus nos chamaria a fazer algo (eu sabia ter sido chamado para o ministério), ingressaríamos em um período de treinamento intensivo (no qual eu claramente já me encontrava) e depois seríamos deslocados diretamente para tal vocação. Quanto mais dedicados e radicais fôssemos, tanto mais rápida e elevadamente seríamos promovidos. O escopo do nosso chamado não seria função dos nossos dons, mas da nossa devoção. Esperar até os 40 ou 50 anos até efetivamente ingressar na missão de vida seria algo para os fracos.

Quando orei por cinco anos de santificação, eu pensava estar pedindo a Deus que *demorasse mais* que o normal (!) para me preparar, de modo que pudesse agir realmente com poder quando fosse liberado. Eu já liderava uma célula, viajava pelo país com uma banda visando à renovação da adoração, produzindo cânticos e discipulando jovens. Em cinco anos me via ensinando a multidões, viajando pelo país e sendo um ministro de grande sucesso. Na minha mente, a santificação era uma rampa suave de subida até a glória.

Todavia, Deus tinha outros planos.

Três conceitos errados sobre chamado

Os maiores obstáculos para orientar a descoberta de chamado são, muitas vezes, as imagens que os cristãos têm de como seria o recebimento de um chamado. A imagem clássica é a de um jovem subindo no monte, ajoelhado, orando por direção em sua vida. Subitamente irrompe uma luz em torno dele (ou uma voz quase audível lhe fala) e Deus dá ao jovem um inequívoco chamado para o ministério. Ou uma garota está sentada no domingo à noite escutando um missionário apresentar vídeos sobre aldeias carentes na África. Algo mexe com seu coração e ela se dirige ao altar para receber um chamado para servir aos desafortunados no campo missionário.

Infelizmente, essa imagem está infectada com três grandes erros conceituais com que frequentemente nos deparamos quando prestamos coaching sobre chamado. Primeiro, a maioria das pessoas considera o chamado um *evento* especial, dramático e único no qual Deus nos dá uma atribuição vitalícia específica. Estamos tão presos à ideia da busca desses eventos de chamado que os cristãos incapazes de identificar esse um momento distinto se sentem como cidadãos de segunda classe. Quando perguntados sobre seu chamado, resmungam alguma coisa, embaraçados por terem que admitir que não receberam chamado algum. No entanto, para a maioria de nós, o chamado é, de fato, revelado *progressivamente* ao longo do tempo e não por meio de um evento único. De fato, poucos líderes entendem plenamente seu chamado e atuam nele antes dos 50 ou 60 anos. Se esperarmos que Deus fale conosco por meio de algum evento especial e dramático e ele não o fizer, aquilo pode ser muito desconcertante.

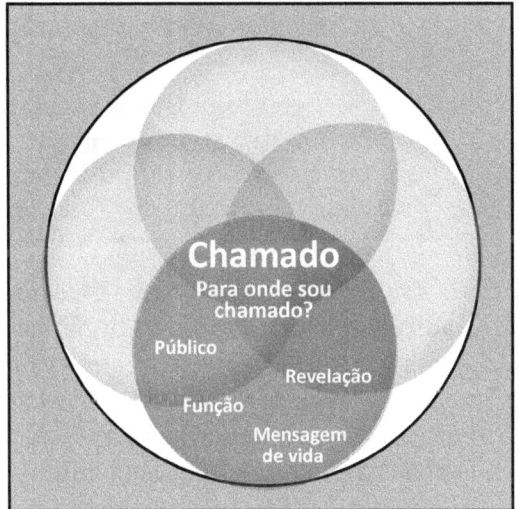

Um segundo conceito errado é que o chamado é uma tarefa. Ontem conversei por telefone com um jovem pastor em, como ele disse, "pavor de liderança". Ele não atingia o que esperava e sentia-se atolado, culpado e frustrado com sua falta de progresso. Depois de sondar um pouco, comecei a reconfigurar a situação com alguns "E se...". E se Deus estiver exatamente agora no fato de você não chegar lá? E se Deus *estiver* respondendo às suas orações, mas o caminho para mudar sua igreja começar com a mudança do seu próprio interior? E se superando a reticência dos seus líderes em sair, Deus estiver trabalhando em seu próprio medo de fracassar?

As luzes começaram a acender-se quando ele começou a pensar em termos de crescimento interior, e não simplesmente na execução de tarefas. Embora recebamos uma missão a executar na vida, nosso chamado consiste, antes e acima de tudo, em nos tornarmos algo, o que depois será canalizado através do que fizermos para influenciar outros. Se pensarmos em chamado unicamente em termos de tarefas, vamos acabar emaranhados na tentativa de fazer a coisa certa e de encontrar a vontade de Deus. Se o foco estiver em incorporar o chamado, grande parte dessa ansiedade por desempenho desaparece.

Três erros conceituais sobre chamado

1. Um chamado seria um momento especial em que Deus me dá uma atribuição para a vida.
2. Meu chamado seria para uma tarefa.
3. Uma vez tendo detalhado meu chamado, supõe-se que teria apenas que tratar de pô-lo em prática.

Um terceiro conceito errado é achar que, quando encontramos nosso chamado, simplesmente será o caso de começar a executá-lo. Se eu for chamado a administrar uma fazenda orgânica ou a ajudar a educar crianças como assistente social, precisarei encontrar uma posição nesses campos mais adiante e dar a partida. Mesmo se entendermos que se requer algum preparo, nossa pressuposição é que aquilo acontecerá dentro do campo do nosso chamado. De qualquer modo, uma vez que eu conheça meu chamado, todo o tempo que eu gastar fazendo qualquer outra coisa seria desperdiçado. A realidade é muito diferente. Em geral, o preparo requer décadas, não apenas anos, e para Deus é tão comum que a maior parte desse trabalho preparatório se dê em campo não relacionado como é para nós sermos assistente social ou fazendeiro por toda a vida. Lembre-se que Jesus foi preparado para o seu chamado ministerial fazendo trabalho braçal como carpinteiro.

Essas três concepções erradas quase acabaram comigo quando Deus começou a responder às minhas orações juvenis por santificação. O que realmente aconteceu foi que tudo o que eu vinha fazendo para Deus acabou. Eu era o principal vocalista masculino e guitarrista da banda – aí chegou outro camarada melhor do que eu em ambas as funções e fui relegado a cuidar do som. Depois gravamos um álbum, o engenheiro de som se converteu e juntou-se a nós e eu fui novamente relegado. Depois, certo dia, em uma conversa do meu pequeno grupo sobre o andamento das coisas, todos decidiram debandar porque "não vinham tendo uma boa experiência como pequeno grupo".

Foi um golpe. Eu não conseguia entender o que Deus fazia. Se a minha vida estava em ordem, eu deveria ser encaminhado a *mais* ministério e influência, não a menos! Fracasso e demissão não faziam parte do meu paradigma de preparo. A única conclusão possível na minha visão de destino era que eu estaria fazendo algo errado.

Até então, eu havia sido um Sr. Disciplina. Tinha minhas metas anuais e mensais, meu orçamento e controle financeiro, meu plano de estudo bíblico. Jejuava duas vezes por semana, orava uma hora por dia, encontrava-me com um amigo três vezes por semana para orar, realizava retiros mensais – fazia tudo. Na realidade, minhas disciplinas espirituais eram um ídolo e eu dependia de me sentir correto diante de Deus.

Aí Deus puxou o plugue da minha vida disciplinada. Cheguei ao ponto em que não conseguia orar sequer por cinco minutos. Os sentimentos de culpa e fracasso que antes eu recalcava explodiram como carga massacrante. Se eu não conseguia realizar nem mesmo as disciplinas básicas da vida cristã, como chegaria algum dia a ser o líder a que almejava?

A imagem que tenho daqueles anos é de escorregar abaixo por uma corda lubrificada no escuro. Na ocasião, apenas me agarrava ao nó na extremidade da corda. Esse nó consistia em tentar realizar a obra da vida cristã. Não havia como saber até onde cairia se relaxasse e soltasse a corda.

Depois de um ano de miséria finalmente desisti. Lembro-me de dizer a Deus: "Minha vida acabou. Não presto para ti nem para o Reino. Se puderes salvar-me, faze-o, mas eu não consigo levar a vida cristã". Foi impressionante que, pela primeira vez depois de muito tempo, comecei a ouvir Deus falando comigo – sobre o quanto ele me amava! Foram vários meses antes de eu conseguir aceitar aquilo, antes que finalmente me dei conta de que Deus amava a *mim* e não aquilo que eu fazia para ele.

Essa experiência de moldagem tornou-se a base do meu chamado, mas ocorreu de um modo que jamais eu previra, violando meu conceito de fé, derrubando e reconstruindo toda a minha identidade.

Naquela época, Deus estabeleceu três grandiosas mensagens em meu coração. Primeiro, entendi a graça. Antes eu estava sem a graça comigo e com outros. Agora ficou muito mais fácil relaxar e deixar Deus cuidar das coisas. Segundo, aprendi que Deus usa nossas circunstâncias para lidar com nosso coração. Um dos temas centrais da minha atividade de coaching e de escritor é o de ajudar líderes a descobrirem os propósitos de Deus nas adversidades e de incluí-lo ali de coração. Terceiro, aprendi a encarar a jornada cristã como um processo de desenvolvimento em que Deus remolda nossa identidade em vez de vê-la como uma caminhada por um campo minado de escolhas certas e erradas, onde qualquer passo em falso poderia me arrancar uma perna. A compreensão do estilo de Deus em construir um caráter de liderança está no cerne do meu chamado.

Chamado e revelação

Sem revelação e a ação soberana de Deus redirecionando minha vida eu jamais teria atingido meu chamado de vida. O chamado é um *encargo externo* de Deus em favor de outros – ou seja, para encontrá-lo temos que olhar para fora, em direção a Deus, em busca da revelação, e não apenas para dentro. O principal diferencial no coaching de propósito de vida cristão é esse desafio de receber um encargo revelado de Deus em vez de simplesmente identificar e seguir nossos próprios desejos.

Todavia, a palavra "revelação" carrega alguma bagagem. A imagem comum da revelação é de algo alucinante e dramático: alguma voz audível (Paulo), uma sarça ardente (Moisés) ou a vinda de um anjo para nos informar nosso destino (Maria). Seriam esses os modelos para o Zé-Cristão médio ou seria outra coisa?

Um dos desafios para descrever o que seja "normal" com o chamado é que os episódios dramáticos são os de que nos recordamos e de que falamos. As Escrituras contêm exemplos de dois mil anos de história dos hebreus – seriam eles representativos do que é normal ou seriam exemplos incomuns de histórias de vida incomuns?

Um modo objetivo de encontrar a norma é observar os chamados em um grupo de pessoas em vez de escolher a dedo exemplos isolados. Os doze discípulos tiveram experiências muito diferentes. Pedro, Tiago e João se impressionaram com a pescaria maravilhosa e, naquele momento sobrenatural, Jesus os convidou a segui-lo (em outra versão, foram chamados quando estavam sentados na praia consertando redes). No caso de Mateus, Jesus apenas vinha passando pela estrada certo dia e convidou-o a ser seu seguidor. Nada muito dramático.

André (o irmão de Pedro e discípulo de João Batista) foi seguir Jesus quando João indicou ser ele o Cordeiro de Deus. Foi um discípulo referencial. Encontraram-se de novo quando Pedro e João pescavam no lago e Jesus lhes disse que o seguissem. Não creio que aquilo se qualifique como a espécie estereotipada de evento sobrenatural que o pessoal espera.

Jesus "encontrou" Filipe um dia e lhe disse "Siga-me". Aparentemente aquilo bastou para Filipe – novamente nada muito dramático. Filipe foi, então, recrutar seu irmão Natanael para acompanhá-los – e Jesus comentou sua identidade íntima e compartilhou uma visão dele sob uma figueira. Essa visão sobrenatural impressionou de tal modo

Natanael que ele se dispôs a chamar Jesus de "Filho de Deus" em seu primeiro encontro.

Temos histórias sobre apenas a metade dos doze. Destas, cerca de metade são dramáticas e a outra metade não tanto. Parece-me que os episódios registrados na Bíblia tendem a ser mais as dramáticas do que aquelas de cada dia. Por exemplo, temos uma narrativa dramática sobre a juventude de Jesus em que ele impressiona os sacerdotes do templo com seus conhecimentos, mas nenhuma da sua vida diária de carpinteiro. Assim, provavelmente para metade a três quartos dos discípulos, o chamado veio por meio de conversas e circunstâncias da vida diária, e não por eventos miraculosos. Se foi assim com os próprios discípulos de Jesus, eu diria que será uma aposta bastante segura para a maioria de nós que o chamado não virá por meio de manifestações externas como visitas angelicais, vozes audíveis ou milagres.

Meios de revelação

A revelação pode vir por meio de eventos dramáticos, circunstâncias da vida diária ou alguma noção que se desenvolva progressivamente ao longo da vida. Quando nós, como coaches, usamos o termo "revelação", nos referimos a todos os três. Simplesmente queremos dizer que Deus nos mostrou algo que não descobriríamos por nós mesmos. Há duas categorias gerais de revelação chamadas *eventos de chamado* (experiências específicas por meio das quais somos chamados), que podem ser dramáticas ou episódios diários, e *revelação progressiva* do chamado, em que chegamos gradualmente a entender nosso destino ao longo de um

> Revelação progressiva é quando Deus gradualmente lhe revela seu chamado ao longo dos anos.

período de anos. Por exemplo: Abraão experimentou uma série de eventos de chamado ao longo de um período de 25 anos que, juntos, revelaram progressivamente seu chamado.

A planilha de trabalho 18.1 aponta doze maneiras comuns pelas quais pessoas relatam um chamado. O *Diário de Revelação* (18.2) permite ao cliente registrar noções em muitas dessas áreas, seja por ele mesmo ou à medida que você o oriente através de cada uma (veja o diálogo de coaching na pg. 281). É por aqui que normalmente se inicia o coaching na área de chamado.

Herança, comunidade e chamado

Um método de chamado que muitas vezes não examinamos é a herança e os chamados comunitários. Embora em certas culturas orientais seja comum entender o chamado no contexto de comunidade ou herança, as culturas ocidentais ignoram isso em sua ênfase no particular e individual. No entanto, como um chamado de Deus é apenas parte de um plano muito maior, muitas vezes ele *de fato* se entrelaça com a história maior de uma família ou comunidade. Por exemplo: muitas famílias têm uma herança de gerações de envolvimento em ministério pastoral, de vida militar, de negócio ou fazenda familiar. Tal história familiar pode exercer uma forte influência sobre os filhos. Ou uma família sustenta profundamente certos valores (como de formação superior ou serviço comunitário) que influencia as gerações seguintes sobre o que seja significativo para sua vocação. Certos indivíduos, como os descendentes de Abraão, encontram seu destino pessoal em serem parte de um chamado familiar que se estende por gerações.

O conhecimento do chamado dos pais pode ser muito revelador. Há alguns anos eu conversava com minha mãe (de mais de 70 anos) sobre seu senso de chamado. Ela cresceu em uma comunidade menonita conservadora que desprezava a formação superior, especialmente das mulheres – mas seu pai foi professor e ela se sentiu chamada para a mesma atividade. Assim, deixou a faculdade e despendeu a maior parte da sua vida vocacional em educação elementar.

Não vi muita conexão para mim quando conversamos sobre as tarefas e funções do seu chamado. Eu nunca quis ser professor escolar. Mas então perguntei: "O que havia de particular no modo como você ensinava? Que mensagem você tentava comunicar aos seus alunos por meio da sua função?" Ela começou a falar do seu desejo de engajá-los criativamente, como indivíduos, e de ir além da rotina a fim de encontrar meios para captarem os princípios por experiência. Ela sentia que seu chamado se referia realmente a criar ambientes de aprendizado em que as pessoas pudessem crescer e mudar.

Fiquei espantado! Essa mesma mensagem é parte integrante do meu chamado. Tenho paixão pela aplicação dos princípios de aprendizado para adultos a fim de conectar o aprendizado por experiência com o coração das pessoas em vez de apenas com sua cabeça. Nunca havia percebido quanto do meu próprio senso de missão estava intimamente ligado ao dos meus pais.

A sondagem da herança familiar e comunitária pode ser parte crucial da descoberta do chamado, especialmente para quem tenha origem asiática. Incluímos uma seção de herança no *Diário de revelação*, além de um exercício de *Entrevista de chamado familiar* (18.3) para ajudar os clientes a explorarem o senso de chamado da sua família.

Confirmação, indicação e convocação

Os coaches também podem envolver-se ativamente no processo de revelação *confirmando, denominando* ou *detectando* o que enxergam em seus clientes. Por acompanhá-los de perto, você estará bem posicionado para confirmar o que eles veem, chamar a atenção para coisas que não vejam e desafiá-los a se elevarem até sua verdadeira capacidade.

Antonio teve uma grande ideia para um programa de treinamento que ajudaria a aplicar princípios transformacionais a pais adolescentes. Era o tipo de coisa para que toda sua vida o preparara, mas ele ainda se retraía. Foi quando seu coach o puxou um passo para cima.

"Você andou falando desde julho passado em redigir este programa, mas cada vez em que começou, algo pareceu interferir. O que está havendo?"	
"Sim, a coisa está-se arrastando. Talvez eu esteja tentando divagar – sento-me para escrever e fico ansioso, depois toca o telefone e aí fica fácil mergulhar em algo diferente. Está difícil lidar com isso."	Depois de seis começos fracassados, o coach sabe que aqui existe mais do que apenas atender ao telefone.
"Então, o que você pensa de si mesmo como escritor e treinador? Quem é você?"	
"Bem, creio que tenho muita experiência desde a minha própria paternidade à pesquisa que fiz. Acho que tenho como ajudar as pessoas."	
"Concordo – você tem abundância de experiência aqui. Estenda isso: Quem é você? Você seria a pessoa certa para fazer isso?"	O coach confirma (concorda com) a visão do cliente para expressar confiança.
"É por isso que não estou seguro. Nos meus melhores momentos, quero levar isso ao mundo inteiro. Quando me sento sozinho em meu escritório, tentando juntar tudo para verbalizar o que me passa pelo coração, fico em dúvida. Será que realmente alguém terá interesse em ler tudo isso?"	

"Ouvi dizer que você conta uma porção de belas histórias sobre o impacto que este material tem exercido sobre outros. Veja – trata-se de um campo novo. Você realizou aqui alguma pesquisa básica e provavelmente não existe ninguém no mundo que conheça esse material como você. Percebe que você é o especialista nisso?"

> O coach <u>expressa</u> quem o cliente é – você é "o especialista".

"Às vezes até creio isso. Outras vezes fico desanimado."

"Eis o que vejo em você. Toda sua vida o preparou para este momento – você possui a formação, os registros, a paixão, a capacidade e a rede profissional para fazer isso acontecer. A única coisa que o impede é que você não crê poder fazê-lo. Eu creio em você. As pessoas que você treinou creem em você. É claro que Deus também crê – ele continua animando você a fazer isso! Você pode continuar a se encolher no seu medo ou decidir ser o homem que realmente é – aonde iremos?"

> Aqui o coach compartilha sua própria perspectiva, expressando quem o cliente é, e <u>convoca-o</u> a ser tal pessoa em vez de se encolher.

Antonio tem tudo de que precisa para avançar para o seu destino, exceto autoconfiança. A primeira técnica que o coach aplica é *confirmar* o que Antonio enxerga. O simples acréscimo de um "Sim, também vejo isso" à noção do cliente pode aumentar sua autossegurança. A confirmação tem particular relevância no chamado. Embora eu possa realizar uma análise objetiva de personalidade que confirme meu perfil, o chamado me sobrevirá ao crer ter ouvido a voz de Deus. É questão de fé e, em questões de fé, sempre ajuda ter outros ao nosso lado.

A *indicação* vai além da confirmação ao revelar novas noções que o cliente não enxerga. Aqui o coach expressa a especialização de Antonio e convida-o a repensar a visão de si próprio. Note que a indicação é uma declaração: "É *isso* que você é". Observa-se algo do perfil, da paixão ou da identidade do cliente e reflete-se isso em forma de declaração. (Pode-se enunciar essas noções como perguntas, mas perde-se muito da força da técnica.) O box a seguir contém alguns exemplos.

Exemplos de indicação

- "Você é muito bom em resolver problemas complexos – trata-se de uma das suas áreas fortes naturais."
- "Como ENTP, você é uma pessoa de ideias. OS ENTPs são fluxos constantes de criatividade e de novas ideias para melhorar a vida."
- "À medida que você conta sua história, percebo um padrão de preparo para determinado chamado. Deus colocou você repetidamente em situações em que ocorreram rupturas por pecado ou falhas de caráter e você foi o agente de restauração."
- "Sempre que fala de serviços práticos, tais como Habitat for Humanity, você se anima e fala com verdadeira convicção. Você tem paixão em servir de modo prático."
- "Você é alguém com profunda paixão pela generosidade. Sempre que conversamos sobre como toca seu negócio, consigo ver Jesus em seu coração para abençoar qualquer um com quem você negocie."

Note que o impacto das declarações aumenta à medida que se avança na lista. Enquanto os primeiros exemplos destacam habilidades e áreas fortes, os últimos chegam mais ao coração e às paixões, ao chamado e à identidade central do cliente. Quanto mais nos aproximarmos do coração, tanto maior será a força da confirmação.

Uma terceira habilidade de coaching com revelação é a *convocação*. Aqui toma-se uma qualidade indicada (que Deus efetivamente revela por meio do retorno que se dá) para combiná-la com um desafio de tomar uma atitude e assumir o que lhe foi dado:

- *"Você tem uma particular capacidade de articular um plano para aquilo. Quando passará a agir a respeito?"*
- *"Você não precisa de mais nenhuma credencial para estar pronto para isso – a mensagem de uma autêntica transformação está incorporada em sua vida e se revela em tudo o que faz. Você está pronto porque você já é a mensagem. Assuma e trate de viver isso."*

Requer-se muita fé, coragem e sacrifício para fazer aquilo para o que nascemos. Às vezes precisamos de um amigo para nos orientar ou incentivar a fazer as coisas de que não temos certeza de sermos capazes.

Perdas na tradução

Outro desafio para ouvir a voz de Deus é que ele fala conosco em espírito, mas para entender e comunicar uma experiência espiritual temos que traduzi-la por meio da nossa mente em palavras e imagens. Quase inevitavelmente algo se perde na tradução. A identificação da diferença entre as palavras e imagens que escolhemos para descrever nosso chamado e a realidade espiritual do próprio chamado pode ser uma poderosa ferramenta.

> O chamado é Deus falando na esfera do espírito. As palavras e imagens que usamos para compreendê-lo vêm de nós.

Por exemplo: um jovem de 23 anos sente-se chamado ao ministério. Nessa idade, ele tende a visualizar-se trabalhando com pessoas da mesma idade ou mais jovens – é o que ele conhece. Assim, o recipiente que escolhe para enunciar seu chamado é "pastor de jovens". Essa imagem lhe serve bem para passar pela escola bíblica e assumir seu primeiro cargo. Mas quanto mais ele cresce como líder, mais constrangedor aquilo se torna. Ele foi chamado a ser ministro. Supôs que se tratasse de um ministério para jovens. O recipiente que ele adotou para enunciar seu chamado não combina mais com a verdadeira revelação. Mas como ele crê que essas palavras e imagens humanas *sejam* a própria revelação, será muito difícil mudá-las e ele emperra. Seu verdadeiro chamado se perdeu na tradução.

Eis como se apresenta um diálogo de coaching em torno deste tipo de questão. Note como o coach ajuda Felipe a descobrir novas opções por meio do que se perdeu na tradução:

"Olá – bom ver você hoje, Felipe. Já teve algum retorno da universidade?"

"Infelizmente sim. Eles contrataram outra pessoa. O comitê achou que 'me faltavam as qualificações e a experiência para oferecer a necessária liderança'. Depois de dois meses andando em círculo com todas as regras e a política deles, de qualquer modo não tenho certeza se eu teria funcionado. De modo que acho que é isso."

"Então, como esse resultado influenciou você?"

"Bem... acho que preciso dizer que estou bastante abatido. Sinto-me excluído daquilo que Deus me mandou fazer, e nada aconteceu. Será que omiti algo? Seria o caso de apenas me contentar com o que já venho fazendo? Não sei aonde ir com isso."

"O que você gostaria de receber hoje de mim como coach?"

"Preciso de alguma ajuda para arrumar tudo isso. Posso até lidar com a recusa para um emprego, mas é bem mais difícil sentir como se aquilo para o que Deus me preparou para fazer na vida foi reprovado."

"*Certo. Um ponto de partida poderá ser voltar ao começo. Você mencionou várias vezes que Deus o chamou para isso. Fale sobre o seu senso de chamado – de que modo ele sobreveio?*"

"*Bem, creio que o principal aconteceu uns quatro anos atrás. Eu estava em nosso congresso anual, em um intervalo, quando conversávamos sobre nossas deficiências de liderança – mal estávamos treinando líderes suficientes, e a proporção de pessoas que desiste e vai embora nos primeiros três anos é alta demais. De qualquer modo, eu estava sentado lá observando como lutávamos com a carência de liderança e aí percebi Deus dizendo que era a isso que ele queria que eu dedicasse minha vida. Foi a sensação de chamado de Deus mais clara que eu já tive, e agora não deu certo. É isso que me abala.*"

"*Vamos entender isso um pouco mais. Volte para o que você ouviu exatamente naquele momento. Quais foram as palavras ou a impressão? O que seu testemunho interior disse?*"

"*Deixe-me pensar um pouco... bem, lembro que conversávamos sobre o problema e, de repente, tive essa impressão – tal como 'Você pode mudar isso. Este é o seu trabalho. Foi para isso que fiz você'. Alguns anos antes enfrentamos uma situação similar na divisão internacional, fiquei pensando naquilo e entendi que teria as ferramentas para verdadeiramente fazer diferença aqui.*"

"*E qual é a conexão entre aquele evento de chamado e essa posição?*"

"*Bem, o problema era treinamento de liderança – não tínhamos um currículo ou um processo de aprendizado que atendesse à necessidade. Foi a mesma coisa que enfrentei alguns anos antes no Sudeste Asiático, e Deus disse que seria minha tarefa consertar aquilo. Assim, quando aquele emprego apareceu, pensei que Deus estava abrindo a porta.*"

"*De modo que você sentiu que o problema era treinamento de liderança e treinamento de liderança é algo que se faz principalmente na universidade, de modo que assumir um cargo ali seria o que proporcionaria mudanças.*"

"*É bem por aí.*"

"*Quando você teve aquela sensação de que 'este é o seu trabalho', Deus lhe deu alguma indicação específica sobre o que seria aquele cargo?*"

"*Bem, o trabalho era consertar o problema, não tanto assumir determinado cargo. O cargo não é o trabalho, é a plataforma para executá-lo.*"

"*Acaso Deus lhe disse especificamente que você deveria trabalhar por meio da universidade?*"

"*Bem, não exatamente... quero dizer – Deus não disse 'Vá para essa universidade'. Ele disse que meu trabalho seria consertar esse problema. Então, acho que simplesmente supus...*"

"*Supôs o quê?*"

"Supus que eu deveria assumir um emprego ali."

"Portanto, se Deus não disse especificamente para executar isso por meio de um cargo universitário, haveria algum outro modo de fazê-lo e que combinaria com o que ele disse?"

"Hum... sabe, o que de fato fizemos na Tailândia, em vez de tentar remanejar o treinamento acadêmico na frente de trabalho, foi instalar primeiro um pacote de programas de aprendizado para adultos empregados que fechasse as lacunas. Acabamos voltando atrás e reintegramos aquilo no programa de treinamento original, mas com isso apenas rearranjamos o material que já havíamos criado."

"De modo que esse tipo de abordagem aqui seria alternativo?"

"Na verdade nunca pensei a fundo sobre isso mas – poderia funcionar! Contornamos todos os sistemas existentes, de modo que eu não teria que gastar dois terços do meu tempo tranquilizando os adotantes tardios – só a partir do processo de entrevista notei que enorme carga aquilo seria ali. E eu poderia projetar para a frente em função da necessidade, em vez de para trás em função da estrutura existente. Se eu criar uma organização para fazer isso, ficarei livre para agir com base no meu 'D' do DiSC™ e poderíamos adotar as melhores práticas com base na empresa e também na academia... ótimo! Isso oferece possibilidades reais!"

A fim de ajustar a mente em torno do seu chamado, Felipe traduziu-o para uma imagem mental de trabalho na universidade – e mais tarde essa premissa o prendeu na visão de um único caminho para cumprir seu chamado. Para ajudar a desemperrar clientes como Felipe, retornamos à revelação original para ver o que se perdeu na tradução. Primeiro, tratamos de fazê-lo narrar novamente o evento de chamado tão exatamente quanto possível. Em seguida comparamos: "Existe algo de específico naquilo que você espera, que Deus não tenha dito especificamente?" Removendo o recipiente e refocalizando o chamado, abrem-se novas opções para o seu cumprimento.

O exercício de *Perdas na tradução* (18.4) também pode ser aplicado imediatamente depois de um evento de chamado – anotar exatamente o que se ouviu é uma das melhores defesas contra erros de interpretação que se insinuam com o tempo.

Coaching em torno do ato de ouvir Deus

Revelação refere-se a ouvir Deus, e ouvir Deus é questão de fé. Deus raramente fala tão claramente que não haja possibilidade de dúvida – o que afetaria nosso livre arbítrio. Enxergamos de forma difusa através de uma lente porque ver Deus em sua plenitude nos atropelaria totalmente. Deus projetou o mundo para funcionar com base na fé porque este é o único meio pelo qual podemos nos relacionar com um Deus onipontente como agentes livres.

Todavia, como Deus não eliminou a possibilidade da dúvida, esta se manifesta. Observa-se isso em clientes que parecem ficar continuamente "buscando o Senhor" antes de dar um único passo, porque duvidam ter ouvido corretamente, ou então naqueles que sabem por onde ir mas fazem-no com hesitação, com receio de errar o alvo. Às vezes o termo "chamado" vem carregado de expectativas tão espiritualizadas que nada do que Deus diga pode atender ao nosso critério de prova.

Lembre-se: durante a maior parte do tempo, de longe *o problema não é ouvir algo, mas ter a confiança de ter ouvido.* Isso posto, o simples ato de crer no cliente em dúvida é o maior serviço que se pode prestar. Gosto de abordar essas situações presumindo que Deus já tenha falado, para então elaborar minhas perguntas de acordo. Eis algumas das minhas favoritas:

- *"Então, o que você **realmente** ouviu até agora?"*
- *"Dê o seu melhor palpite sobre o que Deus estaria dizendo aqui."*
- *"O que você acha que possa ter ouvido?"*
- *"O que Deus lhe disse com a maior clareza sobre isso, mesmo que pareça vago?"*
- *"Você já teve alguma experiência em que tenha pensado que aquilo poderia ser um chamado de Deus e que tenha descartado mais tarde?"*

Muitas vezes, a mera repetição do que se pensou ter ouvido e de levá-lo a sério proporciona suficiente confiança para avançar naquilo que se ouviu. Outro recurso é fazer alguém falar sobre o que *poderia* ter ouvido, ou ouvido e duvidado.

Às vezes, temos uma caixa muito pequena para a "voz de Deus". A verbalização dessas expectativas pode revelar uma superespiritualização da questão. Eu poderia então perguntar: "Se Deus falou com você sobre seu chamado, de que modo isso se manifestou?"

Com aqueles que ainda não creem ter ouvido algo, tente uma revisão conjunta dos doze *Meios de revelação* (vide 18.1) e peça exemplos de como Deus pode ter falado por meio de cada um. Ou pergunte ao cliente o que ele ganha fixando-se em sua imagem irrealista do chamado. "Por que é importante para você ouvir um chamado desse modo em particular? O que isso lhe proporciona?"

O Paradigma "Lista de Manobras" (Google Maps)

Mesmo quando alguém conhece seu chamado, permanece a questão de como colocá-lo em prática. Para alguns, seguir o chamado é como andar tateando através de um campo minado. Um passo em falso e tudo se acaba – errou-se o chamado. Chamo isso de Paradigma Lista de Manobras. A pessoa parece seguir o chamado segundo uma lista de instruções passo a passo, tal como se pode baixar do Google Maps. Se você nunca usou o Google Maps, entre nesse website, digite o ponto de partida e o destino e ele lhe fornecerá uma lista completa de cada manobra a fazer para chegar onde quer.

Se você confiar somente nesta Lista de Manobras sem ter um mapa de verdade você estará *totalmente perdido* se falhar em uma única das instruções (por isso sempre imprimo também o mapa). Uma simples lista de manobras não ajuda a visualizar as curvas e os retornos da estrada, não mostra o ponto cardeal para onde se vai no momento, nem fornece nenhuma referência visual do trajeto. É uma sensação muito desagradável perceber que se errou um entroncamento cerca de 20 milhas atrás (especialmente à noite) e não tem ideia de onde se está ou de como retornar ao trajeto.

É assim que muitos cristãos procedem. Cada decisão na vida é uma manobra e, para ir na direção certa, é necessário acertar todas elas. Se em algum ponto da vida se executou uma manobra errada importante (por exemplo, uma falência, um divórcio ou a conversão a Cristo tardiamente na vida), o chamado se perde. O paradigma Lista de Manobras não oferece meio de retornar à estrada depois de se errar uma manobra – o chamado passou e se perdeu Deus.

Tenho trabalhado com várias pessoas que tiveram uma percepção de chamado precocemente na vida e que, por várias razões, optaram em seguir em outra direção. Quando esse fato volta à tona depois de se passar dos 40 ou 50 anos, a questão será: "O que ando fazendo? Será que errei completamente o meu chamado?" Como orientar alguém que crê ter feito aquela grande manobra errada?

Para: o seu destino
Tempo total: 83 anos, 142 dias

COMEÇAR

1. Começar na direção certa.
Nascer em um bom lar cristão.

Entregar

2. Entregar a vida a Jesus Cristo.
Pegar a estrada para o céu.   13,2 anos

3. Voltar às más companhias.   1,3 anos

4. Transformar a vida ao redor
através do grupo de jovens.
Voltar ao caminho reto e estreito.   2,6 anos

Universidade U.V.A.

5. Ir para a universidade UVA.   1,5 anos

6. Sumir com a namorada
do colégio, Cheryl.   4,0 anos

Lista de Manobras *vs.* Mapa

A resposta está em mudar de paradigma. Quando se tem um mapa de verdade para seguir, e não apenas uma lista de manobras, podem-se encontrar muitos caminhos diferentes para chegar ao mesmo destino. Pode--se até fazer uma manobra errada ou mudar de ideia ao longo do caminho e replanejar a rota com base na sua localização naquele momento. Poderá haver algum caminho mais rápido ou mais direto do que os outros, mas a rota com a melhor paisagem também levará ao destino.

Creio que a imagem do mapa fornece uma noção muito mais correta do chamado, porque um mapa permite basear o roteiro em princípios (rodovias federais são mais rápidas do que estradas vicinais) de que apenas uma obediência cega a um plano predeterminado. Em outras palavras, seguir o chamado tem muito mais a ver com o conhecimento dos caminhos de Deus (os princípios) do que com a exata informação de onde se deve estar e quando (as manobras).

O paradigma Lista de Manobras tem suas raízes em uma cosmovisão segundo a qual a vida é uma série de escolhas certas e erradas – quando escolhemos o que é certo, somos abençoados, quando escolhemos o errado, saímos perdendo. Trata-se de uma cosmovisão pré-cristã: a graça e a redenção não fazem parte do quadro. Na realidade da graça de Deus, sempre existe um futuro e uma esperança. Não importa nosso ponto de partida: *hoje* (e todos os dias) Deus quer cuidar da sua vida e fazer algo de muito bom com ela.

Quando se presta coaching para essa cosmovisão legalista, poderá ser muito útil aplicar técnicas que introduzam a graça no quadro. Pode-se perguntar, por exemplo: "Já que o principal propósito de Jesus foi redimir-nos das nossas falhas, como este princípio combinaria com sua visão de cumprimento do seu chamado?" Outro método (que estou roubando de Jesus) é comparar a situação com relações de paternidade. "Se você tivesse dado ao seu filho um conjunto de instruções passo a passo para limpar a garagem e ele errasse um deles, como você lidaria com isso? Você diria: 'Pois é, você nunca

Coaching para o paradigma Lista de Manobras

- "Cite alguns outros procedimentos que poderiam levá-lo ao mesmo destino."
- "E se houvesse uma porção de diferentes rotas a seguir para cumprir seu chamado? Como isso mudaria a situação?"
- "A impressão é que você pensa em seu chamado como um jogo de instruções a seguir literalmente sob pena de perdê-lo. Pare e avalie se isso se parece com o Deus que você conhece."
- "O que você acha que Deus poderia fazer para transformar este fracasso em glória?"

faz nada direito?' ou você o corrigiria, explicaria tudo de novo e o faria recomeçar?" Às vezes simplesmente descrevo os paradigmas do mapa e o da Lista de Manobras e então pergunto qual dessas abordagens descreve o modo de pensar do cliente.

Aprender com os erros

A maior deficiência prática do modelo Lista de Manobras é que ele não reconhece como Deus nos educa para o nosso chamado tanto por meio das falhas quanto por meio do sucesso. Anos atrás larguei minha função e mudei-me para bem longe a fim de assumir outra. Os últimos meses na antiga função me pareceram como se estivesse sendo espremido de um tubo de pasta de dente. Meu principal auxiliar no trabalho foi embora e eu tive que assumir a maior parte das responsabilidades dele, treinar seu sucessor e treinar a mim mesmo simultaneamente. No meio daquilo também perdi minha secretária. Entrementes tinha posto a casa à venda (o que requereu constantes trabalhos extras para mantê-la apresentável) e as coisas ficaram muito frustrantes na igreja. Basicamente perdi o controle do meu comportamento por uns três meses. Eu reclamava, me irritava, ficava nervoso e cheguei ao ponto de recusar um banquete de despedida da igreja até que minha irmã me confrontou por causa disso. Não foi meu melhor momento.

Dois meses depois de finalmente nos termos mudado, estava dando um passeio certo dia quando, subitamente, Deus me mostrou como eu havia manejado aqueles três meses. Fiquei mortificado com a precariedade da minha reação. Depois de me arrepender e digerir aquilo, ocorreu-me que ainda acabei aprendendo a lição sobre atitudes que Jesus me quis ensinar – só que o fiz da maneira mais difícil.

A lição que tirei daquela experiência foi que, se Deus tenta nos ensinar algo, podemos aprender a lição quer inicialmente respondamos mal, quer bem. Podemos falhar e, ainda assim, chegar onde Deus nos quer, porque onde imaginamos estar tem mais a ver com quem nos estamos tornando do que com estar no lugar certo fazendo a coisa certa na hora certa.

Se o principal objetivo de Deus ao nos chamar é incorporarmos certa qualidade de Cristo, existem miríades de modos de expressar tal encarnação. De fato, quando nos tornamos como Jesus, a mensagem da nossa vida extravasa por meio de *tudo* que fizermos, quer estejamos atuando dentro da tarefa do nosso chamado, quer não. Assim, não só há muitos caminhos para chegar ao destino, como, não importa como cheguemos lá, *nosso chamado pode ser expresso por meio do nosso ser ao longo do caminho.*

Um desafio que lanço muitas vezes é o de criar "um chamado para todas as situações" (veja o box), ou seja, expressar o chamado de tal modo que nenhuma alteração das circunstâncias externas possa impedi-lo. Essa providência nos força a eliminar as armadilhas externas de uma função ou um projeto e a voltar ao cerne da mensagem que tentamos transmitir.

Outro modo de abordar o obstáculo de "Cometi um erro e por isso perdi tudo" é compará-lo com as histórias de personagens bíblicos. Você se sente chamado a erradicar o tráfico humano, mas apesar disso acabou permanecendo em seu emprego ao longo dos últimos 20 anos? Talvez você e Moisés devessem ter uma conversa franca – vocês têm um bocado em comum. Você teve um caso com a esposa de um amigo, destruindo seu ministério e também a amizade? Davi se arrependeu, tratou do assunto com Deus e tornou-se um homem melhor com isso – por que você não poderia? Está com vergonha do tanto que fez nos anos anteriores à sua conversão para afastar pessoas de Deus? Talvez você e Paulo devessem comparar histórias. Se aqueles líderes puderam atravessar falhas catastróficas e, ainda assim, prosseguir no cumprimento dos seus objetivos de vida, o que isso significa para você? Redenção é o negócio de Deus.

O único destino verdadeiro

Uma armadilha final para os clientes é pensarem que existe um único *destino* e uma única rota correta para chegar lá. Há um único e suficiente lugar aonde ir, uma única função certa a desempenhar, uma única tarefa em particular a realizar para cumprir meu chamado de vida. É bastante óbvio como esse tipo de raciocínio faz as pessoas emperrarem. Trabalhei com vários indivíduos que sentiam que Deus lhes tinha mostrado aquela pessoa certa com quem deveriam se casar – e então essa pessoa foi embora e se uniu a outra pessoa! O que fazer com isso?

Será que existe exatamente uma função em uma cidade em particular com determinada organização que faça precisamente aquilo que representa o seu chamado? É claro que não. O chamado não é principalmente um destino – é uma encarnação. O chamado consiste em incorporar algo de Cristo. A tarefa é o canal. Embora exista alguma missão que melhor canalizará o seu chamado, ela pode vir em muitos diferentes sabores.

Mas a coisa vai além. Em algum momento, Deus tomará seja o que formos e trabalhará conosco para fazer o máximo com aquilo. Se você escolher a rota "A", ele tomará seja o que for que aquilo faça da sua vida, e trabalha-

Um chamado para todas as situações

Você seria capaz de enunciar seu chamado de um modo totalmente independente das circunstâncias externas ou dos meios de expressão à sua disposição? Seria expressá-lo em termos de ser. Você poderia enunciar seu chamado de um modo que pudesse cumpri-lo mesmo que...

- ...esteja debilitado?
- ...perca o emprego?
- ...seja encarcerado?
- ...fique seriamente doente?
- ...precise se tornar o principal cuidador de um parente?

rá para ajudá-lo a maximizar isso. Se escolher o oposto, ele tomará o que aquilo fizer de você e será seu parceiro para tirar o máximo disso. *Chamado não é um destino estático e predeterminado, mas uma jornada dinâmica com adaptações.* Deus recalibra ativamente o nosso chamado após cada escolha para levar em conta o que ele tem para trabalhar. Vivemos efetivamente em parceria com Deus em nosso propósito de vida e nossas escolhas delineiam o plano e o destino – embora tudo já seja previamente conhecido de um Deus que vive fora do tempo e enxerga todos os dias como se fossem um só.

De uma perspectiva humana, Deus adapta continuamente nosso chamado às nossas escolhas. Do ponto de vista divino, ele prevê cada escolha e seu plano leva isso em conta. O mistério do recebimento de um chamado de Deus, externo ao tempo, é complicado.[26] Todavia, a aplicação prática é simples: fazemos o melhor que podemos para seguir o melhor que sabemos do nosso chamado, com a certeza de que Deus trabalha conosco para fazer com que tudo aconteça da maneira como ele deseja. Nada do que fizermos de erado ou do que dê errado conosco pode frustrar isso.

A vida de Abraão é um bom exemplo desse princípio segundo o qual Deus recalibra dinamicamente o chamado com base nas escolhas. Quando Deus chamou Abraão para ir "à terra que lhe mostrarei", a promessa referia-se a "esta terra". Depois que Abraão se separou de Ló e optou por suspender sua herança em vez de tentar realizá-la, Deus lhe apareceu de novo e lhe disse que toda a terra visível ao norte, ao sul, a leste e a oeste

---

26 Adoto a ideia das perspectivas humanas e divinas para nos livrar da preocupação com a controvérsia entre livre-arbítrio e predestinação. Deus habita fora do rio do tempo – em ambiente atemporal, de modo que a partir da sua perspectiva cada momento ocorre diante do mesmo ponto da margem do rio. Nós fluímos por lá no tempo, mas ele está parado e vê tudo. Para o grande EU SOU não existe passado nem futuro – tudo é agora. Mas da perspectiva humana, cada momento é novo e imprevisto. Fazemos escolhas sobre a direção para onde nossa vida fluirá e o nosso futuro é o produto dessas escolhas. É por isso que o livre-arbítrio e a predestinação coexistem sem conflito – é questão do nosso referencial.

seria dele. Em seguida, depois que Abraão resgatou Ló dos reis em guerra e recusou o espólio de Sodoma (outra boa escolha), Deus lhe apareceu de novo e lhe prometeu a terra "do ribeiro do Egito ao grande rio, o Rio Eufrates" – e então citou mais nove tribos que seus descendentes desalojariam.

Dá para enxergar o padrão? À medida que Abraão obedece e seu cárater se fortalece, a revelação e o escopo do seu chamado crescem com ele. Deus ajusta o chamado de Abraão ao longo da trajetória com base em suas escolhas (novamente mantendo em mente que descrevemos isso a partir de uma perspectiva humana). A obediência expande o nosso destino.

Coaching de obstáculo

O coaching em torno do obstáculo do Único Destino Verdadeiro é uma questão de perspectiva. Por exemplo: poderíamos perguntar: "O que você consideraria mais correto: que Deus tenha projetado a vida como uma série de escolhas certas e erradas e, se você errar uma delas, jamais alcançará seu destino, ou que onde quer que você esteja e o que quer que tenha feito no passado, Deus quer cuidar da sua vida e fazer algo de excelente dela?" Podemos também reenunciar isso aplicando novamente a técnica da comparação com a paternidade: "Se o seu filho tiver o desejo de se tornar médico, mas não conseguir ingressar em uma faculdade de medicina, como você lidaria com a situação?" Em seguida pergunte de que modo sua resposta como pai seria similar ao coração do Pai em relação a ele.

Isso ainda deixa lá o medo subjacente da perda, o que é uma questão muito maior. Trata-se de uma oportunidade de ouro para levar o diálogo

Coaching de fracassos de chamado

Eis algumas perguntas de coaching (ou para reflexão pessoal para serem aplicadas como ação concreta) para o cliente que sente ter falhado ou ter sido infiel em relação a um chamado:

- "Se Deus redimiu seu chamado tal como redimiu sua vida, o que isso significaria?"
- "Deus não varre simplesmente para longe todas as consequências dos nossos erros. Digamos que você tenha que lidar com algumas sobras disso. De que modo Deus poderia entrelaçar esse sofrimento com o seu chamado?"
- "Que mensagens de vida poderiam provir dessa falha capazes de visualizar Cristo para o mundo?"
- "Se você recomeçasse agora e não se preocupasse com o que ficou para trás, mas se concentrasse no que vem pela frente, o que você conseguiria fazer com sua vida?"

a um nível mais profundo e tomar pulso da imagem fundamental que a pessoa tem de Deus. "O medo supõe castigo. Aquele que tem medo não está aperfeiçoado no amor" (1Jo 4.18). Se pensarmos que Deus nos punirá por causa de uma escolha errada, naturalmente teremos medo. Posso perguntar: "De onde em sua vida vem esse medo da punição? Que experiências o alimentam?" Ou mesmo, vamos parar por um momento e orar. O que Deus diria a você exatamente agora sobre tais lembranças amedrontadoras? O medo tem maior poder quando vive no escuro, sem exame e verificação. O simples ato de trazê-lo à luz em um diálogo de coaching lhe tira parte do seu poder.

O arrependimento é outra ferramenta para dominar o medo. Se tivermos feito escolhas que não atendem ao chamado de Deus, já conversamos com Deus sobre isso? Se não, provavelmente estaremos com medo de ir àquele ponto em nossa vida.

A pergunta a formular para determinar se cabe arrependimento é se aquilo foi uma questão de obediência. Quando alguém simplesmente pensou que seria um sonho bacana fazer algum dia uma viagem de balão, isso não passa de uma escolha. Mas se Deus o orienta a fazer algo que nunca se fez antes, trata-se de uma questão de obediência. Não nos livraremos do medo de sermos julgados até estarmos diante do juiz e confessarmos. Mas se o Rei do Universo nos declarar perdoados, o que mais teríamos a temer?

- *"Como você tem conversado com Deus a respeito desse medo de ter fracassado?"*

- *"Agora que você está do outro lado daquilo que aconteceu, existiria aí algo que ainda afete seu relacionamento com Deus e deveria ser tratado?"*

- *"Seria este um simples equívoco ou uma questão de obediência? Em outras palavras: trata-se de algo que você tenha que confessar e do que tenha que se arrepender?"*

Não é frequente falarmos da importância do arrependimento em relacionamentos de coaching, mas é impressionante a frequência com que cristãos maduros se esquecem de dar este simples passo. Uma dica: quando se tratar de inquirir o cliente sobre confissão e arrependimento, sua eficácia será bem maior se você praticar isso regularmente em sua própria vida. Se você estiver confortável diante de Deus com suas falhas, outros também se sentirão confortáveis em falar com você sobre as falhas deles!

18.1. DOZE MEIOS DE REVELAÇÃO

Eis doze maneiras comuns por meio das quais as pessoas ouvem chamados de Deus.

1. **Compulsão por uma necessidade**

   Vejo uma pessoa, um grupo ou uma necessidade e meu coração é compelido a servir, através do que ganho um senso maior de chamado para atender a essas necessidades a longo prazo (Moisés).

2. **Sofrimento pessoal**

   Meu chamado deriva de uma experiência pessoal de sofrimento e daquilo que nasce no meu coração por meio dela (Jó).

3. **Sucesso pessoal**

   Deus fala comigo por meio do meu sucesso ou pela superação de algo mediante a realização do que posso fazer em nome de outros (Davi com Golias).

4. **Demonstração de dom**

   Meu chamado é demonstrado (e muitas vezes reconhecido por outros) por manifestações incomuns ou precoces de dons ou capacidades (José).

5. **Sonhos de infância**

   Deus implanta noções significativas sobre o futuro no coração de crianças (Samuel).

6. **Descontentamento santo**

   Não se consegue suportar algo que se passa e, no processo de agir contra tal injustiça, descobre-se o chamado (Neemias).

7. **Herança/comunidade**

   Meu chamado vem de fazer parte da minha família, tribo ou comunidade e por abraçar o senso grupal de chamado coletivo (Isaque, Jacó ou Rute).

8. Afirmação/confirmação

Deus usa outros para indicar, confirmar ou revelar profeticamente meu chamado para mim (Davi).

9. Escritura

Deus revela meu chamado por meio de uma escritura que se torna viva para mim (Josias).

10. Circunstâncias

Encontro-me em um destino em que as circunstâncias me forçam a reagir (Ester).

11. Revelação direta

Deus fala diretamente por meio de um testemunho interno, de sonhos ou de outros meios sobrenaturais (Paulo, Maria).

12. Revelação progressiva

Deus usa muitos eventos, circunstâncias e noções para desdobrar progressivamente meu chamado ao longo de um período de anos (Abraão).

18.2. DIÁRIO DE REVELAÇÃO

Este exercício registra o que Deus lhe revelou sobre seu chamado ao longo da sua vida. A manutenção constante de um diário sobre o que Deus vem dizendo sobre o seu chamado é um excelente hábito a adquirir!

Momentos "Encontrei!" *(exclamação de felicidade pela descoberta)*

Já teve alguma experiência em que tudo se juntou e você sentiu estar fazendo aquilo para o que nasceu? Trata-se de um testemunho interno de que se está dentro da área do chamado. Anote alguns exemplos de que consiga se lembrar e o que você acha que lhe dizem sobre o seu chamado. Reveja o item *Eventos de propósito* (16.1) depois de fazer este exercício.

_____

_____

_____

_____

_____

_____

Revelação direta

O que Deus lhe disse diretamente sobre o seu chamado por meio da sua voz interna, de palavras, sonhos ou visões? Que testemunho interno você tem em relação ao seu chamado? Seja ousado quanto àquilo que pensa ter ouvido. Mesmo que não tenha certeza, anote-o aqui como algo a considerar.

_____

_____

_____

_____

_____

_____

Confirmação/afirmação

O que Deus lhe disse ou confirmou por meio das pessoas ao seu redor? Se você recebeu alguma forte confirmação sobre um dom ou uma habilidade, alguém que você respeite lhe tenha dito quem você é ou você recebeu alguma importante palavra ou passagem bíblica de alguém, anote isso aqui.

_____

_____

_____

_____

_____

_____

Passagens bíblicas-chave

Por meio de que versículos-chave Deus falou com você sobre o seu propósito? Existirá alguma passagem à qual você retorna repetidamente porque expressa a essência do que você é e do que se passa em seu coração? Registre esses versículos e as noções de propósito que os acompanham. Se não lhe vier nada à mente, verifique as notas marginais na sua Bíblia ou recorra a diários antigos.

_____

_____

_____

_____

_____

_____

Sonhos de infância

Às vezes Deus fala claramente conosco sobre o nosso futuro já na infância, mesmo que não saibamos tratar-se dele. O que você queria ser quando era criança? O que quis ser quando cresceu? Com quem queria parecer-se? Anote esses tópicos abaixo e, se puder, identifique o que o atraiu a essa função. Não se prenda à função externa ou à imagem ("queria ser bombeiro"), mas verifique o que havia de atraente para você naquela função.

_____

_____

_____

_____

_____

_____

_____

Perfil, paixão e preparo

Tome algum tempo para um retrospecto e reveja os exercícios feitos nas áreas de perfil, paixão e preparo. Haveria anotações ali que representem mais do que noções pessoais – através das quais você perceba Deus falando diretamente? Anote-as aqui.

_____

_____

_____

_____

_____

_____

_____

Herança/comunidade

Pense em sua família, sua comunidade ou em outros grupos com que
se identifique fortemente. Que parte do seu chamado lhe foi transmitido
(p.ex., uma empresa ou fazenda familiar ou linhagem em certa profissão)?
Que fortes valores e tradições da sua comunidade ou família influenciam
seu senso de chamado? Em que medida sua herança torna você parte de
um chamado maior?

_____

_____

_____

_____

_____

_____

_____

Resumo de revelação

Terminada cada categoria, retorne e reveja tudo. Que temas seriam recorrentes? O que lhe salta à vista? Resuma o que a revelação lhe diz sobre
seu propósito.

_____

_____

_____

_____

_____

_____

_____

18.3. ENTREVISTA DE CHAMADO FAMILIAR

Este exercício identifica aspectos do chamado transmitidos por gerações em sua família. Entreviste por meio das perguntas abaixo seus pais ou avós sobre sua herança familiar (aplique termos como "história" e "vocação", mais confortáveis para a maioria das pessoas do que "chamado"). Se não houver possibilidade de uma entrevista, responda você mesmo às perguntas com base naquilo que conhece da sua história familiar.

Vocação familiar

- *"Que profissões exerceram seus pais, avós e bisavós?"*
- *"A que nossa família dá mais valor do ponto de vista vocacional?"*
- *"Teríamos uma história familiar de ingresso em determinada profissão? O que há por trás disso?"*

História familiar

- *"Como é sua história familiar? Com que contribuímos para a sociedade ao longo das gerações?"*
- *"Existe algum patriarca ou uma matriarca em particular cuja história definiu a herança familiar? Qual seria essa história?"*

Valores familiares

- *"Do que você mais se orgulha em sua história familiar?"*
- *"Que parte da sua herança você mais valoriza? Que partes outros da sua família valorizam?"*
- *"O que você acha que seus pais consideraram mais importante transmitir a você? O que você considera ser o mais importante a transmitir aos seus filhos?"*

Sua vocação

- *"O que você se sente chamado a fazer com sua vida?"*
- *"O que você tem feito na sua vocação que mais lhe pareça corresponder àquilo para o que você foi feito?"*

Sua mensagem

- *"Que mensagem você mais gostaria de transmitir a outros por meio de sua vida?"*
- *"O que há de particular no modo como você tem realizado seu trabalho? Como você expressaria quem você é por meio dele?"*

Aprendizado com a entrevista

- *"Quais foram as noções mais importantes da sua herança que você extraiu desta entrevista?*
- *"De que modo as escolhas e os valores vocacionais da sua família influenciaram seu senso de chamado?"*
- *"De que modo o chamado da sua família se expressa em seu próprio senso de chamado?"*

18.4. PERDAS NA TRADUÇÃO

Todo chamado é revelado ao nosso espírito, mas é interpretado pela mente – e, às vezes, algo se perde na tradução. Este exercício ajudará a registrar uma experiência de chamado ou a separar a substância de um evento de chamado (exatamente o que Deus disse) da imagem que você adotou na ocasião para entender ou relembrar o que Deus revelou.

Etapa 1: Registro do entendimento atual do chamado

Descreva o chamado que você recebeu por meio do evento de chamado da forma como o enxerga ou como fala hoje a respeito. Existiria aí alguma imagem ou analogia que você aplique para descrevê-lo? Existe alguma determinada tarefa ou função que pareça ser "aquilo"? Anote suas imagens e expectativas atuais com o grau de clareza de que disponha.

> *Fui chamado a usar a música e as artes para comunicar intimidade com Deus. Retrato a mim mesmo como viajando com uma banda, escrevendo, executando e gravando cânticos que provêm da minha própria intimidade com Deus.*

Etapa 2: Retorno ao início

Em seguida, anote *exatamente as palavras ou impressões que você recebeu de Deus* por ocasião do evento de chamado. Não tente acrescentar nada – o que *exatamente* Deus disse a você, e como disse? Qual foi sua impressão? Que palavras você ouviu ou que imagens viu? Recupere o máximo possível daquele momento original.

> *Houve vários eventos. O essencial foi (penso) um evento de propósito em que eu estava no palco cantando – Santo é teu nome – e senti que realmente estava onde deveria estar. Meu coração se conectou profundamente com os corações dos ouvintes. Entramos em recinto sagrado e sentimos ali a paz de Deus. Naquele momento me senti como "Foi para fazer isso que nasci – conectar corações com Deus nesse nível íntimo".*

Etapa 3: Verificação de fatos

Compare as duas versões do seu chamado. Algumas mudanças podem ser devidas a revelações adicionais progressivas desde que você o recebeu – isso está certo. Procuramos quaisquer suposições suas sobre o original que possam divergir do que lhe foi revelado ou que não se encaixem mais.

Creio que, olhando para trás, o chamado veio em um contexto musical, mas Deus não disse especificamente algo sobre uma atuação musical minha. Tratou-se mais do relacionamento íntimo com Deus.

Etapa 4: Avaliação

Se você encontrou diferenças, retorne e converse com seu coach. Que outros cenários poderiam combinar com o que Deus disse? De que modo sua interpretação humana do chamado de Deus limitou suas opções? Seria a imagem ou o recipiente que colocamos em torno do seu chamado ainda adequado?

Interessante: Haveria outros modos além da música pelos quais eu poderia estabelecer esse tipo de conexão?

19

MENSAGENS DE VIDA

"A vontade é transformada pela experiência, não pela informação."

Dallas Willard

Davi e Jeroboão foram ambos preparados por Deus para serem reis de modo impressionantemente similar. Ambos foram escolhidos secretamente e ungidos reis na juventude por um profeta proeminente. Ambos receberam a promessa de uma dinastia durável. Entre sua unção e sua efetiva investidura como rei, Davi ficou afastado do poder por longos anos longe da civilização – tal como Jeroboão. Ambos eram guerreiros valentes cujas capacidades naturais e liderança bem-sucedida despertaram a atenção dos seus antecessores. Ambos serviram em posições de liderança nacional ainda jovens. Ambos evidenciaram a presença de um propósito divino.

Tal como Saul ficou com inveja das ambições de Davi e tentou matá-lo, Salomão viu Jeroboão como um possível rival e tentou matá-lo. Ambos os homens fugiram para o exílio no exterior até a morte do rei que os antecedeu. Ambos foram chamados de volta para casa pela nação que foram ungidos a liderar e convidados a assumir o reino em tempos de crise nacional. Ambos subiram ao poder em uma parte de uma nação dividida. Ambos enfrentaram o espectro da guerra civil.

Mas o paralelo termina aí. Davi foi fiel por toda a sua vida em adorar unicamente Javé, enquanto um dos primeiros atos de importância de Jeroboão como rei foi erigir dois bezerros de ouro como ídolos para serem adorados pelo seu povo. Davi reunificou o reino sob a liderança de Deus, enquanto Jeroboão o manteve dividido, tanto na política quanto na religião. Davi deixou um legado em sua história de vida em que milhões de pessoas se inspiraram ao longo de três mil anos, enquanto Jeroboão é praticamente desconhecido, sendo sua história de vida citada principalmente como exemplo de alguém que errou o alvo.

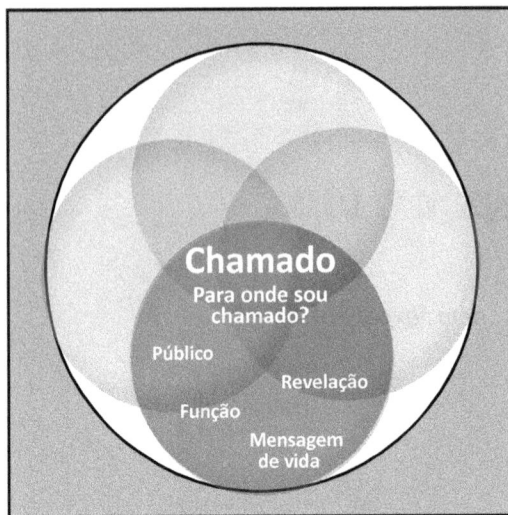

Deus chamou esses dois líderes em *circunstâncias praticamente idênticas* com o fim de prepará-los para as funções do seu propósito. No entanto, um deles cumpriu seu objetivo, enquanto o outro, fracassou. A diferença não estava nas situações que enfrentaram, mas em como lidaram com elas. Davi abriu seu coração profundamente em todas as circunstâncias e consistentemente permitiu que Deus modelasse sua identidade. Ele permitiu que Deus possuísse seu coração, enquanto Jeroboão manteve o seu para si mesmo. E sem o seu coração, Deus não pôde levá-lo a cumprir seu chamado.

O cerne do chamado é a encarnação – Cristo tornando-se uma mensagem incorporada no nosso coração. A palavra "encarnação" significa "tornar-se carne" – tornar visível por meio da nossa vida algo interno ou invisível. No âmbito do propósito de vida, chamo essa incorporação de *mensagem* por ser o significado subjacente que influencia outros por meio do que faço.

Há algum tempo, eu estava apresentando uma palestra sobre este assunto e pedi aos ouvintes exemplos de eventos que os tenham moldado profundamente. Uma senhora de idade manifestou-se e disse "A morte do meu marido". Com certeza esse é um evento de forte influência. Perguntei então: "Se não se importar em compartilhar, de que modo Jesus se fez presente nessa experiência de sofrimento?" Sem hesitação, ela respondeu: "Ele tornou-se meu marido. Aprendi a depender dele totalmente para tudo. Meu Jesus tornou-se muito precioso para mim naquela ocasião". Excelente! Imagine a influência dessa mulher que passou por isso ministrando a outros que perderam alguém que amavam (que foi o que Deus a induziu a fazer). Esse é o tipo de mensagem capaz de transformar vidas.

As mensagens de vida tornam-se parte de nós – elas são gravadas permanentemente em nossa alma por meio de experiências significativas em que temos um encontro com Deus e somos transformados. Por exemplo, uma das mensagens de vida de Martinho Lutero foi a graça. Quando jovem, ele se percebeu profundamente condenado e morbidamente culpado. Consta que os sacerdotes fugiam do confessionário quando Lutero aparecia porque ele tinha o hábito de confessar todo pecado que cometera desde a infância, retendo o confessor ali por quatro ou cinco horas de cada vez!

Quando a mensagem da graça em Romanos (ele a obteve de Paulo, cuja mensagem de vida também era a da graça) finalmente penetrou no coração de Lutero, ela virou seu mundo íntimo do avesso. *O poder da reforma protestante nasceu diretamente da profundidade da obra de Deus no coração de Lutero.* Ele comprometeu-se profundamente com Deus, nas profundezas da sua alma, e a profundidade desse encontro é diretamente proporcional ao poder da sua mensagem. Este é o padrão mais comum de mensagem de vida. Lutero estava profundamente quebrantado e necessitado na área da graça. Deus o marcou profundamente. Foi transformado de tal modo que incorporou poderosamente essa mesma graça em favor de outros.

São Francisco de Assis tinha uma mensagem de vida de renúncia a tudo para ter tudo em Cristo. Quando ele abandonou sua rica educação em troca da vida monástica, literalmente se despiu de todas as suas dispendiosas roupas, deixou-as com seu pai e saiu nu para sua nova vida. A influência da sua mensagem de vida ao longo das eras provém diretamente da sua libertação dos encargos do mundo e da profundidade com que abraçou a total dependência de Deus.

Estas são todas boas imagens de mensagens de vida. Quando nos defrontamos com um evento que nos molda e encaramos o pesado trabalho de encontrar Deus nele, permitindo que o caráter de Cristo verdadeiramente se incorpore ali, criaremos uma área de poder em nossa vida. Tudo o que dissermos ou fizermos a partir desta parte do nosso coração exercerá uma influência excepcional sobre os outros.

Você conseguiria imaginar alguns outros exemplos de vidas de líderes que tenha examinado? Que tal um ou dois da sua própria vida? Tome um tempo para encontrar os seus próprios exemplos.

Coaching de encarnação

Como a encarnação é Cristo atuando profundamente em nosso caráter, ela se desenvolve naquelas situações formadoras de caráter que todos gostaríamos de evitar: na prática da disciplina, no sofrimento, em fracassos, em circunstâncias adversas ou com ferro afiando ferro nos relacionamentos. Para você como coach, isso significa que os lugares em que encontrará as mensagens de vida são aqueles em que a pessoa tenha passado por adversidades incomuns ou

> ### Encarnação
>
> O caráter se forma pela experiência de vida. A encarnação se forma naquelas experiências de vida em que interagimos com Deus em nosso coração.

> **Passos para coaching de mensagens de vida**
>
> 1. Identifique um evento moldador significativo.
> 2. Discuta a influência desse evento sobre quem você é.
> 3. Descubra como a pessoa encontrou Deus naquilo.
> 4. Reduza isso a uma mensagem.

extensas lutas com sua natureza pecaminosa. Portanto, iniciaremos com a identificação de significativos eventos de moldagem em que Deus tenha atuado no coração do cliente. E se você observar alguém passando agora por lutas ou adversidades incomuns, este será material potencial para uma mensagem de vida. São os momentos em que ganhamos nosso propósito! Assim, como coach desejarei captar esses momentos desafiando meus clientes a se disporem e a assumirem as dificuldades como oportunidades de desenvolvimento de uma mensagem que mude o mundo.

O exercício de *mensagens de vida* (19.1) foi projetado para captar esses momentos da história de vida de alguém. Identificaremos pontos de inflexão ou eventos moldadores decisivos na vida e depois perguntaremos: "De que modo aquilo moldou sua identidade? Quem você se tornou por meio daquela experiência? Que mensagem para o mundo Deus implantou em você por meio daquilo?"

Pode-se também realizar coaching de mensagens de vida durante as sessões. Como a maioria das pessoas não tem familiaridade com o termo, a primeira etapa será expor o conceito e dar alguns exemplos. Prefiro orientar a pessoa por meio da identificação de, pelo menos, uma mensagem de vida antes de largá-la com o exercício de reflexão. Eis como fazê-lo.

Primeiro, identifique uma experiência moldadora significativa:

- *"Que experiência significativa na sua vida moldou você naquilo que você é?"*
- *"Quais dificuldades você enfrentou que o influenciaram profundamente?"*
- *"Em que ponto da sua vida Deus agiu profundamente em você?"*

Em seguida, fale sobre a influência daquela experiência sobre a essência do ser daquela pessoa. A chave para isso é ir além de um princípio aprendido ou de uma mudança externa que a pessoa tenha empreendido ("Nunca mais vou fazer aquilo!") até onde aquela experiência tenha moldado a identidade da pessoa. As mensagens de vida incorporam-se no coração e é preciso levar o diálogo até o nível deste para encontrá-las.

- *"Como essa experiência moldou você fundamentalmente?"*
- *"Que efeito aquilo teve sobre você como pessoa? E sobre suas crenças essenciais sobre a vida?"*

- *"Parece que você aprendeu algumas coisas importantes no nível prático, mas vamos descer mais fundo – como isso tocou seu coração? Como modificou aquilo que você é?"*

Terceiro, queremos descobrir como a pessoa encontrou Deus nessa experiência. Pode-se ter uma experiência profunda sem que esta se torne uma mensagem de vida. Por exemplo: se os seus irmãos mais velhos trataram você de um modo massacrante que você nunca conseguiu superar, aquilo será uma cicatriz, não uma mensagem. Somente se tornará uma mensagem de vida se você tiver um poderoso encontro com Deus em algum evento significativo. Portanto, suas perguntas precisam ajudar a pessoa a ligarem os pontos entre si:

- *"Que encontro com Deus você teve com essa experiência? De que modo Cristo tomou forma em você por meio disso?"*
- *"No ponto em que você sentiu tocar o coração de Deus (ou em que Deus tocou o seu), o que mudou para você?"*
- *"De que modo isso o redimiu? Que encontro você teve com o seu redentor neste processo?"*

Finalmente, tome essas noções e ajude o cliente a extrair delas por meio de uma mensagem o que elas incorporam:

- *"Então, qual é a mensagem especial que Deus formou em sua vida por meio disso em benefício de outros?"*
- *"Que qualificação isso lhe proporciona para fazer ou dizer algo para outros? Qual é a mensagem?"*
- *"Resumindo tudo em uma só frase, o que isso incorpora de forma especial em sua vida?"*

Um recurso alternativo para a busca de mensagens de vida é começar com o modo como influenciam sua vida agora em lugar de retroceder aos eventos moldadores que as geraram. O exercício de *Mensagens de vida em ação* (19.2) fornece um modo de retroceder a partir dos efeitos da mensagem na vida da pessoa até a própria mensagem.

Uma área que este exercício aborda é a das nossas *questões de palanque*. A imagem do palanque vem da antiga prática de subir em um caixote qualquer em uma esquina para bradar suas ideias para quem quer que passe por ali. As questões de palanque são aquelas de que falamos o tempo todo ou que incluímos em tudo o que fazemos. Qualquer um que tenha convivido com você por algum tempo terá ouvido essas questões. Por exemplo: uma das minhas mensagens de vida é a do encontro com Deus em circunstâncias difíceis. Dá para perceber? Sempre que escrevo, falo ou presto coaching, esse tema invariavelmente aparece.

Outro indicador de mensagem de vida é a influência ou autoridade incomum que a acompanha. As mensagens de vida são aquilo no qual se manifesta poder no ministério e no serviço, porque são os pontos em que Cristo habita mais profundamente em nós. Assim, outro modo de encontrar mensagens de vida é observar aquilo que comunicamos ou com que servimos com o maior efeito ou sobre os quais outros consistentemente buscam ajuda conosco.

Uma terceira área é a qualificação – a ideia de que a experiência de vida qualifica para opinar em situações inacessíveis a outros. Por exemplo: naquele caso da mulher cujo marido morrera, ela obteve uma qualificação especial para aconselhar a vida de outros em luto por uma perda. Ela está qualificada a postar-se ao lado do caixão e chorar com o outro porque também já esteve lá, conhece sua dor e encontrou Jesus nela. Como Jesus passou por tudo o que enfrentamos, temos um Sumo Sacerdote que podemos abordar com confiança. Ele sabe como são as coisas. Onde estão tais pontos em sua vida?

A quarta área é a atração. Pessoas que se beneficiam das nossas mensagens de vida são naturalmente atraídas para nós. É impressionante como, de algum modo, sentem que somos a pessoa certa para abordá-las em sua necessidade. Assim, outra ferramenta para identificar mensagens de vida é encontrar as pessoas a quem nos sintamos atraídos a servir e que sejam atraídas a nós, para, então, nos perguntarmos: "Qual é a mensagem ou o compartilhamento que esperam receber de mim – do meu coração ao delas – quando me procuram?

O modo de verificar uma mensagem de vida é o mesmo de um valor: pedir alguns exemplos sobre como são vividas. Uma legítima mensagem de vida se manifestará de algum modo em quase tudo o que fizermos. Incluímos aqui um exercício de *Confirmação de mensagens de vida* (19.3) para clientes que desejarem alguma segurança adicional ou um retorno sobre suas mensagens de vida.

A mensagem da minha vida

Existe uma mensagem de vida especial que resume nossa história – o ponto em que nossas diversas mensagens de vida se encontram em um mesmo tema. Que mensagem Jesus transmite mais claramente por meio da sua história? Qual é o compartilhamento central que anima tudo o que você faz por outros? Essa mensagem específica é o coração do seu chamado. É seu propósito de vida em termos de ser; aquilo que você mais incorpora para cumprir seu propósito.

Por exemplo: algumas das minhas mensagens de vida são autenticidade, relacionamento com Deus, o encontro com Deus no sofrimento e na adversidade, mudanças transformadoras, o repouso sabático e a graça em vez de regras. O tema central (do modo como melhor o entendo) é que a mensagem da minha vida seria: "Podemos encontrar Deus no nível do coração em qualquer circunstância, especialmente no sofrimento e na adversidade, e ser transformados". Isto explica a ênfase deste livro. Não escrevi um livro encorajador para alguém perseguir a felicidade na aventura de realizar seu propósito, porque *esta não é a mensagem da minha vida*. Exerço a maior influência da parte de Deus sobre outros quando compartilho essa mensagem central.

A mensagem da vida de Abraão foi a da justificação por meio da fé e não de obras. A Bíblia chama Abraão de "pai da fé" por ter sido a primeira pessoa a explicitar que crer em Deus e viver nessa fé é aquilo que Deus realmente quer (ao contrário da uma simples justiça cumpridora de regras). Fé como fundamento do nosso relacionamento com Deus é o grande legado de Abraão.

A mensagem da vida de Davi é a de ser "um homem segundo o coração de Deus". Séculos depois, a história da sua vida ainda transmite todo o âmbito do que significa ser humano. Observamos Davi buscando Deus com todo o seu ser, seja na vitória, seja na derrota, no sucesso ou no fracasso. Davi é um homem segundo o coração de Deus porque está sempre disposto a deixar Deus interagir com ele no nível do coração – este é seu principal legado para nós hoje.

A mensagem de Jó pode ser resumida como "Ainda que me destruam, continuarei a confiar nele". Dá para perceber como a história da vida dele tanto produziu a mensagem quanto lhe conferiu um incrível poder?

Essa mensagem principal da vida sempre vem por meio de revelação progressiva porque é introduzida progressivamente no coração ao longo de anos de experiência de vida. Mesmo nos casos em que Deus revela essa mensagem desde o início (tal como foi com Davi e Abraão), não foi senão muito mais tarde na vida que eles entenderam o que significava, incorporando-a e vivendo-a. Portanto, não se preocupe se você não souber com certeza qual seria a mensagem da sua vida – Deus sabe e ele vai trabalhando em cada detalhe da sua vida com o propósito de levá-la à plenitude em você.

Todavia, para cristãos maduros em fase de liberação e cumprimento do chamado,[27] a identificação e o alinhamento em torno da mensagem devem fazer parte da agenda. A compreensão da mensagem da vida constitui um referencial que nos mantém focados e na rota.

---

27 Mais sobre os estágios do chamado consta em *A jornada do chamado*, de Tony Stoltzfus.

Existem vários meios possíveis para descobrir a mensagem de vida do cliente. Um dele é começar com a influência definitiva desejada (o resultado da mensagem – veja pg. 335) e retroceder a partir daí. Se a pessoa conhecer a tarefa ou a função do seu chamado, procure por baixo dela e pergunte o que se supõe alcançar com aquela tarefa:

- *"Por que você deseja executar essa tarefa? Qual o propósito disso?"*
- *"Por que isso seria importante? Por que Deus dá atenção a isso?"*
- *"Que parte do coração de Cristo essa tarefa pretende transmitir ao seu público?"*
- *"Se toda a sua influência tiver sido que as pessoas 'captaram' algo que Cristo criou na sua (do cliente) vida, o que você mais gostaria que isso fosse?"*
- *"Se eliminarmos todas as exterioridades – os efetivos atos de serviço, a organização, o planejamento, as finanças – e tudo o que sobrar seja a mensagem que você quer transmitir, como seria esta em uma frase?"*

Outra via consiste em apontar para a convergência das mensagens de vida individuais da pessoa. Às vezes existe alguma mensagem predominante ou todas as mensagens apontam em uma mesma direção. O exercício de *Mensagem da sua vida* (19.4) cria alguma estrutura para o processo de identificação desse tema.

Padrões de chamado associados ao sofrimento

Paulo, um dos meus primeiros clientes de coaching, contratou-me para ajudá-lo a descobrir algum senso de propósito em sua vida. Ele havia sido muito bem-sucedido nos negócios, mas estava em meio de uma reavaliação na meia-idade. Após alguns meses de relacionamento, seu filho adolescente morreu tragicamente em um acidente. Esse evento mudou completamente o foco de Paulo e da sua percepção do que seria significativo na vida. Ao longo do ano seguinte conversamos sobre questões como transparência e luto, sobre como permitir a outros que nos apoiem, quem seriam nossos verdadeiros amigos e muito mais.

Quando Paulo finalmente estava pronto para voltar à questão do propósito de vida, nada parecia realmente motivá-lo. Examinamos várias opções de negócio ou ministério que ele poderia ter seguido, mas nada convencia – até que ele topou com a ideia de organizar fundos memoriais para ajudar jovens famílias na carga financeira relacionada com adoções. A ideia foi de ajudar a família que tivesse perdido uma vida e encontrar uma nova vida investindo em outra.

Ele mencionou a ideia de passagem em uma sessão, de modo que não pensei muito sobre aquilo. Entretanto, duas semanas depois, ele havia montado um plano, criara um site, contratara o primeiro colaborador e o projeto estava em andamento. Fiquei impressionado com sua energia! Ele encontrou uma genuína paixão que reenergizou seu lado empreendedor. Essa paixão não veio do prazer e de realizações na vida, mas de ajudar outros a lidarem com o tipo de perda devastadora que ele sofreu.

A maioria das ferramentas de descoberta de propósito de vida procura objetivos de vida naquilo que energiza e dá prazer à pessoa. É uma abordagem legítima (já a examinamos na seção sobre paixão). Mas o que muitas vezes não se enxerga é que muitas pessoas constatam que sua percepção de chamado nasce do sofrimento. Obviamente esta é uma importante noção para coaches de vida. Para pessoas como Paulo, o sofrimento pode conduzir a uma paixão que energiza a vida e lhe confere significado. Todavia, é um tipo de energia diferente daquela que provém de sentimentos de alegria e realização, e será necessário percorrer vias diferentes para encontrá-la.

Padrões comuns

Eis aqui seis padrões comuns de chamado associados ao sofrimento:

- Confrontar injustiças a que você e eu somos submetidos.
- Impedir que você sofra o que eu sofri
- Ser impelido pela compaixão a aliviar o sofrimento de outra pessoa
- Atingir um nível mais alto por meio do sofrimento (qualificação)
- Superar circunstâncias difíceis
- Adaptar-se a adversidades ou aceitá-las com graça

Vamos dar uma olhada rápida em cada um deles. Martin Luther King Jr. (veja parte do seu famoso discurso "Tenho um sonho" na página 156) é um bom exemplo de combate a injustiças presentes que você também sofre. King canalizou para um chamado sua paixão por justiça através do seu perfil (dons de eloquência e liderança) e seu preparo especial como pastor influente e de elevada formação – atuando sem violência a favor da igualdade de direitos para os afro-americanos. Indivíduos com tal padrão de chamado são parceiros no sofrimento da injustiça que combatem, mas o que transforma isso em um chamado é que canalizam a energia daquela dor para a busca da justiça em favor de outros (lembre-se: o chamado vem de Deus a favor de *outros*).

A expressão "a favor de" em nossa definição de chamado assume aqui um significado especial. O simples fato de sofrer injustiça e de se perturbar com ela não significa ter um chamado. Não somos chamados principalmente para trabalhar *contra* a injustiça, mas *a favor* da justiça. *Qualquer identidade ou chamado fundamentado no negativo abandona o caminho de Cristo.* Quem estiver focado na esperança do futuro divino torna-se mais e mais celestial, enquanto a pessoa focada em ira com a injustiça torna-se cada vez mais um filho do inferno. Pessoas como Martin Luther King, chamadas a combater a injustiça, são motivadas por uma visão do futuro ideal de Deus que as ajuda a transcender a simples agitação em favor dos seus próprios direitos, a encarar os outros como inimigos ou a revidar com violência. Um desafio de coaching para esse tipo de chamado é ajudar os clientes a se manterem focados naquilo *para* o que foram chamados à medida que trabalham para acabar com o sofrimento. Sansão é um bom exemplo do combate à injustiça, mas parece que nunca percebeu *para* o que lutava. O resultado foi que sua vida pessoal não se alinhou com sua mensagem.

O segundo desses seis padrões de chamado é o de guardar outros daquilo que se sofreu no passado. A campanha "Live Strong" (viva com força), de Lance Armstrong (um sobrevivente ao câncer lutando contra este), é um exemplo bem conhecido. Este padrão é muito comum entre pessoas que passaram pelo pior que a vida tem a oferecer.

> ## Seis padrões de chamado resultantes de sofrimento
>
> 1. **Confrontação.** Ergo-me contra a injustiça que sofremos para proporcionar um futuro melhor para todos.
> 2. **Prevenção.** Trabalho para impedir que outros sofram aquilo por que passei.
> 3. **Compaixão.** Assumo a causa de outros que vejo sofrer.
> 4. **Qualificação.** O sofrimento me qualifica a falar com determinado público ou a atendê-lo.
> 5. **Superação.** Ganho pela conquista na adversidade e ajudo outros a superá-la.
> 6. **Aceitação.** Por meio do sofrimento adquirimos uma graça especial de estar plenamente em paz com nossa condição.

Os que sobreviveram a divórcios dolorosos ou se debateram com pornografia acabam ajudando outros homens a escaparem dessas amarras. Filhos de alcoólatras esforçam-se por proporcionar aos seus próprios filhos o mesmo tipo de vida familiar que gostariam de ter tido. A dor passada se traduz em paixão presente para eliminar esse sofrimento em favor de outros.

Um terceiro padrão consiste em ser atraído aos sofrimentos dos outros e em assumir sua causa, mesmo que pessoalmente não se tenha sofrido daquele modo. Isso é compaixão. Madre Teresa é um exemplo clássico desse padrão. Ela se introduziu em uma cultura em que os pobres eram, às vezes, abandonados à morte porque aquilo seria o seu carma, e descobriu um chamado para ajudar cada moribundo a morrer com dignidade e amor. Moisés é outro exemplo de um líder cujo coração foi atraído para um sofrimento que ele próprio não passou, e esse chamado o tirou de uma vida de conforto para uma de significância.

Muitos dos que assumem viagens missionárias de curto prazo têm o coração ferido pelas necessidades com que se defrontam e sentem-se comprometidos a devotarem sua vida ao alívio de tal sofrimento. Mesmo uma imagem em um livro ou no noticiário pode tomar o coração de alguém de modo a ser compelido a reagir. Parte da razão pela qual tanta gente experimenta um chamado desse modo é que a reação proveniente da compaixão reflete profundamente o coração compassivo de Deus. Ele se põe a favor dos pobres e necessitados.

Um quarto padrão é o dos indivíduos que encontram uma plataforma para ministrar ou abordar questões por meio daquilo que sofreram. A prisão de Charles Colson proporcionou-lhe uma plataforma para tratar das questões enfrentadas pelos prisioneiros (eles jamais o escutariam se ele não tivesse estado lá). As experiências de sofrimento de Paulo em favor do Evangelho (inclusive sua recusa em receber dinheiro das igrejas às quais servia) forneceu-lhe uma forte plataforma para tomar posição pela preservação da essência deste. Nesses casos, a pergunta de coaching é: "Quem dará atenção à sua mensagem porque você passou por aquilo, mas nunca teria escutado de outro modo?"

O quinto padrão é a superação. Este é mais familiar. Que adversidade você superou que você gostaria de ajudar outros a superarem? O que você aprendeu a fazer bem por meio de dificuldades e que poderá ajudar outros a terem sucesso em tal situação?

Um sexto modo pelo qual o chamado se liga ao sofrimento se dá pela adaptação bem-sucedida a circunstâncias difíceis. Nem sempre a reação adequada à adversidade será tentar mudar o mundo. Às vezes precisamos fazer as pazes com o que há e ir em frente. Joni Erickson Tada vem à mente como alguém que enfrentou a incapacitação e fez algo extraordinário com aquilo – e o modo como ela leva a vida é uma mensagem de esperança. Jó nos inspira porque perdeu tudo o que tinha de um modo que não fazia sentido algum para ele – mas recusou-se a "amaldiçoar Deus e morrer". Admiramos pessoas que tenham a força interna para superar circunstâncias desafiadoras. E, ao fazer isso, ganham uma mensagem de vida e uma plataforma para compartilhá-la.

Pode-se aplicar o exercício *Chamado pelo sofrimento* (19.5) como reflexão ou como conjunto de perguntas de coaching para ajudar as pessoas a encontrarem um chamado que tenham recebido por um desses meios. Às vezes, pessoas que não têm nada a dizer nos exercícios de revelação conseguem encontrar aqui seu propósito de vida.

Estilos de vida de chamado

Um aspecto final da encarnação tem a ver com o estilo de vida. Existe um padrão de vida que inclui aspectos como qualidade de vida, as coisas que optamos por possuir e a agenda a manter, que maximizam a capacidade de ser quem se é e o que se foi chamado a fazer. O estilo de vida pode também ser um grande empecilho à mensagem que Deus colocou em nós a favor de outros. Vejamos um coach ajudando um cliente na luta com seu estilo de vida no chamado. Essa pessoa está lutando para conciliar os fins e tentando entender por que tudo é tão difícil para ela.

"Não consigo entender por que não funciona, e o meu mentor empresarial também não. Os negócios sempre chegam à beira do fechamento ou quando temos algum acordo verbal ocorre algo estranho e aquilo desmorona. Ele disse que nunca viu tantas circunstâncias estranhas em tantos projetos separados como comigo. Fico em dúvida se estou no lugar certo porque simplesmente não funciona e eu não sei por quê."

"Tom, você disse antes que a razão pela qual retornou do campo missionário e iniciou uma empresa foi para viver o que ensina. Aquilo me intrigou. Você poderia falar mais sobre isso?"

Como o cliente indaga por direcionamento, o coach retrocede ao chamado original em busca de respostas.

"Bem, aqueles pastores bivocacionados que estou assistindo e ensinando estão lutando por aí para sustentar-se enquanto plantam igrejas, e é difícil. Existe o desejo real de se dedicar plenamente ao ministério, mas também é preciso sustentar a família. Assim, a atenção se divide: nunca se dá ao negócio o que ele realmente precisa para ter sucesso, o ministério e também a família sofrem. Parece que deveria existir um meio de esses caras terem mais sucesso nos negócios a fim de eliminar a tensão financeira e familiar a que estão sujeitos. E eu senti que se quisesse ensiná-los a serem ministros bivocacionados, eu também teria de percorrer essa via, e é nisso que vim parar."

"Certo. Portanto, entendo que você ingressou nesse negócio para entender a trajetória deles e as pressões que enfrentam a fim de ser capaz de falar com eles com base nessa experiência."

"Correto."

O coach enxerga uma dissonância entre o senso de chamado de Tom e suas expectativas de estilo de vida.

"E como você esperava que esse negócio se desenvolveria quando o lançou? Que expectativas você tinha dele?"

O inquérito sobre as expectativas revela a dissonância.

"Bem, o Senhor me dirigiu claramente aqui e confirmou isso várias vezes. Creio que apenas esperava que desse certo – que eu ganharia dinheiro e que os negócios andariam. Achei que fazer isso funcionar me daria algo que pudesse oferecer às pessoas."

"Vamos então comparar seu objetivo com suas expectativas. Se você assumiu uma empresa para identificar-se com os pastores bivocacionados com quem trabalha, até que ponto você realmente os entenderia e percorreria sua trajetória se sua empresa decolasse e, em um ano, tivesse rendas de seis dígitos?"

Justaposição de duas metas dissonantes: chamado e expectativas.

"Oh... acho que não muito bem. Nunca pensei nisso dessa forma."

*"Então, como você acha que sua vida ficaria se Deus **de fato** respondesse a essas orações e você atingisse aquele objetivo?"*

Esta pergunta ajuda a realinhar as expectativas com o chamado.

"Ôpa, este é um pensamento novo. Pode ser que bem assim como é agora. Se tudo fosse fácil para mim e eu fosse contar a eles que seria assim que deveria funcionar para eles, eu seria totalmente irrelevante."

Este diálogo rearranja a conversa por meio do conceito de um estilo de vida de chamado. Existe um estilo de vida único que apoia plenamente seu chamado, e viver de acordo diariamente é uma importante disciplina. Se você tiver certeza do seu chamado, sua vida não se assemelhará à de nenhuma outra pessoa. Se você foi chamado a oferecer hospitalidade em sua casa e a alcançar profissionais, seu estilo de vida poderá incluir uma casa com decoração sofisticada para atender a isso. Outro chamado poderá implicar a aquisição de qualquer casa próxima a um campus universitário para receber estudantes como pensionistas ou encontrar uma casa em ruínas para reformá-la para alcançar as mães solteiras em alguma favela. Em todas essas situações apenas um tipo de casa servirá – qualquer uma das outras será um obstáculo para o cumprimento do seu chamado.

No diálogo do exemplo, o chamado de Tom foi para atender ministros bivocacionados. Portanto, é provável que o estilo de vida do seu chamado incluísse viver como eles. Todavia, as expectativas de sucesso

---

O estilo de vida do seu chamado

- 1ª etapa: Identificar o propósito do cliente
- 2ª etapa: Presumir que Deus esteja usando as atuais circunstâncias como preparo.
- 3ª etapa: Projetar uma imagem de como ficaria a vida se Deus rearranjasse o estilo de vida do cliente em torno do seu chamado.

---

financeiro de Tom levaram-no na direção oposta à da sua missão de vida. Nesse caso, *as lutas financeiras efetivamente promoveram o chamado de Tom*. Um sucesso financeiro imediato teria aumentado o abismo entre ele e seu público-alvo. O coach simplesmente convidou Tom a retornar à missão central da sua vida e a concentrar novamente suas expectativas de estilo de vida em torno daquele objetivo.

Jesus entendeu claramente que tinha um estilo de vida correspondente ao seu chamado: "O Filho do Homem não tem onde reclinar a cabeça". "Ele se tornou pobre para que nós nos tornássemos ricos" e "O Filho do Homem não veio para ser servido, mas para servir e dar sua vida em resgate de muitos." Se Jesus tivesse preferido permanecer nas mansões das camadas superiores da sociedade e se tivesse empregado servos e possuído escravos, ou ainda se tivesse uma grande propriedade nas colinas da Galileia à qual recorrer, tal estilo de vida teria solapado sua mensagem. O Filho do Homem veio para buscar e salvar os perdidos e, por isso, teve que viver entre eles, como um deles. Todas as suas opções sobre aspectos como dinheiro ou ambiente social eram parte da sua mensagem.

Encontrando seu estilo de vida.

Então, como ajudaremos um cliente a alinhar seu estilo de vida com seu chamado? Nosso diálogo-modelo ilustra um processo em várias etapas. Primeiro, o coach fez uma revisão do chamado de Tom. Em seguida, presumiu que suas atuais circunstâncias de vida não fossem um obstáculo para o seu chamado, mas exatamente aquilo de que ele precisava para cumpri-lo. Finalmente, o coach justapôs as expectativas de estilo de vida de Tom e aquilo que seria de esperar se Deus o arranjasse de um modo coerente com o chamado de Tom. Em vez de estranhar por que ele não levava o estilo de vida que esperava, essa conversa ajudou Tom a encaixar aquelas expectativas no propósito da sua vida.

A chave para essa técnica é presumir que tudo na vida flui em direção do nosso objetivo e que Deus encaminha soberanamente toda circunstância para esse fim. Trata-se de uma potente combinação para um rearranjo: "Se você foi chamado, e se suas circunstâncias são dirigidas intencionalmente em direção a esse chamado, o que significará o fato de você estar aqui agora?"

O que alerta o coach para a necessidade de um rearranjo é a dissonância entre o objetivo declarado de Tom (de seguir a trajetória dos líderes em luta financeira) e suas expectativas (de que ele obteria um rápido sucesso financeiro). Tom pensava que ajudaria melhor seus líderes tendo sucesso e mostrando-lhes como alcançá-lo. O coach ofereceu outra possível perspectiva: um caminho mais direto ao seu objetivo poderia ser compartilhar suas lutas.

Normalmente será necessário apresentar o conceito de estilo e vida de chamado no diálogo de coaching para ajudar os clientes a conciliarem sua mente com essa ideia antes de começar a falar em realinhamento. Assim que tiverem captado a ideia geral, haverá várias perguntas a formular. **Localização** e **identificação** são considerações importantes. Se você foi chamado para servir a certo grupo de pessoas, onde morará? Que estilo de vida o colocará entre elas? E que estilo de vida lhe proporcionará uma noção das suas lutas e preocupações? O que as ajudará a se identificarem com você?

O estilo de vida do seu chamado: Prática

Que tal um pouco de prática para ajustar sua mente em torno desse conceito? Tome os seguintes chamados e aplique as perguntas abaixo a cada um:

Chamado I: para líderes políticos com mensagem de vida de que genuína alegria e um legado na vida provêm de servir aos menores deles.

Chamado II: para a subcultura dos surfistas, com a mensagem de que com Cristo se pode viver plenamente cada momento e também ter um futuro real.

- Onde você morará?
- Que padrão de vida dará o melhor sustento para sua mensagem?
- O que você possuirá e o que não?
- Quais serão suas companhias?
- O que você vestirá?
- Você usará tatuagens ou piercings?
- Que emprego você terá?
- O que legitimará você nesse ambiente e o que seria hipocrisia?

Outra importante área de reflexão é a **qualificação.** Que tipo de experiência de vida lhe dará credibilidade em seu público-alvo? Que tipo de vida demonstrará sua mensagem de modo que seu estilo de vida possa comunicá-la mesmo que você não diga nada? Inversamente, que tipo de vida enfraquecerá sua mensagem de modo que, se as pessoas conhecerem seu estilo de vida, rejeitarão a mensagem por causa dele?

O padrão de vida também é uma importante questão. Quanto tempo e energia seriam despendidos sabiamente em posses e renda tendo em vista seu chamado? Em que situações o dinheiro e as coisas se tornarão uma distração? E existe alguma coisa que você tenha adquirido que seja uma mera e antiga distração da sua missão?

A influência do estilo de vida sobre o chamado pode ser uma rica área para desenvolver ações concretas criadoras de um alinhamento melhor. O exercício 19.6 oferece um processo formal de descoberta do estilo de vida do seu chamado.

19.1. MENSAGENS DE VIDA

Separe mais ou menos meia hora em um local tranquilo e faça uma retrospectiva da história da sua vida. Vamos tratar de identificar os principais eventos determinantes da sua vida e o que significam para o seu propósito.

Etapa 1: Identificação de eventos "moldadores"

Na coluna da esquerda, registre importantes transições, experiências difíceis, importantes influências relacionais – as experiências da vida que mais profundamente moldaram quem você é. Momentos em que você encontrou Deus em circunstâncias adversas têm particular probabilidade de produzir mensagens de vida.

Etapa 2: Descoberta de mensagens de vida com base em eventos

Retorne a cada uma das experiências, reflita nelas e anote-as com base nestas três perguntas:

- De que modo encontrei Deus nisso?
- Como isso determinou quem eu sou?
- Que mensagem o encontro com Deus nessa experiência se criou em mim a favor de outros?

Evento moldador	Mensagem de vida
Ser rejeitada pelo meu amor na escola secundária	*Deus é o guarda do meu coração*
Relacionamento de mentoria com a esposa do pastor	*Deus está atento em mim! (e em você!)*
Dois abortos seguidos	*Deus é o guarda do meu coração (de novo). Os sonhos só ficam seguros nas mãos de Deus*
Finalmente ter o bebê após três anos	*Eu sei que meu Redentor vive.*
Marido demitido, sem emprego ou renda por quase 6 meses	*A vida é mais do que ter algo.*

19.2. MENSAGENS DE VIDA EM AÇÃO

Um meio alternativo de descobrir mensagens de vida é localizar onde elas operam agora na vida e depois retroceder para descobrir de onde vieram.

Etapa 1: Exame de vida

Examine as seguintes quatro áreas para tentar identificar sua mensagem de vida em ação. Anote em uma folha em branco suas respostas às perguntas.

- **Temas**: Quais são suas questões principais? Trata-se dos temas aos quais você retorna repetidamente quando presta ajuda ou serviço a outros. Do que você sempre fala apaixonadamente? O que você mais anseia transmitir às pessoas?

- **Influência:** Onde você exerce mais influência? O que você parece transmitir aos outros ali? Que mensagens eles recebem ou extraem consistentemente de você?

- **Qualificação:** Haveria situações nas quais você possa falar por causa do que já passou, enquanto outros não podem? Onde você encontrou Deus no sofrimento de um modo que abra a porta ao coração dos outros? Que mensagem você tem para pessoas em tal situação?

- **Atração:** A quem você está mais atraído a ajudar? Quem é atraído a você? O que buscam e o que você mais gostaria que recebessem de você?

Etapa 2: Que mensagens se destacam?

Depois de passar por todas as perguntas, retorne e examine o que anotou. Que mensagens se destacam mais? Existem temas repetidos em várias das suas anotações? Tais temas são candidatos à sua mensagem de vida.

Etapa 3: De onde veio?

Separe alguns momentos e rastreie cada mensagem potencial até sua origem. Como essa ideia foi implantada em você? Houve alguma determinada experiência ou um relacionamento que tenham estampado essa mensagem em seu coração? Mensagens de vida genuínas sempre têm como componente de origem um encontro significativo com Deus porque a mensagem é algo que Deus implanta no coração.

Etapa 4: Denominação e registro

Se ainda não o fez, dê um nome à sua mensagem. Uma única palavra, uma frase marcante ou uma passagem bíblica podem ser ótimas – torne-a algo memorizável que se fixe em você. Depois anote a história de como tal mensagem se desenvolveu em sua vida! Essas histórias estão entre suas ferramentas mais poderosas para influenciar outros – portanto, não deixe a memória se esvair.

19.3. CONFIRMAÇÃO DE MENSAGENS DE VIDA

Quando algo é uma genuína mensagem de vida, as pessoas próximas a você saberão (provavelmente porque ouviram você falar a respeito dela ou a observaram repetidamente em sua vida). Para confirmá-la, procure um amigo, um colega líder ou um familiar e peça um comentário sincero sobre sua lista preliminar de mensagem de vida. Exponha o processo de autodescobrimento pelo qual você passou e, antes de começar, explique o que são mensagens de vida. Aqui vão alguns sintomas de mensagens de vida:

- Aqui Jesus realmente aparece em sua vida.
- Você pagou um preço por essa encarnação.
- É um tema ao qual você retorna repetidamente.
- Você exerce influência incomum sobre outros nessa área.
- Outros são atraídos a você por meio disso em busca de ajuda e conforto.

Para feedback

Se você deseja feedback sobre uma lista de possíveis mensagens de vida que já tenha desenvolvido, tente esta abordagem:

- *"Como tentativa, identifiquei _____ como mensagem de vida – uma área na qual Deus implantou em meu coração uma mensagem a passar a outros. O que você acha? Você enxerga isso em mim? Dá para ver aqui os sintomas de mensagem de vida?"*
- *"Quais dos tópicos desta lista lhe parecem mais ser minha mensagem de vida?"*
- *"Ajude-me a entender o que faz você dizer isso. Que exemplos específicos da minha vida levam você a essa conclusão?"*

Dicas auxiliares

Se tiver sido difícil identificar as mensagens de vida por conta própria e se deseja algum auxílio das pessoas ao seu redor, aplique as seguintes perguntas:

- *"O que você acha que poderia ser minha mensagem de vida?"*
- *"Onde você me observa agir com influência incomum? Qual é o cerne dessa influência?"*

- *"Ao servir, quando atinjo maior conexão com o coração dos outros? Que mensagem transmito em tais ocasiões?"*

- *"Você poderia me ajudar a entender o que o fez dizer isso? Que exemplos específicos da história da minha vida fazem você crer isso?"*

Você também poderá querer mostrar o exercício de *mensagens de vida em ação* e conversar sobre algumas daquelas perguntas.

19.4. A MENSAGEM DA SUA VIDA

A mensagem da sua vida é o cerne do seu chamado – o meio essencial pelo qual o coração de Cristo toca as pessoas que você ama e a quem serve. Aqui estão alguns meios para chegar a essa mensagem central. Trata-se de um exercício ao qual se retorna repetidamente à medida que Deus desdobra cada vez mais seu propósito em nós. Por isso, faça-o a lápis e não se preocupe em deixá-lo perfeito logo na primeira vez. Pode usar qualquer uma ou todas as abordagens abaixo.

Opção 1: Começar com mensagens de vida

Examine a lista das suas mensagens de vida do exercício 19.1. Aplique as perguntas abaixo ou trabalhe com seu coach para identificar alguma mensagem ou um tema predominante em suas mensagens:

- Existe alguma mensagem predominante?
- Se as pessoas a quem você serve realmente "captassem" apenas uma mensagem, qual você gostaria que fosse?
- Para onde apontam todas as suas mensagens? Existe algum tema para o qual convergem?

Opção 2: Começar com sua missão de vida

Tome sua *missão de vida* (20.5) e explore a razão de desejar executá-la:

- O que desempenhar sua missão comunica ou proporciona às pessoas que é vital para você?
- Por que Deus se importaria com que você faça isso? Como isso revela o coração de Deus?
- Com que mensagem central Deus desejaria tocar o coração das pessoas por meio da sua tarefa?

Opção 3: Reveja suas paixões

Retorne ao seu trabalho sobre paixões (vide capítulos 9 a 13) e examine-o em busca de indicações da sua mensagem:

- Qual a maior paixão em relação àquilo que você deseja comunicar ou dar a outros que suas experiências de vida despertaram em você?

- Quais das suas paixões estão mais próximas do *foco da paixão* (10.1)? Qual o seu valor mais importante? Que mensagem ele contém?

- Se o seu legado fosse que cinco pessoas captariam plenamente sua paixão e a levariam adiante depois que você se fosse, o que você mais gostaria que captassem de você?

Parte II: Criação de uma declaração

Examinadas as opções acima, enuncie sua mensagem na forma de uma sentença. Talvez tenha que tentar várias vezes ou deixá-la amadurecer um pouco antes de conseguir algo que realmente agrade. Não se preocupe – é normal.

19.5. CHAMADO POR MEIO DO SOFRIMENTO

Este exercício simplesmente oferece uma série de perguntas para ajudar a revelar mensagens de vida ou chamados de algum modo ligados a sofrimento. Separe algum tempo para meditar em cada pergunta ou (especialmente se você for extrovertido!) converse a respeito com um bom amigo ou o cônjuge. O que emergirá quando você ponderar essas perguntas? O que essas experiências têm a lhe dizer sobre o que você foi chamado a fazer?

- Quais são suas experiências de sofrimento mais significativas?
- Em função disso, você estaria empolgado em promover que tipo de mudança?

Confrontação

- Que injustiça impele você a tomar iniciativas de lutar pelo bem de todos?
- Que injustiça você vê, na qual também tenha uma visão convincente de um possível futuro melhor?

Prevenção

- Em que sentido você teria um profundo desejo de guardar outros daquilo que você sofreu?
- Que experiências o sensibilizaram nessa área em particular?

Compaixão

- Que tipos de imagens ou situações despertam consistentemente compaixão em você?
- Onde você se identifica com os fracos ou necessitados? A que pessoas seu coração é atraído, e por quê?

Qualificação

- Que experiências difíceis lhe proporcionam uma plataforma para falar a outros nesta mesma área?
- Quem prestará atenção a você por causa do que você passou e jamais ouviria de outro modo? O que você gostaria de transmitir a estes?

Superação

- Que significativas dificuldades você superou em sua própria vida?
- O que você fez bem feito e gostaria de compartilhar com outros?

Aceitação

- Em que área você aprendeu a viver em grande paz no meio de so-frimento ou injustiça?
- Onde Deus lhe concedeu graça especial para aceitar como dádiva algo que outros possam considerar uma maldição?

19.6. O ESTILO DE VIDA DO SEU CHAMADO

Todos temos um estilo de vida correposndente àquilo que fomos criados para fazer ou ser. O que possuímos, como gastamos o dinheiro e o tempo, onde moramos – tudo isso tem implicações em nosso propósito. Comece executando o exercício de *estilo de vida ideal* (11.3). Esse exercício acrescentará elementos de estilo de vida a esse resultado que apoiarão diretamente o cumprimento do chamado de Deus para você.

Identificação

Jesus tornou-se um de nós a fim de que tivéssemos acesso a Deus por meio da sua vida. De que maneira você terá que identificar o público ao qual foi chamado a servir (a praticar seu estilo de vida) de modo que possa entendê-lo e ele tenha acesso a você?

Qualificação

Que experiência de vida qualificará você a falar ao seu grupo-alvo? Que tipo de trajetória, história ou estilo de vida lhe abrirá as portas àqueles corações? Que tipo de vida tornará você "real" para eles e qual fará você parecer hipócrita?

Padrão de vida

A que padrão de vida você foi chamado? (Deverá ser determinado pelas necessidades do seu chamado, não por alcançar alguma renda que você possa gerar)! Que posses serão necessárias para o seu chamado e o que poderia distrair ou distanciar você do seu público? Que tipo de residência, vestuário, renda, lazer, etc. combinarão melhor com sua missão de vida?

Localização

Onde você terá que morar ou gastar seu tempo para atuar em seu chamado? Que estilo de vida o levará para junto do seu público-alvo e lhe dará o melhor apoio para seguir sua missão?

Companhia

De quem você precisará para cumprir seu propósito? Que tipo de estilo de vida encaixará você nos relacionamentos e nas equipes de que precisará cercar-se? Que comunidade lhe dará o melhor apoio naquilo para o que você foi chamado a fazer e ser?

Perguntas de coaching

- *"De que modo este estilo de vida o ajudará ou atrapalhará a cumprir sua missão?"*

- *"Que obstáculos na trajetória da sua missão esse estilo de vida eliminará?"*

- *"O que o seu estilo de vida revela sobre quem você é? Seu procedimento corresponde ao que você diz?"*

- *"Em que você poderia alterar seu estilo de vida para alinhá-lo melhor com seu chamado?"*

20

PÚBLICO, TAREFA E INFLUÊNCIA

"A meta dos nossos melhores desejos não é egoísta, não é ter amor e pertencimento, mas proporcioná-lo."

Peter Temes, em *The Power of Purpose*
(O poder do propósito)

"Bem, Natã – dê-me alguns exemplos. A que tipo de pessoas você se sente mais atraído a ajudar?"

"Penso que serão outros pais. Pessoas com adolescentes – esse tipo de coisa."

"O que o atrai a isso?"

"Bem, tivemos tantos problemas com Jennifer que eu acho que temos sensibilidade para isso. E quando o Jeremias chegou, foi um conjunto de questões bem diferente. Assim, olhamos em torno, na igreja e na vizinhança, e quando observavamos o comportamento das crianças ou os pais gritando frustrados com elas na rua, desejamos fazer algo."

"Sejamos um pouco mais específicos aqui. Se você puder citar uma pessoa ou um casal que exemplifique o tipo de pais que você deseja alcançar, quem seria?"

"Hum... talvez José e Emília, na nossa rua. Eles têm dois filhos na escola elementar e um na secundária."

"Fale mais – por que eles?"

"Conversamos bastante quando o vejo praticando corrida. Posso dizer que estão feridos. Bruno, o do meio, quase não fala com eles. Eles simplesmente não sabem como transpor o abismo."

"O que mais?"

"Parte da razão por que os selecionei é que temos algum contato natural. Eu os encontro e vejo seus filhos por aí, de modo que tenho alguma ideia do que se passa. Mas

principalmente enxergo as pequenas coisas que eles não sabem fazer e que farão toda a diferença – como acompanhá-los aos seus jogos de futebol – José está sempre ocupado demais, mas ele nem relaciona sua ausência com o que se passa com seus filhos."

"Assim, percebo quatro coisas que o atraem a José e Emília: filhos adolescentes, pessoas nas proximidades que você vê em sua rotina diária, as pequenas habilidades paternas que lhes faltam e a dor que você observa neles em razão da falha de comunicação. Mais algo?"

"Bem... José é um profissional como eu, de modo que temos algo em comum. E Emília e Carla parecem se dar bem. Isso é importante. Preferimos fazer isso como casal, de modo que é importante que Carla tenha contato com a esposa assim como eu tenha com o marido."

"Bom. Mais algo sobre as crianças além de serem adolescentes?

"Bem, é óbvio que estão perturbados até certo ponto. Na verdade, não me vejo atraído a situações em que as crianças estejam indo bem – essas não precisam de mim – e crianças com problemas com drogas ou abuso ou algo assim parecem estar um pouco fora do meu escopo. Assim, provavelmente os pais comuns que apenas não sabem como lidar bem com seus adolescentes."

"Ótima descrição. Na vez anterior trabalhamos com a mensagem da sua vida – como esse público-alvo se encaixa em sua mensagem?"

"Oh, isso liga os pontos! Minha mensagem é que 'Existe um caminho especial para você em sua situação e Deus lhe mostrará qual é se você der prioridade a encontrá-lo'. Melhor ainda seria: 'Cada criança é única, existe um único caminho para os pais ao coração daquela criança e você precisa encontrá-lo'. Essas são as pessoas que vejo todos os dias e que não conseguem encontrar esse caminho – e é nisso que desejo ajudar."

O chamado é uma incumbência externa da parte de Deus *em favor de outros*. Esta expressão "em favor de outros" tem grande significância para a descoberta do propósito de vida. Se o seu propósito de vida for a favor de outros, você terá que definir quem são esses "outros", como você lhes servirá e como desejará influenciá-los. Esses três aspectos são o *público*, a *tarefa* e a *influência*. O objetivo deste capítulo é identificá-los.

O **público** do seu chamado consiste das pessoas ou necessidades às quais você foi chamado. Seu serviço pode ser

---

Chamado é:

*Uma **mensagem** que você incorpora*

*Para um **público** específico*

*Com o fim de uma **influência** definitiva*

*Por meio de uma **tarefa** especial.*

dirigido a nações inteiras, a alguns poucos indivíduos que você conhece pelo nome ou a qualquer coisa entre esses extremos. Ou então o chamado poderá concentrar-se em atender a uma necessidade de um modo que influencie determinadas pessoas. No exemplo dado, Natã sentiu-se chamado a alcançar determinadas pessoas (casais com adolescentes transtornados) que estavam em determinado lugar (nas proximidades dele). O coach extraiu esses detalhes lançando mão de um *modelo* – um indivíduo real que personificasse as qualidades do público-alvo de Natã. Modelos (veja exercício 20.2) são uma tática útil quando os atendidos têm dificuldades em formatar detalhes específicos do público a que são chamados.

Há muitos tipos de público. Algumas das diferentes categorias são:

- **Indivíduos específicos**

  O público pode consistir de indivíduos particulares, identificados. Por exemplo: uma mãe chamada a criar seus filhos ou um coach que adota um garoto e o trata como filho.

- **Um grupo**

  O chamado pode ser dirigido a um grupo – por exemplo, todos os pertencentes a certa profissão, um grupo de pessoas (como os sem-teto), uma comunidade ou todos os empregados de certa empresa.

- **Um ponto de contato**

  O chamado pode consistir em tocar em certa área da vida daqueles com quem se entra em contato. Por exemplo: pode ser qualquer um com quem eu me encontre em meu trabalho de corretor – clientes, corretores, inspetores e vendedores ou meus vizinhos ou os frequentadores da minha igreja.

- **Pessoas com certa necessidade**

  Exemplos poderiam ser crianças com síndrome de Down, aldeias no Sudão que necessitem de um poço ou idosos em sua comunidade que necessitem de assistência com certa continuidade.

- **Necessidades societárias**

  Neste caso, a influência é indireta – ela se dá sobre uma sociedade em sentido amplo. Por exemplo: posso ser um pesquisador de medicamentos contra o câncer ou um guarda-florestal encarregado de um parque nacional. Trabalhamos para criar um mundo melhor para todos.

Como encontrar seu público

Como, então, os coaches ajudam as pessoas a encontrarem seu público? A abordagem mais direta é simplesmente perguntar – muitas vezes a pessoa já conhece pelo menos algumas características do seu grupo-alvo. A pergunta é simples: "A quem você foi chamado a servir?" ou "A que necessidade você quer atender para que grupo de pessoas?"

Outro caminho é começar com *mensagens de vida* (19.1 e 19.4) e pensar nos recipientes que precisam dessa mensagem:

- *"A quem se destina essa mensagem? Quem precisaria ouvi-la?"*
- *"Sobre que tipo de pessoas essa mensagem terá a maior influência?"*
- *"Essa mensagem e a experiência por trás dela qualificam você a dirigir-se a quem?"*
- *"A quem você é atraído e quem é atraído a você por causa dessa mensagem?"*

Esta abordagem é particularmente útil se o cliente já tiver realizado algum trabalho sobre "influência definitiva" – se você conhecer a mensagem e a influência que você deseja que ela tenha, isso lhe dirá muito sobre quem sua mensagem poderá ajudar. O exercício *Público para minha mensagem* (20.2) aplica essa abordagem. Se ela não funcionar, pode-se tentar mostrar as diferentes categorias de público conforme constam do box no exercício 20.2. Às vezes basta colocar algumas opções sobre a mesa para as ideias começarem a fluir.

Uma terceira via é examinar a paixão e o preparo. A quem você serviu no passado com paixão e influência? Para servir a quem você está preparado ou qualificado? A quem você sonha servir agora? *Eventos de propósito* (16.1), *sonhos* (11.1) e os *focos da paixão* (10.1) são bons tópicos para procurar indicações sobre público.

Influência definitiva

A influência definitiva é o "por que" do chamado – o resultado que o chamado produz na vida dos outros. (Há quem chame isso de "legado" ou de "contribuição definitiva"). É a razão por que Deus nos encarrega de fazer aquilo em primeiro lugar. A contribuição definitiva não é a execução da tarefa do chamado, mas o modo como essa tarefa e a mensagem que ela transmite modifica vidas.

- *"Que diferença fará sua contribuição na vida do seu público?"*
- *"Como verão a imagem de Jesus no que você faz?"*

- *"Escolha uma pessoa do seu público-alvo – se puder pensar em alguém nominalmente seria ótimo – e conte-me exatamente como aquilo a beneficiará."*
- *"Se as pessoas são eternas e as coisas não, conte-me como essa tarefa exercerá uma influência eterna."*

À primeira vista, a definição de chamado como mensagem para um público pode parecer um pouco restritiva. Muitos profissionais concentram-se em criar objetos de valor tangível (como mecânicos, artistas ou cozinheiros) e não em ajudar pessoas diretamente. Como isso se encaixaria nesse modelo? Qual seria a mensagem de um encanador ou de um motorista de caminhão?

De fato, esse foco na influência é uma característica-chave do coaching cristão. Como cristãos, cremos em um céu tão incrível que nada do que possamos ter na terra terá qualquer valor em comparação com aquele destino. As pessoas são eternas e as coisas, não. Portanto, *posses e coisas somente terão valor eterno como meios de influenciar pessoas.*

Este é o escopo da parábola do administrador infiel: aplique agora o que quer que você tenha para investir em pessoas para que, quando as coisas se forem, essas pessoas estejam lá para recepcionar você no céu. Jesus vai ainda mais longe: *"Assim, se vocês não forem dignos de confiança em lidar com as riquezas deste mundo ímpio, quem lhes confiará as verdadeiras riquezas?"* (Lc 16.11). Em outras palavras: se *não* usarmos as coisas tangíveis que recebemos para o propósito a que se destinam (ajudar as pessoas), por que Deus confiaria a nós qualquer coisa realmente valiosa no céu? Pelo fato de o céu ser real, o propósito de vida do cristão sempre focalizará as pessoas mais do que as coisas.

A beleza disso é que o importante não é o nosso trabalho – é a maneira como nosso coração toca as pessoas à medida que executamos nossa obra. Um encanador poderá canalizar sua própria mensagem especial de Cristo por meio do seu trabalho do mesmo modo que um pastor se permitir que Cristo esteja presente em cada ato de serviço, cada palavra gentil dita ao cliente e cada cântico de louvor que se eleve dos pequenos espaços em que está trabalhando. Mesmo executar um trabalho simples com excelência e uma postura digna são mensagens. E em um reino em que os últimos serão os primeiros, haverá desconhecidos encanadores atingindo estatura maior no céu do que pregadores famosos.

Ainda que a influência seja crucial, comparativamente poucas pessoas parecem tê-la definido formalmente. Muitas vezes atendo líderes que detalharam minuciosamente sua tarefa visionária, mas que têm só vagas noções de como sua mensagem influenciará as pessoas por meio daquela

Por que o foco na influência definitiva é vital

A manutenção do foco do chamado na influência em oposição ao cumprimento de tarefas é de importância crucial. Uma das tentações mais sutis é fazer com que "a obra" em si se torne o objetivo, expulsando gradualmente o benefício que somos chamados a criar para outros como meta. Quando isso acontece, nosso foco se desloca de como *eles* serão abençoados para o que *eu* quero alcançar. É disso que provêm todos os tipos de comportamento abusivo de lideranças. *Nossa paixão precisa estar fixada em efetiva bênção para as pessoas por meio daquilo que fazemos e não na atividade em si!*

O exemplo clássico na igreja mundial é a organização de tal forma movida pela tarefa do ministério que o pessoal se consome no processo. Bons líderes se esgotam, outros se sentem usados e se aborrecem com a igreja, e famílias são prejudicadas porque o pai vive sempre em alguma reunião. A máquina toda roda em frente sem descanso sob a bandeira de "levar pessoas a Cristo", quando, ao mesmo tempo, estão afugentando seu próprio pessoal!

O problema é que o primeiro amor do ministério se deslocou de servir a Cristo por meio do serviço prestado às pessoas para a criação de uma grande organização que ajuda pessoas ou para se tornar um modelo influente sobre como ajudar pessoas, ou ainda para realizar projetos visionários que ajudem pessoas. O foco do líder se volta à *própria tarefa de liderança* (a habilidade de liderar + ministrar) em vez de influenciar pessoas. No pior caso, ministérios inteiros e todos os seus recursos tornam-se meros veículos para a realização da visão pessoal de liderança do líder.

Recebi um dia, em minha livraria, um telefonema de um jovem pastor em busca de recursos de discipulado para seu grupo de jovens. Embora servisse em uma igreja grande e proeminente, ele parecia não conseguir acesso a nenhuma das opções. Finalmente, fiquei com pena dele e lhe ofereci o material a preço de custo (com desconto de 65%). Ainda não era o suficiente. Sugeri-lhe que integrantes do grupo pagassem os livros – a esse preço, seria apenas uma pequena quantia para cada um. Também não funcionou. Finalmente ele me contou que cada centavo que auferiam era aplicado na manutenção do ministério televisivo personalista da igreja e que o grupo de jovens era responsável por também levantar dinheiro adicional para aquilo. Eles vinham contribuindo com tanto que, literalmente, se esgotaram. Aquele jovem ficou reduzido a mendigar nas ruas as ferramentas que ajudassem suas ovelhinhas a crescerem no Senhor.

Sempre que a tarefa se tornar mais importante que a influência, estaremos usando as pessoas.

visão. A omissão desse passo crucial torna-os vulneráveis à tentação de girarem em torno da tarefa em lugar do chamado (veja box na página 337), o que pode dar resultados devastadores. Eis algumas perguntas para ajudar a revelar a "influência definitiva" do cliente:

- *"Por que você faz isso? Qual é seu objetivo final?"*
- *"Que influência isso exercerá sobre as pessoas que você atende?"*
- *"Descreva especificamente de que modo a vida delas será diferente porque você faz aquilo."*
- *"Visualize uma pessoa real que exemplifique seu público-alvo. Como exatamente você desejaria mudar a vida daquela pessoa?"*

Os exercícios de *influência definitiva* e de *legado permanente* (20.3 e 20.4) são reflexões em torno da influência que podem ser aplicadas como ações concretas.

Encontrar a sua "única coisa"

Sua **tarefa** é o canal principal pelo qual a mensagem de vida se transmite para influenciar o público. É o odre de vinho do seu chamado – o formato prático que sua mensagem adquire quando é comunicada. Enquanto o método de cumprir um chamado (a tarefa) pode mudar com as circunstâncias, a mensagem enraizada no centro da nossa identidade permanece a mesma.

Portanto, seria o seu trabalho uma tarefa de chamado? Embora muitas vezes os termos "chamado" e "vocação" sejam usados como sinônimos, penso que não seja bem assim. A vocação (ou seja, o trabalho) pode muito bem ser o canal principal pelo qual a mensagem da vida se transmite. Ou pode ser um de toda uma série de canais que, juntos, compõem sua tarefa de vida. Ou ainda pode ser que sua profissão não seja nenhum canal principal do seu chamado. Missionários fazedores de tendas, mães sociais em creches, atendentes de inválidos ou aposentados são exemplos de pessoas cuja tarefa de chamado não corresponde ao trabalho. Como coach, é importante abrir espaço às pessoas para encontrarem seu chamado em qualquer área da via que Deus escolher e não de confiná-lo apenas à carreira.

Isso nos conduz a uma importante noção. Uma questão que muitas vezes nos escapa é se o chamado do cliente sequer deveria ser canalizado prioritariamente através de apenas uma função ou tarefa em particular. O filme *Amigos, sempre amigos* com Billy Crystal é um bom exemplo desse conceito. A linha-mestra no filme era "você precisa encontrar sua 'única coisa'". Existe uma função ou realização especial que é o seu propósito na vida e é preciso encontrá-la e realizá-la.

Algumas pessoas são chamadas dessa maneira. Seu propósito é criar determinada organização, assumir determinada posição de liderança ou completar um projeto visionário. Para pessoas como Madre Teresa, Warren Buffet, João Batista ou Abraão Lincoln, a "única coisa" é óbvia. Muitos líderes e visionários de largo alcance enquadram-se nessa categoria.

Mas será que isso se aplica a todos os casos? Por exemplo, trabalhei certa vez com um cliente que simplesmente não conseguia identificar para o que ele fora chamado. Examinamos diferentes funções que ele poderia exercer e de que maneira suas áreas fortes poderiam realizar-se em diversos tipos de projeto, tudo em vão. Seus "não sei" e "isso não funciona comigo" começaram a tornar-se frustrantes para nós dois.

> ## Sua tarefa de vida pode ser ...
>
> 1. Um projeto **único** a completar ou uma função a executar fielmente.
>
> 2. Toda uma **série** de projetos ou funções, todos comunicando sua mensagm.
>
> 3. Um **serviço** em particular executado por meio de grande número de atos individuais em muitas diferentes funções e ambientes.

Então, certo dia, passamos a conversar sobre qual trabalho ele gostaria de fazer. Finalmente a conta fechou quando ele disse: "Para ser sincero, realmente não me importo em que ramo trabalharia nem qual seria o meu cargo, desde que possa trabalhar em tal e tal equipe". Naquele dia acendeu-se uma luz para mim – para certas pessoas, a tarefa consiste simplesmente em servir ou em relacionar-se de certa maneira, não importando o projeto ou a profissão em que atuem. Para um cliente como esse, a ideia do chamado como uma única tarefa na vida pode ser uma grande barreira na descoberta do seu chamado.

Algumas semanas atrás tive uma conversa semelhante com um pastor da equipe de uma grande igreja. Era um homem dedicado, de 50 anos, confessadamente DDA (portador de distúrbio de déficit de atenção) que parecia muito satisfeito e energizado com sua função. Quando lhe perguntei o que fazia, descobri que ele era essencialmente um solucionador de problemas na igreja: sempre que havia alguma atribuição difícil ou algo novo a ser lançado, chamavam-no. Então, depois de passar três a seis meses colocando o tal projeto para andar, ele tratava de migrar para outra função. Gostava disso: muita variedade e a capacidade de se familiarizar, avaliar rapidamente a situação, colocar as coisas para andar e depois entregá-las a outros. Seu chamado não era para alguma realização em particular, mas para servir de certo modo em uma ampla série de projetos.

Na verdade, trata-se de um padrão bastante comum em todo o conjunto de como as pessoas são chamadas. Se o seu chamado consistir em demonstrar o coração paterno de Deus a crianças, você poderá expressar isso prestando coaching a pequenos grupos, candidatando-se a uma diretoria de escola, pela paternidade ou participando do programa Big Brother[28]. E no extremo do espectro das pessoas "única coisa" estão aquelas cujo chamado consiste apenas em ser o que são e em fazer aquilo em que são boas em qualquer oportunidade que surgir à sua frente a cada dia. As miríades de pessoas fiéis que servem nos bastidores consertando coisas, arrumando cadeiras, atendendo a necessidades práticas e impedindo que o mundo desmorone muitas vezes correspondem a esse padrão. Em resumo, alguns indivíduos (especialmente os líderes) têm uma função, visão ou realização da "única coisa", o que representa o cumprimento da sua tarefa de chamado, enquanto outros são chamados a expressar sua mensagem por meio de todo um leque de funções e serviços.

Como coaches temos a tendência de distorcer o processo de descoberta de propósito de vida em direção à "única coisa". O resultado é que aqueles que não são chamados para uma tarefa central única começam a duvidar se foram chamados seja para o que for. Aqui novamente torna-se vital entender o chamado em termos de ser. Se o chamado consiste principalmente em incorporar Jesus, todos estarão nivelados por igual, quer tenham uma tarefa do tipo "única coisa", quer não. Com esses clientes, a questão não será "Que coisa determinada você foi chamado a fazer?", mas:

- *"Como você foi chamado a servir? De que tipo serão os seus serviços?"*
- *"Digamos que a questão central do chamado não seja encontrar aquela única tarefa para você executar, mas o **modo** de servir para o qual Deus o criou. Se for assim, como você expressará seu chamado?"*
- *"Cite alguns modos diferentes de você expressar essa paixão. Como poderia fazer mais disso?"*
- *"Pode ser que você seja chamado para uma coisa grande ou para muitas pequenas, todas expressando alguma parte do coração de Deus. Qual dessas possibilidades combina melhor com você?"*
- *"E se o que importa fosse comunicar seu coração às pessoas e a função ou o projeto por meio do qual você fizer isso não importassem? Como isso mudaria sua visão do seu chamado?"*

---

28 Big Brothers Big Sisters of America é uma das mais antigas e maiores organizações de tutoria da juventude nos Estados Unidos, cujo objetivo é ajudar as crianças a alcançarem seu potencial através do relacionamento com mentores voluntários. (N. de Revisão)

Isso não significa que todas as tarefas sejam equivalentes. Embora possa haver muitas tarefas nas quais incorporar nosso chamado, algumas funcionarão melhor do que outras e algumas poderão mesmo criar obstáculos à sua mensagem. O acréscimo da ideia da influência sobre o público ajudará a distinguir as tarefas adequadas das outras.

Coaching de tarefa

A primeira pergunta que a maioria dos clientes tem sobre chamado é: "Qual é minha tarefa?" Prefiro começar a caminhada com a mensagem, o que focaliza o ser em vez de o fazer e nos encaminha ao objetivo real (influência sobre outros) e para longe da fixação no sucesso externo ou em gratificação pessoal. Trata-se de pôr as primeiras coisas em primeiro lugar: descobrir a mensagem dada por Deus e que influência ela se destina a exercer em primeiro lugar sobre o público, para *depois* detalhar como executá-la.

Obviamente esta não é uma regra rígida nem rápida – muitas vezes, as pessoas já definiram parcialmente a tarefa do chamado sem terem certeza da mensagem. É só o meu modo de ajudar as pessoas a evitarem o chamado em termos de caixa de tarefas.

Muitas vezes, os *grandes sonhos* (11.1) são o ponto de partida na busca da tarefa do chamado. Muitos líderes já têm um grande sonho em mente que se sentem chamados a perseguir. Aos que não sejam sonhadores naturais (os Ss do Myers-Briggs), o coach deverá ajudar a se conectar com funções e tarefas passadas e presentes que correspondam ao chamado para, então, projetar tais tarefas para o futuro. O tipo de pergunta a formular é: "Que funções ou tarefas que realmente comunicaram sua chamada você executou no passado, e como você poderia fazer mais disso?" Os Ss precisam alicerçar os sonhos no concreto para visualizá-los e aplicá-los livremente. O perfil e o preparo também se encaixam na missão de vida da pessoa. O exercício de *missão de vida* (20.5) oferece um processo de revisão de todas essas áreas e de sua tradução em uma declaração.

Uma parte importante do processo de coaching para clientes que já tenham vislumbrado suas tarefas de vida será reconectá-las com a mensagem que se presume transmitir e a influência que Deus deseja que produzam. A explicitação de todos os quatro elementos oferece uma imagem muito mais equilibrada e focada do chamado que a tarefa apenas. A passagem por todas as quatro etapas também facilita criar uma declaração resumido final do propósito de vida (veja exercício 22.2) baseado na mensagem, no público, na influência e na tarefa.

20.1. QUEM VOCÊ AMA?

Um modo de começar a localizar seu público é considerar as pessoas que você efetivamente ajudou na vida. Na coluna da esquerda anote grupos específicos de pessoas que você ajudou significativamente no passado. Anote brevemente como você serviu a cada um. Uma vez preenchida a coluna da esquerda, comece a procurar padrões ou elementos comuns. Que tipos de pessoas ou necessidades aparecem consistentemente em sua lista? Pode-se tratar de determinadas idades, sexos, nacionalidades ou condições socioeconômicas, de pessoas com necessidades específicas ou com que nos deparamos em determinados lugares, vizinhos, salvos e não salvos, etc. O que caracteriza as pessoas que você ajuda?

Pessoas e grupos que ajudei	Características/Necessidades
Líderes de mulheres jovens que necessitem de alguém que as ouça	*Mulheres*
Pessoas preocupadas com o sustento	*Medo/intimidação/preocupação*
Mulheres com medo ou problemas de intimidação	
Jovens discípulos – líder de discipulado	*Pessoas que precisam de discipulado*
Líderes de igreja – assistente administrativo	
Esposas de líderes de ministério	*Eu apoio líderes*
Líderes por meio de orientação espiritual	*Líderes*
Facilitador de retiros	*Profundidade no relacionamento com Deus*
Famílias que precisam de uma refeição ou serviços de babá	
Ensino de jovens na escola dominical	*Necessidades práticas (tem mais a ver com isso do que com crianças)*
Meus filhos – educação doméstica, tarefas, ser mãe ou pai	
Nossa empresa familiar – contabilidade	
Grupos na igreja – líder de grupo de adoração	
Líder de associação de bairro	*Equipes que precisam de liderança*
Líder de pequenos grupos	

20.2. MEU PÚBLICO

Este exercício oferece três opções separadas para identificação do público.

Opção 1: Início com mensagem de vida

Sua mensagem aponta naturalmente para um público que necessite dessa mensagem. Comece com as mensagens de vida que identificou (19.1) e submeta você mesmo às seguintes perguntas:

- A que tipo de pessoas você é atraído por causa dessa mensagem? Quem é atraído a essa mensagem em você?

- Quem você nota por causa dessa mensagem e que outros não percebem? Que necessidades o sensibilizam?

- A quem essa mensagem ou a experiência que a gerou o qualifica a servir?

- Quem precisa da sua mensagem?

Opção 2: Verificação de vários exercícios

- O que Deus revelou sobre o seu público? Reveja o *Diário de revelação* (18.2).

Seu público pode ser...

- **Indivíduos específicos, com nome**
  Tais como seus filhos ou algum jovem que você oriente.

- **Um grupo**
  Pessoas em sua profissão, os sem-teto em sua comunidade ou seus empregados.

- **Um ponto de contato**
  Tal como qualquer um que você encontre em sua profissão, no bairro ou na igreja.

- **Pessoas com determinadas necessidades**
  Tais como crianças com síndrome de Down, aldeias no Sudão que necessitem de poços ou confinados que precisem de ajuda na manutenção da casa.

- **Uma necessidade social**
  Ajuda ampla à sociedade – tal como um pesquisador que cria medicamentos contra o câncer ou um guarda-florestal que cuida de um parque nacional.

- Retorne à paixão e ao preparo. A quem você serviu no passado com paixão e influência? Quem você preparou para servir? A quem você sonha servir? *Eventos de propósito* (16.1), *Sonhos* (11.1) e o *Foco da paixão* (10.1) são excelentes referências.

- Acrescente qualquer informação do exercício *Quem você ama?* (20.1).

Opção 3: Exemplares

Poderá ser mais fácil descrever seu público se pensar em alguma pessoa específica que você conheça. Quem dos seus conhecidos melhor exemplificaria as pessoas que você deseja alcançar?

Em seguida descreva as qualidades dessa pessoa ou sua necessidade que a torne exemplar. Se você for um pensador prático, com os pés no chão, esse tipo concreto de imagem de uma pessoa real poderá ser o mais útil.

Parte II: Denomine seu público

Finalmente, crie uma breve descrição do seu público. Pode ser uma lista de qualidades e necessidades ou um grupo com denominação específica (p. ex., empresários cristãos em São Paulo). Procure expressar-se da maneira mais sucinta possível. Crie um perfil de como seria uma pessoa típica em seu ambiente – idade, onde mora, estado civil, necessidades, o que pensa, etc.

20.3. SUA INFLUÊNCIA DEFINITIVA

Sua influência definitiva é o efeito permanente que sua mensagem exerce sobre seu público ao longo da sua vida. Você foi chamado para servir por uma razão – para criar uma influência definitiva. Como você desejará mudar a vida daqueles que o cercam?

Denominando a influência

Tome a mensagem que identificou (veja 19.4 ou 19.1) e comece a meditar sobre como você enxerga essa mensagem tocando outros. Se for difícil visualizar a influência que você deseja, identifique antes seu público-alvo (20.1 e 20.2) e depois retorne a este exercício.

- Como você deseja modificar suas circunstâncias externas?
- Como sua mensagem tocará seus corações?
- Que sofrimento você aliviará ou que bênção lhes proporcionará?
- Quando as pessoas ao seu redor se lembrarem de você depois da sua partida, o que mais você deseja que digam a seu respeito quanto à sua influência sobre elas?

Crie um modelo

Pode ser mais realista para você analisar este exercício em termos de um modelo: uma pessoa real que seja uma amostra praticamente perfeita do seu público. Encontre um modelo por meio do exercício *Público para minha mensagem* (20.2). Como você responderia às perguntas acima em vista dessa pessoa específica?

> *Dica de coaching*
>
> *Há duas opções de modelos: utilizar uma pessoa real, viva, ou criar um retrato composto que possua características de vários indivíduos. Muitas vezes, a abordagem por modelo é um meio melhor para pessoas que não são sonhadoras naturais (Ss do Myers-Briggs).*

20.4. SEU LEGADO PERMANENTE

Seu legado é aquilo que você deixará para a posteridade e o modo como continuará influenciando as pessoas depois de morrer. Pensar sobre nosso legado significa olhar para além do fim da sua carreira, ou mesmo da sua vida, para perguntar como nossos atos, serviços ou investimentos em pessoas continuarão a frutificar.

Etapa 1: O que deixaremos para trás

Imagine seu funeral como um modo de definir o que você deixará aos que ficam.

- Quem comparecerá? Que diferenças em sua vida essas pessoas relatarão por causa de você?
- O que levarão consigo de você depois que você tiver ido?
- Quem mais será tocado por essas pessoas graças àquilo que você investiu nelas?

Etapa 2: Legado de gerações

Outro modo de considerar o legado é pensar na nossa influência contínua ao longo das gerações. Dependendo do estilo da nossa influência, ela pode ser levada adiante por pessoas que discipulamos, por ideias que desenvolvemos ou promovemos, por organizações que criamos, pelos filhos, etc. Aplique as perguntas abaixo para visualizar como sua influência continuará a reverberar ao longo das gerações depois que você sair de cena:

- Qual é seu estilo de influência? (veja 21.1). Que legado contínuo você transmitirá por meio deste veículo?
- Quem ou o que, influenciado por você, levará avante com maior eficácia a mensagem da sua vida depois que você morrer?
- Depois que você se for, o que acontecerá com as ideias, organizações ou outras coisas que você criou? Como continuarão a influenciar pessoas?
- Vinte anos depois de você morrer, como você ainda mudará vidas?

Etapa 3: Visualizar a celebração

Na seção sobre o sistema de premiação de Deus (2.1 e 2.2) falamos como as pessoas a quem servimos e nas quais investimos nos receberão nas habitações eternas. Imagine a cena por alguns momentos. Você está entrando no céu pela primeira vez e, ao chegar, uma enorme multidão de pessoas abraça você e lhe agradece. Você descobre pressoas especiais em quem semeou ao longo da sua vida, todas as pessoas em que *elas* investiram e assim por diante, por gerações. Pessoas que você nunca viu na vida aparecem e abraçam você como velho amigo porque foram profundamente tocadas por alguém que você tocou. Será um gigantesco "Bom trabalho!" pronunciado sobre uma vida bem vivida. Feche os olhos, imagine-se nessa cena e depois compartilhe o que está em seu coração com seu Pai que tudo planejou.

20.5. MISSÃO DE VIDA/TAREFA DO CHAMADO

Este exercício ajudará a resumir sua missão de vida – a tarefa ou a função que melhor canaliza sua mensagem ao seu público para gerar determinada influência.

Etapa 1: Revisão

Vamos, agora, compilar todo o trabalho que você realizou até agora em uma tarefa de chamado. Reserve mais ou menos 20 minutos para repassar todo o trabalho feito com base em paixão, perfil e preparo. Certifique-se de conferir os grandes sonhos (11.1), sua mensagem (19.1 ou 19.4), seu público (20.2) e sua influência (20.3). À medida que revê, reflita nas seguintes perguntas e anote o que lhe vier à mente:

- O que estas ideias me dizem sobre a(s) tarefa(s) a que fui chamado na vida?
- A que tarefa(s) ou funções que possam ser bons canais para minha mensagem sou atraído?
- O que tenho feito no passado para transmitir bem minha mensagem e que tarefas e funções me permitirão fazer mais disso?

Etapa 2: Tarefa ou tarefas?

Algumas pessoas cumprem seu chamado por meio de uma única função ou tarefa de vida, enquanto outras o fazem por séries de tarefas e todas transmitem sua mensagem, e ainda outras simplesmente engajando-se em atos de bondade onde quer que a vida os envolva a cada dia. O que parece ser melhor para você? Teria sido chamado para uma única tarefa definitiva ou para certo tipo de serviço realizado de muitas maneiras? Se o seu chamado consiste de uma série de tarefas menores ou de muitos atos de bondade, que tema uniria tudo aquilo?

Etapa 3: Criar uma declaração

Tome agora suas anotações e converta-as em uma declaração de uma só frase. O melhor será algo simples e fácil de lembrar! Pode-se jogar com várias versões ou deixar o assunto amadurecer por algum tempo até chegar a algo que realmente agrade. Não se preocupe – é normal.

Dicas de coaching

A tarefa de vida "única coisa" é uma ideia familiar – ao contrário de ter uma série de tarefas como chamado. Se você perceber que o cliente poderá enquadrar-se na última categoria, explique ambas as opções, dê alguns exemplos (veja pg. 338) e peça ao cliente que avalie qual o campo em que se encaixará.

*Algumas pessoas (especialmente as altamente I no DiSC™ou NFs no Myers-Briggs) gostarão de criar declarações erráticas e inclusivas que deixem espaço para qualquer possível grupo ou oportunidade que caibam debaixo de um teto amplo. Todavia, é difícil elaborar uma declaração de alguma utilidade sem excluir algumas coisas ou pessoas! Poderá ser útil explicar que este enunciado não define **limites** (se eu não o disser, não poderei fazê-lo), mas o **foco** (isso é o principal).*

21

A FUNÇÃO CONVERGENTE

"Fui à floresta porque queria viver deliberadamente, enfrentar apenas os fatos essenciais da vida e ver se não poderia aprender o que ela tinha a ensinar, em vez de, vindo a morrer, descobrir que não vivi."

Henry David Thoreau

"Tenho ido bastante bem nestes últimos dez anos", disse Bruno em nossa primeira sessão, "mas agora ando um pouco inquieto. Estou com 55 anos e posso ver o fim da minha vida produtiva chegando. Isso cria uma sensação de urgência em maximizar minha influência no tempo que ainda tenho e em assegurar que deixarei um legado para trás."

Bruno era um líder seguro e maduro no estágio de realização da sua trajetória de chamado.[29] O que ele queria era executar uma função que correspondesse ao seu chamado, à sua missão, ao seu público – e ao seu "estilo". Ao longo dos meses subsequentes identificamos seu tipo e suas melhores áreas fortes. Depois estudamos sua função atual. O que combinava bem com ele naquilo que fazia? O que não combinava ou não era prioritário? Bruno era mais um visionário do que um implementador, de modo que conversamos sobre como poderíamos rearranjar funções de sua equipe para permitir-lhe olhar para o futuro enquanto outros tocavam a rotina. Ele descobriu que algumas tarefas que, segundo pensava, sempre o incomodariam, poderiam na verdade ser delegadas. Outras poderiam ser minimizadas mudando-se seu foco ou a descrição do cargo.

A compreensão do seu próprio perfil abriu também um novo mundo de oportunidades para sua equipe. À medida que reconfigurava as funções na equipe, Brian trabalhava agressivamente para descobrir as respectivas áreas fortes e tipos e em criar funções que lhes correspondessem. Um dos

---

29 Veja mais sobre estágios de chamado em *A jornada do chamado.*

principais líderes era claramente chamado a algo maior e vinha se desgastando em sua função atual. Foi difícil largar seu braço direito, mas Bruno conseguiu ajudá-lo a identificar o que ele precisava e a transferi-lo para uma função mais adequada em outro lugar.

Mas aquilo ainda não bastava. Em Bruno começou a se destacar uma necessidade de escrever, de orientar outros líderes e de passar para uma esfera de influência maior. Isso deu uma direção completamente nova ao trabalho em sua função. Começamos a explorar outros modelos de liderança que lhe permitissem contribuir a partir de casa com o que tinha de melhor e ainda ter tempo de sair – como copastorear, mudar para um relacionamento apostólico com sua igreja ou levantar um sucessor e preparar uma transição gradual para ele.

Identificamos também algumas questões internas que o travavam – sofrer com decisões, evitar certos tipos de conflito e manter um contínuo diálogo íntimo que drenava sua energia e perturbava seu sono. O processo todo foi muito energizante para Bruno. "É ótimo! Sinto que é ficar aqui emperrado com muitas coisas que não me dizem respeito e não são o melhor para mim, ou largar tudo e recomeçar. Com isso obtenho um modo totalmente novo de pensar a respeito do cumprimento do meu chamado."

Seu chamado é incorporar Cristo de certa maneira por meio da tarefa de sua vida. Às vezes (particularmente com líderes de organizações) o ambiente para essa tarefa é uma determinada função convergente. Lembre-se que certas pessoas expressam seu chamado por meio de numerosas tarefas e posições, e não por meio de uma única e melhor função. Antes de começar a trabalhar com funções convergentes, é importante levar em conta essa distinção (veja pg. 338).

A ideia da função convergente foi exposta por J. Robert Clinton em *The Making of a Leader* (As etapas de um líder). A ideia é de que, nos estágios mais avançados da

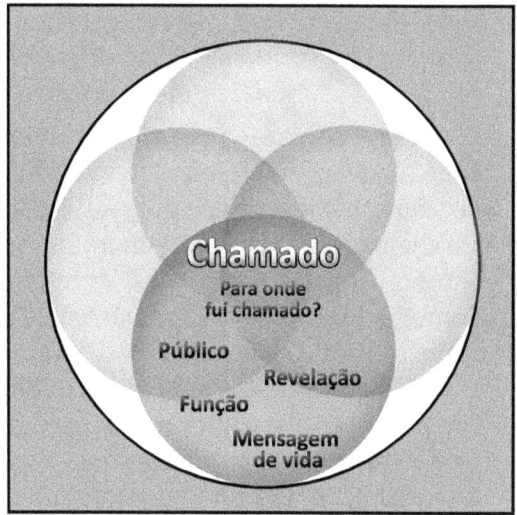

> *Uma função convergente capacita-nos a realizar a tarefa da vida por meio de uma função que corresponda ao nosso perfil.*

vida, depois de completar os estágios de preparo, se possa ingressar em uma função convergente de liderança que capacite a pessoa a realizar a tarefa da sua vida de um modo que corresponda ao seu perfil.

Líderes seniores a partir do término de sua quinta década de vida que ingressam em sua tarefa de vida muitas vezes buscam coaching para criar sua função convergente própria. Quando se chega ao estágio de realização do chamado, em geral se tem muito mais capacidade de repensar a própria função do que com 25 anos. Também se tem uma ideia muito melhor de como tal função deveria se parecer. Os líderes nos estágios iniciais da vida treinam para o seu chamado. A função que desempenham é menos importante do que aquilo que vão aprendendo ao longo do caminho. Trata-se de um ponto em que é importante orientar para o processo de desenvolvimento do chamado e *não* encaminhar a pessoa para uma função convergente que realmente lhe corresponda. Entre os 20 e 30 anos importa acumular o tipo de experiências de que se necessita para ajudar a classificar o chamado e se preparar para ele. Ao nos aproximarmos da meia-idade, Deus muitas vezes *retira* os líderes daquilo que possa parecer uma função de propósito a fim de engajá-los no nível do coração. Ali ainda não estamos dentro da nossa missão de vida, de modo que será prematuro criar uma função que nos capacite a realizá-la. Portanto, orientar alguém a apenas encontrar a função que melhor lhe caiba, não importando sua idade ou estágio, não será uma estratégia particularmente eficaz.

Estilo de influência

Ainda existem diversas áreas de propósito importantes a levar em conta para o desenvolvimento dessa função convergente. Uma delas é o que chamo de *estilo de influência*. Trata-se do método que aplicamos para transmitir nossa mensagem. O sonho de Frank era criar um centro de cura interna ao qual as pessoas pudessem vir para estadias de alguns dias em um ambiente de retiro para receberem assistência a suas feridas íntimas. Ele me procurou por ter dificuldades em impelir o projeto adiante.

Depois de trabalhar algum tempo nisso sem progredir muito, mudei a abordagem. "Frank, vamos dar uma parada e examinar seu estilo de influência. Trata-se do seu método preferencial de exercer o ministério – o modo como você melhor influencia as pessoas. Certas pessoas são organizadoras: elas criam estruturas e equipes que executam a missão enquanto elas mesmas lideram a equipe. Outras são treinadoras que ensinam outros a realizarem o ministério. Ainda outras são mentores que investem em um pequeno grupo de pessoas para levar avante seu legado. E ainda outras são praticantes – querem, elas mesmas, executar o ministério sem se aborrecer em liderar uma organização. Em qual dessas você se enquadra melhor?"

Frank rapidamente constatou ser um praticante. Sentia-se mais produtivo e bem enquadrado quando trabalhava pessoalmente com alguém necessitado de cura. Sua segunda preferência era influir como treinador.

O problema era que o sonho de Frank requeria que ele atuasse no estilo de organizador – visualizando, viabilizando, construindo e mantendo um centro de retiros que pudesse acolher as pessoas. Seu sonho tropeçava nas questões de liderança de organização. Por isso perguntei: "De que modo você poderia realizar seu sonho de praticante e treinador sem precisar ser um líder organizador?" A barreira se rompeu quando Frank entendeu que ele poderia tocar seu centro de cura de forma itinerante em vez de criar um local físico para ele. A eliminação da parte organizacional da sua visão ajudou-o a concentrar-se no ministério pessoal que ele mais apreciava trabalhando com centros de retiro existentes e realizando treinamentos (sua segunda preferência como estilo de liderança) por intermédio de outros ministérios. A ideia de não precisar se preocupar com levantamento de fundos ou gerenciamento imediatamente tirou um enorme peso dos seus ombros.

Todo líder tem algum estilo de liderança preferencial, e o alinhamento com esse estilo mais adequado é parte essencial da função convergente. Líderes organizadores em geral não querem ser praticantes – eles se dão bem quando outra pessoa põe a mão na massa e eles podem montar a equipe executora. Líderes com estilo de "segundo homem" preferem não ser a pessoa de vanguarda – atuam melhor como braço direito de outro líder. Recentemente orientei um desses tipos a largar um pastorado sênior para assumir uma posição associada. É algo que vai contra o que se imagina como carreira, mas ele está muito mais feliz em sua nova função.

A planilha de trabalho 21.1 contém uma lista de doze possíveis estilos junto com uma descrição de cada uma e de seu legado permanente. O exercício de *estilo de influência* (21.2) contém um procedimento para escolher o estilo. Abaixo estão os tipos de perguntas que podem ser formuladas em caso de orientação informal do exercício:

- *"Por qual meio você influenciará os outros? Como transmitirá sua mensagem?"*
- *"Quando exerce o máximo de influência, o que você faz?"*
- *"Qual será o maior legado que você deixará: as pessoas que você toca diretamente, a organização que você constrói, um líder ou uma organização a que você serve, os materiais ou ideias que você cria, alguns poucos que você orienta ou capacita e que poderão tocar outros – ou o quê?"*

Esfera de influência

Outra importante questão é sua esfera de influência. Qual o escopo do seu chamado? Há casos em que Deus opta por conscientizar o líder desde cedo sobre a dimensão da sua missão, enquanto outros se surpreendem com as diversas transições da vida à medida que Deus os convoca para esferas mais amplas.

Esferas de influência

- Relações pessoais (de discipulado ou paternidade)
- Vizinhança, igreja ou trabalho
- Sua organização
- Cidade/localidade (líder local)
- Profissão (líder ou influenciador em toda a sua profissão)
- Regional
- Nacional
- Internacional

Gosto de dividir essa questão em duas partes: a *esfera imediata* e a *esfera definitiva*. A esfera imediata é aquele grupo com que se costuma trabalhar de uma só vez. A pergunta de coaching será: "Você trabalha melhor com grupos grandes, médios, pequenos ou individualmente?"

Pessoalmente, prefiro os grupos pequenos ou indivíduos. Busco a transformação pessoal e a reconfiguração de identidades, e essas coisas funcionam bem mais eficazmente em ambientes pequenos do que em reuniões massificadas. Portanto, opto por trabalhar em contextos menores.

Todavia, minha esfera definitiva é muito maior. Sonho em influenciar movimentos e em criar modelos que muitos outros empreguem. Meus materiais são publicados em outros países, de modo que, mesmo que eu nunca faça viagens internacionais para ministrar (exceto ao Canadá), minha esfera de influência é internacional.

Essas duas questões de esfera proporcionam combinações interessantes. Tenho uma esfera imediata bem pequena, mas uma definitiva muito ampla. Um pastor local com estilo de influência de treinador/professor poderá ter uma esfera imediata ampla, mas uma definitiva local – embora pregue a grandes grupos, será praticamente sempre o mesmo grupo local. Assim, pode-se ter uma esfera imediata ampla e uma definitiva pequena ou vice-versa. Nenhuma é intrinsecamente melhor que a outra – a melhor será aquela que Deus determinou. O exercício 21.3 ajuda os clientes a explorarem ambas as suas esferas de influência – a imediata e a definitiva.

Uma variação interessante da esfera ocorre com o legado. O legado é a influência contínua da vida após a morte. Um exemplo interessante é Mônica, a mãe de Agostinho. Ela foi santificada por sua função de orar até trazer seu filho para o Reino, tirando-o de um estilo de vida imoral e depravado. Sua esfera de influência imediata consistiu basicamente de uma única pessoa, mas seu legado se mede pela influência permanente da sua vida. Agostinho é um gigante na história da Igreja. Assim, embora durante toda a sua vida ela atuasse em uma esfera minúscula, Mônica criou um legado enorme. Nunca saberemos qual será a influência final da nossa vida!

Criando a função convergente

O processo de coaching é de avanço direto. Ele começa com um exame aprofundado do estilo do líder. Enquanto líderes mais idosos geralmente têm uma percepção bastante boa do seu estilo, nesse estágio eles muitas vezes precisam levar esse conhecimento a um novo nível de clareza. Para manejar essa função em particular, os líderes precisam estar conscientes do seu próprio estilo – capazes de formatar e descrever em profundidade quem eles são e não avançar simplesmente por intuição. Esse processo requer um coach de vida genuinamente especializado e fluente em tipos e áreas fortes de pessoas.

Muitas vezes, os valores também são importantes. Novamente, a posse de uma ideia geral dos seus valores pode levar o líder a esse ponto, mas isso não bastará para criar uma função convergente. Será necessário saber o que não é negociável. Todo líder nesse estágio deveria ter um conjunto formal de valores de ministério ou liderança.

Os exercícios energéticos também participam aqui. Muitas vezes, líderes sêniores são sobrecarregados com certas responsabilidades ou expectativas seriamente desgastantes. Se chegaram a esse ponto na vida sem eliminá-las, geralmente há algum obstáculo por trás disso. Ou eles acham que são os únicos capazes de executar tal tarefa, ou alguma suposição interna os mantém em uma posição improdutiva. A identificação de que isso implica desgaste pode abrir a porta para atacar o obstáculo.

Precisamos também examinar a esfera e o estilo de influência. Novamente é provável que o líder atue intuitivamente com base no seu estilo, mas sua formatação e a definição de como ele funciona pode ser de grande ajuda na reorientação para o melhor possível.

À medida que os líderes ganham maior clareza das características da função que melhor lhes corresponde, em geral começam imediatamente a converter em ações o que descobriram. Muitas vezes a compreensão do estilo de integrantes proeminentes da equipe será a chave para um realinhamento bem-sucedido. Isso, por sua vez, frequentemente resulta em um engajamento de coaching estendido, no qual o coach trabalha com a equipe inteira sobre áreas fortes, tipo e alinhamento de funções. Os exercícios *Minha equipe ideal* e *Tipificação de equipe* (8.4 e 8.5) são parte importante nesse processo.

Em algum ponto do processo de coleta de informações gosto de fazer o cliente visualizar sua função perfeita. Que tipo de descrição de função respaldaria com perfeição a execução da sua missão de vida? O exercício *Descrição de função 80/20* (21.4) será uma boa ação concreta para isso. Pretendo que nosso ponto de partida seja absolutamente bem definido e não uma conciliação pragmática com as atuais circunstâncias ou limitações. Algumas conciliações serão necessárias, mas quem não pensar grande jamais identificará o que é desnecessário. É impressionante como, muitas vezes, a identificação do melhor inspira líderes a encontrarem um meio de mudar o inalterável.

Um líder com quem trabalhei simplesmente supunha que contratações e demissões sempre fariam parte da sua função, apesar de detestar aquilo. Ele era alguém focado em pessoas e, para ele, era estressante encarar amigos para lhes negar promoções ou para cortar alguém. Todavia, quando finalmente pôs esses legítimos desejos no papel, percebeu que as circunstâncias haviam mudado. No início da sua atividade, tudo dependia dele. Agora, porém, a organização crescera ao ponto de ele ter uma forte equipe de liderança com a capacidade e autoridade para esse tipo de tarefa. Não havia razão para não delegar essa função a outra pessoa da equipe. Ele ficou muito animado com a mudança – e sua equipe também! O pessoal estava frustrado com suas omissões ou conciliações em tais situações e ficaram felizes em ver outra pessoa assumir essa responsabilidade.

Até este ponto da vida, parte da trajetória do líder consistira em se acomodar a funções que não combinavam perfeitamente com ele. Faz parte do plano. Agora, porém, que chegou o momento de realmente avançar para o melhor, muitas vezes estamos tão acomodados que nos esquecemos do que realmente queremos! Para líderes de ministério, em particular, poderá ser um desafio crer que, de fato, está tudo bem em desejar uma função que realmente funcione bem comigo. O ato de visualizar o melhor traz essas questões à tona.

21.1. ESTILOS DE INFLUÊNCIA

Segue uma lista de estilos de influência comuns em liderança, incluindo os legados permanentes que proporcionam. Às vezes, pequenas esferas de influência produzem legados enormes!

- **Criador de organizações.** Exerce influência pela criação e estruturação de organizações em torno de uma visão específica. Plantadores de igrejas e empreendedores enquadram-se nesta categoria.

  Legado permanente: A mensagem que a organização transmite agora e depois que a pessoa se for.

- **Líder de organização.** Seus dons são canalizados para a liderança de organizações existentes e a influência se dá através da organização quando esta cumpre sua missão coletiva.

  Legado permanente: O que a organização realizar por meio das suas contribuições.

- **Segundo homem.** Encontra sua maior influência ao servir como braço direito de um líder de esfera mais ampla. Isoladamente sua influência é pequena, mas em conjunto pode operar em escala bem maior.

  Legado permanente: Sua influência mais a influência do líder a quem se atende e fortalece.

- **Serviço.** Influencia por meio de serviço prático ou a realização de tarefas em favor de outros. Trata-se da pessoa que assume uma visão e põe a mão na massa para fazê-la acontecer.

  Legado permanente: Parte da influência de tudo a que se serviu e cada vida tocada por aquilo.

- **Networking.** Sua influência provém do estabelecimento de conexões entre pessoas e oportunidades por meio de uma rede de parceria. A influência decorre da realização muito maior resultante do contato entre pessoas do que por meio de trabalho isolado.

  Legado permanente: O fruto resultante de tais conexões e oportunidades.

- **Criador de ideias.** A influência provém do compartilhamento de ideias originais. Seu melhor consiste em pensar e comunicar suas ideias a outros por escrito, falando ou pela mídia.

  Legado permanente: A influência dessas ideias e quaisquer pessoas e projetos tocados por elas.

- **Família.** Sua influência primária e seu maior legado ocorrem por meio dos seus filhos e por aquilo que investe neles como pai/mãe, discipulador e amigo.

  Legado permanente: Os filhos que lhe sobreviverem e todos os que forem servidos por eles.

- **Mentor/discipulador.** Sua maior influência será sobre as pessoas cujas vidas tenha mudado por acompanhá-las individualmente – a vida delas será o seu legado.

  Legado permanente: Um grupo de discípulos que repasse sua mensagem depois da sua partida.

- **Treinador/professor.** Seu melhor impacto consiste em compartilhar habilidades, sabedoria e conhecimento a grupos por meio das suas capacidades comunicativas.

  Legado permanente: A vida transformada das pessoas ensinadas e quem estas tocarem por causa disso.

- **Prático.** Prefere o ministério de mão na massa em lugar de organizar, treinar ou capacitar outros a fazê-lo. Sua função precisa proporcionar-lhe um contato direto com as pessoas atendidas.

  Legado permanente: A vida transformada das pessoas ajudadas e quem estas tocarem por causa disso.

- **Capacitador.** Sua influência ocorre por promover e encorajar outros e em confiar neles.

  Legado permanente: Aquilo que tais líderes serão capazes de realizar graças ao seu investimento.

21.2. SEU ESTILO DE INFLUÊNCIA

Todo líder prefere certos métodos para exercer influência. Os estilos de influência são canais particulares através dos quais o chamado flui melhor. O conhecimento do seu estilo é muito útil no desempenho de uma função que se enquadre no seu perfil.

Etapa 1: Determinação do estilo

Escolha da lista dos estilos comuns de liderança em 21.1 os dois que melhor combinem com você (ou crie seu próprio se nenhum deles realmente se encaixar).

Etapa 2: Aplicação do estilo

Escolha uma função ou um sonho que esteja perseguindo e avalie aquilo à luz do estilo preferido:

- Que porcentagem do seu tempo você gasta com seus modos preferidos de influência em sua função?

- Quais são as principais tarefas ou responsabilidades nessa função que requeiram atuação sua fora dos seus melhores estilos de influência?

- Cite três meios criativos para reconfigurar sua função de modo a ampliar o tempo aplicado em seu estilo de influência preferido.

Dica de coaching

Muitas vezes este exercício requererá acompanhamento no realinhamento do sonho do líder ou para um alinhamento melhor com seu estilo preferido. Será uma boa ocasião para perguntar:

- *"O que você teria que mudar nesse sonho para cortar pela metade o tempo necessário para atuar fora do seu melhor estilo?"*

- *"Observação: Minha impressão é que você configurou esse sonho no sentido de se colocar, a maior parte do tempo, em uma função de professor, mas este não é um estilo que você prefere. Como você poderia mudar o sonho de modo a não depender de ensino ou de modo que outra pessoa cumpra essa função?"*

21.3. ESFERA DE INFLUÊNCIA

Qual é o campo para o qual você foi chamado a exercer influência? Seu chamado pode consistir em mentorear plena e profundamente meia dúzia de pessoas ao longo de sua vida – ou influenciar organizações, profissões ou mesmo nações inteiras. Esferas maiores não são necessariamente melhores – a melhor esfera para você é aquela que Deus lhe preparou. Este exercício considera dois tipos de esferas.

Sua esfera imediata

Sua esfera ou influência imediata tem a ver com aquilo que faz você sentir-se atuando em sua melhor condição a qualquer momento. Você influenciaria melhor individualmente, em pequenos grupos ou equipes (menos de 20), em grupos médios (menos de 150) ou em grandes? Lembre-se: isso se refere a influência. Pense em várias situações em que você tenha exercido alguma influência positiva com muita eficácia. Que tamanho de esfera funciona melhor com você?

Sua esfera definitiva

Sua esfera de influência definitiva consiste na soma total das influências de toda a sua vida. Você poderá tocar milhares de pessoas apenas uma ou duas vezes por meio de encontros breves e casuais, de livros ou de palestras. Ou poderá gastar anos com a família, os vizinhos ou alguns outros e semear muito profundamente na vida de apenas alguns poucos. Eis aqui algumas perguntas para ajudar a pensar:

- Você tende a influenciar por meio de relacionamentos de longo prazo ou de encontros únicos?
- Você prefere se aprofundar com alguns poucos ou tocar brevemente a muitos?
- Sua influência seria direta, individualmente, ou mediante recursos indiretos, como ideias, culturas corporativas, treinamentos ou missões de organização de que você participe?
- Qual será a tarefa definitiva que você gostaria de realizar na vida? Que tamanho precisará ter seu palco para você desempenhá-la?
- Que esferas (empresa ou ministério, determinada profissão ou organização, certo local) sua influência tocará definitivamente?

Dica de coaching

Parece que todos acham que, quanto maior for sua esfera, melhores cristãos serão. Fidelidade não é uma questão de fazer o máximo – trata-se de ser obediente ao seu chamado particular. Se sua intuição lhe diz que aqueles sonhos parecem grandiosos demais, poderá ser útil conversar sobre o que constitui a fidelidade:

- *"Como seria ser fiel ao chamado em vez de apenas fazer o máximo possível?"*

- *"Que parte disso o Senhor o mandou especificamente fazer?"*

- *"O que motiva ou impulsiona esses sonhos? O que você perderá se jamais os atingir?"*

21.4. A DESCRIÇÃO DE CARGO 80/20

A regra 80/20 afirma que deveríamos aplicar 80% do nosso tempo na área dos nossos dons e áreas fortes – mas que a maioria das pessoas gasta 80% do seu tempo com coisas que não sabe fazer bem! Analisar a fundo uma função que se encaixe contribui essencialmente para o sucesso de um líder.

Parte I: Análise da função atual

Pense nos tipos de tarefa e nas responsabilidades que sua função requer. Na coluna da esquerda, anote aquelas nas quais você é melhor e se sente energizado. Na da direita anote tarefas ou responsabilidades que não correspondam a suas áreas fortes, que considere desgastantes ou que gostaria de delegar, se pudesse. Confira seus inventários de *áreas fortes* e *necessidade de desenvolvimento* (7.2 e 7.3) e seu tipo de personalidade, e acrescente-os às suas listas.

Corresponde a áreas fortes	Não corresponde a áreas fortes

Parte II: A descrição de cargo 80/20

Agora crie uma descrição de cargo para você que lhe permita aplicar 80% do seu tempo para fazer o que você sabe melhor: os itens da coluna da esquerda acima. A ideia é definir seu melhor absoluto. Sonhe livremente sobre o que você gostaria de ser em três anos e estenda os limites daquilo que pareça viável – apenas contornando eventuais obstáculos das suas circunstâncias atuais. Uma retrospectiva a trabalhos feitos no passado poderá ser útil para escolher deles as partes de que você realmente gostaria para montar o trabalho dos seus sonhos.

- Que tipo de função melhor me apoiaria para atuar na tarefa da minha vida?
- Como seria em média meu dia/minha semana nessa função ideal?
- Em que áreas fortes venho aplicando 80% do meu tempo? Que assuntos, fora das minhas áreas fortes, venho delegando?
- Que descrição de cargo maximizaria minha capacidade de fazer o que consta da coluna esquerda e minimizaria o tempo aplicado à da direita?

Dica de coaching

Eis alguns obstáculos típicos que os clientes poderão enfrentar ao trabalhar nas funções que melhor lhes correspondam:

- *É injusto esperar que se esteja em uma função convergente*

  Às vezes, os líderes receiam executar funções em torno de suas áreas fortes porque acham que isso implicaria delegar todo o trabalho sujo a outros e reservar para si a parte divertida. Uma ótima ferramenta neste caso é o tipo de personalidade: sempre haverá alguém cujo tipo goste de fazer aquilo que detestamos. A revelação desta suposição, seguida de uma discussão dela do ponto de vista dos tipos, será um bom modo de desarraigar esse bloqueio.

- *Subestimar minhas áreas fortes*

  Como minhas áreas fortes são tão familiares e fáceis, imagino que todos deverão ser bons naquilo em que eu sou bom. Poderá ser útil oferecer aqui algum retorno da sua própria vida (se os potenciais do cliente forem diferentes dos seus).

- *Não gosto de minhas áreas fortes*

  Isso pode acontecer quando a pessoa focaliza as necessidades de desenvolvimento que acompanham suas áreas fortes, o outro lado da moeda. Gosto de descrever a conexão entre áreas fortes e necessidades de desenvolvimento com uma pergunta: "De que modo essa necessidade de desenvolvimento se conecta com suas áreas fortes?" ou "Se você não tivesse mais essa necessidade de desenvolvimento, o que perderia? Que parte importante de você desapareceria?"

Parte III: Realinhamento da sua função

Uma vez definido o ideal, pode-se começar a caminhar em direção a ele. Compare o seu ideal com sua função atual e anote as diferenças. Em seguida, selecione os três tópicos nos quais terá mais facilidade de migrar em direção ao seu ideal (os ganhos rápidos) e trabalhe com seu coach na criação de estratégias para mudar cada um.

Qual é o meu propósito?
Resumos de propósito de vida

Existe uma maré nas questões humanas que, ao aproveitar a maré alta, leva à fortuna; quando omitida, toda a viagem da vida ficará encalhada no raso e em misérias. Em tal maré alta agora flutuamos e precisamos navegar com a correnteza quando ela for favorável ou perder nossa aventura.

William Shakespeare, em *Júlio César*

A etapa final do processo de descoberta de propósito de vida consiste em reunir todas as ideias em um feixe de enunciados resumidos. As declarações de propósito de vida esclarecem o cerne do chamado da pessoa e colocam-no em um formato fácil de lembrar. Há grande utilidade em memorizar uma declaração de propósito de uma só frase a que se possa recorrer a qualquer momento.

Há uma planilha de trabalho de duas páginas que fornece um *resumo de propósito de vida* (22.2) para essas declarações essenciais de propósito de vida. Nesse formato compacto, ela pode ser facilmente copiada e afixada na parede – um excelente meio de manter diante de nós os nossos valores, a visão, a missão e a mensagem.

Dependendo das áreas em que o cliente tenha trabalhado, poderá ser conveniente já ter esses resumos de declarações prontos. As *declarações de valores* (13.6) oferecem um bom resumo da área da paixão. O tipo de personalidade (de uma análise) proporciona uma declaração breve e memorizável do perfil da pessoa (e é bem mais fácil de recuperar do que uma lista de áreas fortes). Sob chamado, os exercícios de *mensagem da vida* e *missão de vida* (19.4) criam declarações resumidas que podem ser diretamente introduzidas na planilha de trabalho.

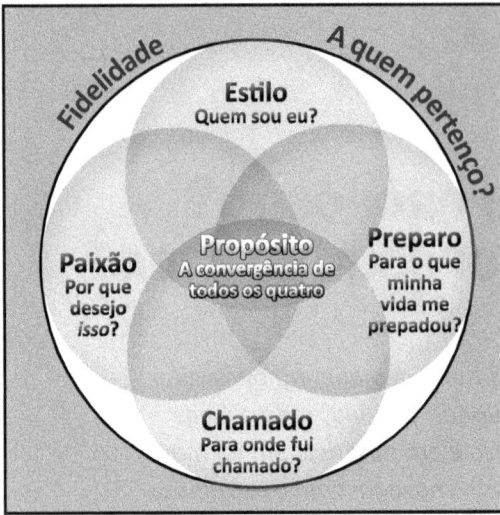

Estes últimos dois também proporcionam um excelente meio de criar uma declaração geral de propósito de vida. Aplique o formato mensagem > público > tarefa > influência e simplesmente preencha todos os quatro para criar uma declaração de propósito de vida (veja exercício 22.2).

Eis um exemplo: participo da diretoria de uma instituição sem fins lucrativos que oferece coaching de liderança a missionários. Nosso objetivo é ajudar missionários e missões a realizarem seus objetivos melhorando a saúde e a eficácia dos missionários individuais que orientamos. Assim, uma declaração de chamado para a nossa organização poderá ser como a do primeiro exemplo na planilha trabalho 22.1.

Outra abordagem seria substituir a função convergente pela tarefa, o que pode funcionar bem com pessoas que encontram seu chamado em determinada profissão. Por exemplo:

Fui chamado a honrar a particularidade de cada aluno	*Mensagem*
em minha classe	*Público*
por meio da minha função de professor	*Função*
para que conheçam seu próprio valor e confiem nele.	*Influência*

Esta etapa representa trabalho pesado – é um desafio resumir em uma única sentença! Provavelmente a criação, a análise e a revisão da declaração demandarão mais de uma sessão até reproduzir sua intenção. Alguns (ainda!) emperrarão na tentativa de acertá-lo. Poderá ser útil animá-los a fazer rascunhos. Alguns dos meus clientes encontraram alívio para a pressão de obter perfeição agendando uma revisão para daí a um ano.

Visão de vida

Outra importante peça do quebra-cabeça é uma *declaração de visão de vida* (22.2). A declaração de visão é uma imagem visual de como poderia ser a realização plena do chamado. Trata-se de um resumo de aproximadamente uma página. O foco será captar a percepção daquele futuro e conectá-lo com a motivação de enxergar a realização da sua maior paixão.

Há vários exercícios que podem alimentar esse processo, dependendo do que o cliente tenha feito até aquele momento. Um líder poderá esboçar seu trabalho visualizando um *estilo de vida* (11.3) agradável, sua *equipe ideal* (8.4) e o *estilo de vida do seu chamado* (19.6), mais sério. Noções da *descrição de cargo 80/20* (20.4) sobre a função convergente também poderão contribuir.

Por se tratar de um exercício de visão, será importante enfatizar a ideia da visualização. Muitas vezes aparecem detalhes vagos ("Trabalharei com ótimas pessoas") ou resumidos ("Ajudaremos planejadores financeiros") em vez de detalhes reais. Com que pessoas você trabalhará? Indique alguns nomes ou perfis. Dê um exemplo específico do tipo de planejador que você visa. Se elaborar uma declaração de visão genérica, selecione uma parte dela e aplique perguntas de sondagem para extrair detalhes específicos. Isso fornecerá ao cliente uma ideia suficiente do formato que a visão deve ter a fim de que ele possa retornar e terminá-la por conta própria. Outro recurso útil é fazer com que descreva um dia efetivo naquele futuro ideal – todo lugar aonde ele iria, pessoas com que se encontraria e tarefas a executar podem ser descritos como um evento real e concreto.

Lembretes

Uma vez completadas as declarações de propósito de vida, meu último pedido no processo de descoberta muitas vezes é que a pessoa crie algum tipo de sistema de lembrete para manter seu trabalho de propósito de vida diante dela. A pior coisa que pode acontecer neste ponto é remeter todo esse esforço para uma pasta em uma prateleira para nunca mais ser consultado. Lembretes podem ter muitos formatos – aqui vão alguns que os clientes têm criado ao longo dos anos:

- Lembretes regulares em um PDA que aparecem com uma declaração de valores ou propósito.
- Fixar resumos do propósito na parede em casa.
- Um quadro ou uma obra de arte que lembre meu propósito – tal como o "Filho Pródigo", de Rembrandt.
- Um sinal na parede no local de trabalho.

- Algo que se possa levar na carteira ou no bolso – como uma pedra gravada.
- Um jogo de cartões com valores e declarações no carro – para cada dia olhar um deles.

A questão aqui é que declarações memorizadas são declarações úteis. Valores que não venham à mente logo quando se trabalha com eles não resolvem muita coisa.

Para onde vamos daqui para frente

Terminou! As próximas etapas no processo de coaching consistem em criar metas e ações para perseguir os sonhos, alinhar-se com o chamado e engajar-se no estágio do processo de desenvolvimento de chamado em que Deus o tenha posto. As ferramentas para essa parte do processo de coaching podem ser encontradas em *A arte de fazer perguntas em coaching, Coaching de liderança* e *A jornada do chamado.*

Seu legado como coach não consiste apenas em sua influência sobre os que você orienta – inclui também o que os líderes fazem em favor de outros, graças àquilo que você fez por eles. Pode-se trabalhar fora de casa com algumas poucas pessoas de cada vez por meio de um estilo de influência personalizado, mas aqueles em que você investir podem mudar o mundo. Portanto, ponha-se a caminho e crie um grande legado para o Reino – e Deus será com você à medida que o faz!

22.1 EXEMPLOS DE DECLARAÇÕES DE PROPÓSITO DE VIDA

Uma declaração de propósito de vida resume seu propósito em uma única sentença. Eis alguns exemplos. Observe que a ordem das frases (mensagem, público, tarefa e influência) pode ser rearranjada para tornar a declaração mais legível.

Nosso propósito é	
demonstrar o coração de Deus para capacitar, equipar e assistir	Mensagem
missionários e missões	Público
oferecendo coaching de liderança	Tarefa
com o fim de realizar a Grande Comissão.	Influência

Fui chamado a	
incorporar a imerecida graça de Deus	Mensagem
a mães solteiras,	Público
a fim de trazê-las para a família de Deus	Influência
acolhendo-as, cuidando dos seus filhos e ajudando-as a estruturar a vida.	Tarefa

Os termos "incorporar" e "demonstrar" nas primeiras linhas introduzem explicitamente o foco do ser na declaração. É isso que o torna uma declaração do nosso propósito de vida (ser e fazer) e não apenas uma declaração de missão ou tarefa de vida.

Segue um exemplo de como montar uma declaração de propósito a partir dos exercícios individuais. Se a *mensagem da sua vida* (19.4) for "Podemos buscar Deus no coração em qualquer circunstância, especialmente no sofrimento e na adversidade, e ser transformados" e nossa *missão de vida* (20.5) for "Criar um caráter de liderança e desenvolver sistemas que criem um caráter de liderança", uma declaração final de propósito de vida poderia ser:

Fui chamado para	
Incorporar o encontro com Deus em todas as circunstâncias	Mensagem
para criar líderes de ministério	Público
transformados para transformarem outros	Influência
por meio do desenvolvimento de sistemas geradores de um caráter de liderança.	Tarefa

Quem quiser enfeitar, poderá acrescentar sua *esfera de influência* (21.3) e o *estilo de influência* (21.2):

Incorporo o encontro com Deus em todas as circunstâncias	Mensagem
para ajudar líderes de ministério em todo o mundo	Público, Esfera
a obterem um caráter transformado	Influência
por meio de projeto-piloto e multiplicação	Estilo de influência
de sistemas geradores de caráter de liderança.	Tarefa

22.2. RESUMO DE PROPÓSITO DE VIDA: INSTRUÇÕES

Use a planilha de trabalho da próxima página para resumir seu propósito de vida por meio da coleta de declarações que você criou nos exercícios indicados. As instruções constam nesta página separada para que a planilha de trabalho inclua apenas suas declarações – de modo que possam ser copiados e afixados na parede em um lugar regularmente visível. Separar um tempo extra para decorar seus resumos pagará excelentes dividendos. Fique à vontade para executar este exercício como rascunho se quiser ter a liberdade de retornar a ele para ajustar suas declarações no futuro.

A mensagem da minha vida (19.4)

Transfira para esta folha a declaração que você desenvolveu no exercício 19.4.

Missão de vida (20.5)

Anote aqui seu enunciado de missão de vida e tarefa de chamado do exercício 20.5.

Tipo de personalidade

Anote aqui seu tipo de personalidade, o tipo StrengthsFinder ou seus dons espirituais.

Declaração de propósito de vida (22.3)

Crie um exercício de propósito de vida por meio do exercício 22.3 e introduza-o aqui. Anote-o em letras grandes – trata-se do centro de tudo!

Versículo de vida

Se você tiver um versículo de vida, anote-o. Versículos de vida são aqueles com significado especial que falam da direção da sua vida ou do cerne do seu ser, aos quais sempre se retorna.

Valores de vida (13.6)

Copie aqui suas declarações de valores em uma palavra ou sentença breve do exercício 13.6. Valores são partes essenciais da boa tomada de decisões, de modo que tê-los facilmente à mão ajuda muito.

Visão de vida

Declarações de visão são *imagens visuais* de como seria a plena vivência do chamado.

Pode extrair o trabalho de vários exercícios: visualizando um *estilo de vida ideal* (11.3) agradável, sua *equipe ideal* (8.4) e o *estilo de vida do chamado* (19.6), mais sério. Também pode incluir noções da *descrição de cargo 80/20* (21.4) sobre a função convergente.

Como este é um exercício de visão, será importante incluir detalhes específicos. Declarações do tipo "Morarei no Texas" ou "Trabalharei com crianças" são demasiado vagos. Onde no Texas? Como será sua casa? Seus deslocamentos? Seu bairro? Se for difícil ser específico, imagine sua vida por um dia real e específico em que esteja colocando plenamente em prática o seu chamado.

A ideia aqui é captar a percepção daquele futuro, não registrar cada detalhe com perfeição. Portanto, sonhe, aprecie o processo e não se preocupe muito com a exata realização de tudo isso. Procure criar uma descrição de aproximadamente uma página.

22.3. RESUMO DE PROPÓSITO DE VIDA

A MENSAGEM DA MINHA VIDA

A MISSÃO DA MINHA VIDA

MINHA DECLARAÇÃO DE PROPÓSITO DE VIDA

OS VALORES DA MINHA VIDA

**MEU VERSÍCULO
DE VIDA**

A VISÃO DA MINHA VIDA

22.4. DECLARAÇÃO DE PROPÓSITO DE VIDA

Um meio fácil de criar uma declaração de chamado é começar com a estrutura de mensagem (19.4), influência (20.3), público (20.1) e tarefa (20.5). Crie uma breve frase para cada um e entrelace-as em uma declaração. As melhores declarações são breves, memorizáveis e particularmente seus. Fique à vontade para tentar diferentes redações, para colocar as frases em ordem diferente ou para recorrer a algo que soe bem. A planilha de trabalho 22.1 fornece vários exemplos de declarações.

A declaração de chamado é algo a que se recorrerá repetidamente, de modo que deve ser curto e ir direto ao ponto. A meta é uma única sentença. É melhor ter frases curtas e memorizáveis que possam ser manuseadas do que alguma declaração dispersiva que inclua de tudo e que nunca se consiga lembrar.

Sua declaração deve incluir tanto seu chamado para ser a mensagem quanto para executar uma tarefa. É por isso que se inclui na primeira linha alguma palavra como "incorporar", "encarnar", "viver" ou "demonstrar". Eis alguns formatos possíveis:

Incorporar a **mensagem da minha vida**
para o meu **público**
por meio de uma **função** ou uma **tarefa** que me corresponda
visando a determinada **influência.**

Ou mude a ordem das frases:

Viver a **mensagem da minha vida**
por meio de uma **tarefa**
para exercer determinada **influência**
sobre meu **público.**

Pode-se também tentar isto:

A **paixão** que Deus me deu
para servir àqueles que ele me encaminhar (meu **público**)
por meio das minhas áreas fortes, dons e capacidades (**Perfil**)

Do mesmo autor

A ARTE DE FAZER PERGUNTAS EM COACHING

Um guia de aprimoramento do coach na habilidade de fazer perguntas impactantes

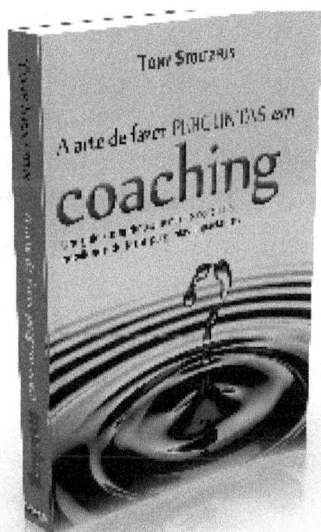

A habilidade mais importante no coaching é fazer perguntas poderosas. Uma pergunta incisiva feita no momento certo pode ser uma experiência de mudança de vida .

Neste livro, o mestre treinador de coaching Tony Stoltzfus junta-se a 12 outros coaches profissionais para apresentar dezenas de ferramentas, modelos e exercícios de perguntas, ilustrado com mais de 1.000 exemplos de perguntas perspicazes de coaching. Cobrindo a gama de habilidades básicas, como opções e ações, até técnicas avançadas, como desafio e reformulação, *A arte de fazer perguntas em coaching* vai encontrar lugar na pequena lista de referências úteis de qualquer coach.

A JORNADA DO CHAMADO

Mapeando os estágios do chamado de vida de um líder cristão

Tenho prestado coaching a centenas de ministros e líderes empresariais seniores e sempre a visão da vida em termos desta jornada é uma das maiores dádivas que tenho para transmitir. Por meio deste livro, desejo compartilhar esta perspectiva com você. Trataremos de conhecer Jesus, o Grande Redentor e mestre em desenvolvimento de líderes. À medida que aprender mais sobre seus caminhos, você encontrará impressionantes paralelos entre a história da sua vida e as histórias de outros. Você provavelmente descobrirá estar mais no centro da vontade de Deus para sua vida do que jamais se deu conta ou ousou crer, e que o Deus a quem você serve é tão assombrosamente presciente que já incorporou suas falhas e debilidades em seu plano.

A compreensão da jornada do chamado permite que você largue o volante, sabendo que tanto no sucesso quanto no fracasso, na expansão ou no retrocesso, na aridez ou no transbordamento, Jesus guia você exatamente através daquelas experiências de que você necessita para fazer aquilo para o que nasceu.

COACHING DE LIDERANÇA

As disciplinas, habilidades e coração do coach cristão

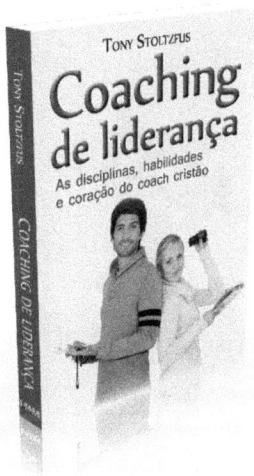

Este livro tem dois objetivos. O primeiro é ajudá-lo a entender como a abordagem de coaching desenvolve líderes e como ela se encaixa nos propósitos mais abrangentes de Deus. Ou seja, é apresentar um Paradigma de coaching coerente com a Bíblia.

O segundo objetivo é fornecer aos líderes de igrejas locais um guia prático para o Processo de coaching.

Também falamos sobre Como iniciar a prática de coaching através de capacitação para coaches ou de envolvimento com o que Deus está fazendo com coaching ao redor do mundo.

Este livro é escrito para:

- Os que querem se tornar mais eficazes em sua caminhada com outros líderes

- Líderes de igrejas locais que desejam aprender a prestar coaching

- Coaches cristãos que desejam aperfeiçoar suas habilidades e desenvolver uma filosofia de coaching mais coerente com princípios bíblicos

- Treinadores de coaches que desejam um texto para oferecer treinamento para coaches cristãos

Sobre o livro:
Formato: 16 x 23cm
Tipo: Palatino Linotype 11/14
Capa: papel cartão TP 300gr
Miolo: papel offset 75gr

www.ingramcontent.com/pod-product-compliance
Lightning Source LLC
Chambersburg PA
CBHW061203220326
41597CB00015BA/1272